行政案件
跨区划管辖改革的
探索与实践丛书

行政审判
裁判要旨精粹

主　编：程　琥
副主编：陈良刚　石东弘　武　楠　张勤缘
编　辑：王同鑫　于玮宁

中国法制出版社
CHINA LEGAL PUBLISHING HOUSE

探索设立跨行政区划的人民法院和人民检察院。随着社会主义市场经济深入发展和行政诉讼出现，跨行政区划乃至跨境案件越来越多，涉案金额越来越大，导致法院所在地有关部门和领导越来越关注案件处理，甚至利用职权和关系插手案件处理，造成相关诉讼出现“主客场”现象，不利于平等保护外地当事人合法权益、保障法院独立审判、监督政府依法行政、维护法律公正实施。

全会决定提出，探索设立跨行政区划的人民法院和人民检察院。这有利于排除对审判工作和检察工作的干扰、保障法院和检察院依法独立公正行使审判权和检察权，有利于构建普通案件在行政区划法院审理、特殊案件在跨行政区划法院审理的诉讼格局。

——摘自习近平《关于〈中共中央关于全面推进依法治国若干重大问题的决定〉的说明》

前　言

全面深化司法改革，是党中央作出的重大战略部署，是全面深化改革、全面依法治国的重要组成部分。党的十八大以来，以习近平同志为核心的党中央高度重视司法改革，就司法改革作出一系列重要部署。2014 年年底，根据党中央的统一部署和最高人民法院的部署要求，北京市第四中级人民法院（以下简称北京四中院）、上海市第三中级人民法院（以下简称上海三中院）依托铁路中级法院相继成立，成为首批跨行政区划的试点法院。北京、上海两地跨行政区划法院成立后，初步构建起了“普通案件在行政区划法院审理、特殊案件在跨行政区划法院审理”的诉讼格局。北京四中院自挂牌履职以来，根据党中央的要求，按照市委和最高人民法院的统一部署，在市高级人民法院的具体指导下，积极探索行政案件跨区划集中管辖改革，通过集中管辖以区政府为被告的一审案件，探索出具有首都特色的管辖制度和丰富的改革经验，取得了突破性进展。总体而言，北京四中院行政案件跨区划管辖改革呈现出以下几个特点：

一是坚持推动改革顶层设计和基层探索实践相结合。行政案件管辖适用“原告就被告”的管辖原则，根据《行政诉讼法》的规定，行政案件由最初作出行政行为的行政机关所在地人民法院管辖。由于基层法院审理以当地行政机关为被告的行政案件时，容易受到地方保护和行政干预的影响，造成行政诉讼出现“主客场”现象，并进而导致行政诉讼“立案难”“审理难”“执行难”的问题发生。为改变被告行政机关所在地法院管辖行政案件易受干预的局面，人民法院积极开展提级管辖、异地交叉管辖、相对集中管辖等多种形式的管辖制度改革。2008 年 1 月，最高人民法院出台了《关于行政案件管辖若干问题的规定》（现已失效），充分吸收了“提级管辖”和“异地交叉管辖”的成功经验，大大缓解了立案难的状况，促进了裁判标准的统一，保证了人民法院的公正审判。2013 年 11 月，党的十八届三中全会通过的《中共中央关于全面深化改革若干重大问题的决定》提出：“探索建立与行政区划适当分离的司法管辖制度，保证国家法律统一正确实施。”“探索建立与行政区划适当分离的司法管辖制度”是党中央关于司法管辖制度改革的最初构想。2014年10月，党的十八届四中全会通过的《中共中央关于全面推进依法治国若干重大问题的决定》进一步提出："探索设立跨行政区划的人民法院和人民检察院，办理跨地区案件。"由此，党中央以全会决定提出探索设立跨行政区划人民法院的改革部署。根据党中央的改革精神，2014年11月1日，第十二届全国人大常委会第十一次会议审议通过了修改后的《行政诉讼法》，其第十八条第二款规定："经最高人民法院批准，高级人民法院可以根据审判工作的实际情况，确定若干人民法院跨行政区域管辖行政案件。"这一规定为行政案件跨区划集中管辖改革提供了充分的法律基础。根据党的十八届三中、四中全会部署，中央全面深化改革领导小组第七次会议于2014年12月2日审议通过《设立跨行政区划人民法院、人民检察院试点方案》，着手部署开展跨行政区划法院的筹建工作，在上海铁路运输中级法院加挂上海市第三中级人民法院牌子，在北京铁路运输中级法院加挂北京市第四中级人民法院牌子，作为跨行政区划法院的先行试点。2014年12月28日，上海三中院正式挂牌成立；2014年12月30日，北京四中院正式挂牌成立，迈出了我国跨行政区划司法体制改革坚实的第一步，两家法院共同肩负起为我国跨行政区划法院建设提供可复制、可推广经验的重任。2015年6月，最高人民法院印发《关于人民法院跨行政区域集中管辖行政案件的指导意见》（法发〔2015〕8号）明确规定："已经设立跨行政区划人民法院的北京、上海，可以逐步将行政案件向跨行政区划法院及两地铁路运输基层法院集中。"北京四中院立足跨区划法院功能定位，不断优化行政案件管辖格局。自建院以来集中管辖以北京市区政府为被告的第一审行政案件。经最高人民法院指定，自2017年10月26日起管辖审理天津铁路运输法院审理的环境保护行政案件上诉案件，标志着北京四中院依托跨区划法院职能定位服务保障京津冀协同发展战略，在"跨"字上迈出更加坚实的一步。随着2018年9月北京互联网法院成立，北京四中院管辖涉互联网行政案件的上诉案件。截至目前，北京四中院案件管辖改革不断深化，行政审判格局持续优化，行政案件已经形成以北京各区政府为被告的一审行政案件、天津环保行政案件的上诉案件、涉互联网行政案件的上诉案件共同组成的行政案件管辖格局，审级相对完整，初步建立起"普通案件在行政区划法院审理，特殊案件在跨行政区划法院审理的诉讼格局"。

二是坚持一体化落实各项改革部署和破解行政审判难题相结合。牢牢把握跨区划法院改革总体部署，深入推进司法体制综合配套改革，从夯基垒台到立柱架梁，稳步搭建跨区划法院发展框架，不断深化司法改革向纵深推进；推行专业化审判，组建"一审一助一书"的"1+1+1"新型审判团队11个，做到"繁案精审、简案快审”，行政法官办理一审行政案件从建院前年均50件上升至改革后年均200余件，法定审限内结案率100%。充分发挥行政法官专业会议作用，近5年来共召开行政法官会议150余次，就一系列重大疑难复杂法律问题展开研讨，统一裁判尺度。充分发挥跨区划法院行政审判职能作用，针对长期以来困扰行政审判的立案难、审理难、执行难问题，以改革思维破除影响司法公正和制约司法公信的障碍。自挂牌履职以来，北京四中院率先实行立案登记制，严格按照相关法律和司法解释规定的受案范围和法定程序受理各类行政案件，依法保护当事人的诉权，积极引导诉讼群众依法理性解决行政争议，行政案件立案率从建院前的不足三分之一上升至90%以上。2015年，北京四中院共受理以区县政府为被告的一审行政案件1397件，占受理案件总数的73.8%。是2014年全北京市法院受理同类行政案件总数216件的6.5倍，占2015年北京全市各中级人民法院受理一审行政案件（不包括北京知识产权法院受理的知识产权行政案件）总数的54.27%。2016年，受理一审行政案件2893件，比2015年又增长了107.09%，达到2014年同类案件总数的13.4倍；2017年，受理一审行政案件1722件，同比下降40.5%；2018年，受理一审行政案件1686件，同比下降2.1%；2019年，受理一审行政案件1749件，同比上升3.7%。此外，为进一步方便当事人行使诉权，积极采取各种司法为民、便民、利民措施，率先在北京建立首家驻院法律援助工作站，引入执业律师等第三方力量合力化解行政争议，当事人满意度达98.6%。依托智慧法院建设，不断完善行政案件登记立案程序，简化立案环节，创新立案方式，努力为群众提供便捷高效的诉讼服务。同时，及时公开立案程序，推行权利告知、风险提示、诉讼引导等措施，方便人民群众依法顺利行使诉权，将保护人民群众合法权益贯穿行政诉讼全过程。通过严格司法审查，不断加大对行政机关依法行政的监督力度，对于违法或者明显不当的行政行为判决撤销、确认违法或无效、变更或重新作出行政行为；对于行政主体行政不作为，依法判决其履行法定职责或确认违法，有效维护人民群众合法权益，有力促进行政机关依法行政，推动法治政府建设。在审结的一审行政案件中，2015年判决行政机关败诉案件，占全部实体判决案件的25.24%；2016年判决行政机关败诉案件，占全部实体判决案件的14.3%；2017年判决行政机关败诉案，占全部实体判决案件的17.6%；2018年判决行政机关败诉案，占全部实体判决案件的11.4%；2019年判决行政机关败诉案，占一审全部实体判决案件的12.6%。这些数据说明，通过严格司法监督倒逼政府依法行政，政府依法办事意识和水平明显提升，跨区划法院在监督依法行政、防止权力滥用、促进法治政府建设等方面发挥着重要作用。行政审判涉及人民群众生产、生活的方方面面，对于依法落实国家保障和改善民生政策具有重要意义。长期以来，诸如劳动和社会保障、教育、卫生、城建、公安、环保等涉民生案件在法院受理的行政案件中的占比一直很高。通过依法稳妥审理一大批涉民生的棚户区改造房屋征收补偿、征地拆迁案件，将服务保障民生贯穿于审判的整个环节。在严格司法审查基础上，摒弃就案办案、机械办案思维，将行政争议实质性解决贯穿于审判全过程，近5年来释法说理达5万余人次，有超过10%的案件通过协调和解方式解决，人民群众在行政审判中的获得感、幸福感、安全感明显增强，人民群众依法理性维护自身合法权益意识明显增强，出现了“三降一升”，即实现行政案件上诉率、改判发回率、申诉率下降，服判息诉率上升的良好发展势头。实践已经证明，跨区划法院在保护行政相对人合法权益、促进行政争议实质性化解、推动法治政府建设方面显示出越来越突出的作用和成效。

三是坚持创造可复制、可推广的机制制度和树立良好品牌形象相结合。北京四中院牢牢把握中央批准设立跨区划法院的改革初衷，在“跨”字上做文章，在“特”字上下功夫，创造可复制、可推广的机制制度，树立司法改革良好的品牌形象。北京四中院挂牌履职以来行政审判取得显著进步，积累了宝贵经验。主要包括以下经验和体会：（1）把党对法院工作的绝对领导作为行政审判工作始终沿着正确方向前进的根本政治保证。坚定正确政治方向，坚定不移地贯彻执行党的路线方针政策，对于行政审判工作中的重大问题、重大部署、重大审判活动以及有重大影响的案件审理，要及时请示报告，积极争取党委领导、人大监督、政府的支持配合以及社会各界的理解支持。（2）把服务党和国家工作全局作为行政审判工作的指导思想。自觉将行政审判置于党和国家中心工作和经济社会发展全局中去思考、去谋划，防止出现就案办案、就法论法、案结事不了的现象，努力实现办案的法律效果、政治效果和社会效果的有机统一。主动将行政审判融入党和国家工作大局，为首都经济社会发展提供有力司法服务和保障。围绕“放管服”改革，依法妥善审理涉及政府职能调整、简政放权等方面的新类型案件；围绕乡村振兴、乡村治理，依法稳妥审理涉及要求政府履行监督职责、村务公开等行政案件；围绕加强产权保护，依法妥善审理涉及企业房屋征收和土地腾退案件；围绕生态环境保护，依法稳妥审理环境资源保护行政案件；围绕城市管理，依法稳妥审理涉小区停车管理行政案件；围绕文化引领，依法妥善审理涉及非物质文化遗产名录行政案件；围绕公共资源供给，依法稳妥处理涉教育、医疗、食品、药品监管等行政案件，及时回应人民群众在教育、医疗等方面的司法需求；围绕“疏解整治促提升”专项行动、轨道交通建设、城市副中心建设、北京冬奥会筹办等重点工作，充分发挥审判职能，注重处理好保障公民个人权益和维护公共利益的关系，为相关工作顺利推进作出积极贡献。（3）把公正与效率作为行政审判工作的生命线。让人民群众在每一个司法案件中感受到公平正义，是司法工作的崇高目标。行政诉讼当事人，一方是处于相对弱势的行政相对人，另一方是处于相对强势的行政机关，人民群众对司法公正的期待更为迫切，行政审判工作更要千方百计地维护司法公正。设立跨行政区划人民法院的初心和使命是消除重大案件审理中的诉讼“主客场”现象，破除地方保护和行政干预，切实维护司法公正和社会公平正义。在强调司法公正的同时，也要注意提高审判效率，为当事人提供及时的、便捷的司法救济，确保人民群众的合法权益得到及时实现。只有坚持公正与效率相结合，行政审判工作才能赢得当事人和社会的依赖与尊重，司法的公信力和权威才能真正建立。（4）把正确处理监督和支持的关系作为全面发挥行政审判职能的重要原则。行政审判不仅要加强对行政行为的监督、纠正违法行政行为、依法维护广大人民群众的合法权益，还要依法支持合法行政行为、支持行政机关依法行政，维护正常的行政管理秩序。（5）把改革创新作为推动行政审判工作向前发展的不竭动力。推动行政审判工作向前发展，必须主动适应新情况、新问题，积极推进思想理念和工作实践创新。加强对行政审判新难问题的调查研究，及时总结成功做法和经验，加强顶层设计，适时试点推广。（6）把建设一支革命化、正规化、专业化、职业化的过硬法官队伍作为确保行政审判事业持续发展的重要基础。全面实现行政审判体系和审判能力现代化，圆满完成各项行政审判工作任务，归根到底，要靠行政法官队伍整体素质能力的提高。注重实战、实效，切实提升行政法官专业化水平。（7）把营造良好司法环境作为行政审判健康发展的必要条件。作为执行同一法律法规、追求同一法治目标的国家机关，行政与司法具有协调一致、取得共识的前提和基础，应当相互理解和良好合作，积极构建行政与司法良性互动机制。连续4年对社会公开发布行政审判年度报告和典型案例，并创造性地为16区政府发布司法审查报告及建议书，发挥个性化“法治体检表”作用，司法建议回函率100%；持续推进行政机关负责人出庭应诉，负责人出庭应诉的案件数量不断增多，实现行政机关工作人员出庭率100%，16区政府负责人出庭率100%，彻底改变“告官不见官”的局面，“关键少数”以上率下、带动区域整体法治水平提升的作用得到进一步发挥；积极参与各区政府常务会议会前讲法工作，选派资深行政法官向各区政府常务会议通报涉诉情况并以案释法，实现16区政府常务会议会前讲法全覆盖；被上级机关确定为北京市依法行政教育基地，充分利用行政案件数量较多、类型较为丰富、社会关注度较高等特点，着力将行政案件庭审打造成全民共享的法治公开课，充分发挥“审理一案、教育一片”效果，有超过6000多名省部级、厅局级领导干部、行政执法人员到法院旁听案件；2017年12月14日，司法部、全国普法办会同最高人民法院组织落实普法责任制部际联席会议成员，来院旁听一场行政案件庭审，并以落实“谁执法、谁普法”责任制、推动领导干部尊法学法守法用法为主题，现场召开座谈会，100余位部级和局处级干部在院共上法治宣传教育课；获得各类奖项100余个，荣获第四届“中国法治政府奖”、两次获得全国检法系统“十佳新媒体案例奖”，中央电视台晚间新闻、中央和本市主要新闻媒体广泛宣传报道北京四中院行政审判工作，北京四中院行政审判的标杆和品牌效应正在逐步形成。

面对全面深化改革进程中的种种困难，面对新时代人民法院行政审判工作的一系列深刻变化，人民法院跨区划法院改革取得了开创性的历史成就。[①] 实践证明，探索设立跨行政区划法院的司法改革方向是正确的，成效也是突出的。北京四中院自挂牌履职以来，一体化落实各项改革部署，在司法管辖制度改革、司法能动作用发挥、司法环境优化及司法队伍建设方面取得了积极成效，为全国范围内的跨区划法院改革和司法体制改革积累了可复制、可借鉴的经验。但不可否认的是，跨区划法院的设置及管辖是一项有中国特色的司法制度，作为一项新生事物缺乏既有的经验可供遵循，尽管自挂牌履职以来取得了较为突出的成效，但直辖市作为跨区划法院试点还存在一定的局限性，案件管辖的原则和标准也有待进一步明确完善，对其发展定位、组织体系、管辖范围、审理机制等基本问题的认识和解决也需要进一步突破。[②] 以北京四中院为例，当前困扰和制约跨区划法院行政审判职能充分发挥的主要矛盾和问题有：（1）设立跨区划法院的法律依据尚不明确。专门法院在《宪法》和《人民法院组织法》中有充分的宪法法律依据，但法律对跨区划法院的规定不够清晰明确，跨区划法院的法律性质是专门法院还是地方法院并不明确，跨区划法院与地方法院、专门法院之间的关系没有捋顺。（2）跨区划法院案件管辖范围不够清晰。案件管辖标准与跨区划法院的职能定位不一致，案件管辖不完整，集中不到位，实践中跨区划法院案件管辖范围

---

① 最高人民法院行政审判庭：《行政诉讼跨区划管辖改革实践与探索》，人民法院出版社2018年版，第3页。

② 最高人民法院行政审判庭：《行政诉讼跨区划管辖改革实践与探索》，人民法院出版社2018年版，第182页。

与地方法院管辖范围切割不够明确，易受地方保护、行政干预、具有专门化审判特点未被充分考虑，一些应由跨区划法院管辖的特殊案件，如重大环境保护、食品药品安全行政案件以及符合标准的重大行政案件均尚未纳入管辖范围。(3)跨区划法院与行政案件跨区域集中管辖改革结合不够紧密，通过跨区划法院改革实现行政审判体制改革的目标尚待推进。应当说，在地方法院内部实现行政案件跨区域集中管辖虽然取得一定效果，但是地方法院审理行政案件容易受到地方保护和行政干预的顽疾是难以根除的。行政案件跨区域集中管辖改革是行政审判体制改革的初级阶段，属于过渡性制度安排，不能替代跨行政区划法院改革。① 当前需要尽快推动设立跨行政区划法院，将地方法院跨区域集中管辖行政案件向跨行政区划法院转移，否则前期行政案件集中管辖改革成果将面临前功尽弃的危险。(4) 跨区划法院综合配套改革亟待加强。跨区法院与行政区划法院在功能定位、整体布局、组织体系、机构设置、案件管辖等方面不同，跨区法院内设机构、法官选拔和任命、综合保障等方面应有其特殊性，当前与跨区法院职能发挥相适应的综合配套机制需要尽快建立起来。以行政法官队伍建设为例，目前行政审判骨干力量还不够稳定，行政法官队伍与跨区划法院建设发展还存在一定程度的不适应。对于行政案件跨区划集中管辖而言，最大的挑战莫过于案件实现集中，而行政法官却没有有序流动到跨区划法院或集中管辖法院。通过专业化的行政法官队伍建设，提升行政审判专业化水平，是未来行政审判应对挑战、健康发展的必然方向。

北京四中院自挂牌履职以来高度重视学习型法院建设，大兴学习和调查研究之风，承担并完成中国法学会、最高人民法院、司法部、北京市人大、北京市政府等中央和本市重大课题项目 10 余个，在调查研究中锻炼培养队伍，形成一批优质调研成果；充分运用北京教育研究资源聚集的优势，加强与多所高校合作，加快推进高层次行政审判人才培养，努力培养更多在全国叫得响、立得住的审判业务专家；认真总结审判经验，充分发挥法官会议在统一裁判尺度方面的重要作用，不断解决审判实践中的新问题。在北京四中院挂牌履职五周年之际，组织编辑出版《行政案件跨区划管辖改革的探索与实践丛书》(以下简称《丛书》)，旨在全面展示北京四中院推动行政案件跨区划集中管辖改革，特别是跨区划法院改革的重大成果、先进经验。《丛书》围绕北京四中院行政审判实践中的新情况、新问题，选择一些在法律适用上具有典型意义、有指导作用的相关专题和典型案

---

① 程琥：《行政审判专门法院：行政诉讼体制改革的关键》，载《学习时报》2015 年 10 月 29 日。

例，组织行政庭、立案庭的法官、法官助理就有关内容撰写稿件，编辑成书，在于以典型案例指导审判实践、统一裁判标准、促进依法行政、提升法治意识、锻炼培养队伍。这些来自审判一线的同事熟悉审判工作，也勤于思考，热爱学习，善于研究，感谢他们在繁忙的审判工作之余所作的理论探索和实务总结。《丛书》共包括《行政审判典型案例评析》《行政审判裁判要旨精粹》《行政审判前沿问题探讨》《行政审判实务问题解答》四卷。《行政审判典型案例评析》围绕北京四中院审结生效的裁判文书，挑选具有典型意义的案例，撰写案例评析；《行政审判裁判要旨精粹》从具有典型指导意义的裁判文书，总结归纳裁判要旨；《行政审判前沿问题探讨》围绕当前行政审判前沿实务问题进行调查研究、撰写实务论文；《行政审判实务问题解答》围绕当前行政审判实践中的疑难问题，采取一问一答形式，简答明了，便于理解把握。但是囿于知识储备和审判业务水平能力的限制，特别是一些新生力量加入后对行政审判学习培训还不够及时，以至于有的案例分析还不够深入，裁判要旨的提炼不够精准，调研报告和实务论文水准有待加强，特别是对于一些审判实务问题解答不够准确。当然，瑕不掩瑜，相信这套书的编辑出版，对于认真总结和全面回顾北京四中院作为全国首批跨区划法院开展行政审判工作，特别是北京市作为首善之区推动依法行政和法治政府建设所取得的各项成果，宣传普及行政执法与行政诉讼知识，提高行政执法和行政审判队伍素质，增强全民尊法学法守法用法的自觉性，大兴学习和调查研究之风都大有裨益。中国法制出版社为《丛书》付梓出版做了大量审校工作，在此一并致谢。衷心希望这种好的学习和调查研究风气能够继续保持和发扬下去，并深深植根于跨区划法院行政审判实践的沃土之中，成为一朵鲜艳的法学理论与审判实践相结合的奇葩，为深化依法治国实践，推动跨区划法院管辖改革，建设法治政府，推进依法行政作出应有的贡献。

编者

2020年1月

目　录

Contents

第一章　起诉与受理

第二章 证 据

第三章 审理与判决

第一章 起诉与受理

1

行政规范性文件不属于行政诉讼受案范围

——北京治政工贸发展有限公司诉北京市石景山区人民政府不履行法定职责案

【裁判要旨】公民、法人或者其他组织针对行政机关制定、修改、解释、废止规范性文件等行为提起行政诉讼，或者要求行政机关履行制定、修改、解释、废止规范性文件等职责提起行政诉讼的，不属于人民法院行政诉讼受案范围。

北京市第四中级人民法院
行政裁定书

（2016）京04行初428号[①]

原告北京治政工贸发展有限公司，住所地北京市石景山区。

法定代表人张敬东，董事长。

委托代理人王才亮，北京市才良律师事务所律师。

委托代理人杨轶群，北京才良（杭州）律师事务所律师。

被告北京市石景山区人民政府，住所地北京市石景山区。

法定代表人夏林茂，区长。

---

① 该案裁定作出后，原告不服向北京市高级人民法院提起上诉，二审法院经审理，裁定驳回上诉，维持一审裁定，参见（2016）京行终5238号行政裁定书。

委托代理人张斌，北京市石景山区人民政府办公室工作人员。

委托代理人赖芸，北京市石景山区人民政府法制办公室工作人员。

原告北京治政工贸发展有限公司诉被告北京市石景山区人民政府不履行法定职责一案，向本院提起行政诉讼。本院受理后，依法组成合议庭进行了审理。

原告诉称，2001 年，北京市八大处农工商总公司向原北京市石景山区人民政府农村工作委员会（以下简称原区农委，后由该区集体经济办公室承接其职责）报请批准对北京市治政集团公司（以下简称治政集团）进行重组转制。原区农委于 2001 年 3 月 9 日作出石政农发〔2001〕17 号文，同意治政集团进行重组转制。后治政集团在重组改制后变更为原告。近期，原告得知原区农委在发出 17 号文件之后，又发出了《关于八大处农工商总公司在进行企业重组时不得以土地折资入股的意见》（石政农发〔2001〕18 号）。原告认为原区农委无权以“全部土地已列入整体开发协议”为由，在已批准治政集团进行重组改制之后，又作出 18 号文件，其行为已超出职权范围。故原告于 2015 年 9 月 25 日书面申请被告履行法定职责，撤销 18 号文件。被告至今未履行职责。故原告请求判决确认被告于 2015 年 12 月 23 日收到原告“申请书”后在法定期限内不履行法定职责违法，并判决被告在一定期限内履行。

本院认为，公民、法人或其他组织向人民法院提起行政诉讼，应当符合法定起诉条件。起诉不符合法定条件，已经立案的，应当裁定驳回起诉。根据《中华人民共和国行政诉讼法》第四十九条规定，提起诉讼应当属于人民法院受案范围。本案中，对被告应否履行原告申请职责的审查，需要对行政机关规范性文件合法性进行直接审查，故原告要求被告履行职责的内容不属于行政诉讼受案范围，原告提起本案诉讼不符合起诉条件，本院依法应予驳回。综上，根据《最高人民法院关于适用〈中华人民共和国行政诉讼法〉若干问题的解释》① 第三条第一款第（一）项之规定，裁定如下：

驳回原告北京治政工贸发展有限公司的起诉。

案件受理费 50 元，于本裁定生效后退还原告北京治政工贸发展有限公司。

如不服本裁定，可在裁定书送达之日起 10 日内，向本院递交上诉状，并按对方当事人人数递交上诉状副本，上诉于北京市高级人民法院。

审 判 长　武 楠
人民陪审员　王 强

① 已被《最高人民法院关于适用〈中华人民共和国行政诉讼法〉的解释》废止。

人民陪审员　　朱国庆
二〇一六年九月二十日
法 官 助 理　　苏美夏
书　记　员　　郝　爽

2

上级行政机关对下级行政机关的内部层级监督行为不具有可诉性

——丛景某诉北京市怀柔区人民政府履行法定职责案

【裁判要旨】上级行政机关基于内部层级监督关系对下级行政机关作出的听取报告、执法检查、督促履责等行为，不属于行政诉讼受案范围。公民、法人或者其他组织诉请人民法院判令上级行政机关基于内部层级监督关系撤销或改变下级行政机关的行政行为，该起诉事项同样不属于行政诉讼受案范围。

北京市第四中级人民法院

行政裁定书

（2017）京04行初1101号①

原告丛景某，住北京市怀柔区。

被告北京市怀柔区人民政府，住所地北京市怀柔区。

法定代表人卢宇国，代区长。

委托代理人张久敏，北京市怀柔区长哨营乡人民政府副乡长。

委托代理人郭跃，北京徐波律师事务所律师。

原告丛景某（以下简称原告）诉被告北京市怀柔区人民政府（以下简称被告）要求确认不履责违法一案，向本院提起行政诉讼。本院受理后，依法组成合议庭进行了审理，现已审理终结。

原告诉称，原告邻居周满某于1998年8月11日获取到《村民宅院地使用许可证》。2005年5月周满某实施了侵占公共走道垒墙占道的违法行为，严重侵犯了原

① 该案裁定作出后，原告不服向北京市高级人民法院提起上诉，二审法院经审理，裁定驳回上诉，维持一审裁定，参见（2018）京行终330号行政裁定书。

告的切身利益。2005 年 9 月长哨营乡政府送达给原告一份《长哨营满族乡人民政府关于撤销七道河村村民周满某翻建房屋批示的通知》，原告就此多次向有关部门反映，被告于 2005 年至 2016 年一直不作为，撤销这一违法行政行为拖延 11 年之久。故请求法院确认被告未及时撤销长哨营满族乡政府 1998 年 8 月 11 日违法核发的村民宅院地使用许可证，没有履行应尽职责和法定义务的行政行为违法。

被告辩称，被告依法履行了法定职责，不存在未及时履职行为，且原告的起诉超过法定起诉期限，故请求裁定驳回原告的起诉或者驳回原告的诉讼请求。

经审理查明，1998 年 8 月 11 日，北京市怀柔区长哨营满族乡人民政府向长哨营满族乡七道河村周满某核发了《村民宅院地使用许可证》。被告于 2016 年 1 月 3 日收到原告的申请书。2016 年 3 月 15 日，被告作出怀政函〔2016〕55 号《北京市怀柔区人民政府关于撤销长哨营满族乡七道河村周满某〈村民宅院地使用许可证〉的通知》，并送达周满某和七道河村村民委员会。

本院认为，公民、法人或其他组织向人民法院提起行政诉讼，应当符合起诉条件。起诉不符合法定条件已经立案的，法院应当裁定驳回起诉。依据《中华人民共和国行政诉讼法》第四十九条第（四）项规定，被诉行为属于人民法院受案范围是法定的起诉条件。本案中，原告要求被告撤销长哨营满族乡人民政府核发的《村民宅院地使用许可证》属于行政机关内部监督职责，不属于行政诉讼受案范围。故原告要求确认被告未及时履行法定职责违法的诉讼请求，不符合法定起诉条件，本院依法应予驳回。综上，依据《中华人民共和国行政诉讼法》第四十九条第（四）项、《最高人民法院关于适用〈中华人民共和国行政诉讼法〉若干问题的解释》[①]第三条第一款第（一）项的规定，裁定如下：

驳回原告丛景某的起诉。

原告丛景某起诉时预交的案件受理费 50 元，于本裁定生效后退还原告丛景某。

如不服本裁定，可在裁定书送达之日起 10 日内，向本院递交上诉状，并按对方当事人人数递交上诉状副本，上诉于北京市高级人民法院。

审 判 长　贾 毅
审 判 员　邢 军
人民陪审员　李东英
二〇一七年十二月四日
法官助理　胡 荣
书 记 员　赵迎争

① 已被《最高人民法院关于适用〈中华人民共和国行政诉讼法〉的解释》废止。

3

业主委员会与颁发国有土地使用权证不具有利害关系

——北京市昌平区翰宏花园（纳帕溪谷）业主委员会诉北京市昌平区人民政府土地行政许可案

【裁判要旨】国有土地使用权证系区政府依法定程序对国有土地使用权人取得国有土地使用权法律事实的记载，该颁证行为并未直接导致小区权益受到侵害，因此业主委员会与被诉国有土地使用权证不具有法律上的利害关系，亦不具备针对该颁证行为起诉的原告资格。

北京市第四中级人民法院

行政裁定书

（2015）四中行初字第493号[①]

原告北京市昌平区翰宏花园（纳帕溪谷）业主委员会，住所地北京市昌平区。

负责人王春生，主任。

委托代理人王颖，北京市中唐律师事务所律师。

委托代理人秦亮平，天津全唐律师事务所律师。

被告北京市昌平区人民政府，住所地北京市昌平区。

法定代表人张燕友，区长。

委托代理人刘明霞，北京市国土资源局昌平分局工作人员。

委托代理人方静，北京市威正律师事务所律师。

第三人北京金科纳帕置业有限公司，住所地北京市昌平区。

法定代表人谢滨阳，董事长。

---

① 该案裁定作出后，原告不服向北京市高级人民法院提起上诉，二审法院经审理，裁定驳回上诉，维持一审裁定，参见（2015）高行终字第3477号行政裁定书。

委托代理人刘艳红，北京市中永律师事务所律师。

委托代理人赵佳，北京市中永律师事务所律师。

原告北京市昌平区翰宏花园（纳帕溪谷）业主委员会（以下简称纳帕溪谷业委会）诉被告北京市昌平区人民政府（以下简称昌平区政府）撤销国有土地使用证一案，向本院提起行政诉讼。本院于2015年6月5日受理后，于2015年6月10日向被告昌平区政府送达了起诉状副本及应诉通知书。根据《中华人民共和国行政诉讼法》（以下简称《行政诉讼法》）第二十九条的规定，本院通知北京金科纳帕置业有限公司（以下简称金科公司）作为本案第三人参加诉讼。本院依法组成合议庭，于2015年8月18日公开开庭审理了本案。原告纳帕溪谷业委会的委托代理人王颖，被告昌平区政府的委托代理人刘明霞、方静，第三人金科公司的委托代理人刘艳红、赵佳到庭参加了诉讼。

原告纳帕溪谷业委会诉称，原告小区业主与北京翰宏基业房地产开发有限公司（以下简称翰宏公司）签订《商品房买卖合同》，约定购买翰宏公司开发的位于北京市昌平区沙顺路×号院的房屋，入住以来小区环境安静。但自第三人金科公司开发金科王府及金科西府项目施工以来，给小区业主带来了极大的噪音污染且经常发生财物被盗现象。经部分业主了解，第三人金科公司的建房用地属于基本农田，根据法律规定基本农田不允许用于建设房屋，因此第三人金科公司未经国务院批准将基本农田变更使用性质违反法律规定。综上，请求依法撤销被告昌平区政府为第三人金科公司颁发的京昌国用2010出第×号《国有土地使用证》（以下简称被诉国有土地使用证）。

被告昌平区政府辩称，1. 纳帕溪谷业委会不是本案适格的当事人。根据《行政诉讼法》第十二条、第二十五条的规定，行政诉讼的参与人应当是与行政行为具有利害关系的公民、法人或者其他组织。本案中原告纳帕溪谷业委会诉称第三人金科公司的开发行为导致纳帕溪谷小区噪声污染和财物被盗情况属于民事权益纠纷。纳帕溪谷业委会诉称的金科公司建房用地属于基本农田的情况，因其既不是该宗土地的权利人也不是实际使用人，不具有本案行政诉讼法上的利害关系。2. 被告昌平区政府依法颁发被诉国有土地使用证。根据相关法律规定，被告昌平区政府作为登记造册机关，具有为第三人金科公司核发被诉国有土地使用证的法定职责。北京市国土资源局昌平分局作为县级以上地方人民政府土地管理部门，根据第三人金科公司提交的土地登记申请书、申请人身份证明材料、土地权属来源证明、地籍调查表、宗地图及宗地界地址坐标及法律法规规定的完税凭证等材料，依法办理登记手续并报区政府审批后予以登记，符合法律规定。综上，被告昌平区政府颁发被诉国有土地使用证符合法律规定，请求依法驳回原告的起诉。

第三人金科公司述称，第三人通过合法途径取得上述国有土地使用权，对于出让之前土地性质并不了解，其他意见同被告昌平区政府的答辩意见。

本院认为，公民、法人或其他组织向人民法院提起行政诉讼，应当符合法定起诉条件；起诉不符合法定条件的，人民法院应当裁定驳回起诉。《物业管理条例》第十五条规定，业主委员会执行业主大会的决定事项，同时该条款对业主委员会履行的职责作出明确规定，其中第（五）项规定，业主委员会履行业主大会赋予的其他职责。本案中，纳帕溪谷业委会并未提交证据证明业主或业主大会授权其以自己的名义代表该小区业主提起本案诉讼，其以自己的名义代表小区全体业主提起的本案诉讼不符合法定起诉条件，依法应予驳回起诉。

《行政诉讼法》第二十五条第一款规定，行政行为的相对人以及其他与行政行为有利害关系的公民、法人或者其他组织，有权提起诉讼。本案中，纳帕溪谷业委会认为昌平区政府违法改变基本农田性质颁发被诉国有土地使用证，给小区带来极大的噪音污染且经常发生财物被盗现象，违反法律规定并侵犯其合法权益。而被诉国有土地使用权证系被告昌平区政府依法定程序，对第三人金科公司取得国有土地使用权这一法律事实的记载，该登记颁证行为并未直接导致小区的噪音污染和财物被盗，因此原告纳帕溪谷业委会与被诉国有土地使用权证不具有法律上的利害关系，不具备针对该行为提起诉讼的原告主体资格，本院依法亦应驳回起诉。

据此，依照《最高人民法院关于适用〈中华人民共和国行政诉讼法〉若干问题的解释》[1] 第三条第一款第（一）项之规定，裁定如下：

驳回原告北京市昌平区翰宏花园（纳帕溪谷）业主委员会的起诉。

案件受理费50元，原告北京市昌平区翰宏花园（纳帕溪谷）业主委员会已交纳，于本裁定生效后退还。

如不服本裁定，可于裁定书送达之日起十日内，向本院递交上诉状，并按对方当事人的人数提出副本，上诉于北京市高级人民法院。

审 判 长　向绪武
审 判 员　张立鹏
审 判 员　张 岩
二〇一五年八月二十一日
法官助理　程 娜
书 记 员　牛 然

① 已被《最高人民法院关于适用〈中华人民共和国行政诉讼法〉的解释》废止。

4

申报工作负责人不具有起诉撤销非物质文化遗产名录的原告主体资格

——袁益某诉北京市西城区人民政府非物质文化遗产名录案

【裁判要旨】公民、法人或者其他组织对某一行政行为是否具有提起诉讼的原告资格，取决于其与该行政行为是否具有利害关系，而是否具有利害关系，通常从该公民、法人或者其他组织是否会受到该行政行为的不利影响，其主张的受到影响的利益是否属于相关法律规范所保护的利益等方面进行审查判断。

北京市第四中级人民法院

行政裁定书

（2016）京04行初2624号①

原告袁益某，住北京市西城区。

被告北京市西城区人民政府，住所地北京市西城区。

法定代表人王少峰，区长。

委托代理人毕菲，北京市西城区人民政府法制办公室副主任。

委托代理人葛寅秋，北京市西城区人民政府法制办公室工作人员。

被告北京市西城区文化委员会，住所地北京市西城区。

法定代表人孙劲松，主任。

委托代理人徐晓辉，北京市西城区文化委员会非物质文化遗产科科长。

委托代理人赵航，北京国枫律师事务所律师。

---

① 该案裁定作出后，原告不服向北京市高级人民法院提起上诉，二审法院经审理，裁定驳回上诉，维持一审裁定，参见（2017）京行终1190号行政裁定书。

原告袁益某要求撤销被告北京市西城区人民政府（以下简称西城区政府）、北京市西城区文化委员会（以下简称西城区文委）非物质文化遗产名录一案，本院于2016年9月8日受理后，向被告西城区政府、西城区文委送达了起诉状副本及应诉通知书。本院依法组成合议庭，于2016年12月1日公开开庭审理了本案，原告袁益某、西城区政府的委托代理人葛寅秋、西城区文委的法定代表人孙劲松及其委托代理人徐晓辉、赵航到庭参加诉讼。本案现已审理终结。

原告袁益某诉称，二被告违反法律规定将“古建筑模型扎小样”列入第四批西城区级非物质文化遗产名录，理由如下：第一，《中华人民共和国非物质文化遗产法》（以下简称《非物质文化遗产法》）规定文化主管部门进行非物质文化遗产调查，应当收集属于非物质文化遗产组成部分的代表性实物，说明“代表性实物”是确立非物质文化遗产的重要依据。二被告向原告进行非物质文化遗产调查时并未依法收集代表性实物，其调查行为违反了上述规定。第二，《非物质文化遗产法》规定对通过调查或者其他途径发现的濒临消失的非物质文化遗产项目，县级人民政府文化主管部门应当立即予以记录并收集有关实物，或者采取其他抢救性保存措施，对需要传承的，应当采取有效措施支持传承。众所周知传承离不开传承人，“古建筑模型扎小样”尚未列入市级或国家级文化遗产项目，属于西城区独有的项目，但二被告没有确定该项目的代表性传承人，故不能将该项目实际传承。综上，二被告的上述做法使对非物质文化遗产的保护形同虚设，不利于非物质文化遗产的保护与传承。故原告要求二被告将“古建筑模型扎小样”项目从第四批西城区级非物质文化遗产名录中撤销。

被告西城区政府辩称，《非物质文化遗产法》第七条规定，国务院文化主管部门负责全国非物质文化遗产的保护、保存工作；县级以上地方人民政府文化主管部门负责本行政区域内非物质文化遗产的保护、保存工作。根据上述规定，西城区政府不是非物质文化遗产保护责任机关，也没有撤销非物质文化遗产项目名录的法定职权，现行法律法规没有规定将非物质文化遗产撤出名录公告的规定，综上，西城区政府不是本案适格被告，请求法院依法驳回原告起诉。

西城区文委辩称，第一，《非物质文化遗产法》所指的非物质文化遗产是各族人民世代相传并视为其文化遗产组成部分的各种传统文化表现形式，故非物质文化遗产保护项目所有权并不归属于任何个人，个人无权申请撤销。第二，《北京市人民政府办公厅关于加强本市非物质文化遗产保护工作的意见》规定，市级非物质文化遗产代表作名录由市政府批准公布；区（县）级非物质文化遗产代表作名录由各区县政府批准公布，并报市政府备案，市文化局负责具体备案工作。据此西城区政府是公布区级非物质文化遗产代表作名录的主体，西城区文委是实际业务操作部门，不应是本案的被告。第三，西城区政府将“古建筑模型扎小样”列入西城区非物质文化遗产项目名录的具体工作符合法定程序。申请单位是北京市西城区广安门外街道社区公共服务协会，西城区文委专门为此实地调查，该项目真实存在。第四，该项目立项以来，西城区文委通过多种渠道进行了宣传推广，并实际开展了组织培训、编辑宣传册、组织参与评选等活动。《非物质文化遗产法》第二十九条规定，国务院文化主管部门和省、自治区、直辖市人民政府文化主管部门对本级人民政府批准公布的非物质文化遗产代表性项目，可以认定代表性传承人。该规定未将区县文化主管部门列入可以认定代表性传承人的范畴，且现行法律并无必须认定代表性传承人的规定。综上，请求法院驳回原告诉讼请求。

本院认为：公民、法人或其他组织向人民法院提起行政诉讼，应当符合法定起诉条件，起诉不符合法定条件的，已经立案的，应当裁定驳回起诉。《中华人民共和国行政诉讼法》第二十五条规定，行政行为的相对人以及其他与行政行为有利害关系的公民、法人或者其他组织，有权提起诉讼。第四十九条规定，提起诉讼应当符合下列条件：（一）原告是符合本法第二十五条规定的公民、法人或者其他组织；（二）有明确的被告；（三）有具体的诉讼请求和事实根据；（四）属于人民法院受案范围和受诉人民法院管辖。

我国是一个历史悠久的文明古国，不仅有大量的物质文化遗产，而且有丰富的非物质文化遗产，为了继承和弘扬中华民族优秀传统文化，促进社会主义精神文明建设，加强非物质文化遗产保护、保存工作，制定《非物质文化遗产法》，并于2011年6月1日实施。该法所称非物质文化遗产，是指各族人民世代相传并视为其文化遗产组成部分的各种传统文化表现形式，以及与传统文化表现形式相关的实物和场所。包括：（一）传统口头文学以及作为其载体的语言；（二）传统美术、书法、音乐、舞蹈、戏剧、曲艺和杂技；（三）传统技艺、医药和历法；（四）传统礼仪、节庆等民俗；（五）传统体育和游艺；（六）其他非物质文化遗产。国务院建立国家级非物质文化遗产代表性项目名录，将体现中华民族优秀传统文化，具有重大历史、文学、艺术、科学价值的非物质文化遗产项目列入名录予以保护。

省、自治区、直辖市人民政府建立地方非物质文化遗产代表性项目名录，将本行政区域内体现中华民族优秀传统文化，具有历史、文学、艺术、科学价值的非物质文化遗产项目列入名录予以保护。该法同时规定由省、自治区、直辖市参照本法有关规定制定建立地方非物质文化遗产代表性项目名录的办法。

《北京市人民政府办公厅关于加强本市非物质文化遗产保护工作的意见》中规定建立非物质文化遗产代表作名录体系。要按照国家有关评审标准，对各类非物质文化遗产项目进行科学认定，鉴别真伪，并在此基础上建立起市及区（县）两级非物质文化遗产代表作名录体系，逐步建立与世界“人类口头和非物质遗产代表作”和“国家级非物质文化遗产代表作名录”相衔接的非物质文化遗产代表作名录体系。市级非物质文化遗产代表作名录由市政府批准公布；区（县）级非物质文化遗产代表作名录由各区县政府批准公布，并报市政府备案，市文化局负责具体备案工作。

本案中，2013 年 4 月 15 日北京市西城区广安门外街道社区公共服务协会（以下简称广外服务协会）出具《授权书》，同意将中国古建筑模型扎小样项目申报第四批西城区级非物质文化遗产保护名录，向西城区非物质文化遗产保护中心递交申报书、论证报告及相关资料，保证材料的客观真实性，并授权西城区通过多种渠道、多种方式对本项目进行宣传和推广，同意将提交的该项目所涉及的相关材料用于非物质文化遗产的宣传和保护工作。同年 4 月 24 日，广外服务协会作为中国古建筑模型扎小样项目的申报单位填写了《西城区第四批非物质文化遗产项目申报表》，本案原告袁益某系申报工作负责人。此后，西城区文委组织了专家评审、网上公示等工作。经西城区政府研究，同意将中国古建筑模型扎小样等 28 个项目列入第四批区级非物质文化遗产名录，并予以公布。西城区凭借其地域、历史、文化等优势，不断挖掘具有地方特色的非物质文化遗产，制作非物质文化遗产名录，开展对非物质文化遗产实施保护、管理和合理利用工作。原告作为从事“古建筑模型扎小样”的制作者及该项目申报非物质文化遗产的负责人，该项目列入非物质文化遗产名录，对其个人的权利义务不产生实际影响，案件审理过程中，其诉称将“古建筑模型扎小样”从非物质文化遗产名录中撤销对其也不产生影响。原告袁益某对未被命名为项目代表性传承人提出异议，但西城区政府公布的第四批西城区级非物质文化遗产名录中不包括代表性传承人的内容，故该异议不属于本案合法性审查的范畴，且在公布名录后，西城区文委开展了对列入名录中的项目代表性传承人命名的相关工作。综上，原告与西城区政府将“古建筑模型扎小样”列入非物质文化遗产名录的行为不存在法律上的利害关系，故其不具备原告诉讼主体资格，其对西城区政府的起诉不符合法定起诉条件。

《中华人民共和国行政诉讼法》第二十六条规定，公民、法人或者其他组织直接向人民法院提起诉讼的，作出行政行为的行政机关是被告。原告袁益某要求西城区政府、西城区文委将“古建筑模型扎小样”项目从第四批西城区级非物质文化遗产名录中撤销，但本案中将“古建筑模型扎小样”列入非物质文化遗产名录并予以公布的实施主体是西城区政府，故原告以西城区文委为被告提起行政诉讼不符合法定起诉条件。

综上，依据《最高人民法院关于适用〈中华人民共和国行政诉讼法〉若干问题的解释》[1] 第三条第一款第（一）项的规定，裁定如下：

驳回原告袁益某的起诉。

案件受理费50元，原告袁益某已交纳，于本裁定生效后退还。

如不服本裁定，当事人可在裁定书送达之日起十日内，向本院递交上诉状，并按对方当事人人数递交上诉状副本，上诉于北京市高级人民法院。

审　判　长　　程　琥

审　判　员　　张　岩

人民陪审员　　孔　勤

二〇一六年十二月二十七日

法 官 助 理　　张鸿浩

书　记　员　　高晶晶

① 已被《最高人民法院关于适用〈中华人民共和国行政诉讼法〉的解释》废止。

5

明显不属于行政机关法定职责的人民法院迳行裁定驳回起诉

——李艳某诉北京市顺义区人民政府履行法定职责案

【裁判要旨】原告诉请法院判决被告履行的职责应当属于行政机关的法定职责。人民法院经审理认为原告所请求履行的法定职责或者给付义务明显不属于行政机关权限范围的，可以裁定驳回起诉。

北京市第四中级人民法院

行政裁定书

（2016）京04行初2519号①

原告李艳某，住北京市顺义区。

委托代理人张乐云，住北京市顺义区。

委托代理人岳玉秀，住北京市顺义区。

被告北京市顺义区人民政府，住所地北京市顺义区。

法定代表人高朋，区长。

委托代理人徐夫金，北京市顺义区人民政府工作人员。

委托代理人夏日星，北京顺东律师事务所律师。

原告李艳某诉被告北京市顺义区人民政府（以下简称顺义区政府）要求履行法定职责一案，本院受理后，依法组成合议庭审理了本案，现已审理终结。

原告李艳某诉称：1995年，顺义区政府根据京政地〔1995〕211号《北京市人民政府关于顺义县政府建设征地的批复》，征用了顺义区石各庄村5.6公顷土地。当时实施的北京市人民政府令（1993年第16号）《北京市建设征地农转工人员安

① 该案裁定作出后，原告不服向北京市高级人民法院提起上诉，二审法院经审理，裁定驳回上诉，维持一审裁定，参见（2017）京行终1258号行政裁定书。

置办法》规定，农转工人员依法享有工资、劳动保险及福利待遇等安置权利。但顺义区政府征用土地后，至今未履行《北京市建设征地农转工人员安置办法》《北京市人民政府办公厅转发市国土局关于处理北京市建设征地农转工人员安置办法实施期间批准征地项目人员安置有关遗留问题意见的通知》的规定，未对原告在待安置期间的工资、补贴、医疗费及全部社会基本保险的补缴费用进行全面补偿。顺义区政府的行政不作为直接导致原告至今没有享受到相关权益或得到相应补偿。综上，请求法院判令顺义区政府按照《北京市建设征地农转工人员安置办法》《北京市人民政府办公厅转发市国土局关于处理北京市建设征地农转工人员安置办法实施期间批准征地项目人员安置有关遗留问题意见的通知》的规定依法补偿原告的经济损失。在诉讼中，原告李艳某明确表示其要求被告顺义区政府补偿的经济损失是指其由于未被安排工作而未享受到的养老保险、待安置期间的工资、暖气费补贴、土地分红补贴、住房公积金。

被告顺义区政府辩称：原告的起诉事项不属于其职责范围，且原告起诉超过了20年的最长起诉期限，请求驳回原告的起诉。

本院认为，公民、法人或其他组织向人民法院提起行政诉讼，应当符合法定起诉条件；起诉不符合法定条件，已经立案的，人民法院应当裁定驳回起诉。

本案中，根据当事人提交的证据材料和陈述的意见，原顺义县人民政府因该县城乡建设开发公司拟建石各庄住宅小区需要征用顺义镇石各庄村粮田地和平各庄村非耕地，于1995年7月13日向北京市人民政府提出《关于开发建设石各庄住宅小区征地的请示》。北京市人民政府于1995年11月14日作出京政地〔1995〕211号《关于顺义县政府建设征地的批复》，同意顺义县因开发建设“石各庄住宅小区”征用顺义镇石各庄村粮田地和平各庄村宅基地共计19.5933公顷，将石各庄村343名农业户口转为非农业户口，其中182名劳动力由顺义县组织有关部门负责安排工作。根据当时有效的《北京市建设征地农转工人员安置办法》（北京市人民政府令1993年第16号）第三条、第五条、第八条、第三十二条的规定，市土地管理局、市劳动局在市人民政府统一领导下，负责对全市农转工人员安置工作进行监督管理；区、县土地管理局、劳动局在区、县人民政府统一领导下，负责对本辖区内农转工人员安置工作进行监督管理；农转工人员的安置坚持谁占地谁负责的原则，安置办法采取多渠道、多种形式；符合农转工条件的人员，由建设征地单位尽量自行安置；建设征地单位确实自行安置不完的，由市、区、县土地管理局会同劳动局组织被征地单位、被征地乡镇人民政府和有关单位，协助建设征地单位采取多渠道的办法进行安置；建设征地单位或安置单位不依照本办法履行安置义务的，由市、区、县劳动局责令限期改正。自2004年7月1日起，经北京市人民政府常务会议通过并以北京市人民政府令2004年第148号发布的《北京市建设征地补偿安置办法》正式实施，《北京市建设征地农转工人员安置办法》同时废止。《北京市建设征地补偿安置办法》第三条规定，市土地行政主管部门负责征地补偿管理工作；市劳动保障行政主管部门负责转非劳动力就业和社会保险管理工作；市民政部门负责超转人员管理工作；区、县土地、劳动保障、民政部门按照分工负责本行政区域内征地补偿安置具体管理工作。《北京市建设征地补偿安置办法》对征地补偿、人员安置、就业促进、社会保险等事项作出相应规定。由此可见，不论是《北京市建设征地农转工人员安置办法》，还是《北京市建设征地补偿安置办法》，均未明确规定由区、县人民政府直接安置农转工人员，亦未明确规定由区、县人民政府直接办理农转工人员参加社会保险手续。

原告李艳某主张被告顺义区政府负有其所称的法定职责的另一依据是《北京市人民政府办公厅转发市国土局关于处理北京市建设征地农转工人员安置办法实施期间批准征地项目人员安置有关遗留问题意见的通知》。该通知涉及北京市国土资源局制定的《关于处理北京市建设征地农转工人员安置办法实施期间批准征地项目人员安置有关遗留问题的意见》（以下简称《意见》）。该《意见》对农转工人员和超转人员的确定、农转工人员安置政策、超转人员接收政策、农转工人员社会保险等问题作出具体规定，其中该《意见》在“二、农转工人员安置政策”一节作出“农转工人员的安置方式包括征地单位安置和委托其他单位安置及自谋职业”等规定，在“四、农转工人员社会保险”一节作出“农村集体经济组织或村民委员会应在农转工人员办理农转工手续后30日内，到所在区县社会保险经办机构为其办理参加社会保险手续，补缴社会保险费用”等规定。该《意见》并未明确规定由区、县人民政府直接安置农转工人员，亦未明确规定由区、县人民政府直接办理农转工人员参加社会保险手续。

综上，相关法律、法规、规章并未规定区、县人民政府负有直接为农转工人员安置工作和办理参加社会保险手续的法定职责，亦未规定区、县人民政府负有对农转工人员待安置期间的工资、补贴、医疗费及社会基本保险补缴费用进行补偿的法定职责。原告李艳某要求人民法院径行判令被告补偿其由于未被安排工作而未享受到的养老保险、待安置期间的工资、暖气费补贴、土地分红补贴、住房公积金等损失的诉请事项，依法不属于人民法院行政诉讼的受案范围。原告的起诉不符合法定条件，本院依法应予驳回。依据《中华人民共和国行政诉讼法》第四十九条第（四）项、《最高人民法院关于适用〈中华人民共和国行政诉讼法〉若干问题的解释》① 第

① 已被《最高人民法院关于适用〈中华人民共和国行政诉讼法〉的解释》废止。

三条第一款第（一）项之规定，裁定如下：

驳回原告李艳某的起诉。

原告李艳某起诉时预交的案件受理费五十元，于本裁定生效后退还原告李艳某。

如不服本裁定，当事人可在裁定书送达之日起十日内向本院递交上诉状，并按对方当事人的人数提交副本，上诉于北京市高级人民法院。

审　判　长　　陈良刚
审　判　员　　武　楠
审　判　员　　张　岩
二〇一六年十二月二十六日
法官助理　　苏美夏
书　记　员　　郝　爽
书　记　员　　高晶晶

6

请求上级政府再次责成相关部门履行拆除职责的不属于行政诉讼受案范围

——张忠某不服北京市西城区人民政府不履行法定职责案

【裁判要旨】拆除违法建设过程中，区政府已经责成相关部门拆除违法建设的，举报人再次要求区政府责成相关部门，实质上是要求区政府履行对下级机关的监督功能。监督权力的行使直接作用于下级行政机关，并不对当事人的权利义务产生直接影响，也不会对当事人产生法律上的羁束效力。因此，基于行政权力运行所产生的监督关系不属于行政审判权限的调整范围。

北京市第四中级人民法院

行政裁定书

（2015）四中行初字第1097号①

原告张忠某，住北京市西城区。

被告北京市西城区人民政府，住所地北京市西城区。

法定代表人王少峰，区长。

委托代理人李鹏，北京市西城区人民政府工作人员。

委托代理人李国动，北京市西城区城市管理综合行政执法监察局副局长。

原告张忠某因要求被告北京市西城区人民政府（以下简称西城区政府）履行法定职责一案，向本院提起行政诉讼。本院于2015年11月20日受理后，于同年11月26日向被告西城区政府送达了起诉状副本及应诉通知书。本院依法组成合议庭，于2015年12月17日公开开庭审理了本案。原告张忠某，被告西城区政府的

① 该案裁定作出后，原告不服向北京市高级人民法院提起上诉，二审法院经审理，裁定驳回上诉，维持一审裁定，参见（2016）京行终1168号行政裁定书。

委托代理人李鹏、李国动到庭参加了诉讼。本案现已审理终结。

原告张忠某诉称，被告西城区政府于2010年4月22日作出了对北京市西城区后海雅儿胡同×号违法建设（以下简称涉诉违法建设）的强制拆除批复，西城区城管执法局经法院判决履行法定职责也没有实施拆除行为，导致涉诉违法建设仍然存在，侵害了其合法权益。原告不服，于2015年8月24日通过邮寄方式向被告西城区政府提出《强拆申请》，请求被告立即责成相关部门，按照被告作出的强拆批复及西城区城管执法局作出的强拆决定书，强制拆除涉诉违法建设。现被告未作出答复，不符合法律规定。综上，请求判令被告西城区政府针对原告提出的上述申请履行法定职责。

被告西城区政府辩称，2010年1月21日，原北京市西城区城市管理监察大队（以下简称西城区城管大队）针对涉诉违法建设的搭建人孙聚某作出了京西城管限拆字〔2010〕3号《限期拆除通知书》（以下简称第3号《限期拆除通知书》），告知其逾期不拆除将予以强制拆除。2010年4月22日，被告西城区政府作出西政函〔2010〕26号《关于区城管监察大队强制拆除申请的批复》（以下简称第26号批复），同意对涉诉违法建设予以强制拆除。2010年5月25日，西城区城管大队作出京西城管罚字〔2010〕3号《责令限期拆除决定书》（以下简称第3号《责令限期拆除决定书》），明确逾期不停止建设或拆除将予以强制拆除。2012年5月25日，西城区城管大队作出京西城管催字〔2010〕第020023号《履行行政决定催告通知书》（以下简称第23号《催告通知书》），明确逾期不自行拆除的将予以强制拆除。2012年8月21日，被告作出西政法执〔2012〕第34号《责成强制拆除违法建设决定》（以下简称第34号《责成强制拆除违法建设决定》），责成西城区城管大队会同北京市公安局西城分局、什刹海街道办事处予以强制拆除。2012年8月27日，西城区城管大队作出京西城管执字〔2010〕3号《强制执行决定书》（以下简称第3号《强制执行决定书》），限涉诉违法建设人孙聚某在收到决定之日起三日内拆除，逾期仍未履行的将强制拆除。本案中，被告西城区政府根据《北京市城乡规划条例》及《北京市禁止违法建设若干规定》，依法责成西城区城管大队强制拆除，已经履行了相应的法定职责。虽然涉诉违法建设至今仍未拆除，是因为经风险评估，认为孙聚某的家庭存在特殊情况而不宜拆除，并非被告西城区政府不履行职责。综上，被告已经履行了职责，请求依法驳回原告的诉讼请求。

经查，2015年8月25日，原告张忠某通过EMS方式向被告西城区政府提交《强拆申请》。请求被告西城区政府立即责成相关部门，按照被告作出的强拆批复及西城区城管执法局作出的强拆决定书，强制拆除涉诉违法建设。至本案起诉之日，被告西城区政府未直接对原告张忠某的请求作出答复。

另查，西城区城管大队针对涉诉违法建设，于2010年1月21日作出第3号《限期拆除通知书》，告知涉诉违法建设的搭建人孙聚某逾期不拆除的将予以强制拆除。2010年4月22日，被告西城区政府作出第26号批复，同意对涉诉违法建设予以强制拆除。2012年7月3日，西城区城管大队作出第3号《责令限期拆除决定书》，明确逾期不停止建设或拆除的将予以强制拆除。2012年5月25日，西城区城管大队作出第23号《催告通知书》，明确逾期不自行拆除的将予以强制拆除。2012年8月21日，被告西城区政府作出第34号《责成强制拆除违法建设决定》，责成西城区城管大队会同北京市公安局西城分局、什刹海街道办事处予以强制拆除。2012年8月27日，西城区城管大队作出第3号《强制执行决定书》，限孙聚某在收到决定之日起3日内拆除违法建设，逾期仍未履行的将强制拆除。截至起诉之日，涉诉违法建设仍未被强制拆除。

本院认为，原告的诉讼请求不属于人民法院行政诉讼的受案范围。本案中，原告张忠某请求法院责令被告西城区政府履行的职责是：立即责成相关部门，按照被告作出的强拆批复及西城区城管大队作出的强拆决定书强制拆除涉诉违法建设。其实质上是请求被告西城区政府责令、督促下级行政机关执行本案涉及的行政决定，即执行第34号《责成强制拆除违法建设决定》和第3号《强制执行决定书》。

关于执行第34号《责成强制拆除违法建设决定》的问题。本案中，西城区政府作出第34号《责成强制拆除违法建设决定》后，西城区城管大队据此作出了第3号《强制执行决定书》，因此，针对同一事项不存在还需要再次责成的问题。现原告张忠某请求法院责令被告西城区政府立即责成相关部门，按照被告作出的强拆批复拆除涉诉违法建设，无异于要求被告重复处理，故此项请求不属于人民法院受案范围。

关于第3号《强制执行决定书》的执行问题。本案中，原告请求被告西城区政府立即责成相关部门，按照西城区城管大队作出的第3号《强制执行决定书》强制拆除涉诉违法建设，实质上是要求被告西城区政府履行对下级机关的监督职能。行政诉讼法意义上的行政行为是指具有行政职权的机关和组织作出的对公民、法人或者其他组织权利义务产生影响的行为，这里的行政职权是一种法律赋予的公共管理职能，一旦作出即会对相关当事人产生法律上的羁束效力。而上级行政机关对下级机关的监督职能是建立在层级、隶属关系的基础之上，属于行政权力系统内部运行的范畴，监督权力的行使直接作用于下级行政机关，并不对当事人的权利义务产生直接影响，也不会对当事人产生法律上的羁束效力。因此，基于行政权力运行所产生的监督关系不属于行政审判权限的调整范围。本案中，西城区城管大队已作出了第3号《强制执行决定书》，相应的执行也属于其职权范围。原告对此不服的可就西城区城管大队履行执行的情况寻求救济。综上，原告张忠某提出的此项主张亦不属于行政诉讼的受案范围。

据此，依照《中华人民共和国行政诉讼法》第四十九条第（四）项、《最高人民法院关于适用〈中华人民共和国行政诉讼法〉若干问题的解释》[①] 第三条第一款第（一）项之规定，裁定如下：

驳回原告张忠某的起诉。

案件受理费50元，原告张忠某已交纳，于本裁定生效后退还。

如不服本裁定，可于裁定书送达之日起十日内，向本院递交上诉状，并按对方当事人的人数提出副本，上诉于北京市高级人民法院。

审 判 长　　向绪武
人民陪审员　　张桂荣
人民陪审员　　张风光
二〇一五年十二月二十八日
法官助理　　程 娜
书 记 员　　高秀丽
书 记 员　　胡晓迪

① 已被《最高人民法院关于适用〈中华人民共和国行政诉讼法〉的解释》废止。

7

房屋承租人不具有要求撤销集体建设用地使用权证的主体资格

——北京中裕花园宾馆诉北京市海淀区人民政府撤销集体建设用地使用权证案

【裁判要旨】 集体建设用地使用权证系行政机关对集体建设用地使用权人取得集体建设用地使用权法律事实的记载，该颁证行为并未直接导致房屋承租人的权益受到侵害，因此房屋承租人与集体建设用地使用权证无利害关系，也不具备针对该颁证行为提起行政诉讼的原告资格。

北京市第四中级人民法院
行政裁定书

（2015）四中行初字第 1077 号①

原告北京中裕花园宾馆，住所地北京市海淀区。

法定代表人骆晓敏，董事长。

委托代理人王国军，北京市长济律师事务所律师。

委托代理人刘畅，北京市长济律师事务所律师。

被告北京市海淀区人民政府，住所地北京市海淀区。

法定代表人于军，区长。

委托代理人刘生，北京市海淀区人民政府工作人员。

委托代理人周容，北京金台律师事务所律师。

第三人北京市海淀区玉渊潭农工商总公司，住所地北京市海淀区。

法定代表人杨琪，总经理。

---

① 该案裁定作出后，原告不服向北京市高级人民法院提起上诉，二审法院在审理过程中上诉人撤诉，参见（2016）京行终 2551 号行政裁定书。原裁定已生效。

委托代理人李晶淼，北京市海淀区玉渊潭农工商总公司职员。

委托代理人张立新，北京市海淀区玉渊潭农工商总公司职员。

原告北京中裕花园宾馆（以下简称中裕宾馆）诉被告北京市海淀区人民政府（以下简称海淀区政府）要求撤销集体建设用地使用权证一案，本院受理后，依法组成合议庭进行了审理，现已审理终结。

原告中裕宾馆诉称：原告承租北京市海淀区玉渊潭农工商总公司（以下简称玉渊潭农工商总公司）位于北京市海淀区阜成路×号院的房屋经营宾馆，玉渊潭农工商总公司向原告出具房屋权属用途证明文件，证明房屋权属归玉渊潭农工商总公司所有，属于合法建筑，不在拆迁范围内。因此，原告投巨资经营宾馆。但是，玉渊潭农工商总公司要开发该地块，单方撕毁租赁合同，并拒绝赔偿原告损失。原告向北京市国土资源局海淀分局申请公开信息得知，被告海淀区政府于2011年6月21日向玉渊潭农工商总公司颁发了京海集用（2011建）第×号集体建设用地使用权证。该土地登记行为存在诸多错误，违反《土地管理法》的相关规定。诉请法院判决撤销海淀区政府向玉渊潭农工商总公司颁发的京海集用（2011建）第×号集体建设用地使用权证。

被告海淀区政府辩称：原告中裕宾馆与被诉的集体土地使用权证没有法律上利害关系。被诉集体土地使用权证的办理依据充分，程序合法，依法不应被撤销。综上，请求法院依法驳回原告的起诉。

本院认为：根据《中华人民共和国行政诉讼法》第二十五条第一款规定，行政行为的相对人以及其他与行政行为有利害关系的公民、法人或者其他组织，有权提起诉讼。同时，根据《中华人民共和国行政诉讼法》第四十九条第（一）项的规定，提起诉讼应当符合的条件之一是“原告是符合本法第二十五条的公民、法人或者其他组织”。本案中，原告中裕宾馆针对海淀区政府向玉渊潭农工商总公司颁发集体建设用地使用权证的行政行为提起行政诉讼，但原告中裕宾馆并非该被诉行政行为的相对人，原告在诉讼中亦明确表示其并非涉案土地的使用权人。原告中裕宾馆以其承租涉案土地上的房屋用于经营等为由主张被诉行政行为对其权益产生影响，但被诉行政行为的法律效果在于对土地权属的确定，原告所称的承租涉案土地上房屋用于经营等事由并不足以使其获得针对被诉行政行为提起行政诉讼的原告主体资格。此外，原告在诉讼中提交的《房屋临时使用合同》表明，原告与出租方于2013年12月16日签订《房屋临时使用合同》，约定双方的《房屋租赁合同》于2013年12月15日到期，出租方不再与原告续签合同，原告临时租用房屋，从2013年12月16日至2014年7月5日。综上，原告中裕宾馆既非本案被诉行政行为的相对人，与被诉行政行为又无利害关系，其提起的本案诉讼，不符合《中华人民共和国行政诉讼法》第四十九条所规定的法定起诉条件，对其起诉，依法应予驳回。依照《中华人民共和国行政诉讼法》第四十九条第（一）项、《最高人民法院关于适用〈中华人民共和国行政诉讼法〉若干问题的解释》① 第三条第一款第（一）项之规定，裁定如下：

驳回原告北京中裕花园宾馆的起诉。

原告北京中裕花园宾馆起诉时预交的案件受理费 50 元，于本裁定生效后退还原告北京中裕花园宾馆。

如不服本裁定，当事人可在裁定书送达之日起 10 日内向本院递交上诉状，并按对方当事人的人数提交副本，上诉于北京市高级人民法院。

审 判 长　陈良刚
审 判 员　霍振宇
审 判 员　武　楠
二〇一六年三月二十一日
法官助理　苏美夏
书 记 员　高晶晶

① 已被《最高人民法院关于适用〈中华人民共和国行政诉讼法〉的解释》废止。

8

区政府不属于房屋征收安置补偿协议中的适格被告

——安利某等三人要求确认房屋征收补偿安置协议无效案

【裁判要旨】《国有土地上房屋征收与补偿条例》规定，房屋征收安置补偿协议系房屋征收部门与被征收人就补偿方式、补偿金额和支付期限、用于产权调换房屋的地点和面积、搬迁费、临时安置费或者周转用房、停产停业损失、搬迁期限、过渡方式和过渡期限等事项订立。公民提起行政诉讼应以房屋征收部门为被告。原告起诉错列被告的，属于被告不适格，人民法院应当告知原告变更被告；原告不同意变更的，裁定驳回起诉。

北京市第四中级人民法院

行政裁定书

（2015）四中行初字第558号①

原告安利某，住北京市东城区。

原告安某，住北京市东城区。

原告安雅某，住北京市门头沟区。

原告安利某委托代理人安某某（系原告安利某之女），住北京市东城区。

三原告委托代理人王良斌，北京市恒方永圆律师事务所律师。

被告北京市门头沟区人民政府，住所地北京市门头沟区。

法定代表人张贵林，区长。

委托代理人杨珅，北京市门头沟区房屋征收事务中心工作人员。

委托代理人王汉民，北京市亚太律师事务所律师。

被告北京市门头沟区房屋征收事务中心，住所地北京市门头沟区。

---

① 本案裁定作出之后，双方当事人均未上诉，裁定已生效。

法定代表人刘克刚，主任。

委托代理人杨珅，北京市门头沟区房屋征收事务中心工作人员。

委托代理人王汉民，北京市亚太律师事务所律师。

原告安利某、安某、安雅某（以下简称原告）诉被告北京市门头沟区人民政府、北京市门头沟区房屋征收事务中心（以下简称被告）确认行政行为无效一案，向本院提起行政诉讼。本院受理后，依法组成合议庭进行了审理，现已审理终结。

原告诉称，1997 年 12 月 13 日，原告父亲安士某与其单位门头沟煤矿签订公有住宅租赁合同，承租位于门头沟区葡萄园街 × × 号房屋两间。2010 年 10 月 28 日安士某去世后，安士某继子马广某独占承租房屋，原告与马广某就该承租房屋继续承租、变更承租人等事宜协商未果，至今承租人仍为安士某。2012 年起原告听说诉争房屋面临区政府征收，主动与具体征收实施单位协商要求签署房屋征收补偿安置协议，但屡次遭到拒绝。2015 年 4 月 10 日原告向被告邮寄告知书，要求享受诉争房屋的征收补偿利益，被告未予答复。2015 年 5 月 2 日，原告向二被告发函，要求其主动出示房屋征收依据，与原告协商签订房屋征收补偿安置协议或直接作出补偿决定，但二被告仍未理睬。2015 年 6 月 15 日，原告到二被告处主张权益，获知已与马广某签署了房屋征收补偿安置协议、房屋征收补偿协议。原告认为，二被告未按照《国有土地上房屋征收与补偿条例》《北京市国有土地上房屋征收与补偿实施意见》的相关规定向原告公开征收房屋征收决定、门头沟区采空棚户区住宅房屋征收补偿安置方案，侵害了原告知情权。其擅自与马广某签署的房屋征收补偿安置协议、房屋征收补偿协议的行为更侵害了原告合法征收补偿利益，应属无效。故请求法院确认二被告与马广某签署的房屋征收补偿安置协议无效。

本院认为，公民、法人或其他组织向人民法院提起行政诉讼，应当符合法定起诉条件。起诉不符合法定条件的，已经立案的，应当裁定驳回起诉。本院管辖对区县政府所作的行政行为提起诉讼的第一审行政案件，而原告对被告北京市门头沟区房屋征收事务中心提起的诉讼，不属于本院管辖；依据《国有土地上房屋征收与补偿条例》第二十五条规定，房屋征收部门与被征收人依照本条例的规定，就补偿方式、补偿金额和支付期限、用于产权调换房屋的地点和面积、搬迁费、临时安置费或者周转用房、停产停业损失、搬迁期限、过渡方式和过渡期限等事项，订立补偿协议。本案中，原告要求确认被告北京市门头沟区人民政府与马广某签订的房屋征收安置补偿协议无效，而房屋征收部门为该房屋征收安置补偿协议的签订主体，故北京市门头沟区人民政府并非本案的适格被告，属于错列被告，经本院释明后原告拒绝变更，故对其起诉，依法应予驳回。综上，依照《中华人民共和国行政诉讼法》第四十九条第（二）、（四）项，《最高人民法院关于适用〈中华人民共和国行政诉讼法〉若干问题的解释》① 第三条第一款第（一）、（三）项的规定，裁定如下：

驳回原告安利某、安某、安雅某的起诉。

原告安利某、安某、安雅某起诉时预交的案件受理费 50 元，于本裁定生效后退还原告安利某、安某、安雅某。

如不服本裁定，可在裁定书送达之日起十日内，向本院递交上诉状，并按对方当事人人数递交上诉状副本，上诉于北京市高级人民法院。

审　判　长　　贾　毅
审　判　员　　霍振宇
审　判　员　　武　楠
二〇一五年九月十五日
法官助理　　胡　荣
书　记　员　　赵迎争

① 已被《最高人民法院关于适用〈中华人民共和国行政诉讼法〉的解释》废止。

9

房屋征收补偿方案非独立的行政行为不具有可诉性

——范凤某诉北京市石景山区人民政府行政补偿案

【裁判要旨】国有土地上房屋征收决定所附的征收补偿方案作为征收补偿安置工作中的一个环节，只是房屋征收实施过程中的阶段性行为，不是独立的行政行为，不具备确定力、执行力等行政行为的效力，并未直接对被征收人的权利和义务产生实际影响，依法不属于行政诉讼的受案范围。

北京市第四中级人民法院

行政裁定书

（2016）京04行初79号①

原告范凤某，住北京市石景山区。

被告北京市石景山区人民政府，住所地北京市石景山区。

法定代表人夏林茂，区长。

委托代理人石云，北京市石景山区人民政府工作人员。

委托代理人张秀山，北京颐合中鸿律师事务所律师。

原告范凤某不服被告北京市石景山区人民政府（以下简称石景山区政府）作出的石景山区第二水泥管厂综合改造项目房屋征收补偿方案，向本院提起行政诉讼。本院立案后，向被告送达了起诉状副本及应诉通知书。本院依法组成合议庭对本案进行了审查。

原告诉称，原告原居住在北京市石景山区八角建钢南里平房×号自建房内，该房屋系石景山区第二水泥管厂综合改造项目的征收对象。原告自建的个人房屋是家庭的重大财产，而且几十年长期在此居住，有独立的户籍。直至被征收前，从来没

---

① 本案裁定作出之后，双方当事人均未上诉，裁定已生效。

有收到过政府相关部门对原告房屋先期进行过调查登记和认定，也从未收到过确认违法的告知，石景山区政府没有组织相关部门依照法律规定进行操作。原告认为石景山区政府未履行其法定职责，征收方案对自建房不予补偿违法，违背了公平公正的原则，剥夺了原告的选择权，因此原告认为石景山区第二水泥管厂综合改造项目房屋征收方案违法。请求法院判令被告对石景山区第二水泥管厂综合改造项目房屋征收补偿方案中涉及个人房屋不予补偿的行为违法，并判令被告剥夺征收人选择权违法。

本院认为，《中华人民共和国行政诉讼法》规定，提起诉讼应当符合下列条件：（一）原告是符合本法第二十五条规定的公民、法人或者其他组织；（二）有明确的被告；（三）有具体的诉讼请求和事实根据；（四）属于人民法院受案范围和受诉人民法院管辖。起诉应当属于人民法院受案范围是提起诉讼的法定条件。本案中，被诉石景山区第二水泥管厂综合改造项目房屋征收补偿方案是石景山区政府作出石政征字〔2012〕1号房屋征收决定的重要内容，并非一个独立的行政行为，应当属于房屋征收决定合法性审查的内容之一。因此，原告对房屋征收方案单独提起行政诉讼，不属于人民法院行政诉讼受案范围。据此，原告的起诉不符合法定条件，法院应当裁定驳回起诉。

综上，根据《中华人民共和国行政诉讼法》第四十九条第（四）项、《最高人民法院关于适用〈中华人民共和国行政诉讼法〉若干问题的解释》① 第三条第一款第（一）项之规定，裁定如下：

驳回原告范凤某的起诉。

案件受理费五十元，已交纳，于本裁定生效后退还原告。

如不服本裁定，可在裁定书送达之日起十日内，向本院递交上诉状，并按对方当事人人数递交上诉状副本，上诉于北京市高级人民法院。

审 判 长　张 岩
审 判 员　张立鹏
审 判 员　向绪武
二〇一六年六月十二日
法官助理　张鸿浩
书 记 员　王 阳

① 已被《最高人民法院关于适用〈中华人民共和国行政诉讼法〉的解释》废止。

10

集体土地上房屋的使用权人与腾退搬迁行为具有利害关系

——郑桂某诉北京市海淀区人民政府行政强制案

【裁判要旨】集体土地房屋拆迁工作通常涉及公共利益，又涉及众多被拆迁人的重大财产利益。对于集体土地房屋拆迁工作，人民法院应当坚持全面的合法性审查原则。集体土地上房屋的使用权人与房屋拆迁行为具有利害关系，对于行政机关未能对被拆迁房屋尽到审慎审查职责的，未能保障被拆迁人合法权益，又不具有可撤销内容的，人民法院应作出确认判决。

北京市第四中级人民法院

行政判决书

（2015）四中行初字第641号①

原告郑桂某，住北京市石景山区。

委托代理人宋晓峰，北京在明律师事务所律师。

被告北京市海淀区人民政府，住所地北京市海淀区。

法定代表人于军，代理区长。

委托代理人马龙，北京市海淀区人民政府工作人员。

委托代理人张亚飞，北京市中永律师事务所律师。

原告郑桂某诉被告北京市海淀区人民政府（以下简称海淀区政府）强制拆除行为违法一案，向本院提起行政诉讼。本院于2015年8月6日受理后，于2015年8月10日向被告海淀区政府送达了起诉状副本及应诉通知书。本院依法组成合议庭，于2015年10月12日公开开庭审理了本案。原告郑桂某及其委托代理人宋晓

---

① 该案判决作出后，被告不服向北京市高级人民法院提起上诉，二审法院经审理，判决驳回上诉，维持一审判决，参见（2016）京行终263号行政判决书。

峰，被告海淀区政府的委托代理人马龙、张亚飞到庭参加了诉讼。本案现已审理终结。

原告郑桂某诉称，原告居住在北京市海淀区八里庄东居民区×号院内（以下简称×号院内）的房屋，位于海淀区玲珑巷、五路居地区综合整治腾退的范围之内。在腾退工作中，海淀区玲珑巷、五路居地区综合整治腾退搬迁工作指挥部（以下简称腾退指挥部）没有与原告郑桂某签订安置补偿协议。2013 年 10 月 17 日上午，×号院内原告居住的房屋被强制拆除，造成房屋内的财物及生活用品损失。综上，请求依法确认被告海淀区政府强制拆除×号院内原告居住的房屋违法。

原告郑桂某于开庭审理前向本院提交了以下证据：1. 原告郑桂某的身份证、北京市海淀区八里庄街道东八里社区居民委员会《证明》（以下简称居委会《证明》）、原告在×号院内房屋居住的五张照片，证明原告郑桂某在×号院内房屋长期居住，具有本案原告主体资格；2.《腾退公告》、北京市第一中级人民法院（2015）一中行终字第 295 号行政裁定书，证明×号院内原告居住的房屋被强制拆除；3. 海淀区政府（2015）第 225 号－公开《政府信息公开告知书》及相关材料，证明被告海淀区政府是腾退指挥部的上级单位；4.（2015）一中行终字第 295 号案件中，北京市公安局海淀分局恩济庄派出所提交的相关证据材料，证明被告海淀区政府在本案中提交的第三组证据《交房、拆房交接单》经过更改。

被告海淀区政府辩称，×号院的房屋所有权人（被腾退人）分别为马某兰、王某华、王某齐和王某河。腾退期限内，上述四人与腾退指挥部达成了一致意见，于 2013 年 9 月 16 日将×号院的房屋腾空，腾退指挥部于 2013 年 10 月 17 日实施了拆除，并不存在强拆行为。由于原告郑桂某不是×号院的产权人，因此不是案涉腾退搬迁的被腾退人，与本次腾退搬迁不具有法律上的利害关系，不具有本案诉讼原告主体资格。综上，请求法院依法驳回原告郑桂某的起诉。

被告海淀区政府在法定举证期限内向本院提交了以下证据：1.《腾退公告》，证明由腾退指挥部组织实施腾退；2. 玲珑巷项目腾退搬迁补偿安置方案，证明只对房屋的所有权人进行腾退安置；3. 交房、拆房交接单四份，证明×号院房屋产权人自愿交付房屋；4. 房屋权属具结承诺书 4 份及有关委托书，证明产权人自愿签署承诺的内容；5. 被腾退人承诺书，证明在签订安置协议之前对房屋进行分割；6. 私房腾退面积认定表，证明房屋产权人自愿交房，不存在强拆行为。

经庭审质证，原告郑桂某对被告海淀区政府提交证据 1 的真实性、关联性认可，合法性不认可；对证据 2 的关联性认可，合法性和证明日的不认可；对证据 3—6 的关联性、合法性、真实性和证明目的均不认可。

被告海淀区政府对原告郑桂某提交证据 1 中的身份证、户口本的真实性认可，但不认可其证明目的，对居委会《证明》和五张照片的真实性均不认可；对证据 2 的真实性认可，不认可其关联性和证明目的；对证据 3 的关联性、合法性、真实性及证明目的均认可；对证据 4，认为被告海淀区政府没有参与该案诉讼，不认可该证据的真实性和证明目的。

经审查，本院认为被告海淀区政府、原告郑桂某提交的全部证据形式上符合最高人民法院《关于行政诉讼证据若干问题的规定》对提供证据的要求，内容真实、合法，与本案具有关联性，可以作为认定本案相关事实的证据，本院予以采信。

根据上述合法有效证据以及当事人无争议之陈述，本院认定如下事实：

2012 年 12 月 30 日，被告海淀区政府发布腾退公告，并制定了《玲珑巷项目腾退搬迁补偿安置方案》（以下简称《补偿安置方案》），参照《北京市集体土地房屋拆迁管理办法》（北京市人民政府令 124 号）、《关于印发〈北京市集体土地房屋拆迁管理办法〉实施意见的通知》（京国土房管拆〔2003〕666 号）、《关于印发〈北京市宅基地房屋拆迁补偿规则〉的通知》（京国土房管征〔2003〕606 号）、《关于发布〈北京市房屋重置成新价评估技术标准〉的通知》（京国土房管拆〔2003〕808 号）等相关文件精神，组织实施玲珑巷、五路居地区综合整治腾退拆迁补偿安置工作。腾退工作由海淀区政府成立的临时机构腾退指挥部具体实施。原告郑桂某自 1987 年至 2013 年在 × 号院内居住，其居住的房屋属于上述腾退范围之内。在腾退过程中，腾退指挥部与同住在 × 号院内的马某兰、王某河、王某华和王某齐四名被腾退人签订协议并进行了补偿安置后，于 2013 年 10 月 17 日拆除了 × 号院内的房屋。至起诉之日，被告海淀区政府未对原告郑桂某进行补偿安置。原告郑桂某不服，向本院提起行政诉讼。

另查，原告郑桂某与 × 号院内居住的王某河原系夫妻关系，经北京市第一中级人民法院（以下简称一中院）（2004）一中民终字第 07812 号终审判决双方离婚，原告郑桂某居住在 × 号院内的自建房一间继续由其使用。后因翻建 × 号院内房屋，2007 年 3 月 8 日，王某河（乙方）与郑桂某（甲方）签订协议，约定“……二、翻建后刀把形房屋仍占用原来的位置，占地面积 22 平方米，该部分及楼上部分均由甲方所有……”2010 年 3 月 26 日，一中院（2010）一中民终字第 648 号终审判决认定“郑桂某虽然依据（2004）海民初字第 1452 号和（2004）一中民终字第 7812 号判决书享有相应的权利，但王某河夫妇所翻建楼房是在其父原宅基地上翻建，现郑桂某亦认可翻建楼房占用了王某河父母的宅基地，故现 × 号院内房屋不能认定全部为王某河夫妇之财产。王某河擅自与郑桂某签订的协议，侵害了其他权利人的利益，应属无效”。

本院认为，被告海淀区政府认可其实施了 × 号院内房屋的拆除行为，主张原告郑桂某不是房屋的权利人，不具有本案诉讼原告主体资格。本案中，在案证据能够证实郑桂某自1987年至2013年居住于×号院内，综合考虑原告在此居住长达27年的历史渊源，其与×号院内居住的房屋具有利害关系。因此，被告海淀区政府主张原告郑桂某与案涉腾退搬迁不具有法律上的利害关系，不具备本案原告主体资格的主张，本院不予支持。在实施腾退安置过程中，被告海淀区政府本应在查清×号院内实际居住情况后予以妥善处理。但其未能尽到审慎审查职责，既没有查清×号院内实际居住人情况，亦未听取有关利害关系人的意见即拆除了案涉房屋，形成原告郑桂某的居住权益得不到保障之事实。因此，原告郑桂某请求确认被告海淀区政府拆除案涉房屋行为违法的诉讼请求，本院予以支持。

据此，依照《中华人民共和国行政诉讼法》第七十四条第二款第（一）项之规定，判决如下：

确认被告北京市海淀区人民政府于二〇一三年十月十七日对北京市海淀区八里庄东居民区×号院内原告郑桂某居住的房屋实施的拆除行为违法。

案件受理费50元，由被告北京市海淀区人民政府负担（自本判决生效之日起七日内缴纳）。

如不服本判决，可在判决书送达之日起十五日内，向本院递交上诉状，并按对方当事人的人数提出副本，预交上诉案件受理费人民币50元，上诉于北京市高级人民法院。上诉人在上诉期限内未预交上诉案件受理费，又不提出缓交申请的，按自动撤回上诉处理。

审 判 长　向绪武
审 判 员　张立鹏
审 判 员　张　岩
二〇一五年十月二十日
法官助理　程　娜
书 记 员　高秀丽

11

同一行政行为先提起撤销之诉后提起确认违法之诉属于重复起诉

——刘自某诉北京市丰台区人民政府行政强制案

【裁判要旨】当事人就已经提起撤销之诉的事项在裁判生效后再次提起确认违法之诉，因后诉与前诉的当事人、诉讼标的相同，且后诉的诉讼标的被前诉裁判所包含，构成重复起诉。当事人坚持起诉的，人民法院应作出驳回起诉的裁定。

北京市第四中级人民法院

行政裁定书

（2015）四中行初字第1178号①

原告刘自某，住北京市朝阳区。

委托代理人王某（原告之夫），住北京市朝阳区。

被告北京市丰台区人民政府，住所地北京市丰台区。

法定代表人冀岩，区长。

委托代理人李国栋，北京市丰台区人民政府干部。

委托代理人王晨，北京市公安局丰台分局干部。

原告刘自某诉被告北京市丰台区人民政府（以下简称丰台区政府）行政强制一案，向本院提起行政诉讼。本院受理后，依法组成合议庭审理了本案。

原告刘自某诉称，2014年7月13日上午，其夫王某驾驶价值7800元的白洋淀牌助残三轮摩托车在朝阳区新坐标小区门口与他人聊天时，突然被十几个不明身份

① 该案裁定作出后，原告不服向北京市高级人民法院提起上诉，二审法院经审理，裁定驳回上诉，维持一审裁定，参见（2016）京行终1049号行政裁定书。

人强行抢车，其夫王某被按倒并被戴上手铐。后这些人自称是北京市公安局丰台分局的工作人员，在未核实原告身份的前提下就以占道扰序为由，并以“刘志某”为相对人出具了落款为丰台区治理黑车领导小组办公室（以下简称丰台区治理黑车办）未加盖印章的《告知单》，内容为“您的行为已经违反《关于加强三轮摩托车和残疾人机动轮椅车管理的通告》（2010 年第 12 号），按照第五条、第六条、第七条之规定，现将您的车辆依法予以扣留，如有异议，请到丰台区治理黑车办咨询”。并强行开走了原告的摩托车。根据《告知单》上的联系方式，原告刘自某得知扣押的摩托车被丰台区治理黑车办停放在丰台区樾苑停车场。原告认为丰台区治理黑车办不具备行政执法主体资格且相关人员不具备执法身份。综上，请求依法确认被告丰台区政府扣押原告刘自某车辆的具体行政行为违法。

经查，原告刘自某认为被告丰台区政府行政强制行为违法，已向本院提起过行政诉讼。本院于 2015 年 7 月 3 日作出（2015）四中行初字第 266 号《行政裁定书》，裁定驳回原告刘自某的起诉。原告不服，提起上诉。北京市高级人民法院于 2015 年 11 月 24 日作出（2015）高行终字第 3206 号《行政裁定书》，裁定驳回上诉，维持一审裁定。

本院认为，公民、法人或其他组织向人民法院提起行政诉讼，应当符合法定起诉条件。起诉不符合法定条件，已经立案的，应当裁定驳回起诉。本案中，原告刘自某认为被告丰台区政府行政强制违法再次提起的本案诉讼，虽然诉讼请求有所变更，但针对的行政行为内容并未改变，故其提起的本次诉讼属于重复起诉，对其起诉，本院依法应予驳回。

据此，依照《最高人民法院关于适用〈中华人民共和国行政诉讼法〉若干问题的解释》① 第三条第一款第（六）项之规定，裁定如下：

驳回原告刘自某的起诉。

案件受理费 50 元，原告刘自某已交纳，于本裁定生效后退还。

如不服本裁定，可在裁定书送达之日起十日内，向本院递交上诉状，并按对方当事人人数递交上诉状副本，上诉于北京市高级人民法院。

审 判 长　向绪武
审 判 员　张立鹏
审 判 员　张　岩
二〇一五年十二月二十八日
法官助理　程　娜
书 记 员　高秀丽

---

① 已被《最高人民法院关于适用〈中华人民共和国行政诉讼法〉的解释》废止。

12

不予赔偿决定不属于行政诉讼的受案范围

——郭新某不服拆除行为并要求行政赔偿案

【裁判要旨】当事人不服赔偿义务机关先行处理决定的，可直接提起行政赔偿诉讼，不予赔偿决定作为行政赔偿程序中的一个环节，不属于行政诉讼受案范围。

北京市第四中级人民法院
行政赔偿裁定书

（2016）京04行初192号①

原告郭新某，住北京市通州区。

委托代理人郭振忠（原告之父），住北京市通州区。

委托代理人金洪涛，北京市摩文律师事务所律师。

被告北京市通州区人民政府，住所地北京市通州区。

法定代表人岳鹏，区长。

委托代理人左增信，北京市致宏律师事务所律师。

委托代理人张伟，北京市通州区人民政府干部。

原告郭新某诉被告北京市通州区人民政府不予赔偿决定一案，向本院提起行政诉讼。本院立案后，依法组成合议庭进行了审理。

原告诉称，2007年8月5日，原告租赁陆兰某位于北京市通州区台湖镇田家府村×号院，改造成浴池经营，领取了个体工商户营业执照。2013年年末，房屋所在地开始拆迁，2015年4月19日，原告在未得到任何通知的情况下，多名身穿制服

① 该案裁定作出后，原告不服向北京市高级人民法院提起上诉，二审法院经审理，裁定驳回上诉，维持一审裁定，参见（2016）京行赔终18号行政裁定书。

的工作人员，乘公务车辆，对原告经营的浴池进行拆除，造成原告财产损失。2015年12月2日，原告向被告申请国家赔偿。2016年1月28日，被告作出不予赔偿决定，称拆除行为不是其所为，不予赔偿。故诉至法院，请求撤销被告作出的通政赔〔2016〕第1号《不予赔偿决定书》。

本院认为，公民、法人或其他组织向人民法院提起行政诉讼，应当符合法定起诉条件。起诉不符合法定条件，已经立案的，应当裁定驳回起诉。根据《中华人民共和国行政诉讼法》第四十九条第（三）项、第（四）项的规定，提起诉讼应当具有事实根据且属于行政诉讼受案范围。本案中，原告缺乏证据证明被告实施了强制拆除行为，故起诉不予赔偿决定没有事实根据。根据《中华人民共和国国家赔偿法》以及《最高人民法院关于审理行政赔偿案件若干问题的规定》的有关规定，不服赔偿义务机关先行处理决定的，可直接提起行政赔偿诉讼，不予赔偿决定作为行政赔偿程序中的一个环节，不属于行政诉讼受案范围。此外，原告已就被诉强制拆除行为附带提起行政赔偿诉讼，又针对行政机关先行处理程序中的不予赔偿决定起诉，缺乏诉的利益。综上，原告提起本案诉讼不符合法定起诉条件，对原告的起诉，本院依法应予驳回。综上，根据《最高人民法院关于适用〈中华人民共和国行政诉讼法〉若干问题的解释》[①] 第三条第一款第（一）项、第（十）项的规定，裁定如下：

驳回原告郭新某的起诉。

如不服本裁定，可在裁定书送达之日起十日内，向本院递交上诉状，并按对方当事人人数递交上诉状副本，上诉于北京市高级人民法院。

审　判　长　　霍振宇
人民陪审员　　孔　勤
人民陪审员　　郭　羽
二〇一六年三月三十日
法 官 助 理　　戴　蕾
书　记　员　　张媛媛

---

① 已被《最高人民法院关于适用〈中华人民共和国行政诉讼法〉的解释》废止。

第二章 证 据

13

人民法院可以通过合理分配举证责任确定房屋强制拆除实施主体

——北京市华东电子技术研究所诉北京市门头沟区人民政府行政强制案

【裁判要旨】 在强制拆除房屋案件中，原告应当对适格被告承担初步证明责任。在行政机关作出房屋征收决定后原告的房屋被强制拆除，原告提供了初步证据，但因客观原因无法提供确凿证据证明具体组织实施强制拆除机关的，原则上应推定作出征收决定的行政机关是强制拆除机关，除非该行政机关有证据证明强制拆除行为确属其他行政机关或者组织所为。

北京市第四中级人民法院

行政判决书

（2016）京04行初439号①

原告北京市华东电子技术研究所，住所地北京市门头沟区。

法定代表人孙安胜，所长。

委托代理人丰培华，北京朗仕律师事务所律师。

委托代理人王达，北京朗仕律师事务所实习律师。

被告北京市门头沟区人民政府，住所地北京市门头沟区。

① 该案判决作出后，被告不服向北京市高级人民法院提起上诉，二审法院经审理，判决驳回上诉，维持一审判决，参见（2017）京行终2691号行政判决书。

法定代表人付兆庚，区长。

委托代理人王雷，北京市门头沟区人民政府工作人员。

委托代理人杨练兵，北京市亚太律师事务所律师。

原告北京市华东电子技术研究所（以下简称华东研究所）诉北京市门头沟区人民政府（以下简称门头沟区政府）确认行政行为违法一案，向本院提起行政诉讼。本院于2016年3月29日受理后，于2016年4月1日向被告门头沟区政府送达了起诉状副本及应诉通知书。本院依法组成合议庭，于2016年8月30日公开开庭审理了本案。原告华东研究所的委托代理人丰培华、王达，被告门头沟区政府的委托代理人王雷、杨练兵到庭参加了诉讼。本案现已审理终结。

原告华东研究所诉称，原告于2006年与北京市门头沟区国有资产监督管理委员会（以下简称门头沟区国资委）签订协议，购买了原北京市门头沟汽车齿轮厂（以下简称原门头沟汽车齿轮厂）的厂房及划拨国有土地使用权后，依法办理了房产证及国有土地使用权证。现房产证已被撤销，但房屋买卖合同依然有效，原告华东研究所处于正常营业状态。2012年5月28日，被告门头沟区政府作出房屋征收决定后，原告不服提出起诉。经北京市高级人民法院（以下简称北京高院）终审判决确认该征收决定部分违法，并责令被告采取补救措施。2014年5月7日，被告组织相关人员将原告厂房及相应的设备拆毁，给原告造成巨大经济损失。综上，请求依法确认被告门头沟区政府于2014年5月7日拆除原告位于北京市门头沟区城子市场××号房屋（以下简称第××号房屋）及室内机器设备的行为违法。

原告华东研究所于开庭审理前向本院提交了以下证据：1. 房产及土地使用权转让协议，证明原告与门头沟区国资委签订转让协议，是合法的土地使用权人；2. 国有土地使用权证，证明原告为城子市场第××号房屋地块的合法产权人；3. 营业执照，证明原告的主体情况；4. 北京高院（2013）高行终字第1665号行政判决书（以下简称第1665号行政判决），证明原告与涉案地块存在利害关系；5. 强拆的视频录像资料及照片，证明2014年5月5日及5月7日，被告门头沟区政府组织强拆的视频、第××号房屋原貌及强拆情况；6. 废墟照片，证明第××号房屋被拆后的废墟。

被告门头沟区政府辩称，1. 被告没有实施拆除房屋的行为，经核实，被告并未实施原告所述的拆除行为；2. 原告不是房屋的所有权人，不具有诉讼主体资格，本案中原告的房屋所有权证已于2014年4月28日被撤销，其不能就第××号房屋相关事项主张权利；3. 原告提出起诉已经超过起诉期限。原告诉称2014年5月7日房屋被拆除，同时造成机器设备、原材料、产品及经营损失，其提出起诉已经超过了6个月的起诉期限。综上，请求依法驳回原告华东研究所的起诉。

被告门头沟区政府在法定举证期限内向本院提交以下证据：

1. 北京市第一中级人民法院（以下简称一中院）（2015）一中行初字486号行政裁定；2. 北京高院（2015）高行终字第2055号行政裁定，证明原告华东研究所不具备原告主体资格。

经庭审质证，原告华东研究所对被告门头沟区政府提交全部证据的合法性、真实性认可，关联性和证明目的不认可，认为虽然撤销了房产证但没有撤销房屋买卖合同，原告对该房产仍然存在相应的权利。被告门头沟区政府对原告华东研究所提交证据1的真实性、关联性认可，合法性不认可，认为该转让协议存在其他的违法犯罪行为；对证据2的真实性认可，关联性不认可，认为该转让协议目前正在诉讼程序中，其合法性处于不确定状态；对证据3的真实性、合法性和关联性均不持异议；对证据4的真实性认可，关联性不认可，认为不能证明是被告实施的拆除行为；认为证据5、证据6只能证明2014年5月7日发生过强拆，但不能证明被告门头沟区政府组织实施。

为了确定第××号房屋内是否存在机器设备，根据《中华人民共和国行政诉讼法》（以下简称《行政诉讼法》）第三十九条的规定，本院依法要求原告补充提交相应证据，原告补充提交了《市场××号丢失物品清单》及照片，以证明第××号房屋存在机器设备。被告认为其没有拆除原告所述的机器设备，也不知道拆除主体，对该证据的真实性、合法性和关联性均不认可。另外，根据原告当庭陈述，在强制拆除房屋及机器设备过程中，拆除当时有现场录像且拆除后的机器设备由被告保存，但存放的地点不详。对此，本院依法要求被告门头沟区政府提供或者补充该机器设备存在的证据。经本院核实，案涉房屋被拆除后，相应机器设备等现暂存于北京市门头沟区侯庄子新村口对面平房内。据此，本院认定原告主张存在上述机器设备及附属物属实，只是设备的数量、型号以及附属产品等不能详细确定。

经审查，本院认为除被告提交的证据不能实现其证明目的以外，原告和被告提交的全部证据形式上符合最高人民法院《关于行政诉讼证据若干问题的规定》提供证据的要求，能够证明第××号房屋及室内相应机器设备被拆除的事实，与本案具有关联性且具备证据的真实性、合法性，均可以作为认定本案相关事实的证据，本院予以采信。

根据上述合法有效证据以及当事人无争议之陈述，本院认定如下事实：

2006年8月，原告与门头沟区国资委签订《房产及土地使用权转让协议》，购买了北京市门头沟区城子市场××号，即原门头沟汽车齿轮厂的厂房及划拨国有土地使用权后，依法办理了×京房权证门股字第X1号《房屋所有权证》及京门国用（2008出）第×2号国有土地使用证。2014年5月，原告厂房及相应的设备被拆除后，原告认为被告实施了拆除行为，于2016年3月29日向本院提出起诉。

另查，2012年5月28日、2012年8月15日，门头沟区政府分别作出门政征字〔2012〕3号房屋征收决定和《关于门政征字〔2012〕3号〈房屋征收决定〉的补充决定》（以下简称第3号征收决定），第29号房屋及相应的国有土地在上述征收范围内。双方当事人均认可，就上述房屋的征收补偿，到目前为止未按照《国有土地上房屋征收与补偿条例》（以下简称《征补条例》）的规定达成安置补偿协议，亦未作出房屋征收补偿决定。案涉土地已经被用于项目建设。

本院依职权查明案涉房屋涉及诉讼并听取了双方当事人的意见，原告因上述房屋的安置补偿先后提起了以下诉讼：

2013年，原告不服第3号征收决定提出起诉，北京高院作出第1665号行政判决，认为《门头沟区采空棚户区国有土地上非住宅房屋征收补偿方案》和《门头沟区采空棚户区集体土地上非住宅房屋征收补偿方案》，适用了已被废止的北京市人民政府《关于北京市城市房屋拆迁补助费有关规定的批复》（京政函〔2001〕109号）作为补偿依据，且涉案项目属于《征补条例》施行后开展的房屋征收项目，应当认定属于适用法律错误，但鉴于第3号征收决定涉及采空棚户区改造公共利益，撤销该征收决定将会给公共利益造成重大损害，因此，依法确认第3号征收决定涉及非住宅房屋征收补偿的部分违法，并责令被告门头沟区政府采取相应的补救措施。判决“一、撤销北京市第一中级人民法院（2013）一中行初字第849号行政判决；二、确认北京市门头沟区人民政府门政征字〔2012〕3号房屋征收决定涉及住宅房屋征收补偿的部分合法；三、确认北京市门头沟区人民政府门政征字〔2012〕3号房屋征收决定涉及非住宅房屋征收补偿的部分违法，由北京市门头沟区人民政府采取相应的补救措施；四、驳回北京市华东电子技术研究所的其他诉讼请求”。

2014年4月28日，北京市住房和城乡建设委员会（以下简称市住建委）作出京建登记〔2014〕13号《撤销房屋登记决定书》，决定“撤销你单位名下坐落于北京市门头沟区城子市场×号房屋登记。请你单位自收到本决定书之日起15日内，将×京房权证门股字第X1号《房屋所有权证》交回北京市门头沟区住房和城乡建设委员会。逾期不交回，我委将公告该证书作废”。原告不服，起诉撤销上述决定。一中院作出（2014）一中行终字第10906号终审行政判决，认为市住建委“撤销华东研究所名下的坐落于城子市场××号的房屋登记，所作被诉决定并无不当”。判决驳回原告上诉。

2014年，原告在案涉房屋被强制拆除过程中向北京市公安局门头沟分局（以下简称门头沟公安分局）报警，认为该局行政不作为致使其遭受损失，故以门头沟公安分局为被告提出起诉，一中院作出（2014）一中行终字第10902号终审行政判决（以下简称第10902号行政判决），认为“门头沟公安分局在接到华东研究所相关人员的报案后及时出警，其在向京门中心等人员进行调查后，认定华东研究所相关人员所报案件不属于治安案件，并告知了华东研究所相关人员通过其他途径解决其与京门中心之间的纠纷”。门头沟公安分局已经履行了法定职责，驳回原告上诉。

2016年，原告因案涉房屋范围内的土地被用于建设项目，以北京住总集团有限责任公司、北京市门头沟区采空棚户区改造建设中心为被告，提起排除妨害纠纷民事诉讼。一中院（2016）京01民终6301号终审民事判决认为，根据“《中华人民共和国物权法》第二十八条规定，因人民法院、仲裁委员会的法律文书或者人民政府的征收决定等，导致物权设立、变更、转让或者消灭的，自法律文书或者人民政府的征收决定等生效时发生效力。因门头沟区政府于2012年5月28日作出了房屋征收决定，××号地块内的房屋处于征收范围之内，故××号地块上原有的房屋所有权因此消灭……”认为原告的诉讼请求不能成立，驳回原告上诉。

在本案审理期间，双方当事人均表示希望协调解决案涉房屋因征收而引发的行政纠纷。本院为此多次组织协调，双方当事人也进行了沟通，但由于双方对补偿安置相关问题差距较大，未能达成调解协议。

根据各方当事人的诉辩意见，本院认为本案的争议焦点有二：一是华东研究所是否具有原告主体资格并在法定期限内提出起诉；二是被告门头沟区政府是否实施了原告所述拆除行为，具体分析如下：

关于焦点问题一，华东研究所是否具有原告主体资格并在法定期限内提出起诉的问题，具体分析如下：第一，关于华东研究所是否具有原告主体资格。《行政诉讼法》第二条规定，公民、法人或者其他组织认为行政机关和行政机关工作人员的行政行为侵犯其合法权益，有权依照本法向人民法院提起诉讼。本案中，原告基于《房产及土地使用权转让协议》是第××号房屋的实际使用人，与实际使用的房屋及室内设施被拆除当然存在利害关系。考虑到原告属于生产经营性企业，不能排除有的机器设备属于固定资产，以及因组织生产而存在原材料、产品等情形。因此，原告针对该房屋及室内设备被拆除认为侵犯其合法权益的，具有本案原告主体资格。被告方认为原告不是房屋所有权人，不具有诉讼主体资格的主张，本院不予支持。

第二，关于原告是否在法定期限内提出起诉。最高人民法院《关于执行〈中华人民共和国行政诉讼法〉若干问题的解释》①第四十一条第一款规定，行政机关作

① 已被《最高人民法院关于适用〈中华人民共和国行政诉讼法〉的解释》废止。

出具体行政行为时，未告知公民、法人或者其他组织诉权或者起诉期限的，起诉期限从公民、法人或者其他组织知道或者应当知道诉权或者起诉期限之日起计算，但从知道或者应当知道具体行政行为内容之日起最长不得超过 2 年。本案中，现有证据证明 2014 年 5 月 7 日实施拆除行为时，未有行政机关告知原告诉权或者起诉期限，故原告于 2016 年 3 月 29 日提出起诉，没有超过法定起诉期限。故被告门头沟区政府认为原告超过六个月起诉期限的主张，没有法律依据，本院亦不予支持。

关于焦点问题二，被告门头沟区政府是否实施了原告所述拆除行为的问题，具体分析如下：第一，第 × × 号房屋及室内相应的设备已经被拆除。首先，第 × × 号房屋位于第 3 号征收决定的范围，原告不服补偿安置向法院提出了起诉。根据第 10902 号行政判决记载，结合原告因房屋被拆除向门头沟公安分局报警、原告提供的视频资料、相关民事判决及双方当事人的自认，可以确认第 × × 号房屋及室内设备已经被拆除。

第二，拆除第 × × 号房屋没有履行法定程序。首先，被告没有根据《征补条例》的规定作出补偿决定。《征补条例》第三条规定，房屋征收与补偿应当遵循决策民主、程序正当、结果公开的原则。第二十六条第一款规定，房屋征收部门与被征收人在征收补偿方案确定的签约期限内达不成补偿协议，或者被征收房屋所有权人不明确的，由房屋征收部门报请作出房屋征收决定的市、县级人民政府依照本条例的规定，按照征收补偿方案作出补偿决定，并在房屋征收范围内予以公告。第二十七条第一款、第二款规定，实施房屋征收应当先补偿、后搬迁。作出房屋征收决定的市、县级人民政府对被征收人给予补偿后，被征收人应当在补偿协议约定或者补偿决定确定的搬迁期限内完成搬迁。在案证据显示，第 × × 号房屋的征收补偿问题，被告门头沟区政府既未与他人达成征收补偿协议，也未作出征收补偿决定，原告作为该房屋的实际使用人在客观上难以获得拆除主体的证据。故被告否认拆除该房屋的，应当提交相应的证据予以证明，否则应当承担不利后果。其次，第 × × 号房屋及室内相应的设备未实际补偿安置。原告于 2013 年不服第 3 号征收决定提出起诉，北京高院作出终审判决，确认征收决定涉及原告的非住宅房屋征收补偿的部分违法，并责令门头沟区政府采取相应的补救措施。2014 年 4 月，案涉房屋的产权证被市住建委撤销。本院注意到，案涉房屋的产权证被撤销后其权利并未自动恢复至门头沟区国资委或者原实际使用人门头沟汽车齿轮厂。原告持有与门头沟区国资委签订《房产及土地使用权转让协议》仍实际占有使用该房屋，现有证据证明双方未达成任何形式的安置补偿协议，被告门头沟区政府没有为此支出补偿安置费，而房屋被征收后依法应当给予的补偿安置权益并不会消失。现原告主张被告拆除了案涉房屋及室内机器设备，被告应积极举证其没有实施拆除行为或者其行为合法。

第三，被告怠于履行应当承担的举证义务。《行政诉讼法》第三十四条规定，被告对作出的行政行为负有举证责任，应当提供作出该行政行为的证据和所依据的规范性文件。被告不提供或者无正当理由逾期提供证据，视为没有相应证据。但是，被诉行政行为涉及第三人合法权益，第三人提供证据的除外。本案中，第××号房屋处于征收范围，原告已经提交了强制拆除房屋现场的部分视频资料，房屋内存在机器设备的清单以及拆除现场有摄像证据线索，结合拆除现场有警察、城管工作人员，原告向门头沟公安分局报警等事实，可以认定原告已经尽到了初步的证明义务。上述证据均指向被告门头沟区政府组织实施了拆除行为，如果被告予以否认的，应当积极提交证据予以反驳。现被告仅陈述没有实施过原告所述拆除行为，而怠于提交相应证据支持其主张，应当承担不利法律后果。

综上，被告门头沟区政府拆除了第××号房屋及室内的机器设备，并且该拆除行为没有法律依据。故原告请求确认被告门头沟区政府拆除第××号房屋及室内机器设备违法的诉讼请求成立，本院予以支持。

据此，依照《中华人民共和国行政诉讼法》第七十四条第二款第（一）项之规定，判决如下：

确认被告门头沟区政府于二〇一四年五月七日拆除原告位于北京市门头沟区城子市场××号房屋及室内机器设备的行为违法。

案件受理费50元，由被告北京市门头沟区人民政府负担（自本判决生效之日起七日内缴纳）。

如不服本判决，可在判决书送达之日起十五日内，向本院递交上诉状，并按对方当事人的人数提出副本，预交上诉案件受理费人民币50元，上诉于北京市高级人民法院。上诉人在上诉期限内未预交上诉案件受理费，又不提出缓交申请的，按自动撤回上诉处理。

审 判 长　　向绪武
人民陪审员　　张风光
人民陪审员　　王占平
二〇一七年四月一日
法官助理　　李世邦
书 记 员　　高秀丽
书 记 员　　刘子杰

14

因被告原因导致原告无法证明损害情况的，由被告就损害情况承担举证责任

——郑桂某诉北京市海淀区人民政府行政赔偿案

【裁判要旨】在行政赔偿、补偿案件中，原告应当对行政行为造成的损害提供证据。但因被告的原因导致原告无法就损害情况举证的，由被告就损害情况承担举证责任。当事人的损失因客观原因无法鉴定的，人民法院应当结合当事人的主张和在案证据，遵循法官职业道德，运用逻辑推理和生活经验、生活常识等，酌情确定赔偿数额。

北京市第四中级人民法院
行政赔偿判决书

（2016）京04行初1196号①

原告郑桂某，住北京市海淀区。

委托代理人宋晓峰，北京在明律师事务所律师。

被告北京市海淀区人民政府，住所地北京市海淀区。

法定代表人于军，区长。

委托代理人单辉，北京市海淀区人民政府工作人员。

委托代理人莫洁云，北京市中洲律师事务所律师。

原告郑桂某诉被告北京市海淀区人民政府（以下简称海淀区政府）行政赔偿一案，向本院提起行政赔偿诉讼。本院于2016年6月20日受理后，于2016年6月28日向被告送达了起诉状副本及应诉通知书。本院依法组成合议庭，于2016年10

① 本案判决作出后，原被告均向北京市高级人民法院提起上诉，二审法院经审理，判决驳回上诉，维持一审判决，参见（2017）京行赔终47号行政赔偿判决书。

月 10 日公开开庭审理了本案。原告郑桂某及其委托代理人宋晓峰，被告海淀区政府的委托代理人单辉、莫洁云到庭参加了诉讼。本案现已审理终结。

原告郑桂某诉称，被告海淀区政府于 2013 年 10 月 17 日强制拆除了原告位于北京市海淀区八里庄东居民区 × 号院内房屋（以下简称案涉房屋），致屋内大量贵重物品遭到损毁。原告不服，向本院提起行政诉讼，请求确认被告海淀区政府强制拆除原告房屋的行为违法。本院作出的（2015）四中行初字第 641 号行政判决书（以下简称第 641 号行政判决）确认被告的拆除行为违法，且得到了北京市高级人民法院（以下简称北京市高院）（2016）京行终第 263 号行政判决书（以下简称第 263 号行政判决）支持。基于以上事实，原告郑桂某向被告海淀区政府申请国家赔偿，现被告作出的《不予赔偿决定书》侵害了原告的合法权益。综上，请求：1. 撤销《不予赔偿决定书》；2. 将案涉房屋恢复原状；3. 赔偿因强拆造成财物损失 125489 元；4. 赔偿因强拆后至原告起诉，即 2013 年 10 月 17 日至 2016 年 4 月 17 日期间的房屋租金 62000 元；5. 赔偿原告诉讼各项费用总计 62200 元。

原告在开庭审理前向本院提交了以下证据：证据 1. 第 641 号行政判决、证据 2. 第 263 号行政判决，证据 1—2 证明原告郑桂某的居住权丧失；证据 3. 案涉房屋被强拆前的外观照片，证明房屋被强拆之前的状态；证据 4. 原告屋内财产损失清单及部分损失财产的收据和发票，证明被告的违法强拆行为造成原告案涉房屋实际损失的具体范围及数额；证据 5. 案涉房屋被强拆后，原告租住房屋的租房协议及租金收条，证明案涉房屋被强拆后，原告租房客观实际情况以及具体的支出；证据 6. 案涉房屋被拆后，原告依法聘请律师的诉讼代理费发票，证明原告进行维权诉讼的费用；证据 7. 原告递交的行政赔偿申请书及快递凭证；证据 8. 北京市海淀区政府《不予赔偿决定书》，证明原告在法定期限内提起诉讼。

被告海淀区政府辩称，1. 被告作出《不予赔偿决定书》中认定的事实清楚、证据充分，均是依据第 641 号行政判决和第 263 号行政判决认定的事实。2. 被告不予赔偿的决定适用法律正确。被告认为原告提出的第 1 项、第 2 项赔偿申请不符合《中华人民共和国国家赔偿法》（以下简称《国家赔偿法》）第二条、第四条规定。第 3 项、第 4 项赔偿请求不属于《国家赔偿法》第三十六条第（八）项规定的直接损失，因此不属于国家赔偿范围。3. 被告作出《不予赔偿决定书》符合《国家赔偿法》第十三条的相关规定，程序合法。综上，被告认为原告提出的赔偿请求缺乏事实和法律依据，请求法院依法判决驳回原告的赔偿请求。

被告在法定举证期限内提交了以下证据：证据 1. 行政赔偿申请书；证据 2. 原告的身份证复印件；证据 3. 第 641 号行政判决；证据 4. 第 263 号行政判决；证据 5. 财产损失清单；证据 6. 房屋租赁合同；证据 7. 收条；证据 8. 北京增值税发票；

证据9. EMS信封，证据1—9证明原告在提起国家赔偿的时效内向赔偿义务机关提交了行政赔偿申请及相关证据；证据10. 被告收到郑桂某行政赔偿申请的邮寄凭证；证据11.《腾退公告》；证据12.《玲珑巷项目腾退搬迁补偿安置方案》；证据13. 交房、拆房交接单（4份）及有关委托书；证据14. 房屋权属具结承诺书（4份）及有关委托书；证据15. 承诺书；证据16. 私房腾退面积认定表；证据17. 向申请人送达《不予赔偿决定书》的邮寄凭证及邮件查询结果，证据10—17证明赔偿义务机关依法受理行政赔偿申请、调查取证以及作出决定并送达。

经庭审质证，被告海淀区政府对原告郑桂某提交证据1、证据2不持异议；认为证据3与本案不具有关联性；对证据4的真实性与合法性认可，关联性不认可，认为其不能证明客观事实，清单是原告编写的；对证据5的真实性认可，对合法性无法发表意见，不认可其关联性，认为不能证明属于直接损失；对证据6的真实性与合法性认可，不认可其关联性及证明目的，认为律师费的发票没有相应的合同，不能认定律师费是原告委托律师代理费用的支出。对证据7、证据8不持异议。

原告郑桂某对被告海淀区政府提交证据1—9的真实性、关联性、合法性、证明目的均认可；对证据10的真实性、关联性以及合法性均认可；对证据11、证据12的真实性和关联性认可，不认可其合法性；对证据13中交接单的真实性、关联性以及合法性均不认可，认为被告篡改交接单，但对证据13中委托书的真实性认可，不认可其合法性和关联性，认为委托书是拆房之后作出的；对证据14、证据15的真实性认可，不认可其关联性与合法性，认为承诺书与委托书一致；对证据16的真实性、合法性以及关联性均不认可，认为其不具有法律效力；对证据17的真实性、合法性以及关联性均认可；对证据10—17的送达认可，调查取证不认可，认为存在篡改行为，海淀区政府没有调查。

关于原告提交证据5的真实性，即案涉房屋被强拆后原告承租北京市石景山区永乐小区×号楼×单元×号房屋是否属实的问题，经本院依法核实并听取当事人意见，该房屋系原告再婚配偶韩瑞某承租的公房，而原告所主张租金，即2013年10月17日至2016年4月17日租赁期间处于再婚期间，故对该租赁关系的真实性本院不予认可，进而对原告提交证据5的真实性本院不予采信。原告郑桂某、被告海淀区政府提交的其他证据形式上符合最高人民法院《关于行政诉讼证据若干问题的规定》提供证据的要求，具有证据的真实性、合法性且与本案具有关联性，可以作为认定本案相关事实的依据，本院予以采信。其中，原告提交的证据1—4、证据6能够证明原告针对被告的拆除行为提起了行政诉讼，原告提交的证据7—8及被告提交的证据1—10能够证明原告提出行政赔偿的事实；被告提交的证据11—17能够证明被告收到原告的行政赔偿申请，被告针对其赔偿请求作出了处理。

根据上述合法有效证据以及当事人无争议之陈述，本院认定如下事实：

原告郑桂某诉被告海淀区政府强制拆除行为违法一案，向本院提起行政诉讼。2015 年 10 月 20 日，本院作出第 641 号判决，确认被告北京市海淀区人民政府于 2013 年 10 月 17 日对案涉房屋实施的拆除行为违法。该判决经北京高院第 263 号行政判决维持，现已生效。2016 年 4 月 19 日，被告收到原告以邮寄方式提出的行政赔偿申请。在申请中，原告主张被告作出的强制拆除行为给其合法权益造成了损害，请求被告赔偿：1. 将案涉房屋恢复原状；2. 赔偿因强拆造成财物损失 125489 元；3. 赔偿因强拆后原告房屋租金 62000 元；4. 赔偿原告诉讼各项费用总计 62200 元。2016 年 6 月 15 日，被告海淀区政府作出《不予赔偿决定书》。原告不服，于 2016 年 6 月 20 日向本院提起行政赔偿诉讼。

根据本院已生效的第 641 号行政判决查明，2012 年 12 月 30 日，被告海淀区政府发布腾退公告，并制定了《玲珑巷项目腾退搬迁补偿安置方案》（以下简称《补偿安置方案》），参照《北京市集体土地房屋拆迁管理办法》（北京市人民政府令 124 号）、《关于印发〈北京市集体土地房屋拆迁管理办法〉实施意见的通知》（京国土房管拆〔2003〕666 号）、《关于印发〈北京市宅基地房屋拆迁补偿规则〉的通知》（京国土房管征〔2003〕606 号）、《关于发布〈北京市房屋重置成新价评估技术标准〉的通知》（京国土房管拆〔2003〕808 号）等相关文件精神，组织实施玲珑路、五路居地区综合整治腾退拆迁补偿安置工作。腾退工作由海淀区政府成立的临时机构腾退指挥部具体实施。原告郑桂某自 1987 年至 2013 年在北京市海淀区八里庄东居民区 × 号院（以下简称 × 号院）内居住，其居住的房屋属于上述腾退范围之内。在腾退过程中，腾退指挥部与同住在 × 号院内的马某兰、王某河、王某华和王某齐四名被腾退人签订协议并进行了补偿安置后，于 2013 年 10 月 17 日拆除了 × 号院内的房屋。

另查，关于原告郑桂某的补偿安置问题。被告海淀区政府于 2016 年 10 月 8 日收到原告提出的履行补偿安置职责申请后，2016 年 12 月 7 日向原告郑桂某作出了《关于对郑桂某履责申请书的答复》，就拆除案涉房屋后原告的补偿安置问题答复原告“就具体补偿方案与建业成公司继续协商”。

本院认为，行政机关承担行政赔偿责任的范围，应当是《国家赔偿法》所规定的受害人因行政机关及其工作人员行使行政职权而直接遭受的人身权、财产权的损害。该法第四条以及第三十六条对于财产损害赔偿的范围和计算标准等予以了明确列举。本案中，原告请求赔偿：1. 撤销《不予赔偿决定书》；2. 将案涉房屋恢复原状；3. 赔偿因强拆造成财物损失 125489 元；4. 赔偿因强拆后原告房屋租金 62000 元；5. 赔偿原告诉讼各项费用总计 62200 元。对此，需要分别就上述请求是否属于国家赔偿范围进行认定。

第一，关于原告请求撤销《不予赔偿决定书》的问题。《最高人民法院关于审理行政赔偿案件若干问题的规定》（以下简称《审理赔偿案件规定》）第二十九条规定，人民法院审理行政赔偿案件，就当事人之间的行政赔偿争议进行审理与裁判。因此，本案应当围绕原告所主张的赔偿请求能否成立进行审查。被告海淀区政府作出的《不予赔偿决定书》，系其针对原告的赔偿请求作出的先行处理，不属于行政赔偿案件的审查内容。故原告请求撤销该《不予赔偿决定书》的诉讼请求，缺乏法律依据，本院不予支持。

第二，关于原告请求恢复案涉房屋原状的问题。《国家赔偿法》第三十二条规定，国家赔偿以支付赔偿金为主要方式。能够返还财产或者恢复原状的，予以返还财产或者恢复原状。该法第三十六条规定，侵犯公民、法人和其他组织的财产权造成损害的，按照下列规定处理：……（三）应当返还的财产损坏的，能够恢复原状的恢复原状，不能恢复原状的，按照损害程度给付相应的赔偿金；……本案中，原告提出行政赔偿的依据是本院已生效第641号行政判决，该判决虽然确认被告北京市海淀区人民政府于2013年10月17日对北京市海淀区八里庄东居民区×号院内原告郑桂某居住的房屋实施的拆除行为违法。但该判决确认违法的前提是被告海淀区政府"在实施腾退安置过程中，被告海淀区政府本应在查清×号院内实际居住情况后予以妥善处理。但其未能尽到审慎审查职责，既没有查清×号院内实际居住人情况，亦未听取有关利害关系人的意见即拆除了案涉房屋，形成原告郑桂某的居住权益得不到保障之事实"。本院并未明确原告对涉诉的房屋具有所有权，郑桂某亦不能提交证据证明其对案涉房屋具有所有权或者可以区分所有权。故原告请求对不具有所有权的房屋恢复原状，没有事实根据及法律依据，本院不予支持。

第三，关于原告请求赔偿强拆造成财物损失的问题。《国家赔偿法》第二条第一款规定，国家机关和国家机关工作人员行使职权，有本法规定的侵犯公民、法人和其他组织合法权益的情形，造成损害的，受害人有依照本法取得国家赔偿的权利。该法第四条第（四）项规定，行政机关及其工作人员在行使行政职权时有造成财产损害的其他违法行为的，受害人有取得赔偿的权利。《国家赔偿法》第三十二条规定，国家赔偿以支付赔偿金为主要方式。能够返还财产或者恢复原状的，予以返还财产或者恢复原状。本案中，基于原告长期居住在院内的事实，室内亦应放置基本的日常生活用品，故案涉房屋内的家具及基本的生活物品等当属个人合法财产，应受法律保护。

本案中，被告海淀区政府于2013年10月17日对原告郑桂某居住的房屋实施的强制拆除行为，已被本院第641号行政判决确认违法，且该判决经北京高院第

263 号行政判决维持，现已生效。因此，被告海淀区政府对其违法行为给原告郑桂某带来的损害依法应当承担赔偿责任。原告向本院提交的证据 4，即财产损失清单载明的财产损失有“1. 现金 65000 元；2. 海尔空调冷暖小王子，大约 4900 元；3. 海信 32 寸电视 2290 元；4. 海尔洗衣机七公斤 800 元左右；5. 阿里斯顿热水器 1168 元；6. 台式电脑 10000 元（2000 年买）；7. 电表 1500 元；8. 松下微波炉 2808 元；9. 电熨斗 320 元；10. 白金金象手链 551 元；11. 石榴介 552 元；12. 手表 398 元；13. 白色 18K 金翠钻戒 2472 元；14. 金象珠宝钻石吊坠 2730 元；15. 各种家具（衣柜、电视柜、床、电脑桌、桌椅等）约 10000 元；16. 大部分衣物、鞋子及床上用品约 20000 元。共计：125489 元”。但原告除了上述证据清单外，并未向本院提交证据证明上述物品确实存放于被拆除房屋内。由于案涉房屋被拆除而导致损害事实无法查清，因此人民法院应根据日常生活经验法则作出判断。

本院注意到，被告设立的腾退指挥部与同住在 × 号院内的马某兰、王某河、王某华和王某齐四名被腾退人签订协议后拆除了 × 号院内的房屋。结合原告居住于院内，其主张的损失中必然存在与日常生活有关的物品等事实。因被告未能尽到审慎审查职责拆除了案涉房屋，从而导致基本生活用品下落不明，返还已不可能，损坏物品亦无法返还。故被告应对其违法行为给原告造成的合法财产损失承担赔偿责任。故本院酌定被告对原告提交财产损失清单的第 2—16 项承担赔偿责任，并酌情确定赔偿数额 20000 元。关于原告本项主张的其余赔偿请求，因在案证据不足以证明强制拆除时，原告有大额现金存放在被拆除房屋内，故本院对原告该部分赔偿请求不予支持。

第四，关于原告请求赔偿房屋租金的问题。本院认为，行政机关承担行政赔偿责任的范围，应当是受害人因行政机关及其工作人员行使行政职权而直接遭受的人身权、财产权的损害。本案中，原告请求赔偿的房屋租金属于房屋被拆除后必然产生的金钱支出，但原告提交的证据不能证明其为此支出了租赁费用。故原告提出 2013 年 10 月 17 日至 2016 年 4 月 17 日期间房屋租金 62000 元的赔偿请求，本院不予支持。至于案涉房屋被拆除后是否必然受损，属于原告另行解决的问题。

第五，关于原告请求赔偿诉讼费用的问题。本院认为，行政机关承担行政赔偿责任的范围，应当是受害人因行政机关及其工作人员行使行政职权而直接遭受的人身权、财产权的损害。国家赔偿法第四条以及第三十六条对于财产权损害赔偿的范围和计算标准等予以了明确列举。本案中，原告请求赔偿的诉讼费用支出，均是因其针对案涉房屋被拆除后其提出诉讼而支付的费用，属于当事人在法律救济程序中支出的费用，不属于国家赔偿法所规定的赔偿范围。故原告要求被告赔偿其因诉讼而支出的各项费用 62200 元的请求，没有法律根据，本院不予支持。

据此，依据《中华人民共和国国家赔偿法》第四条第（四）项，第三十六条第（三）项、第（四）项，《最高人民法院关于审理行政赔偿案件若干问题的规定》第三十三条之规定，判决如下：

一、被告北京市海淀区人民政府赔偿原告郑桂某人民币贰万元整；

二、驳回原告郑桂某的其他赔偿请求。

如不服本判决，当事人可在本判决书送达之日起 15 日内，向本院递交上诉状，并按对方当事人的人数提交副本，上诉于北京市高级人民法院。

审　判　长　　向绪武
审　判　员　　孙永欣
人民陪审员　　董建华
二〇一六年十二月二十日
法 官 助 理　　李世邦
书　记　员　　刘子杰

15

在行政复议中对举证责任分配不当的法院应予撤销

——北京华力鸿基旅游投资发展有限公司不服北京市密云区人民政府违法建设行政复议案

【裁判要旨】行政机关对被复议的行政行为原则上采取书面审查方式，在申请人和被申请人的证据存在矛盾的情况下，应当合理分配举证责任，或者可以向有关组织和人员调查情况，听取申请人、被申请人和第三人的意见。

北京市第四中级人民法院

行政判决书

（2016）京04行初2835号①

原告北京华力鸿基旅游投资发展有限公司，住所地北京市密云县。

法定代表人吕竹，董事长。

委托代理人李晟，北京华力鸿基旅游投资发展有限公司总经理，住北京市朝阳区。

委托代理人吴德志，北京英淇律师事务所律师。

被告北京市密云区人民政府，住所地北京市密云区。

法定代表人潘临珠，区长。

委托代理人席宁，北京市密云区人民政府工作人员。

委托代理人谷雪聪，北京市密云区人民政府工作人员。

原告北京华力鸿基旅游投资发展有限公司（以下简称华力鸿基公司）不服被告北京市密云区人民政府（以下简称密云区政府）作出的密政复决字〔2016〕26

① 本案判决作出之后，双方当事人均未上诉，判决已生效。

号《行政复议决定书》（以下简称被诉复议决定），向本院提起行政诉讼。本院于2016年12月5日受理后，于2016年12月7日向被告密云区政府送达了起诉书副本及应诉通知书。本院依法组成合议庭，于2017年3月24日公开开庭审理了本案。原告华力鸿基公司的法定代表人吕竹，委托代理人李晟、吴德志，被告密云区政府的委托代理人谷雪聪到庭参加诉讼。本案现已审理终结。

被告密云区政府于2016年11月22日作出被诉复议决定，主要内容为：依据《中华人民共和国强制法》第四十四条、第五十四条和《北京市禁止违法建设若干规定》第十二条、第十五条、第十七条、第二十条和《中华人民共和国城乡规划法》第六十五条的规定，强制拆除违法建设要履行立案、调查取证、责令改正、限期拆除、下达催告书等程序，后由乡镇人民政府组织拆除。原告华力鸿基公司所建房屋未依法取得相应的建设工程规划许可证，属于违法建设。但北京市密云区巨各庄镇人民政府（以下简称巨各庄镇政府）未按照上述程序对申请人的违法建设进行拆除，属于违反法定程序。依据《中华人民共和国行政复议法》第二十八条第一款第（三）项第三目的规定，决定确认巨各庄镇政府2016年9月29日对原告华力鸿基公司的建筑进行强制拆除的行为违法。

原告华力鸿基公司诉称，原告华力鸿基公司自2006年5月起对北京市密云区巨各庄镇蔡家洼村（以下简称蔡家洼村）进行旧村改造，根据与蔡家洼村签订的投资合作协议，取得了该村1400亩集体建设用地的使用权，并按批次办理旅游养老项目建设的相关政府批文。2009年，第一期项目办理了立项批准文件、建设用地规划意见书、建设用地规划许可证、建设工程规划许可证以及建设用地使用证等政府批文，并投资建设了7排联排养老公寓。2010年，由于京沈高铁沿线建设，建设工作被相关部门叫停。2016年9月27日，巨各庄镇政府向原告华力鸿基公司下达《通知书》，认定原告华力鸿基公司位于巨各庄镇蔡家洼旧村改造绿色旅游商务区综合服务楼及附属设施一期地块的一栋建筑（以下简称涉案建筑）为违法建设，限原告自行拆除，否则将强制拆除。2016年9月29日，巨各庄镇政府对原告华力鸿基公司建筑物进行强制拆除。为此，原告华力鸿基公司于2016年10月8日向被告密云区政府申请行政复议。2016年11月22日，被告密云区政府作出被诉复议决定。原告华力鸿基公司认为其房屋拥有合法的建设工程规划许可证，并在申请行政复议时，已经向被告密云区政府提交了该房屋的建设工程规划许可证及其他建设批文，被告密云区政府认为原告华力鸿基公司所建房屋未依法取得相应建设工程规划许可证，属于违法建设错误，且被诉复议决定的这一认定会直接影响将来的行政赔偿案件的结果，故请求法院撤销被告密云区政府作出的被诉复议决定。

原告华力鸿基公司向本院提供了以下证据：1. 被诉复议决定，证明被告密云区政府作出行政复议，且认定事实错误；2. 京政农发〔2005〕19 号《北京市远郊区旧村改造试点指导意见》，证明原告华力鸿基公司的建筑属于旧村改造试点项目一部分，符合国家政策；3.《北京市密云县巨各庄镇蔡家洼新村及游云岛·生态商务港项目建设的合作协议》，证明原告华力鸿基公司的建设项目取得了所在蔡家洼村委会的同意；4. 京密集用（2008 划办）第 × 号《集体土地使用证》，证明原告华力鸿基公司的建设项目取得了土地使用权；5. 2008 规（密）地字 × 号《建设用地规划许可证》及附件，证明原告华力鸿基公司的建设项目取得了建设用地规划许可证；6. 2008 规（密）建字 × 号《建设工程规划许可证》及附件，证明原告华力鸿基公司的建设项目取得了建设工程规划许可证；7. 申请听证方式审理行政复议案的申请书，证明被告密云区政府审理行政复议案件中存在程序违法；8. 特快专递邮寄单，证明原告华力鸿基公司以书面方式向被告密云区政府提出复议听证申请；9. 邮寄送达查询单，证明被告密云区政府收到原告华力鸿基公司的听证申请；10. 通知书，证明被告密云区政府拆除程序违法。

被告密云区政府辩称，被告密云区政府通过审查原告华力鸿基公司及巨各庄镇政府提交的材料作出的被诉复议决定事实清楚、适用依据正确、程序合法。原告华力鸿基公司在申请行政复议时未提交建设工程规划许可证及其他建设批文，请求法院依法驳回原告华力鸿基公司的诉讼请求。

被告密云区政府向本院提供了以下证据：1. 行政复议申请书；2. 企业法人营业执照副本复印件；3. 组织机构代码证副本复印件；4. 法定代表人身份证复印件；5. 法定代表人身份证明复印件；6. 授权委托书及律师证、律师事务所函复印件；7. 送达地址确认书；证据 1—7 证明原告华力鸿基公司提交的材料；8. 行政复议申请处理审批表；9. 行政复议答复通知书；10. 送达回证；11. 行政复议答复书、北京市规划委员会密云分局规密复〔2016〕78 号《关于巨各庄镇蔡家洼旧村改造绿色旅游商务区综合服务楼及附属设施一期部分地上建筑物合法性认定的复函》（以下简称 78 号复函）；12. 申请书、企业法人营业执照副本复印件、组织机构代码证副本复印件、法定代表人身份证复印件、法定代表人身份证明复印件；13. 行政复议案件结案呈报表；14. 被诉复议决定；15. 被申请人送达回证；16. 送达回证及邮寄单；17. 工作说明；证据 8—17 证明被诉复议决定适用法律法规正确，程序正当合法，原告华力鸿基公司的诉讼请求缺乏事实和法律依据。

经庭审质证，本院对当事人提交的证据材料作如下确认：原告华力鸿基公司提交的证据 2、证据 3 与本案被诉复议决定的合法性审查无关，本院不予采信。原告华力鸿基公司及被告密云区政府提交的其他证据符合最高人民法院《关于行政诉讼证据若干问题的规定》的规定，具备证据的真实性、合法性及与本案的关联性，可以作为认定相关事实的依据，本院予以采信。

经审理查明，2016 年 10 月 8 日，原告华力鸿基公司向被告密云区政府申请行政复议，请求确认被申请人巨各庄镇政府强制拆除原告华力鸿基公司房屋的具体行政行为违法。被告密云区政府于 2016 年 10 月 10 日受理了该复议申请。同日，被告密云区政府作出密政复字〔2016〕26 号《行政复议答复通知书》，要求巨各庄镇政府于收到行政复议申请书副本之日起 10 日内对该行政复议申请提出书面答复，并提交作出该具体行政行为的证据、依据和其他有关材料。2016 年 10 月 20 日，巨各庄镇政府作出《行政复议答复书》，答复被告密云区政府涉案建筑经区有关部门认定，未取得相应的建设工程规划许可证，属于违法建设，且巨各庄镇政府于 2016 年 9 月 29 日对涉案建筑予以拆除。巨各庄镇政府同时向被告密云区政府提交了 78 号复函作为作出该具体行政行为的证据。2016 年 11 月 2 日，原告华力鸿基公司向被告密云区政府提交《申请书》，提出采取听证方式审理行政复议案件的申请。2016 年 11 月 22 日，被告密云区政府作出被诉复议决定，并于 2016 年 11 月 25 日送达原告华力鸿基公司。原告华力鸿基公司不服该被诉复议决定，于 2016 年 12 月 5 日向本院提起诉讼。

本院认为：《中华人民共和国行政复议法》第十三条规定，对地方各级人民政府的具体行政行为不服的，向上一级地方人民政府申请行政复议。被告密云区政府作为上一级人民政府，具有对申请人华力鸿基公司针对巨各庄镇政府提起的行政复议申请进行处理的法定职权。

本案的争议焦点为被告密云区政府在其作出的被诉复议决定中认定涉案建筑为违法建设的证据是否充分。本案中，被告密云区政府收到原告华力鸿基公司的行政复议申请后，根据被申请人巨各庄镇政府提出的书面答复及 78 号复函认为原告华力鸿基公司所建房屋未依法取得相应的建设工程规划许可证，属于违法建设。但原告华力鸿基公司在《行政复议申请书》中明确载明“2009 年，第一期项目（即蔡家洼旧村改造绿色旅游综合商务楼及附属设施）办理了立项批准文件、建设用地规划意见书、建设用地规划许可证、建设工程规划许可证以及建设用地使用证等政府批文，并投资建设了 7 排联排养老公寓房”。本院认为，针对前述情况，在原告华力鸿基公司及被申请人巨各庄镇政府在行政复议过程中提交材料的内容存在矛盾的情况下，被告密云区政府未进行调查取证，迳行认定原告华力鸿基公司所建房屋未依法取得相应的建设工程规划许可证系违法建设，属于主要证据不足，认定事实不清。

综上，依照《中华人民共和国行政诉讼法》第七十条第（一）项之规定，判决如下：

一、撤销被告北京市密云区人民政府于二〇一六年十一月二十二日作出的密政复决字〔2016〕26号《行政复议决定书》；

二、被告北京市密云区人民政府于本判决生效之日起在法定期限内对原告北京华力鸿基旅游投资发展有限公司的行政复议申请重新作出答复。

案件受理费50元，由被告北京市密云区人民政府负担，于本判决生效后七日内交纳。

如不服本判决，可以在判决书送达之日起十五日内向本院递交上诉状，并按对方当事人的人数提出副本，上诉于北京市高级人民法院。

审 判 长　程 娜
审 判 员　张 岩
人民陪审员　郭 羽
二〇一七年五月二十六日
法官助理　秦 爽
书 记 员　张媛媛

16

行政复议中对证据证明标准的理解和把握

——北京寻源合聚商贸有限公司诉北京市房山区人民政府行政复议案

【裁判要旨】公民、法人或者其他组织认为行政行为侵犯其合法权益，可以向行政机关申请行政复议，申请人应当提交初步证据证明所复议的基本的事实存在。申请人提供了初步证据予以证明，且复议机关在复议程序中并未要求申请人补充证据的，不宜简单认定申请人提出的复议申请不符合行政复议受理条件。

北京市第四中级人民法院

行政判决书

（2015）四中行初字第819号①

原告北京寻源合聚商贸有限公司，住所地北京市房山区。

法定代表人于春永，经理。

委托代理人吴启顺，北京市大地律师事务所律师。

被告北京市房山区人民政府，住所地北京市房山区。

法定代表人曾赞荣，区长。

委托代理人田宓，北京市房山区人民政府工作人员。

委托代理人林会来，北京市房山区人民政府工作人员。

原告北京寻源合聚商贸有限公司（以下简称寻源商贸公司）因不服被告北京市房山区人民政府（以下简称房山区政府）行政复议决定一案，向本院提起行政诉讼。本院于2015年9月25日受理后，于同年9月29日向被告送达了起诉状副本及

① 该案判决作出后，被告不服向北京市高级人民法院提起上诉，二审法院经审理，判决驳回上诉，维持一审判决，参见（2016）京行终444号行政判决书。

应诉通知书。本院依法组成合议庭，于2015年11月4日公开开庭审理了本案。原告寻源商贸公司的法定代表人于春永及委托代理人吴启顺，被告房山区政府的委托代理人田宓、林会来到庭参加了诉讼。本案现已审理终结。

2015年9月10日，被告房山区政府作出房政复字〔2015〕56号《驳回行政复议申请决定书》（以下简称被诉复议决定书），认为原告寻源商贸公司提出的行政复议申请不符合《中华人民共和国行政复议法》（以下简称《行政复议法》）及《中华人民共和国行政复议法实施条例》（以下简称《复议法实施条例》）规定的受理条件，根据《复议法实施条例》第四十八条第一款第（二）项，决定驳回原告寻源商贸公司的行政复议申请。

原告寻源商贸公司诉称，原告于2010年4月18日与北京市房山区良乡黄辛庄农场（以下简称黄辛庄农场）及北京市房山区人民政府拱辰街道办事处黄辛庄村村民委员会（以下简称黄辛庄村委会）签订《场地租赁合同》，并办理了相应工商登记手续从事经营活动。2015年4月16日，北京市房山区人民政府拱辰街道办事处（以下简称拱辰街道办）与北京市房山区城市管理综合行政执法监察局（以下简称房山区城管执法局）未告知原告寻源商贸公司，依据2015年4月15日张贴的《关于开展房山区京港澳高速（拱辰段）环境综合治理的通告》（以下简称《通告》），拆除上述经营场所并造成其经济损失。原告寻源商贸公司不服，向被告房山区政府申请行政复议，请求确认拱辰街道办和房山区城管执法局拆除其经营场所违法并责令赔偿经济损失。现被告房山区政府不受理原告的行政复议申请，不符合法律规定。综上，请求法院依法撤销被诉复议决定书。

原告寻源商贸公司于开庭审理前向本院提交了以下证据：1. 被诉复议决定书，证明原告依法提起的行政复议申请被驳回；2.《场地租赁合同》两份，证明原告租赁场地4.6亩及相关办公用、机库设施等情况；3.《补充合同（证明）》；4.《证明》，证据3、证据4证明原告与北京市良乡黄辛庄农场对《场地租赁合同》的变更；5.《企业住所（经营场所）证明》，证明原告依法纳税、合法经营；6. 证人杨秋玲《证明》，证明原告租赁场地及相关办公用、机库等设施均在1997年至1998年建成；7. 证人杨秋玲居民身份证，证明杨秋玲的身份情况；8.《关于开展房山区京港澳高速（拱辰段）环境综合治理的通告》，证明拱辰街道办和房山区城管执法局在非法拆除原告租赁物前张贴的《通告》；9.《京港澳高速沿线环境整治成效显著》，证明房山区城管执法局在非法拆除原告租赁物后，在其网站上的宣传材料；10. 现场照片21张，证明原告租赁物被非法拆除前后状况；11. DVD光盘二张，证明原告租赁物被非法拆除的过程；12. 北京市房山区人民法院（以下简称房山区法院）（2015）房民初字第09609号民事判决书，证明原告租赁给北京速诚广告有限公司房屋、冷库及地上物于2014年4月17日被强制拆除；13. 强拆现场照片，证明拱辰街道办环境办主任张某指挥强拆，公安、保安、新闻媒体等参加；14. 2015年4月20日专项整治工作政府信息的网页资料；15. 房山广电传媒网的网页资料信息；16. 房山广电传媒网的网页资料信息，证据14—16证明原告经营场所所在区域被拱辰街道办强拆；17. 2015年4月9日房山区政府政务信息网页资料，证明原告经营场所所在区域被确定在清理拆除范围；18. 光盘及视频说明，证明拱辰街道办环境办主任张某称有强拆手续，该办副主任刘松某承认去强拆黄辛庄农场对面的大库房；19. 光盘及视频说明，证明原告的房屋等被拆除时的视频及拆迁负责人称拱辰街道办让其强拆。

被告房山区政府辩称，在复议程序中原告寻源商贸公司提交的证据不能证明拱辰街道办及房山区城管执法局实施了拆除行为。原告寻源商贸公司不服本案涉及的强制拆除行为，以拱辰街道办及房山区城管执法局为被告，已经向房山区法院提起行政诉讼，案件正在审理之中。另外，被告驳回原告寻源商贸公司的行政复议申请，没有改变原告在复议申请中所主张的原行政行为，因此其以房山区政府为被告提起本案之讼不符合起诉条件。综上，被诉复议决定书认定事实清楚，程序合法，请求依法驳回原告寻源商贸公司的起诉或诉讼请求。

被告房山区政府在法定举证期限内向本院提交了以下证据：1. 行政起诉状，证明就同一事实，原告寻源商贸公司已向房山区法院提起行政诉讼；2. 应诉通知书，证明房山区法院已经受理原告的起诉；3. 行政复议申请书，证明原告曾向被告房山区政府提起行政复议；4. 行政复议申请材料处理单，证明被告依法立案；5. 行政复议接待笔录，证明被告接待原告的材料；6. 行政复议申请收据，证明被告收到原告提交的证据材料；7. 原告寻源商贸公司向被告房山区政府提交的证据材料，证明原告提交的证据不能证明拱辰街道办及房山区城管执法局实施了拆除行为；8. 行政复议答复书，证明拱辰街道办及房山区城管执法局向被告房山区政府提交了答复意见；9. 证明，证明拱辰街道办及房山区城管执法局未实施拆除行为。

经庭审质证，原告寻源商贸公司对被告房山区政府提交证据1—4、证据6、证据7、证据9的真实性、合法性和关联性不持异议，但不认可证据7、证据9的证明目的，认为证据5中还应当包括原告补充提交的材料；对证据8的真实性、关联性不持异议，但不认可其合法性。被告房山区政府对原告寻源商贸公司提交的证据1、证据8的真实性、合法性和关联性不持异议；对证据2—5、证据14—19的真实性、合法性不予评价，认为与本案无关；对证据6、证据7的真实性、合法性和关联性不认可；对证据9—11、证据13的真实性、合法性和关联性不认可，认为无法证明案涉房屋由拱辰街道办及房山区城管执法局拆除；对证据12的真实性认可，对合法性不进行评价，认为与本案无关。

经审查，本院认为，根据最高人民法院《关于行政诉讼证据若干问题的规定》（以下简称《证据规定》）第五十四条规定，法庭应当对经过庭审质证的证据和无需质证的证据进行逐一审查和对全部证据综合审查，遵循法官职业道德，运用逻辑推理和生活经验，进行全面、客观和公正的分析判断，确定证据材料与案件事实之间的证明关系，排除不具有关联性的证据材料，准确认定案件事实。本案中，被告房山区政府提交证据 1、证据 2 与本案的合法性审查不具有关联性，本院不予采信。被告房山区政府提交的证据 7、8 是答辩意见，证据 9 是村委会证明，仅凭该证据不能实现拱辰街道办及房山区城管执法局未拆除案涉房屋的证明目的，本院不予采信。原告寻源商贸公司提交的证据 1 是本案被诉行政行为，不作为证据接纳；原告提交的证据 10、12—19 虽然不能证明其在行政复议程序中向被告房山区政府提交，但由于被告房山区政府不能证明其在行政复议程序中曾告知原告寻源商贸公司要进一步提交证据而原告寻源商贸公司拒不提交，因此上述证据不属于最高人民法院《证据规定》第五十九条规定的法院可以不予采纳的证据，本院予以采信。被告房山区政府、原告寻源商贸公司提交的其他证据，形式上符合最高人民法院《证据规定》中提供证据的要求，内容真实、合法、与本案具有关联性，可以作为认定本案相关事实的依据，本院予以采信。

根据上述合法有效的证据以及当事人无争议之陈述，本院认定如下事实：2015 年 6 月 15 日，原告寻源商贸公司认为拱辰街道办及房山区城管执法局拆除其经营场所违法，向被告房山区政府申请行政复议并提交了相应的证据材料，请求确认拱辰街道办和房山区城管执法局拆除其经营场所违法并赔偿经济损失。2015 年 6 月 15 日，被告房山区政府受理原告寻源商贸公司的行政复议申请后，向拱辰街道办和房山区城管执法局发出答复通知书，同年 6 月 26 日拱辰街道办和房山区城管执法局分别提交了答复意见，主要答复内容为“申请人及其它违法建设的当事人见到《通告》后均自行拆除了违法建设，答辩人并未对申请人房屋实施任何拆除行为”。因案件延期办理需要，同年 8 月 7 日经审批将案件延期 30 日，同年 9 月 10 日被告房山区政府作出被诉复议决定，并于次日向原告邮寄送达。主要内容为，根据原告寻源商贸公司提交的证据，无法认定拱辰街道办及房山区城管执法局拆除其经营场所，故其以拱辰街道办及房山区城管执法局为被申请人提起行政复议，不符合《行政复议法》及《复议法实施条例》规定的受理条件，决定驳回原告的行政复议申请。原告寻源商贸公司不服，遂于 2015 年 9 月 25 日向本院提起行政诉讼。

本院认为，本案的争议焦点在于原告寻源商贸公司所提行政复议申请是否符合行政复议的受理条件。

根据《行政复议法》第二条之规定，公民、法人或者其他组织认为具体行政行为侵犯其合法权益，可向行政机关申请行政复议。为了避免申请人在毫无事实根据的情况下申请行政复议，行政复议机关有权要求申请人在提出行政复议申请时提交初步证据，以证明其申请具有基本的事实根据。但在审查行政复议申请受理条件阶段，申请人的复议申请是否具有基本的事实根据只需要有初步证据予以证明即可。综合本案全部有效证据及各方当事人无争议之陈述，虽然原告寻源商贸公司所申请行政复议之行为的发生时间、责任主体、行为性质及合法性等问题仍有待进一步审查，在被告房山区政府并未要求原告寻源商贸公司补充提交证据的情形下，简单认定其提出的行政复议申请不符合行政复议受理条件，属事实认定不清，主要证据不足，本院依法应予撤销。综上，原告寻源商贸公司请求撤销被诉复议决定书的诉讼请求成立，本院予以支持。被告房山区政府应在斟酌本案案情的基础上，针对本案行政复议申请重新作出行政复议决定。

据此，依照《中华人民共和国行政诉讼法》第七十条第（一）项之规定，判决如下：

一、撤销被告北京市房山区人民政府于二〇一五年九月十日作出的房政复字〔2015〕56号《驳回行政复议申请决定书》；

二、责令被告北京市房山区人民政府针对原告北京寻源合聚商贸有限公司的行政复议申请于本判决生效之日起六十日内重新作出行政复议决定。

案件受理费50元，由被告北京市房山区人民政府负担（自本判决生效之日起七日内缴纳）。

如不服本判决，可在判决书送达之日起十五日内，向本院递交上诉状，并按对方当事人的人数提出副本，预交上诉案件受理费人民币50元，上诉于北京市高级人民法院。上诉人在上诉期限内未预交上诉案件受理费，又不提出缓交申请的，按自动撤回上诉处理。

审　判　长　　向绪武
审　判　员　　张立鹏
人民陪审员　　董建华
二〇一五年十一月二十日
法官助理　　程　娜
书　记　员　　高秀丽

17

行政复议决定中证据相互冲突的人民法院应予撤销

——邓文某等人诉北京市通州区人民政府行政复议案

【裁判要旨】合法的行政行为应当具有事实根据，证据确凿。行政复议决定中无法排除证据之间冲突，导致认定事实不清、主要证据不足的，人民法院应予撤销。

北京市第四中级人民法院

行政判决书

（2015）四中行初字第577号①

原告邓文某，住北京市通州区。

原告张少某，住北京市通州区。

原告李宝某，住北京市通州区。

三原告共同委托代理人刘玉来，住北京市通州区。

三原告共同委托代理人杨尔谦，住北京市朝阳区。

被告北京市通州区人民政府，住所地北京市通州区。

法定代表人岳鹏，区长。

委托代理人程剑，北京市通州区人民政府法制办公室干部。

委托代理人左增信，北京市致宏律师事务所律师。

原告邓文某、张少某、李宝某不服被告北京市通州区人民政府（以下简称被告）作出的驳回行政复议申请决定，向本院提起行政诉讼。本院受理后，依法组成合议庭，在法定期限内向被告送达了起诉状副本及应诉通知书，并于2015年9月11日依法公开开庭审理了本案。原告邓文某、张少某、李宝某及三原告委托代理

① 本案判决作出之后，双方当事人均未上诉，判决已生效。

人刘玉来、杨尔谦，被告的委托代理人程剑、左增信到庭参加了诉讼。本案现已审理终结。

2015年6月25日，被告作出通政复字〔2015〕第27号《驳回行政复议申请决定书》（以下简称被诉决定），认为北京市通州区永顺镇人民政府并未实施张少某、李宝某、邓文某三人所称其组织的联合执法行为，三人所称“拘留村民”是公安部门依其职权做出的刑事拘留，所称“捣毁岗楼”是新城热力公司为铺设管线在施工过程中的清理行为。因此，张少某、李宝某、邓文某三人提出的行政复议申请不符合行政复议法及其实施条例规定的受理条件。根据《中华人民共和国行政复议法实施条例》第四十八条第一款第（二）项的规定，决定驳回张少某、李宝某、邓文某的行政复议申请。

在法定举证期限内，被告向本院提供了以下证据：1. 三原告《行政复议申请书》，证明三原告于2014年9月30日向被告提起行政复议申请；2. 通政复字〔2014〕第43号《驳回行政复议申请决定书》，证明被告决定驳回原告的行政复议申请；3. （2015）三中行初字第126号《行政判决书》，证明通政复字〔2014〕第43号《驳回行政复议申请决定书》被法院撤销并责令被告重新作出处理；4. 被告工作人员对通州区城市管理综合行政执法监察局永顺镇城管执法队队长蔡某进行调查制作的调查笔录；5. 被告工作人员对通州区永顺镇人民政府工作人员刘某进行调查制作的调查笔录；6. 被告工作人员对北京新城热力有限公司总经理助理刘冬某进行调查制作的调查笔录；7. 通州区永顺镇人民政府出具的情况说明；8. 北京新城热力有限公司出具的情况说明；9. 北京市公安机关通州分局焦王庄派出所出具的情况说明；被告以证据4—9证明其进行调查取证的情况；10. 被诉决定及送达回证，证明被告作出本案被诉行为并送达双方当事人。

三原告诉称，原告向被告提交《行政复议申请书》后，被告作出通政复字〔2014〕第43号《驳回行政复议申请决定书》。后经原告提起行政诉讼，该决定书被北京市第三中级人民法院依法撤销，并责令被告针对原告的申请重新作出处理。但被告于2015年6月25日作出的被诉决定，再次驳回原告的复议申请，继续上级保护下级永顺镇人民政府的违法行为，采纳调查歪曲的事实，调查材料不与原告核实，不开听证会。故原告诉请法院撤销被诉决定。

三原告向法院提交了如下证据：1. 《行政复议申请书》；2. 《授权委托书》；3. 北京市通州区城市管理综合行政执法监察局出具的《关于对群众来信（访）问题的告知》；4. 通政复字〔2014〕第43号《驳回行政复议申请决定书》；5. 2014年12月8日原告方提交的《行政诉讼起诉状》；6. 刘庄村村委会出具的《推荐书》；7. （2015）三中行初字第126号《行政判决书》；8. 被诉决定书；9. 行政复

议案件调查笔录 3 份；10. 通州区永顺镇人民政府出具的《行政复议答复书》；11. 被告出具的《行政复议答复通知书》；12.《关于焦王庄派出所处置刘庄村村民阻碍施工现场情况说明》；13. 北京市通州区人民检察院出具的《不起诉决定书》；14. 朝阳北路刘庄村段的修路工程标志牌和围挡照片；15.《取保候审决定书》2 份；16. 通州区看守所释放证明；17.《关于永顺镇刘庄村 2014 年 8 月 12 日热力管线铺设的情况说明》；18. 岗楼照片（包括北面围墙岗楼、岗楼内用品）；19.《关于朝阳北路东沿线热力管线施工情况说明》；20. 起诉被告一案陈述词；21. 申请人一览表；22. 会议记录；23.（2005 年）拆迁协议；24.（2005）《征地补偿安置协议书》；25.（2005）《征地补偿安置补充协议》；26. 永顺镇刘庄村旧村改造拆迁安置方案；27. 征地补偿安置协议书（2008 年）；28. 刘庄村民代表大会决议（2007 年）；29.（2007 年）会议记录；30. 征地补偿安置公示及照片；31. 新楼公告栏照片；32.《关于东方长安家园项目征地公示情况的证明》；33. 征收土地方案；34.《关于东方长安家园土地一级开发建设项目征收土地的函》；35. 北京市人民政府京政地字〔2008〕46 号文件；36. 征地补偿款使用承诺书；37. 政府信息公开告知书；38. 房屋拆迁许可证及东方长安家园《拆迁实施方案》；39. 2014 年 3 月 6 日现场运土照片；40. 补充协议；41. 刘庄村民依法维权信；42. 征地举报信；43. 录像光盘。三原告以上述证据证明被告在刘庄村现场执法时的情况，被告作出的被诉决定应予撤销。

被告辩称，被告是基于人民法院生效判决，对原告的行政复议申请启动重新立案审查程序。被诉决定认定事实清楚，适用法律依据正确，程序合法。原告的诉讼请求缺乏事实及法律依据，请求法院驳回其诉讼请求。

经审查，被告提交的证据以及原告提交的证据 1—12、17、19 均与本案具有关联性，且合法、真实，能够作为认定本案事实的依据，本院予以确认。原告提交的其他证据不能证明其主张，对其证明目的本院不予认可。

根据上述有效证据及当事人在庭审中无争议的陈述，本院认定事实如下：

2014 年 9 月 30 日，三原告向被告提出行政复议申请，并提交了北京市通州区城市管理综合行政执法监察局《关于对群众来信（访）问题的告知》等材料，其认为，2014 年 8 月 12 日，被申请人即永顺镇人民政府组织焦王庄派出所、永顺镇土地规划、城管永顺镇执法队、建设施工方等部门联合执法，拘留了两位村民，捣毁了五座岗楼及其他物品，保护违法工程。联合执法名义上是劝退刘庄群众阻拦修路，实质是镇压刘庄村民维权看地。联合执法违纪违法，严重侵犯了村民的合法权益，应当予以纠正。故三原告请求确认被申请人的联合执法行为违纪违法，赔偿其违法行为给刘庄村民造成的损失。被告受理三原告的行政复议申请后，经审查，于

2014年11月27日作出通政复字〔2014〕第43号《驳回行政复议申请决定书》，并于当天向三原告送达。三原告不服，于2014年12月8日向北京市第三中级人民法院提起行政诉讼。后人民法院作出（2015）三中行初字第126号《行政判决书》，判决撤销通政复字〔2014〕第43号《驳回行政复议申请决定书》，并责令被告对三原告的行政复议申请重新作出处理。

被告在收到人民法院生效判决后，先后对通州区城市管理综合行政执法监察局永顺镇城管执法队队长蔡某、通州区永顺镇人民政府工作人员刘某、北京新城热力有限公司总经理助理刘冬某进行调查并制作《调查笔录》，收集调取了通州区永顺镇人民政府、北京新城热力有限公司、通州公安分局焦王庄派出所出具的情况说明，后作出本案被诉决定并向三原告送达。

另查，北京市通州区城市管理综合行政执法监察局于2014年9月16日针对李宝某作出通州城管执法监察局《关于对群众来信（访）问题的告知》，该告知主要内容为："经调查了解，8月12日上午8时，我局永顺镇执法队参加配合永顺镇政府组织的联合执法，联合执法内容是协助镇政府修路劝退刘庄群众阻拦，执法部门包括焦王庄派出所、永顺镇土地规划、城管永顺镇执法队、建设施工方等部门，我局永顺镇执法队负责此次行动的外围警戒任务，防止无关人员进入。围墙和窝棚所在地为刘庄村农村集体土地，依据《北京市城乡规划条例》第六十八条和《北京市禁止违法建设若干规定》第九条第三款之规定，农村集体土地违法建设由属地政府负责拆除，拆除围墙和窝棚的为永顺镇土地规划部门，我局永顺镇执法队只是协助配合镇政府执法，并不是此次执法的主体。"另，通州区城市管理综合行政执法监察局永顺镇城管执法队队长蔡某在调查笔录中陈述，上述告知系该机关根据实际情况作出的，联合执法是镇政府口头通知的。

本院认为：合法的行政行为应当具有事实根据，证据确凿。本案中，北京市第三中级人民法院作出（2015）三中行初字第126号《行政判决书》，认定被告作出的通政复字〔2014〕第43号《驳回行政复议申请决定书》事实不清，主要证据不足，故依法判决撤销，并责令被告对三原告的行政复议申请重新作出处理。被告在收到人民法院生效判决后，收集调取了相关证据并综合证据材料，认定通州区永顺镇人民政府并未实施三原告所称其组织的联合执法行为，原告的行政复议申请不符合法定的受理条件。本院认为，对于通州区永顺镇人民政府是否组织实施联合执法行为，被告收集调取的证据可分为两类，一类为北京市通州区城市管理综合行政执法监察局作出的《关于对群众来信（访）问题的告知》及该局永顺镇城管执法队队长蔡某所作陈述，上述材料均明确说明永顺镇执法队是参加配合永顺镇人民政府组织的联合执法行为，该联合执法是镇政府口头通知的。另一类为被告调取的由通州区永顺镇人民政府、北京新城热力有限公司、通州公安分局焦王庄派出所出具的相关证据，上述材料说明永顺镇人民政府并未组织实施联合执法，原告所称“拘留村民”是公安部门依其职权作出的刑事拘留，所称“捣毁岗楼”是新城热力公司为铺设管线在施工过程中的清理行为。被告最终认可了第二类证据的证明力，作出本案被诉行为。对此，本院认为，北京市通州区城市管理综合行政执法监察局作出的《关于对群众来信（访）问题的告知》是行政机关作出的正式书面答复，该局永顺镇城管执法队队长蔡某所作陈述进一步印证了该答复。而第二类证据材料系与被申请复议行为有直接联系的永顺镇人民政府、新城热力公司及其工作人员出具或表述的，通州公安分局焦王庄派出所出具的情况说明亦未对是否存在联合执法行为作出明确认定，故第二类证据的证据效力尚不足以否定第一类证据的证明力。在未取得充分证据支持下，被告作出被诉行为属认定事实不清，主要证据不足，应予撤销。三原告主张撤销被诉决定的诉讼请求，本院予以支持。综上，依据《中华人民共和国行政诉讼法》第七十条第（一）项之规定，判决如下：

一、撤销被告北京市通州区人民政府于二〇一五年六月二十五日作出的通政复字〔2015〕第27号《驳回行政复议申请决定书》；

二、责令被告北京市通州区人民政府针对原告邓文某、张少某、李宝某的行政复议申请重新作出处理。

案件受理费50元，由被告北京市通州区人民政府负担（于本判决书生效后七日内缴纳）。

如不服本判决，可以在判决书送达之日起十五日内，向本院递交上诉状，并按对方当事人的人数提出副本，同时交纳上诉案件受理费人民币50元，上诉于北京市高级人民法院。

审 判 长　武　楠
审 判 员　张立鹏
审 判 员　贾　毅
二〇一五年十一月二日
法官助理　马立科
书 记 员　张媛媛

18

复议机关在法定期限内未履行举证责任的人民法院判决撤销

——张某不服北京市海淀区人民政府行政复议案

【裁判要旨】在行政诉讼中，被告对作出的行政行为负有举证责任，应当提供作出该行政行为的证据和所依据的规范性文件。被告不提供或者无正当理由逾期提供证据的，视为没有相应证据。

北京市第四中级人民法院
行政判决书

(2015) 四中行初字第 185 号①

原告张某，住北京市海淀区。

委托代理人金某（原告张某之妻），住北京市海淀区。

委托代理人郳宏威，北京市海铭律师事务所律师。

被告北京市海淀区人民政府，住所地北京市海淀区。

法定代表人于军，代区长。

委托代理人吴蕙同，北京市海淀区人民政府干部。

委托代理人徐超，北京市海淀区人民政府干部。

原告张某不服被告北京市海淀区人民政府（以下简称海淀区政府）2015 年 2 月 25 日作出的海政复决字〔2013〕207 号《驳回申请行政复议决定书》，向本院提起行政诉讼。本院于 2015 年 3 月 16 日受理后，于 2015 年 3 月 19 日向被告送达了起诉书副本及应诉通知书。本院依法组成合议庭，于 2015 年 5 月 6 日公开开庭审理了本案。原告张某及其委托代理人金某、郳宏威，被告的委托代理人吴蕙同、徐

① 该案判决作出后，被告不服向北京市高级人民法院提起上诉，二审法院经审理，判决驳回上诉，维持一审判决，参见（2015）高行终字第 2935 号行政判决书。

超到庭参加诉讼。本案现已审理终结。

被告于2015年2月25日对张某作出海政复决字〔2013〕207号《驳回申请行政复议决定书》，主要内容为：本案中，申请人张某所提交的证据并不能证明被申请人北京市海淀区苏家坨镇人民政府（以下简称苏家坨镇政府）实施过组织拆迁的行为，本机关亦未发现有关证据证明被申请人实施了上述行为，故申请人的复议申请不符合行政复议受理条件。依据《中华人民共和国行政复议法实施条例》（以下简称《行政复议法实施条例》）第四十八条第一款第（二）项之规定，决定驳回申请人的行政复议申请。

被告在法定举证期限内向本院提供了作出被诉决定的证据：1. 申请人为张振某的行政复议申请书，证明被告收到行政复议申请的事实；2. 海政复答字〔2013〕207号行政复议答复通知书及送达回证，证明被告向苏家坨镇政府出具行政复议答复通知书，要求其对行政复议申请提出书面答复并提交相关证据、依据等材料；3. 行政复议答复书，证明苏家坨镇政府答复并未实施拆除原告房屋的行为；4.《苏家坨镇前沙涧村宅基地腾退安置及补偿工作实施细则》，证明前沙涧村拆迁腾退的实施主体是前沙涧村；5. 海政复延字〔2013〕207号《延期审理通知书》及海政复送字（2013）20702号送达回证，证明被告履行了行政复议法定程序；6.《驳回申请行政复议决定书》的送达回证，证明被告向原告邮寄送达了被诉决定书，履行了相关法律程序。

原告诉称，其在行政复议程序中提供了大量证据证明苏家坨镇政府是拆除其房屋的责任主体并组织实施了拆除，故其提起行政复议符合受理条件，被诉驳回申请行政复议决定违法，请求：1. 依法撤销被诉驳回申请行政复议决定；2. 判令被告对原告提出的行政复议申请重新作出处理。原告向本院提交了下列证据：1. 原告户口本复印件，证明申请人主体资格合法有效；2. 北京市高级人民法院（2014）高行终字第3175号《行政判决书》，证明原告诉讼主体资格合法有效以及原告提起的诉讼合法有效；3. 海政复决字〔2013〕207号《驳回申请行政复议决定书》，证明被告驳回了申请人的行政复议申请；4. 行政复议申请书，证明原告向被告提出行政复议申请；5. 邮政特快专递详情单和查询结果，证明原告以特快专递的方式向被告提出行政复议申请，被告收到原告的申请；6. 情况说明；7. 补充证据清单；8. 补充证据挂号信邮寄信封照片；9. 挂号信函收据和查询结果，证据6—9证明（1）原告于2014年12月24日以挂号信的方式向被告提交了情况说明并补充了证据，被告于2014年12月25日签收；（2）原告就提起的行政复议补充提交了新证据；10. 依法行政申请书，证明原告就提起的行政复议于2014年12月26日向被告申请组织听证；11. EMS详情单及查询结果，证明2015年1月4日，被告收到了原告要求组织听证的申请；12. 关于张某依法行政申请书的答复；13. 海政复延字〔2013〕207 号《延期审理通知书》，证据 12、13 证明 2015 年 1 月 30 日，被告向原告邮寄送达了回复和延期审理通知书，一面拒绝原告提出的听证申请，一面又以案件情况复杂为由进行了延期，明显属于偏袒苏家坨镇政府，根本就没有查明案件事实；14. 京发改〔2012〕195 号北京市发展和改革委员会《关于海淀区苏家坨镇前沙涧北区定向安置房项目核准的批复》，证明（1）原告房屋所在地是定向安置房项目建设涉及的征地拆迁，而不是宅基地搬迁腾退；（2）涉及的拆迁要求进行公开招投标；15. 京（海）政地征〔2012〕0026 号《征地公告》，证明原告房屋所在地已被征收，是政府征地拆迁行为；16. 海淀区住建委网站主动公示的招标公告和中标结果，证明原告房屋所在地公开招投标的是前沙涧村拆迁项目，原告房屋所在地涉及拆迁；17. 2013（海房征字）第 030 - 回《登记回执》和 2013（海房征字）第 030 - 告《政府信息公开告知书》，证明：（1）苏家坨镇政府没有拆迁许可证拆除原告的房屋，其行为明显违法；（2）将海淀区苏家坨镇前沙涧定向安置房项目 - 前沙涧村拆迁项目为苏家坨镇政府自主腾退项目，腾退就是拆迁；（3）证明苏家坨镇政府是具体实施主体，也是责任主体，应当承担法律责任；18. 接受刑事案件登记表，证明（1）原告的房屋遭到破坏，财产遭到巨大损失；（2）公安机关对案件正在调查处理当中；19. 照片，证明原告房屋遭到苏家坨镇政府工作人员非法破坏，有违法犯罪的事实；20. 京海发〔2010〕15 号文件，证明拆除原告房屋的责任主体是苏家坨镇政府；21. 海淀区北部地区先行启动区土地腾退工作责任书，证明苏家坨镇政府是腾退工作的责任主体；22. 村庄腾退、安置委托协议书，证明：（1）以村民自治的腾退事实上是北京实创科技园开发建设股份有限公司就翠湖科技园一级开发的腾退、安置工作委托海淀区苏家坨镇政府和北京新牧置业发展有限公司实施，是海淀区实施的政府行为；（2）海淀区苏家坨镇政府和北京新牧置业发展有限公司负责腾退补偿和安置工作，负责将腾退出的房屋及其他地上附着物进行拆除，渣土清运，达到院落自然地平；（3）苏家坨镇政府确实实施了拆除原告房屋的行为，应当承担责任，对原告进行赔偿；（4）海淀区北部的土地一级开发是海淀区政府要统一组织进行征地、农转用、拆迁和市政道路等基础设施建设的行为，海淀区政府违法行政，将一级开发涉及的征地拆迁改为无法可依的腾退，称是村民自治行为，行为违法；（5）证明被告与本案有利害关系，故意包庇苏家坨镇政府违法行为，属于滥用职权；23. 证人张某、张卫某的身份证复印件，证明证人身份合法有效；24. 张某的证人证言，证明原告房屋确实是由苏家坨镇政府干部祝的某、郑某及其他镇政府工作人员和不明身份的非法人员拆毁；25. 张卫某的证人证言，证明在 2012 年 8 月 10 日原告房屋遭到非法破坏时的外围情况；26. 赔偿清单，证明原告的房屋被非法破坏，苏家坨镇政府应当承担法律责任，理应赔偿原告。原告申请并经本院许可，张某、张卫某作为本案证人出庭作证，证明内容同书面证人证言。

被告辩称，行政复议程序中，申请人张某所提交的证据并不能证明被申请人苏家坨镇政府实施过拆除申请人房屋的行为，本机关亦未发现有关证据证明被申请人实施了上述行为，故申请人的复议申请不符合行政复议受理条件。被诉驳回申请行政复议决定认定事实清楚、证据确凿、适用法律正确，履行了行政复议相关法定程序，请求法院驳回原告诉讼请求。

经庭审质证，本院对以下证据作如下确认：被告提供的证据具备真实性、合法性及与本案的关联性，本院予以采信；原告提供的证据1—13具备真实性、合法性及与本案的关联性，本院予以采信，原告提供的其他证据与本案被诉行政行为是否合法不具有关联性，本院不予采信。

本院经审理查明：2013年9月12日，原告之父张振某（已故）以其房屋被苏家坨镇政府违法拆除为由，向被告申请行政复议，请求确认苏家坨镇政府拆除其房屋行为违法，并责令苏家坨镇政府赔偿经济损失6669万元。被告于2013年9月22日作出海政复决字〔2013〕207号不予受理决定书，以申请人超过复议申请期限为由不予受理。后张振某不服，向北京市第一中级人民法院提起行政诉讼，审理期间，张振某病故，原告继续参加诉讼。一中院一审判决撤销了上述不予受理决定，责令被告于判决生效之日起在法定期限内对张振某的行政复议申请重新作出处理。被告不服一审判决，上诉至北京市高级人民法院。2014年11月21日，市高级法院作出（2014）高行终字第3175号行政判决，驳回上诉，维持一审判决。2014年12月8日，被告向苏家坨镇政府送达《行政复议答复通知书》，2014年12月12日，苏家坨镇政府作出《行政复议答复书》。2014年12月24日，原告向被告提交情况说明并补充了证据。2014年12月26日，原告向海淀区政府申请组织听证。2015年1月26日，海淀区政府作出《延期审理通知书》，并于2015年1月30日邮寄送达原告。2015年2月25日，海淀区政府作出被诉《驳回申请行政复议决定书》，并于2015年2月27日向原告邮寄送达。

本院认为：根据《中华人民共和国行政诉讼法》第三十四条规定，被告对作出的行政行为负有举证责任，应当提供作出该行政行为的证据和所依据的规范性文件。被告不提供或者无正当理由逾期提供证据，视为没有相应证据。本案中，被诉驳回申请行政复议决定中认定原告在行政复议程序中所提交的证据并不能证明苏家坨镇政府实施过拆除其房屋的行为，被告亦未发现有关证据证明苏家坨镇政府实施了上述行为。但被告在法定举证期限内并未向本院提交原告在行政复议程序中向其所提供的证据材料，导致本院无法对原告在行政复议程序中提供的证据能否证明苏家坨镇政府实施过拆除其房屋行为这一本案争议的焦点问题进行审查判断。原告向法院提交的证据材料中虽包含其在行政复议程序中所提交的证据，但被告不予认可，认为部分证据在行政复议程序中没有提交，导致事实不清。此外，原告在行政复议申请中，提出两项复议请求，被诉驳回申请行政复议决定仅对第一项请求进行审查，对行政赔偿的复议请求未予回应，属遗漏复议请求。根据《中华人民共和国行政复议法》第三十一条规定，行政复议机关应当自受理申请之日起六十日内作出行政复议决定；但是法律规定的行政复议期限少于六十日的除外。情况复杂，不能在规定期限内作出行政复议决定的，经行政复议机关的负责人批准，可以适当延长，并告知申请人和被申请人；但是延长期限最多不超过三十日。本案中，被诉驳回申请行政复议决定延期作出，但缺乏证据证明经行政复议机关负责人批准的事实，行政复议程序违法。

综上，被诉驳回申请行政复议决定认定事实不清、主要证据不足，违反法定程序，依法应予撤销，原告的诉讼请求符合法律规定，本院予以支持，根据《中华人民共和国行政诉讼法》第七十条第（一）项、第（三）项之规定，判决如下：

一、撤销被告北京市海淀区人民政府作出的海政复决字〔2013〕207号《驳回申请行政复议决定书》；

二、被告北京市海淀区人民政府于本判决生效之日起在法定期限内对原告张某的行政复议申请重新作出处理。

案件受理费50元，由被告北京市海淀区人民政府负担（于本判决生效之日起7日内交纳）。

如不服本判决，可在判决书送达之日起十五日内，向本院递交上诉状，并按对方当事人人数递交上诉状副本，上诉于北京市高级人民法院。

审　判　长　　霍振宇
审　判　员　　武　楠
审　判　员　　贾　毅
二〇一五年六月十二日
法 官 助 理　　戴　蕾
书　记　员　　张媛媛

19

复议机关应当通过合理分配举证责任确定适格被申请人

——张玉某不服北京市海淀区人民政府行政复议案

【裁判要旨】集体土地上房屋腾退案件中，申请人在申请行政复议中提交初步的证据证明其申请具有事实根据，被申请人未能提供充分证据予以反驳的，行政复议机关有义务依职权进行调查核实。

北京市第四中级人民法院

行政判决书

（2015）四中行初字第1111号①

原告张玉某，住北京市海淀区。

委托代理人张德某（原告之女），住北京市海淀区。

委托代理人邬宏威，北京市海铭律师事务所律师。

被告北京市海淀区人民政府，住所地北京市海淀区。

法定代表人于军，区长。

委托代理人杨亮，北京市海淀区人民政府干部。

委托代理人徐超，北京市海淀区人民政府干部。

原告张玉某不服被告北京市海淀区人民政府2015年11月20日作出的海政复决字〔2013〕206号-重《驳回申请行政复议决定书》（以下简称被诉决定），向本院提起行政诉讼。本院于2015年12月2日受理后，于2015年12月4日向被告送达了起诉书副本及应诉通知书。本院依法组成合议庭，于2016年2月23日公开开庭审理了本案。原告张玉某的委托代理人张德某、邬宏威，被告的委托代理人杨

① 该案判决作出后，被告不服向北京市高级人民法院提起上诉，二审法院经审理，判决驳回上诉，维持一审判决，参见（2016）京行终3167号行政判决书。

亮、徐超到庭参加诉讼。本案现已审理终结。

被告于2015年11月20日对原告作出海政复决字〔2013〕206号-重《驳回申请行政复议决定书》，主要内容为：本案中，申请人所提交的证据并不能证明被申请人实施过拆除申请人房屋的行为，本机关亦未发现有关证据证明被申请人实施了上述行为，故申请人的复议申请不符合行政复议受理条件。另，依据《中华人民共和国国家赔偿法》第二条规定，国家机关和国家机关工作人员行使职权时，侵犯公民、法人和其他组织合法权益，造成损害的，受害人有取得国家赔偿的权利。本案中，尚无证据证明被申请人实施过侵犯申请人合法权益的行为，故对申请人的行政赔偿请求本机关不予支持。依据《中华人民共和国行政复议法实施条例》（以下简称《行政复议法实施条例》）第四十八条第一款第（二）项之规定，决定驳回申请人的行政复议申请。

原告诉称，其在行政复议程序中提供了大量证据证明北京市海淀区苏家坨镇人民政府（以下简称苏家坨镇政府）是拆除其房屋的责任主体并组织实施了拆除，故其提起行政复议符合受理条件，被诉决定违法，请求：1. 依法撤销被诉决定；2. 判令被告对原告提出的行政复议申请重新作出处理。

原告向本院提交了下列证据：1. 北京市高级人民法院（2015）高行终字第2941号《行政判决书》，证明原告诉讼主体资格合法有效。2. 被诉决定，证明原告诉讼主体资格合法有效。3. 顺丰速运单，证明被告于2015年11月28日邮寄送达被诉决定。4. 行政复议申请书，证明原告向被告提出行政复议申请。5. 原告户口本复印件，证明申请人主体资格合法有效。6. 京发改〔2012〕195号北京市发展和改革委员会《关于海淀区苏家坨镇前沙涧北区定向安置房项目核准的批复》，证明（1）原告房屋所在地在定向安置房项目建设地点范围内，涉及征地拆迁，而不是宅基地搬迁腾退，（2）项目涉及拆迁，并要求进行公开招投标。7. 京（海）政地征〔2012〕0026号《征地公告》，证明原告房屋所在地已被征收，是政府征地拆迁行为。8. 海淀区住建委网站主动公示的招标公告和中标结果，证明原告房屋所在地公开招投标的是前沙涧村拆迁项目，原告房屋所在地涉及拆迁。9. 2013（海房征字）第30号《登记回执》和《政府信息公开告知书》，证明（1）苏家坨镇政府没有拆迁许可证就拆除原告的房屋，其行为明显违法；（2）将海淀区苏家坨镇前沙涧定向安置房项目-前沙涧村拆迁项目改为苏家坨镇政府自主腾退项目；（3）证明苏家坨镇政府是具体实施主体，也是责任主体，应当承担法律责任。10. 北京市公安局接受案件回执单，证明（1）原告的房屋遭到破坏，财产遭到巨大损失；（2）公安机关对案件正在调查处理当中。11. 海淀区北部地区先行启动区土地腾退工作责任书，证明苏家坨镇政府是腾退工作的责任主体。12. 村庄腾退、安置委托协议书，证明（1）以村民自治的腾退事实上是北京实创科技园开发建设股份有限公司就翠湖科技园一级开发的腾退、安置工作委托海淀区苏家坨镇政府和北京新牧置业发展有限公司实施，是海淀区实施的政府行为；（2）海淀区苏家坨镇政府和北京新牧置业发展有限公司负责腾退补偿和安置工作，负责将腾退出的房屋及其他地上附着物进行拆除，渣土清运，达到院落自然地平；（3）苏家坨镇政府确实实施了拆除原告房屋的行为，应当承担责任，对原告进行赔偿；（4）海淀区北部的土地一级开发是海淀区政府要统一组织进行征地、农转用、拆迁和市政道路等基础设施建设的行为。海淀区政府违法行政，将一级开发涉及的征地拆迁改为无法可依的腾退，称是村民自治行为，行为违法；（5）证明被告与本案有利害关系，故意包庇苏家坨镇政府违法行为，属于滥用职权。13. 邮政特快专递详情单和查询结果，证明原告以特快专递的方式向被告提出行政复议申请，被告收到原告的申请。14. 照片，证明原告的房屋遭到苏家坨镇政府工作人员的非法破坏。15. 京海发〔2010〕15 号文件，证明拆除原告房屋的责任主体是苏家坨镇政府。16. 证人张某的身份证复印件，证明证人身份合法有效。17. 张某的证人证言，证明原告房屋确实是由苏家坨镇政府干部祝的某、郑某及其他镇政府工作人员和不明身份的非法人员拆毁。18. 赔偿清单，证明原告的房屋被非法破坏，苏家坨镇政府应当承担法律责任，理应赔偿原告。19. 证明信，证明原告与张德某是父女关系。20. 企业法人营业执照，证明苏家坨镇政府的法定代表人是镇属开发公司的法人，镇属企业是镇政府的直属企业，由镇政府直接管理，镇政府是拆除原告房屋的实施主体，并承担责任。21. 京国土市〔2007〕774 号文件，证明定向安置房建设项目涉及集体土地征地拆迁，定向安置房建设的责任主体是被告。因原告的房屋在建设项目用地范围内，与被告产生利害关系，已经影响了行政复议案件的公正审理，被告作出的驳回复议决定，法院应当依法撤销。原告至今未得到合理合法的安置补偿是被告拒不履行责任主体职责导致，被告对原告提起的行政复议作出驳回决定明显违反复议原则，存在徇私舞弊，渎职失职行为。22. 海政发（2011）35 号文。23. 海北指文（2011）3 号文。24. 北京市海淀区北部开发建设指挥平台文件签发单。25. 介绍信存根。26. 海政办发（2011）53 号，证据 22—26 证明海淀区北部开发建设指挥平台是海淀区政府设立的机构，履行的是行政职能。平台的总指挥是海淀区副区长穆某，其作为总指挥作出的批示视同海淀区政府作出的决定。原告提交的证据 12 上报北部开发建设指挥平台备案。平台总指挥即副区长穆某知晓负责拆除房屋的责任主体是苏家坨镇人民政府，被告和苏家坨镇人民政府已经与原告有利害关系，影响了行政复议案件的公正审理。27. 村民代表会议记录 2011 年 7 月 22 日，证明原告房屋所在地要进行征地拆迁补偿安置，村委会向村民及原告隐瞒事实真相。28. 海政函（2012）101

号文件，证明被告于2012年4月27日上报办理原告房屋所在地的征地手续。29. 京政地字（2012）109号文件，证明原告房屋所在地于2012年8月7日被批复征收。30. 海淀区政府（2015）第32号《登记回执》和《政府信息公开答复书》。31. 关于协调督促尽快发布《关于海淀区北部地区宅基地腾退安置及补偿工作的指导意见》等四个指导北部地区建设发展文件的请示。32.《关于海淀区北部地区宅基地腾退安置及补偿工作的指导意见》等四个指导北部地区建设发展文件的反馈意见，证据30—32证明原告的证据真实合法有效。证明区北部办为突出该文件的权威性，加大文件的执行力度建议以被告办公室作为发文单位发布《关于海淀区北部地区宅基地腾退安置及补偿工作的指导意见》文件。证明被告法制办出具审核意见，以文件制定缺乏国家、本市上位文件依据，建议不以区政府、政府办名义发文。证明海政办发（2010）90号文件缺乏国家上位法律、法规、规章及北京市上位文件的依据，即属于制定文件无法可依。证明区法制办应当依法及时向区农委提出自行撤销或者改正的审查处理意见，却包庇其政府所属部门，属于滥用职权。证明依据海政办发（2010）90号制定的《苏家坨镇前沙涧村宅基地腾退安置及补偿工作实施细则》没有国家上位法律、法规、规章及北京市上位文件的依据，属于制定文件无法可依，法院不应当认定其合法。33. 北部办签（2010）37号和海政办发（2010）90号文件，证明被告滥用职权，批准以区政府办名义转发海政办发（2010）90号文件。34.（2015）四中行初字第475号《行政裁定书》。35.（2015）高行终字第3904号《行政裁定书》，证据34—35证明原告就海政办发（2010）90号文件提起的诉讼，法院以要对行政法规范性文件进行审查不属于行政诉讼范围为由裁定驳回。证明法院不对海政办发（2010）90号文件进行合法性审查，那么被告提交的依据海政办发（2010）90号制定的《苏家坨镇前沙涧村宅基地腾退安置及补偿工作实施细则》，法院不应当认定其合法。36. 苏家坨镇宅基地腾退安置及补偿工作实施方案，证明该文件是由海淀区苏家坨镇腾退安置及补偿工作指挥部制作并上报的。37. 海淀区政府（2014）第206号《登记回执》和《政府信息不存在告知书》，证明海淀区政府批准成立苏家坨镇腾退安置及补偿工作指挥部的相关文件或批文不存在，证明苏家坨镇腾退安置及补偿工作指挥部未经被告批准，其依据没有上位文件依据的海政办发（2010）90号制定并上报备案的苏家坨镇宅基地腾退安置及补偿工作实施方案违法。38. 海公信息公开（2015）第169号－不存《政府信息不存在告知书》。39. 海公信息公开（2015）第170号－不存《政府信息不存在告知书》。40. 情况说明，证据38—40证明原告提交的证据真实合法有效。证明北京市海淀区苏家坨镇腾退安置及补偿工作指挥部的印章没有经过公安机关核发准刻手续，属于私刻印章。证明《苏家坨镇宅基地腾退安置及补偿工作实施方案》

没有法律效力。41. 市国土局（2014）第 1186 号《登记回执》和《政府信息公开书》。42. 政府信息公开告知说明。43. 市国土局（2014）第 1149 号－告（2）《政府信息公开告知书》。44. 海淀区政府（2014）第 698 号《登记回执》和《政府信息不存在告知书》，证明原告提交的证据合法有效。证明海淀区政府没有批准苏家坨镇前沙涧村集体经济组织或前沙涧村村民委员会收回宅基地土地使用权，被告要求村委会对村民实施宅基地腾退，由村委会收回并注销宅基地使用权是违法行为。45.《苏家坨镇前沙涧村宅基地腾退安置及补偿工作实施细则》，证明前沙涧村村民委员会制定的实施细则并没有加盖公章，没有法律效力。证明被告及苏家坨镇政府提供的《苏家坨镇前沙涧村宅基地腾退安置及补偿工作实施细则》是虚假证据。

被告辩称，行政复议程序中，申请人张玉某所提交的证据并不能证明被申请人苏家坨镇政府实施过拆除申请人房屋的行为，本机关亦未发现有关证据证明被申请人实施了上述行为，故申请人的复议申请不符合行政复议受理条件。被诉驳回申请行政复议决定认定事实清楚、证据确凿、适用法律正确，履行了行政复议相关法定程序，请求法院驳回原告诉讼请求。

被告在法定举证期限内向本院提供了作出被诉决定的证据：1. 申请人提交的申请书及证据，包括：（1）行政复议申请书，（2）京发改〔2012〕195 号北京市发改委《关于海淀区苏家坨镇前沙涧北区定向安置房项目核准批复》，（3）京（海）政地征〔2012〕0026 号《征地公告》，（4）海淀区住建委网站主动公示的招标公告、中标结果，（5）2013（海房征字）第 30 号－告《政府信息公开告知书》，（6）北京市公安局接受案件回执单，（7）海淀区北部地区先行启动区土地腾退工作责任书，（8）村庄腾退、安置委托协议书，证明原告在行政复议期间向复议机关提交申请书及证据的情况；2. 被申请人提交的答复书及证据，包括：（1）行政复议答复书，（2）《苏家坨镇前沙涧村宅基地腾退安置及补偿工作实施细则》，证明被申请人在行政复议期间向复议机关提交的证据情况；3. 被诉决定及相关证据，包括行政复议答复通知书及送达回证、被诉决定及送达回证。证明复议机关依法受理复议申请、审理复议案件、作出行政复议决定。

经庭审质证，本院对以下证据作如下确认：被告提供的证据具备真实性、合法性及与本案的关联性，本院予以采信；原告提供的证据 1—13 具备真实性、合法性及与本案的关联性，本院予以采信，原告提供的其他证据与本案被诉行政行为是否合法不具有关联性，本院不予采信。本案庭前原告曾申请法院通知苏家坨镇政府工作人员祝的某、张春某、郑某、张某、崔某，苏家坨派出所民警岳荣某、戴志某、王荣某，海淀区政府工作人员孙文某、海淀区副区长穆某作为证人出庭作证，证明原告房屋是苏家坨镇政府拆除的事实。因原告申请证人出庭作证欲证明的事实与本案被诉行政行为是否合法并不具有关联性，本院不予准许。

本院经审理查明：2013 年 9 月 12 日，原告以其房屋被苏家坨镇政府违法拆除为由，向被告申请行政复议，请求确认苏家坨镇政府拆除其房屋行为违法，并责令苏家坨镇政府赔偿经济损失 2860 万元。被告于 2013 年 9 月 22 日作出海政复决字〔2013〕206 号不予受理决定书，以申请人超过复议申请期限为由不予受理。原告不服，向北京市第一中级人民法院提起行政诉讼，一中院一审判决撤销了上述不予受理决定，责令被告于判决生效之日起在法定期限内对原告的行政复议申请重新作出处理。被告不服一审判决，上诉至北京市高级人民法院。2014 年 11 月 21 日，市高级法院作出（2014）高行终字第 3174 号行政判决，驳回上诉，维持一审判决。2014 年 12 月 8 日，被告向苏家坨镇政府送达《行政复议答复通知书》，2014 年 12 月 12 日，苏家坨镇政府作出《行政复议答复书》。2014 年 12 月 24 日，原告向被告提交情况说明并补充了证据。2014 年 12 月 26 日，原告向海淀区政府申请组织听证。2015 年 1 月 26 日，海淀区政府作出《延期审理通知书》，并于 2015 年 1 月 30 日邮寄送达原告。2015 年 2 月 25 日，海淀区政府作出海政复决字〔2013〕206 号《驳回申请行政复议决定书》，并于 2015 年 2 月 27 日向原告邮寄送达。原告不服，诉至本院。2015 年 6 月 12 日，本院作出（2015）四中行初字第 186 号《行政判决书》，撤销了被诉《驳回申请行政复议决定书》，责令被告于判决生效之日起在法定期限内对原告的行政复议申请重新作出处理。被告不服一审判决，上诉至北京市高级人民法院。2015 年 9 月 23 日，市高级法院作出（2015）高行终字第 2941 号《行政判决书》，判决驳回上诉，维持一审判决。同日，被告重新启动行政复议程序，向苏家坨镇政府发送《行政复议答复通知书》。2015 年 10 月 19 日，苏家坨镇政府作出《行政复议答复书》。2015 年 11 月 20 日，被告作出被诉决定，并于 2015 年 11 月 24 日向原告邮寄送达。

本院认为：根据《中华人民共和国行政复议法》第十三条规定，对地方各级人民政府的具体行政行为不服的，向上一级地方人民政府申请行政复议。本案中，被告作为苏家坨镇政府的上一级地方人民政府，具有对原告行政复议申请进行审查处理的法定职责。

在涉案行政复议程序中，原告提供的证据显示，苏家坨镇政府负责其辖区内集体土地上房屋的搬迁腾退，负责将腾退出的房屋及其他地上附着物进行拆除。原告房屋位于苏家坨镇政府辖区前沙涧村内，属于集体土地腾退范围。因原告举证能力有限，在行政复议程序中，其提供的证据证明了苏家坨镇政府负责其辖区内集体土地腾退工作，而事实上又发生了强制拆除原告房屋的行为，二者之间存在一定因果关系，能够作为申请行政复议的基本事实依据，原告已经完成了初步的证明责任。

尽管苏家坨镇政府在行政复议程序中认为依据《苏家坨镇前沙涧村宅基地腾退安置及补偿工作实施细则》的规定，前沙涧村村民委员会作为腾退人，按照《中华人民共和国村民委员会组织法》村民自治原则的规定，对原告实施了强制腾退行为，但其并未提供村委会实施强制腾退行为的相关证据，亦不足以否认原告提供证据的证明效力。被告作为行政复议机关，有义务在行政复议程序中依职权进行调查核实，进而查明苏家坨镇政府是否系被申请行政复议行为的组织实施主体，但被告并未提供相应证据证明其进行了相关的调查取证工作，仅以原告在复议程序中举证不能为由驳回其行政复议申请。故被诉决定认定事实不清、主要证据不足，依法应予撤销。原告的诉讼请求符合法律规定，本院应予支持。根据《中华人民共和国行政诉讼法》第七十条第（一）项之规定，判决如下：

一、撤销被告北京市海淀区人民政府作出的海政复决字〔2013〕206号-重《驳回申请行政复议决定书》；

二、被告北京市海淀区人民政府于本判决生效之日起在法定期限内对原告张玉某的行政复议申请重新作出处理。

案件受理费50元，由被告北京市海淀区人民政府负担（于本判决生效之日起7日内交纳）。

如不服本判决，可在判决书送达之日起十五日内，向本院递交上诉状，并按对方当事人人数递交上诉状副本，上诉于北京市高级人民法院。

审　判　长　　霍振宇
人民陪审员　　孔　勤
人民陪审员　　郭　羽
二〇一六年四月十九日
法官助理　　戴　蕾
书　记　员　　高晶晶

20

行政复议机关依据在案证据对适格被申请人作出认定的法院应予支持

——王某等六人诉北京市海淀区人民政府行政复议案

【裁判要旨】在强制拆除房屋复议案件中，申请人应当对适格被申请人承担初步证明责任。申请人提供了初步证据，但因客观原因无法提供确凿证据证明具体行政机关实施强制拆除的，复议机关经调查核实确定适格被申请人的，应向申请人进行告知。申请人不同意变更的，复议机关应以被申请人不适格为由驳回其申请。

北京市第四中级人民法院

行政判决书

（2016）京04行初838号①

原告王某，住北京市海淀区。

原告甄耀某，住北京市海淀区。

原告贾纪某，住北京市海淀区。

原告韩某，住北京市海淀区。

原告郑炳某，住北京市海淀区。

原告潘高某，住北京市海淀区。

上述六原告共同委托代理人张生贵，北京安朗律师事务所律师。

上述六原告共同委托代理人郭福祥，北京市正皓律师事务所律师。

被告北京市海淀区人民政府，住所地北京市海淀区。

① 该案判决作出后，原告不服向北京市高级人民法院提起上诉，二审法院经审理，判决驳回上诉，维持一审判决，参见（2017）京行终460号行政判决书。

法定代表人于军，区长。

委托代理人徐超，北京市海淀区人民政府工作人员。

委托代理人莫洁云，北京市中洲律师事务所律师。

原告王某、甄耀某、贾纪某、韩某、郑炳某、潘高某不服被告北京市海淀区人民政府（以下简称海淀区政府）行政复议决定一案，向本院提起行政诉讼。本院于2016年5月27日受理后，于同年6月2日向被告送达了起诉状副本及应诉通知书。本院依法组成合议庭，于2016年9月21日公开开庭审理了本案。原告王某、甄耀某、贾纪某、韩某、郑炳某、潘高某（以下简称王某等六人）及其委托代理人张生贵，被告的委托代理人徐超、莫洁云到庭参加了诉讼。本案现已审理终结。

2016年4月14日，被告海淀区政府作出海政复决字〔2016〕16号《驳回行政复议申请决定书》（以下简称被诉复议决定），认为原告提出的行政复议申请错列被申请人，根据《中华人民共和国行政复议法实施条例》（以下简称《行政复议法实施条例》）第四十八条第一款第（二）项之规定，驳回王某等六人的行政复议申请。

原告王某等六人诉称，原告系北京市海淀区毛南小区×号楼业主，2014年5月，北京市海淀区房屋管理局（以下简称海淀区房管局）以上述楼房鉴定为危房为由发布公告，要求原告搬离其居住的房屋。2015年3月27日凌晨4时，海淀区有关部门组织人员，采取停水、停电、断气及打砸等方式迫使原告搬家，在此过程中造成郑炳某、贾纪某、甄耀某等人受伤。原告就上述行为向被告申请行政复议，但被告作出的海政复决字〔2015〕187号《驳回行政复议申请决定书》（以下简称第187号复议决定），驳回了原告的复议申请。原告不服向本院提出起诉，本院作出的（2015）四中行初字第756号行政判决书（以下简称第756号行政判决）撤销了第187号复议决定，责令被告重新作出复议决定。现被诉复议决定仍驳回了原告的行政复议申请，不符合法律规定。综上，请求依法撤销被诉复议决定书并责令被告重新作出复议决定。

原告王某等六人于开庭审理前分别向本院提交了以下证据：1. 海淀区房管局发布的《公告》；2.《限期搬家腾房公告》，证据1—2证明被告违法；3. 产权证，证明原告为涉诉房屋的合法产权人；4. 被诉复议决定，证明被告违法；5. 户口本，证明原告对涉诉房屋具有产权及居住证明。

被告海淀区政府辩称，原告王某等六人因案涉房屋搬迁腾退发生纠纷，认为海淀区房管局实施了强制拆除原告房屋的行为，以海淀区房管局为被申请人向海淀区政府申请行政复议。被告根据本院已生效的第756号行政判决，对原告的请求事项再次进行了审查。认为原告及海淀区房管局提交的证据均不能证明海淀区房管局实施了原告所述的强制拆除行为。另外，被告在审查中调取了海淀区政府作出的海政会〔2014〕73 号《关于研究补办国有土地协议出让手续等问题的会议纪要》（以下简称第 73 号会议纪要），该会议纪要明确规定由北京市海淀区清河街道（以下简称清河街道）作为牵头主体实施《清河毛纺南小区 16 号院 × 号楼解危排险疏散工作方案》，故原告应以清河街道作为被申请人提起行政复议，现原告坚持以海淀区房管局为被申请人不符合法律规定。另外，因案情复杂，被告经依法延期并履行了告知原告变更被申请人程序后，于法定期限内作出被诉复议决定，行政程序符合法律规定。综上，请求依法驳回原告的诉讼请求。

被告海淀区政府在法定举证期限内向本院提交了以下证据：1. 行政复议申请书、申请行政复议请求事项变更意见及申请收据；2. 原告提交的证据材料，丢失、损失物品清单，证据 1—2 证明原告在行政复议期间向被告提交了行政复议申请书及证据；3. 行政复议答复书；4. 海淀区房管局提交的证据材料及目录，证据 3—4 证明海淀区房管局在行政复议期间向被告提交了行政复议答复书及证据；5. 第 187 号复议决定；6. 第 756 号行政判决；7. 延期审理呈批表；8. 延期审理通知书及送达回证；9. 第 73 号会议纪要；10. 行政复议案件告知笔录；11. 结案呈批表；12. 被诉复议决定及送达回证，证据 5—12 证明被告作出的第 187 号复议决定已被生效法律文书撤销，复议机关再次进行调查后作出被诉复议决定。

经庭审质证，原告王某等六人对被告海淀区政府提交证据 1—3、证据 5—8、证据 11—12 的真实性、合法性、关联性不持异议；对证据 4 中的拆限公告认可，其他的真实性、合法性、关联性不认可；对证据 9 的真实性、合法性、关联性均不认可；对证据 10 的真实性、合法性、关联性认可，但是不同意证据的内容。

被告海淀区政府对原告王某等六人提交证据 1、2 的真实性、合法性和关联性均不持异议，但不认可证明目的；对证据 3、5 的真实性、合法性、关联性、证明目的均予以认可；对证据 4 不发表质证意见。

经审查，本院认为，原告王某等六人提交的证据 4 与被告提交的证据 12 中的被诉复议决定系本案被诉行政行为，本院不作为证据接纳。被告海淀区政府、原告王某等六人提交的其他证据，形式上符合最高人民法院《关于行政诉讼证据若干问题的规定》提供证据的要求，具有证据的真实性、合法性，且与本案被诉复议决定的合法性审查相关联，可以作为认定本案相关事实的根据，本院予以采信。

根据上述合法有效的证据以及当事人无争议之陈述，本院认定如下事实：

2015 年 7 月 23 日，原告王某等六人认为海淀区房管局违法拆除其房屋侵害了其合法权益，向被告海淀区政府申请行政复议并提交了相应的证据材料，请求确认海淀区房管局未对原告妥善安置的情况下即实施强制拆除其房屋违法，并赔偿因强制拆除给原告造成的各项损失及致伤人员的医疗费用。2015 年 8 月 19 日，被告作出第 187 号复议决定，认为原告所提交的证据并不能证明海淀区房管局组织、实施强制拆除原告房屋的行为，原告的复议申请不符合行政复议受理条件。另外，依据《中华人民共和国国家赔偿法》的规定，获得行政赔偿的前提条件是行政机关及其工作人员行使职权过程中侵犯了公民、法人和其他组织的合法权益。因无证据证明海淀区房管局组织、实施了强制拆除原告房屋的行为，故其获得行政赔偿的前提条件并不存在。依据《行政复议法实施条例》第四十八条第一款第（二）项之规定，驳回原告王某等六人的行政复议申请。原告不服向本院提出起诉，2015 年 12 月 29 日，本院作出第 756 号行政判决，认为“因原告举证能力有限，在行政复议程序中，其提供的证据能够作为申请行政复议的基本事实依据，完成了初步的证明责任。……但被告并未提供相应证据证明其进行了相关的调查取证工作，仅以原告在复议程序中举证不能为由驳回其行政复议申请，认定事实不清、主要证据不足”，撤销了第 187 号复议决定并责令被告重新作出行政复议决定。被告海淀区政府在再次进行的行政复议程序中，对原告的请求事项再次进行了审查，并取得了第 73 号会议纪要。被诉复议决定认为原告及海淀区房管局提交的证据均不能证明海淀区房管局实施了原告所述的强制拆除行为，根据上述会议纪要的记载，原告应以清河街道作为被申请人提起行政复议。2016 年 4 月 14 日，被告海淀区政府作出被诉复议决定再次驳回了原告的行政复议申请。原告仍不服，于 2016 年 5 月 27 日向本院提起行政诉讼。

另查，第 73 号会议纪要记载，关于清河毛纺南小区 16 号院 × 号楼解危排险疏散工作，“由清河街道作为牵头实施主体、区住建委和区政法委作为配合责任单位抓好组织实施……区住建委要着重加强业务指导”。

本院认为，根据《行政复议法》第十二条第一款之规定，对县级以上地方各级人民政府工作部门的具体行政行为不服的，由申请人选择，可以向该部门的本级人民政府申请行政复议，也可以向上一级主管部门申请行政复议。本案中，被告海淀区政府作为海淀区房管局的本级人民政府，依法具有应原告王某等六人所提行政复议申请并作出行政复议决定的法定职权。

根据双方当事人的诉辩意见，本案的争议焦点在于被告海淀区政府驳回原告的行政复议申请是否合法，即被诉复议决定认定海淀区房管局非适格行政复议被申请人是否具有事实根据和法律依据。

《行政复议法实施条例》第十一条规定，公民、法人或者其他组织对行政机关的具体行政行为不服，依照行政复议法和本条例的规定申请行政复议的，作出该具体行政行为的行政机关为被申请人。该条例第二十八条第一项规定，行政复议申请有明确的申请人和符合规定的被申请人的，应当予以受理。故提起行政复议的前提条件之一是有明确且适格的被申请人。如果公民、法人或者其他组织申请行政复议的被申请人不适格则不符合行政复议的受理条件，行政复议机关应当决定驳回行政复议申请。本案中，案涉房屋的解危排险疏散属于一项综合性的工作，需要相关职能单位协调处理并在各自的职权范围内完成相应行政管理事务。被告海淀区政府为此召开了专题会议并制定了第73号会议纪要，该会议纪要确定案涉房屋的解危排险疏散工作“由清河街道作为牵头实施主体、区住建委和区政法委作为配合责任单位抓好组织实施……区住建委要着重加强业务指导”。对此，可以确定：案涉房屋的拆除工作由牵头实施主体即清河街道负责。现原告仅依据《限期搬家腾房公告》坚持认为海淀区房管局实施了拆除原告居住房屋的行为，但并未提供其他证据予以佐证。在案证据均不能直接证明海淀区房管局直接实施了拆除行为的情况下，被诉复议决定认为原告所提行政复议申请的被申请人不适格，在告知原告变更行政复议的被申请人而拒绝的情形下，被诉复议决定驳回原告的行政复议申请并无不当。

《行政复议法》第十七条第一款规定，行政复议机关在收到行政复议申请后，应当在五日内进行审查。该法第二十三条第一款规定，行政复议机关负责法制工作的机构应当自行政复议申请受理之日起七日内，将行政复议申请书副本或者行政复议申请笔录复印件发送被申请人。该法第三十一条第一款规定，行政复议机关应当自受理申请之日起六十日内作出行政复议决定；但是法律规定的行政复议期限少于六十日的除外。情况复杂，不能在规定期限内作出行政复议决定的，经行政复议机关的负责人批准，可以适当延长，并告知申请人和被申请人；但是延长期限最多不超过三十日。本案中，第187号行政判决于2016年1月15日生效后，被告海淀区政府再次启动了行政复议程序，根据《行政复议法》及《行政复议法实施条例》的规定，履行了复议审查、依法延期等法定程序义务，于2016年4月14日作出被诉复议决定并依法送达原告，其行政复议程序符合法律规定。综上，原告王某等六人请求依法撤销被诉复议决定书并责令被告重新作出复议决定的诉讼请求缺乏事实根据和法律依据，本院不予支持。

据此，依照《中华人民共和国行政诉讼法》第六十九条之规定，判决如下：

驳回原告王某、甄耀某、贾纪某、韩某、郑炳某、潘高某的诉讼请求。

案件受理费50元，由原告王某、甄耀某、贾纪某、韩某、郑炳某、潘高某负担（已交纳）。

如不服本判决，各方当事人可于本判决书送达之日起十五日内向本院提交上诉状，并按对方当事人人数提交上诉状副本，预交二审案件受理费50元，上诉于北京市高级人民法院。上诉人在上诉期满后七日内未预交上诉费，又不提出缓交申请的，按自动撤回上诉处理。

审　判　长　　向绪武
人民陪审员　　董建华
人民陪审员　　王占平
二〇一六年十一月二十四日
法 官 助 理　　李世邦
书　记　员　　刘子杰

21

行政机关对政府信息移交档案馆缺乏证据支持的应当撤销

——刘旭某诉北京市西城区人民政府信息公开案

【裁判要旨】 行政机关对于申请人的政府信息公开申请应当作出全面处理。对于申请人申请获取的信息不存在、不属于受理申请的行政机关公开、不属于公开范围的，行政机关负有说明理由的义务，应当告知申请人其申请获取的信息未予公开的事由，并且对于能够确定政府信息的公开机关的，还应告知申请人相应行政机关的名称、联系方式，从而便利申请人知情权的实现。行政机关主张相关信息移交档案管理机构，不能提供证据予以佐证的，人民法院不予支持。

北京市第四中级人民法院

行政判决书

（2015）四中行初字第440号[①]

原告刘旭某，住北京市西城区。

被告北京市西城区人民政府，住所地北京市西城区。

法定代表人王少峰，区长。

委托代理人毕菲，北京市西城区人民政府干部。

委托代理人李鹏，北京市西城区人民政府干部。

原告刘旭某因不服被告北京市西城区人民政府（以下简称西城区政府）政府信息公开告知一案，向本院提起行政诉讼。本院于2015年5月18日受理后，依法由审判员向绪武适用简易程序公开开庭审理了本案。原告刘旭某，被告西城区政府的委托代理人李鹏到庭参加了诉讼。本案现已审理终结。

① 本案判决作出之后，双方当事人均未上诉，判决已生效。

2014 年 5 月 9 日，被告西城区政府作出西城法制办（2014）第 4 号 - 告《政府信息公开告知书》（以下简称被诉告知书），主要内容为：经查，你（单位）申请获取的信息属于公开范围，根据《中华人民共和国政府信息公开条例》（以下简称《政府信息公开条例》）第二十一条第（一）项，本机关以纸质的方式提供所申请的政府信息：1. 船总职改〔1988〕15 号文件以复印纸质方式提供；2. 刑侦支队杨某向中国船舶工业总公司综合技术经济研究院某位领导询问笔录，经查，我机关档案中不存在。

在法定举证期限内，被告西城区政府向本院提交了以下证据：1. 西城区政府信息公开申请表，证明刘旭某的申请内容；2. 被诉告知书的《登记回执》，证明刘旭某提出申请的时间；3. 西城法制办（2014）第 4 号 - 延《政府信息延长答复期限告知书》（以下简称 4 号延长答复期告知书）及送达回执，证明政府信息公开延期及送达情况；4. 被诉告知书，证明被诉行政行为送达的时间；5. 移交目录，证明刘旭某申请的信息已移交档案馆。

刘旭某诉称，2014 年 3 月 21 日，原告向被告西城区政府申请公开西政复〔2005〕1 号行政复议案中：1. 中国船舶工业总公司的船总职改〔1988〕015 号文件（以下简称 15 号文件）；2. 刑侦支队杨某向中国船舶工业总公司综合技术经济研究院某位领导询问笔录（以下简称询问笔录）；3. 被告西城区政府作出行政复议决定证据、依据和有关材料。现被诉告知书只公开了 15 号文件的复印件，没有公开其他政府信息。不符合《政府信息公开条例》的规定。综上，请求法院依法撤销被诉告知书，并责令西城区政府重新予以答复。

本院开庭审理前，刘旭某向本院提交以下证据材料：1. 中国船舶工业总公司职称改革工作领导小组船总职改〔1988〕015 号《关于授予高级专业技术职务任职资格评审权限的批复》；2. 被诉告知书；3. 北京市西城区人民政府西政复〔2005〕1 号《行政复议决定书》，证据 1—3 证明案涉信息客观存在；4. 2004 年 5 月 16 日控告材料，证明控告材料是完整的；5. 中国船舶工业集团公司船人函〔2001〕14 号文件；6. 西城公安分局群众信访问题答复单；7. 中国船舶工业总公司综合技术经济研究院《关于查阅档案情况的答复》；8. 李文某手写答复单；9. 第六机械工业部第六〇一研究所（83）六综计字第 01 号《技术职称评定委员会第六次会议纪要》；10. 中国船舶工业总公司第六〇一研究所（86）船综所人字第 40 号《六〇一所技术职务评审委员会第一次会议纪要》；11. 中国船舶工业总公司第六〇一研究所（88）船综所字 1 号《关于转发总公司职改领导小组〈关于公布首次评审通过的高职任职资格名单的通知〉的通知》；12. 中国船舶工业总公司综合技术经济研究院（93）船综院人字第 35 号《高级专业技术职务任职资格评委会（工程系列）

会议纪要》；13. 中国船舶工业总公司综合技术经济研究院（93）船综院人字第 255 号《中级专业技术职务任职资格评审委员会会议纪要》；14. 中国船舶工业总公司综合技术经济研究院（94）船综院人字第 87 号《关于聘任肖恩波同志为工人技师的通知》；15. 中国船舶工业总公司综合技术经济研究院（95）船综院人字第 170 号《关于公布黄岗等十四位同志专业技术职务任职资格的通知》；16. 中国船舶工业总公司综合技术经济研究院船综院人〔1997〕228 号《关于公布宋晓军等十二位同志专业技术职务任职资格的通知》；17. 中国船舶工业综合技术经济研究院船综院人〔1999〕154 号《关于公布田冰等十三位同志专业技术职务任职资格的通知》，证据 5—17，证明案涉申请信息客观存在，并应当进行公开；18. 杨某向程小彬的询问笔录；19. 中国船舶工业总公司综合技术经济研究院人事处 1997 年 12 月 22 日通知；20. 中国船舶工业总公司综合技术经济研究院人事处 1998 年 1 月 14 日通知；21. 给西城区政府王宁书记的举报信；22. 给中国共产党北京市西城区纪律检查委员会行政投诉中心的举报信；23. 给北京市西城区人民政府法制办公室（以下简称西城区政府法制办）苏书记的举报信；24. 给西城区政府法制办毕主任的举报信；25. 给中国共产党北京市纪律检查委员会的信访信；26. 给中国共产党北京市西城区纪律检查委员会的信访信；27. 给北京市政府法制办公室的信访信；28. 给北京市西城区信访办公室王少峰区长的信访信；29. 给北京市公安局西城分局月坛派出所牛政委的信，证据 18—29 证明原告刘旭某申请的信息在西城区政府保存，并未进行公开。

西城区政府辩称，2014 年 3 月 21 日，原告刘旭某向被告西城区政府申请公开“中国船舶工业总公司的船总职改〔1988〕015 号文件和刑侦支队杨某向中国船舶工业总公司综合技术经济研究院某位领导询问笔录”。被告西城区政府于同日作出《登记回执》并送达原告。同年 4 月 16 日，被告西城区政府作出延期告知书并送达原告。同年 5 月 9 日，被告西城区政府作出被诉告知书并于同日送达原告。原告刘旭某于 2005 年向被告西城区政府申请行政复议，该案被申请人北京市公安局西城分局曾将原告刘旭某申请公开的部分文件作为证据提交，在办案期间原告刘旭某已查阅。根据档案管理的有关规定，2006 年被告西城区政府将上述行政复议卷宗存入西城区档案馆。后续期间，原告刘旭某多次要求被告西城区政府公开上述信息。被告亦多次告知原告刘旭某由档案部门管理的材料不属于《政府信息公开条例》的调整范围，并建议其向西城区档案馆了解情况。2014 年原告刘旭某再次申请公开上述信息。被告西城区政府考虑到原告刘旭某的实际情况，从西城区档案馆调取了相关档案材料后向原告刘旭某公开。综上，原告刘旭某起诉超过了法定的起诉期限。被诉告知书认定事实清楚，适用法律正确，程序合法，请求依法驳回原告刘旭某的诉讼请求。

经庭审质证，原告刘旭某对被告西城区政府提交的证据 1、证据 2、证据 4 的真实性、合法性和关联性不持异议；对证据 3 的真实性、合法性和关联性不予认可；对证据 5 移交档案馆并不知情，不发表质证意见。被告西城区政府对原告刘旭某提交的证据 1—18 的真实性不持异议，但不认可其证明目的；认为证据 19—29 与本案无关，无法证明被告西城区政府具有本案要求公开的信息。

经审查，本院认为被告西城区政府提交的证据 4 以及原告刘旭某提交的证据 2 是本案被诉行为，不作为证据接纳；被告西城区政府提交的证据 5，未注明出处且未经档案管理部门核对无异后加盖印章，不能实现案涉信息已移交档案馆的证明目的，本院不予采信。被告西城区政府提交的其他证据以及原告刘旭某提交的证据 1、证据 3，形式上符合最高人民法院《关于行政诉讼证据若干问题的规定》提供证据的要求，内容真实、合法，与本案具有关联性，可以作为认定本案相关事实的依据，本院予以采信。原告刘旭某提交的其他证据与本案被诉告知书的合法性审查没有直接关联性，本院不予采信。

根据上述合法有效证据以及当事人无争议之陈述，本院认定如下事实：2014 年 3 月 21 日，原告刘旭某向被告西城区政府提出政府信息公开申请，所需信息内容概括描述：1. 申请公开 15 号文件；2. 申请公开询问笔录；3. “申请公开区政府作出行政复议决定证据、依据和有关材料”。被告西城区政府于同日作出《登记回执》并送达原告。同年 4 月 16 日，被告西城区政府作出 4 号延长答复期告知书并送达原告，告知其将于同年 5 月 10 日前做出答复。同年 5 月 9 日，被告西城区政府作出被诉告知书并于当日送达。原告刘旭某不服，于 2015 年 5 月 18 日向本院提起行政诉讼。

另查，原告刘旭某因不服北京市公安局西城分局对其作出的“西城公安分局群众信访问题答复单”，于 2004 年 12 月 20 日向被告西城区申请行政复议，请求撤销该信访答复。被告西城区政府于 2005 年 2 月 18 日作出西政复〔2005〕1 号《行政复议决定书》，维持“西城公安分局群众信访问题答复单”。

本院认为，依据最高人民法院《关于执行〈中华人民共和国行政诉讼法〉若干问题的解释》[①] 第四十一条第一款的规定，“行政机关作出具体行政行为时，未告知公民、法人或者其他组织诉权或者起诉期限的，起诉期限从公民、法人或者其他组织知道或者应当知道诉权或者起诉期限之日起计算，但从知道或者应当知道具体行政行为内容之日起最长不得超过 2 年”。本案中，被告西城区政府于 2014 年 5

---

① 已被《最高人民法院关于适用〈中华人民共和国行政诉讼法〉的解释》废止。

月 9 日向原告刘旭某送达了被诉告知书，但在该告知书中没有告知其诉权或者起诉期限。原告刘旭某于 2015 年 5 月 18 日向本院提起行政诉讼，起诉期限符合上述司法解释的规定。被告西城区政府关于原告刘旭某超过法定起诉期限的诉讼意见，缺乏事实根据和法律依据，本院不予支持。

《政府信息公开条例》第二十一条规定，对申请公开的政府信息，行政机关根据下列情况分别作出答复：（一）属于公开范围的，应当告知申请人获取该政府信息的方式和途径；（二）属于不予公开范围的，应当告知申请人并说明理由；（三）依法不属于本行政机关公开或者该政府信息不存在的，应当告知申请人，对能够确定该政府信息的公开机关的，应当告知申请人该行政机关的名称、联系方式；（四）申请内容不明确的，应当告知申请人作出更改、补充。[①] 根据前述法律规定，行政机关对于申请人的政府信息公开申请应当作出全面处理。对于申请内容不明确的，行政机关应当告知申请人更改、补充以明确申请内容，以便行政机关及时、准确地处理相应申请；对于属于公开范围的政府信息，行政机关应当以适当的形式公开，以保障申请人知情权的实现；对于申请人申请获取的信息不存在、不属于受理申请的行政机关公开、不属于公开范围的，行政机关负有说明理由的义务，应当告知申请人其申请获取的信息未予公开的事由，并且对于能够确定政府信息的公开机关的，还应告知申请人相应行政机关的名称、联系方式，从而便利申请人知情权的实现。本案中，原告刘旭某向被告西城区政府申请获取三项信息：1. 15 号文件的复印件；2. 询问笔录；3. 申请公开被告西城区政府作出行政复议决定证据、依据和有关材料。被诉告知书虽答复称原告刘旭某的申请属于公开范围，但实际上仅提供了该申请的第一项信息即 15 号文件的复印件，并非上述三项信息的全部内容。在本院庭审中，被告西城区政府虽主张本案涉及的西政复〔2005〕1 号行政复议卷宗已经全部移交西城区档案管理机构，相关信息的公开工作应当依照有关档案管理的法律、行政法规和国家有关规定执行，但对该主张，被告西城区政府没有提交相关证据予以佐证。因此，被诉告知书认定事实不清，主要证据不足，本院依法应予撤销。

最高人民法院《关于审理政府信息公开行政案件若干问题的规定》第九条第一款规定，被告对依法应当公开的政府信息拒绝或者部分拒绝公开的，人民法院应当撤销或者部分撤销被诉不予公开决定，并判决被告在一定期限内公开。尚需被告调查、裁量的，判决其在一定期限内重新答复。本案中，因被告西城区政府未对案

---

① 此处为 2019 年修订前的《政府信息公开条例》。参见修订后的《政府信息公开条例》第三十六条。

涉政府信息公开申请全面审查并作出有针对性的答复，故原告刘旭某申请公开的信息，尚需被告西城区政府对其申请重新予以调查裁量后作出决定。

综上，被诉告知书认定事实不清，主要证据不足，本院依法应予纠正。原告刘旭某请求依法撤销被诉告知书，并责令被告西城区政府重新予以答复的诉讼请求，本院予以支持。

据此，依照《中华人民共和国行政诉讼法》第七十条第（一）项、最高人民法院《关于审理政府信息公开行政案件若干问题的规定》第九条第一款之规定，判决如下：

一、撤销被告北京市西城区人民政府二〇一四年五月九日作出的西城法制办〔2014〕第4号－告《政府信息公开告知书》；

二、被告北京市西城区人民政府自本判决生效之日起在法定期限内对原告刘旭某的政府信息公开申请重新作出答复。

案件受理费50元，由被告北京市西城区人民政府负担（自本判决生效之日起七日内缴纳）。

如不服本判决，可在判决书送达之日起十五日内，向本院递交上诉状，并按对方当事人的人数提出副本，预交上诉案件受理费50元，上诉于北京市高级人民法院。上诉人在上诉期限内未预交上诉案件受理费，又不提出缓交申请的，按自动撤回上诉处理。

审 判 员　向绪武
二〇一五年六月十九日
法官助理　程 娜
书 记 员　牛 然

22

行政机关在作出具体行政行为后自行收集的证据不宜认定为被诉具体行政行为合法的根据

——刘国甲诉北京市东城区人民政府公房承租人变更案

【裁判要旨】 行政机关对其作出的行政行为负有举证责任，行政机关在作出行政行为后自行收集的证据不宜认定为被诉行政行为合法的根据。

北京市第四中级人民法院
行政判决书

（2016）京04行初588号①

原告刘国甲，住北京市东城区。

委托代理人潘文治，北京市东城区景山街道法律服务所法律服务工作者。

被告北京市东城区人民政府，住所地北京市东城区。

法定代表人李先忠，区长。

委托代理人扈建华，北京市东城区房屋土地经营管理一中心景山分中心主任。

委托代理人李伟，北京市东城区房屋土地经营管理一中心景山分中心干部。

第三人刘国乙，住北京市东城区。

原告刘国甲不服被告北京市东城区人民政府（以下简称东城区政府）作出的《关于东城区亮果厂胡同×号院×1、×2号房更名手续的答复》（以下简称被诉《答复》），向本院提起行政诉讼。本院于2016年4月28日立案后，在法定期限内向被告送达了起诉状副本及应诉通知书。本院依法组成合议庭，于2016年6月21日公开开庭审理了本案。案件审理过程中，认为刘国乙与被诉行政行为有法律上的

① 该案判决作出后，原告不服向北京市高级人民法院提起上诉，二审法院经审理，判决驳回上诉，维持一审判决，参见（2017）京行终35号行政判决书。

利害关系，依法通知其作为本案第三人参加诉讼，刘国乙表示不参加诉讼。原告刘国甲及其委托代理人潘文治，被告东城区政府的委托代理人扈建华、李伟到庭参加了诉讼。本案现已审理终结。

2016 年 3 月 30 日，北京市东城区房屋土地经营管理一中心景山分中心（以下简称景山分中心）针对刘国甲的变更公房承租人申请作出被诉《答复》，主要内容为：经实地核查，现 ×1 号房由刘国甲居住，×2 号房由刘国乙一家三口实际居住，且刘国乙一家三口户口均在此处，刘国乙本人不同意将上述房屋变更为刘国甲，依据《北京市公有住宅租赁合同》第七条规定，不能为刘国甲办理更名手续。

原告刘国甲诉称，刘云某系刘国甲之父，刘云某承租了东城区亮果厂胡同 × 号院 ×1、×2 号房屋，刘云某于 2001 年 8 月去世。刘国甲符合《北京市公有住宅租赁合同》规定申请变更承租人的资格，其向景山分中心提出变更申请，但景山分中心要求刘云某所有子女签字同意。但刘云某的其他子女均已外迁，且有住房，变更承租人不需要其他子女签字同意，被告据此不予变更，确属不作为。故原告诉请法院依法判决撤销被诉《答复》。

在法定举证期限内，原告刘国甲向本院提交并当庭出示了如下证据材料：

1. 2016 年 3 月 8 日景山分中心《关于亮果厂 × 号刘国甲来信的答复》；2. 《答复》；3. 东房景字 2 第 185 号《北京市公有住宅租赁合同》；4. 2010 年东公景山所户字第 941 号证明信；5. 北京市隆福医院 × 死亡医学证明书；6. 户籍证明，证明原告住在涉案房屋；7. 证明，证明原告在单位没有分过房屋；8. 《北京市城镇廉租住房申请登记表》及家庭成员住房证明，证明刘云某在石佛营有住房，且给了刘国乙，刘国乙有其他住房。

被告东城区政府辩称，《北京市公有住宅租赁合同》（2000 年版）第七条规定，租赁期限内，乙方外迁或死亡，乙方同一户籍共同居住两年以上又无其他住房的家庭成员愿意继续履行原合同，其他家庭成员又无异议的，可以办理更名手续。经查，东城区亮果厂胡同 × 号院 ×1 号房屋由刘国甲居住、×2 号房屋由刘国乙及女儿刘天某一家居住，刘天某不同意刘国甲的变更申请。故景山分中心不能为原告办理承租人变更手续。故请求法院驳回刘国甲的诉讼请求。

在法定举证期限内，被告东城区政府向本院提交并当庭出示了如下证据材料：1. 刘国乙、刘天某的意见书，证明不同意将涉案房屋更名为原告；2. 居委会证明；3. 邻居证明，证据 2、证据 3 证明刘国乙、刘天某在涉诉房屋内居住；4. 东房景字 2 第 185 号《北京市公有住宅租赁合同》复印件，证明涉诉房屋为直管公房，原告的更名申请不符合该合同的第七条规定；5. 向邻居核实的相关材料，证明景山分中心核实了刘国乙、刘天某提供邻居证明的真实性；6. 刘天某身份证及户口本复印件，证明刘天某户籍在涉诉房屋内。

综合当事人的质证、辩论意见及当事人的陈述，本院对上述证据认证如下：刘国甲提交的证据1—6、东城区政府提交的证据4符合《最高人民法院关于行政诉讼证据若干问题的规定》中关于证据形式的要求，上述证据真实、合法和本案存在关联性，本院予以采信。刘国甲提交的其他证据与本案待证事实无关联，本院不予认证；东城区政府提交的其他证据均系作出被诉《答复》后所取得，不符合《最高人民法院关于行政诉讼证据若干问题的规定》的要求，本院不予采信。

根据上述有效证据及各方当事人的一致陈述，本院认定事实如下：东城区亮果厂胡同×号院×1、×2号房屋系景山分中心管理的公房，承租人刘云某于2001年8月10日死亡。刘云某之女刘国甲向景山分中心提出变更公有住房承租人申请，并提交了相关材料。2016年3月30日，景山分中心作出被诉《答复》。同年5月11日，景山分中心向原告作出答复：景山分中心于2016年3月30日向原告出具的“不能为您办理更名手续”的答复部分内容有误，予以撤销。景山分中心将在10个工作日内对刘国甲提出的申请重新答复。

本院认为，根据直管公房管理的相关规定及我市机构改革的现状，北京市东城区房屋土地经营管理一中心及其各分中心接受北京市东城区人民政府的委托，依法履行对辖区内直管公房进行管理的法定职责，包括对直管公房承租人变更申请进行审查，对申请人是否具备更名条件作出认定。

《北京市公有住宅租赁合同》（2000年版）第七条规定，租赁期限内，乙方外迁或死亡，乙方同一户籍共同居住两年以上又无其他住房的家庭成员愿意继续履行原合同，其他家庭成员又无异议的，可以办理更名手续。此规定是公房管理部门审核申请人是否符合更名条件的依据。公房管理机关应当依据上述规定对申请人是否符合更名条件进行审核。《最高人民法院关于行政诉讼证据若干问题的规定》规定被告对作出的具体行政行为负有举证责任。本案中景山分中心作出被诉答复的时间是2016年3月30日，但其向法庭提交的证据材料制作时间在作出答复之后，显然不能证明其在收到刘国甲的变更承租人申请后，进行了相关审核工作。景山分中心作出的被诉答复主要证据不足，应当予以撤销。景山分中心在诉讼过程中自行撤销了该答复，但原告坚持要求撤销被诉《答复》，故本院确认被诉《答复》违法。综上，依据《中华人民共和国行政诉讼法》第七十四条第二款第（二）项规定，判决如下：

确认北京市东城区房屋土地经营管理一中心景山分中心于2016年3月30日作出《关于东城区亮果厂胡同×号院×1、×2号房更名手续的答复》违法。

案件受理费五十元，由被告北京市东城区人民政府负担（于本判决生效后七日内交纳)。

如不服本判决，可以在判决书送达之日起十五日内，向本院递交上诉状，并按对方当事人的人数提出副本，同时交纳上诉案件受理费人民币五十元，上诉于北京市高级人民法院。

审 判 长　　张 岩
人民陪审员　　曹 旭
人民陪审员　　樊丽红
二〇一六年十月二十四日
法官助理　　张鸿浩
书 记 员　　高晶晶

23

对房屋拆除行为实施主体不明确的法院可以证据推定确定

——冉绍某诉北京市门头沟区人民政府拆除房屋行为案

【裁判要旨】对房屋拆除行为实施主体不明确的，人民法院可以依据在案证据推定确定实施主体。

北京市第四中级人民法院

行政判决书

（2015）四中行初字第272号[①]

原告冉绍某，住北京市丰台区。

被告北京市门头沟区人民政府，住所地北京市门头沟区。

法定代表人张贵林，区长。

委托代理人杨练兵，北京市亚太律师事务所律师。

委托代理人王雷，北京市门头沟区人民政府工作人员。

原告冉绍某（以下简称原告）要求确认被告北京市门头沟区人民政府（以下简称被告）拆除房屋行为违法，向本院提起行政诉讼。本院于2015年4月9日受理后，于2015年4月13日向被告送达了起诉状副本及应诉通知书。本院依法组成合议庭，于2015年5月21日公开开庭审理了本案。原告本人、被告的委托代理人杨练兵、王雷到庭参加诉讼。本案现已审理终结。

原告诉称，原告于2010年1月购买了一处私人房产，地址为北京市门头沟区桥西街×号后院×幢×层。2011年8月，原告因工作需要调到江西。2013年5月回北京市后发现房屋被拆除。在此期间原告未收到任何的拆迁通知。经调查，被告于2012年5月29日颁布了房屋征收决定，并组织实施了拆迁。2013年5月至今，

① 本案判决作出之后，双方当事人均未上诉，判决已生效。

原告数十次找到被告负责房屋拆迁工作的部门反映情况，被告始终承诺给予调查了解，但是拖延一年多没有结果。原告无奈于2014年8月20日正式通过市长信箱反映问题。2015年3月26日被告的责任部门正式告知原告不再受理此案。被告强行拆迁的行为侵害了原告的合法权益，故原告请求法院判决确认被告强行拆除原告私人房屋的行为违法；并由被告承担诉讼费用。

原告在法定期限内向本院提交如下证据：1. ×京房权证门字第×号《房屋所有权证》，证明原告系被拆除房屋所有权人；2. 门头沟区桥西街×号后院卫星图，证明该院房屋客观存在及被拆除的事实；3. 门头沟区桥西街×号后院照片；4. 被告提供的桥西街×号后院×幢×层与原告房本的桥西街×号后院×幢×层、×幢×层对比图；5. 被告提供的蒋宏某房屋测绘图与桥西街×后院照片对比；6. 被告提供的蒋宏某房屋测绘图与门头沟区桥西街×号后院房屋卫星图对比，证据4—6证明原告房屋的客观存在；7. 原告所在公司出具的《证明》；8. 2014年7月9日原告与靳某谈话录音；9. 原告就被拆除房屋一事向市长信箱进行信访的情况，证据7—9证明原告起诉符合法定期限；10. 门政征字〔2012〕3号北京市门头沟区人民政府房屋征收决定，证明被告违法行为的依据。

被告辩称，1. 被告没有拆除北京市门头沟区桥西街×号后院。北京市门头沟区房屋征收事务中心于2011年年底对北京市门头沟桥西街地区进行了房屋征收，北京市门头沟区桥西街×号后院并没有涉案房屋，该院只有蒋宏某的房屋，没有发现其他房屋。北京市门头沟区房屋征收事务中心与蒋宏某于2012年1月9日签订完拆迁协议后，在2012年1月14日安排拆迁公司将蒋宏某的房屋拆除。2. 被告没有对门头沟区桥西街×号后院房屋进行拆除，不是本案适格被告。综上，原告的诉讼请求没有依据。请求法院依法驳回原告的诉讼请求。

被告在法定期限内向本院提交如下证据：1.《北京市门头沟区房屋征收补偿安置协议》及房屋平面示意图，证明北京市门头沟区桥西街×号后院没有涉案房屋。入户、评估、测绘只确认了该院房主为蒋宏某，所以只与蒋宏某签订了征收补偿安置协议。2. 门编委字（2012）12号《关于调整我区政府房屋征收工作体制的通知》、门编委字（2012）13号《关于组建区房屋征收事务中心的通知》，证明北京市门头沟区房屋征收事务中心受北京市门头沟区人民政府房屋征收办公室委托负责北京市门头沟区房屋征收工作。被告不是征收具体实施部门，不是适格被告。

庭审中，对于被告提交的证据材料，原告对证据的真实性没有异议，但认为不能证明被告未拆除原告的房屋；对于原告提交的证据材料，被告对证据1、10的真实性予以认可，但对证明目的不予认可，对其余证据均不予认可。

经庭审质证，本院对当事人提交的证据材料作如下确认：被告提交的证据能够证明房屋征收部门与门头沟区桥西街×号后院×幢×层被征收人蒋宏某签订《房屋征收补偿安置协议》及被告所在行政区域内房屋征收部门的设置情况，但不能证明被告未拆除原告房屋及其非本案适格被告。原告提交的证据1、10具有真实性、合法性、关联性，本院依法予以采信。证据2—6不符合法定的证据形式要求，本院不予采纳；证据7—9与本案没有关联性，本院亦不予采纳。

经审理查明，×京房权证门字第×号《房屋所有权证》载明：房屋所有权人为原告，房屋坐落为门头沟区桥西街×号后院×幢×层，登记时间为2010年3月23日。另据该证所附《房地平面图》显示，该处房屋与×号及×号房屋相邻，均坐落于桥西街×号后院。

2012年1月9日，北京市门头沟区房屋征收补偿办公室与门头沟区桥西街×号后院×幢×层房屋被征收人蒋宏某签订《房屋征收补偿安置协议》。该协议约定：根据《北京市门头沟区人民政府关于采空棚户区改造城子铁路货场周边地区房屋征收的决定》，需要征收被征收人在项目范围内的房屋及附属物。后，门头沟区桥西街×号后院全部房屋被拆除。

2012年5月29日，被告作出门政征字〔2012〕3号《房屋征收决定》，决定对门头沟区采空棚户区房屋整体征收范围内的房屋实施征收。

原告不服上述房屋拆除行为，向本院提起诉讼。

本院认为，依据《国有土地上房屋征收与补偿条例》的规定，市、县人民政府负责本行政区域的房屋征收与补偿工作。市、县人民政府确定的房屋征收部门组织实施本行政区域的房屋征收与补偿工作。故市、县人民政府及其确定的房屋征收部门应在法规授权的范围内分别承担行政职责。

本案中，原、被告双方争议的焦点是原告所有的房屋是否由被告拆除及拆除行为是否合法的问题。对此，本院认为，首先，关于原告所有房屋是否已被拆除的问题。×京房权证门字第×号《房屋所有权证》是由房屋登记行政部门颁发的合法有效的权属证书，能够证明门头沟区桥西街×号后院×幢×层房屋属于原告所有。且该证所附《房地平面图》显示，该处房屋与×号及×号房屋相邻，均坐落于桥西街×号后院。本案中，被告虽不认可门头沟区桥西街×号后院存在原告所有的房屋，但认可该院所有房屋均已在征收过程中被拆除。被告及其房屋征收部门是负责房屋征收补偿工作的行政主体，故在被告没有相反证据能够推翻原告《房屋所有权证》，且不能提供充分证据证明该院落内确实没有原告所有房屋的情况下，应认定为原告所有房屋已被拆除。其次，关于实施房屋拆除行为的主体认定问题。依据《国有土地上房屋征收与补偿条例》的规定，房屋征收与补偿应当按照法定程序进行，在征收决定中又需具体进行确认征收补偿方案、发布征收公告、组织进行征收调查登记、确定房屋征收范围等工作。本案中，被告未提供证据证明原告知晓征收决定及相关事项，亦不能证明房屋征收部门对房屋征收范围内的权属、区位、用途等情况组织调查登记并通知作为被征收人的原告予以配合。同时，根据被告提供的证据可以证明，门头沟区房屋征收补偿办公室与该区桥西街×号后院×幢×层房屋所有权人蒋宏某签订征收补偿协议并全部拆除院内房屋。综合考量上述情况，本院认为，被告作为区、县人民政府应当承担征收补偿工作的总体行政责任，本案应确定被告作为被诉拆除行为的实施主体。被告关于其没有实施拆除行为，不是本案适格被告的诉讼意见本院不予采纳。最后，关于拆除行为是否合法的问题。依据《国有土地上房屋征收与补偿条例》的规定，实施房屋征收应当先补偿、后搬迁。作出房屋征收决定的市、县级人民政府对被征收人给予补偿后，被征收人应当在补偿协议约定或者补偿决定确定的搬迁期限内完成搬迁。被征收人在法定期限内不申请行政复议或者不提起行政诉讼，在补偿决定规定的期限内又不搬迁的，由作出房屋征收决定的市、县级人民政府依法申请人民法院强制执行。本案中，被告在未与原告就被征收房屋达成补偿协议或作出补偿决定的情况下，即拆除了原告所有的房屋，其行为属于超越法定职权，本院依法应当确认违法。

综上，依据《中华人民共和国行政诉讼法》第七十四条第二款第（一）项之规定，判决如下：

确认被告北京市门头沟区人民政府拆除原告冉绍某所有的位于北京市门头沟区桥西街×号后院×幢×层房屋的行为违法。

案件受理费50元，由被告北京市门头沟区人民政府负担（于本判决生效后7日内交纳）。

如不服本判决，可在本判决书送达之日起15日内提起上诉，向本院递交上诉状，并按对方当事人人数提出副本，同时交纳上诉案件受理费人民币50元，上诉于北京市高级人民法院。

审 判 长　武 楠
审 判 员　贾 毅
审 判 员　霍振宇
二〇一五年六月三十日
法官助理　马立科
书 记 员　张媛媛

24

行政机关主张其收到的材料与投递单或信封上明确记载的材料不符的应当提供证据证明

——黄连某诉北京市东城区人民政府不履行行政复议职责案

【裁判要旨】 行政机关对收到的邮件应当尽到必要的、合理的注意义务，发现邮件内的材料与投递单或信封上所作记载不符的，应当及时予以澄清。行政机关主张其收到的材料与投递单或信封上明确记载的材料不符的，应当提交证据予以证明。

北京市第四中级人民法院
行政判决书

（2015）四中行初字第 936 号①

原告黄连某，住北京市东城区。

被告北京市东城区人民政府，住所地北京市东城区。

法定代表人张家明，区长。

委托代理人李静，北京市东城区人民政府工作人员。

委托代理人李志平，北京市东城区人民政府工作人员。

原告黄连某因诉被告北京市东城区人民政府（以下简称东城区政府）不履行法定职责一案，向本院提起行政诉讼。本院于 2015 年 10 月 27 日受理后，于同年 11 月 3 日向被告送达了起诉状副本及应诉通知书。本院依法组成合议庭，于 2015 年 12 月 16 日公开开庭审理了本案。原告黄连某，被告东城区政府的委托代理人李静、李志平到庭参加了诉讼。本案现已审理终结。

---

① 该案判决作出后，原告黄连某不服向北京市高级人民法院提起上诉，二审法院经审理，判决驳回上诉，维持一审判决，参见（2016）京行终字第 1585 号行政判决书。

2015年7月7日，原告黄连某向被告东城区政府邮寄行政复议申请书，并在信封上注明“内有复议申请书2页；身份证复印件2页；申请表及邮寄凭证2页；登记回执、延长告知书、答复告知书及邮寄凭证7页。共计17页”的说明，至起诉之日，被告东城区政府未针对原告所主张的，不服北京市东城区城市综合管理委员会（以下简称东城区城管委）作出的城管委（2015）第1号－告《东城区城管委政府信息公开答复告知书》（以下简称第1号告知书）的行政复议申请作出行政复议决定。

原告黄连某诉称，原告是北京市东城区柏林胡同××号常驻居民，因案外人张德某违法拆除其房屋并进行违法建设，严重侵害了原告的合法权益。2012年11月21日，北京市东城区城市管理综合行政执法监察局依法作出《强制拆除决定书》，决定“对张德某搭建的违法建设进行强制拆除”，但该违法建设至今仍然存在。原告为核实其依法行政的相关规定，于2015年3月22日向东城区城管委提交《政府信息公开申请表》，“请求依法书面公开东城区2013年、2014年由区财政拨付拆违补助资金的账面金额及明细单”的政府信息。2015年5月5日，东城区城管委作出1号告知书，告知其申请公开的信息不属于“我委应当公开的政府信息范围”。原告黄连某不服，于同年7月7日以邮寄方式向被告东城区政府申请行政复议。现被告东城区政府未履行作出行政复议决定的法定职责。综上，请求依法确认被告东城区政府未作出复议决定违法。

原告黄连某于开庭审理前向本院提交了以下证据：1. 行政复议申请书及邮寄凭证，证明原告针对东城区城管委的二件政府信息公开答复不服，依法提起二件行政复议申请；2. 行政复议申请书及邮寄凭证、行政复议告知书及签收凭证，证明原告向被告提出行政复议的同时，也向北京市人民政府提出行政复议申请；3. 政府信息公开申请表及邮寄凭证；4. 登记回执，政府信息延长答复期告知书及签收凭证，证明原告向东城区城管委申请信息公开的情况；5. 第1号告知书及签收凭证，证明东城区城管委作出的政府信息公开答复不符合法律规定；6. 挂号信查询单，证明被告提交的证据与原告的申请不符。

被告东城区政府辩称，被告于2015年7月8日当天收到了两件邮寄的行政复议申请，一件是以北京市东城区北新桥街道办事处为被申请人的行政复议申请，另一件是以东城区城管委为被申请人的行政复议申请。案涉邮件尾号为×××××20911711（以下简称第711号邮件），被告拆开信封后发现，只有以东城区城管委作出城管委（2015）第2号－告《东城区城管委政府信息公开答复告知书》（以下简称第2号告知书）的一件行政复议申请，共9页申请行政复议的材料。包括：行政复议申请书原件1页，身份证复印件1页，第2号告知书复印件一份2页。另有其他证据材料5页，分别为：寄信凭证复印件一份1页，政府信息公开申请表复印件一份1页，登记回执复印件一份1页，信息延长答复期告知书复印件一份1页，东城区城管委给原告邮寄凭证复印件一份1页。被告收到上述材料后，经审查认为原告提出的行政复议超过法定期限，依法作出了行政复议不予受理决定，并按期向原告送达，被告东城区政府已经履行了法定职责。由于被告在第711号邮件中只收到了原告针对第2号告知书不服所提出的行政复议申请，没有收到原告所述“针对第1号告知书不服提出的行政复议申请”，故无法针对第1号告知书履行行政复议的职责。另外，即使原告所述属实，其同2号告知书一并提出的本案行政复议申请也超过了法定期限，被告东城区政府不可能也没有必要，选择性地对第2号告知书的复议申请作出不予受理决定，对第1号告知书的复议申请不予答复。综上，请求依法驳回原告黄连某的诉讼请求。

被告东城区政府在法定举证期限内向本院提交了以下证据：

1. 第711号邮件信封，证明被告于2015年7月9日收到该信件；2. 信封内所有的行政复议申请材料共9页，包括：行政复议申请书原件、身份证复印件各1页，2号告知书复印件一份2页，另有其他证据材料5页，分别为：寄信凭证复印件一份1页，政府信息公开申请表复印件一份1页，登记回执复印件一份1页，信息延长答复期告知书复印件一份1页，东城区城管委给原告邮寄凭证复印件一份1页，证明被告收到行政复议材料的情况；3. 挂号信件登记表1页，证明被告于2015年7月9日收信情况，因收件人为区长张家明，故转交区政府值班室处理；4. 信件转办登记表1页，证明上述信件转交东城区法制办处理。

本院于2015年12月16日公开开庭审理中，因被告东城区政府未携带证据原件，本院于同年12月21日另行组织质证。经庭审质证，原告黄连某对被告东城区政府提交证据1、2的真实性、合法性和关联性认可；对证据3的真实性、合法性不认可；对证据4的真实性、合法性和关联性均不认可。被告东城区政府对原告黄连某提交全部证据的真实性、合法性认可，但认为与本案无关。

经审查，本院认为，被告东城区政府、原告黄连某提交的全部证据，形式上符合最高人民法院《关于行政诉讼证据若干问题的规定》提供证据的要求，内容真实、合法与本案具有关联性，可以作为认定本案相关事实的依据，本院予以采信。

根据上述合法有效证据以及当事人无争议之陈述，本院认定如下事实：

2015年3月22日，原告向东城区城管委提交《政府信息公开申请表》，“请求依法书面公开东城区2013年、2014年由区财政拨付拆违补助资金的账面金额及明细单”。经延期后，东城区城管委于同年5月5日作出1号告知书，告知其申请公开的信息不属于“我委应当公开的政府信息范围”。原告黄连某于同年5月7日收到1号告知书。2015年7月7日，原告黄连某向被告东城区政府邮寄行政复议申请，并在信封上注明“内有复议申请书2页；身份证复印件2页；申请表及邮寄凭证2页；登记回执、延长告知书、答复告知书及邮寄凭证7页。共计17页”的说明。至起诉之日，被告东城区政府未针对1号告知书作出行政复议决定。原告黄连某不服，于2015年10月27日向本院提起行政诉讼。

另查，2015年3月22日，原告向东城区城管委申请书面公开“东城区2013年、2014年违法用地违法建设基础台账的政府信息文件”。经延期后，东城区城管委于同年5月5日作出2号告知书，告知其申请公开的政府信息不属于公开范围。原告于同年5月7日收到2号告知书后不服，于同年7月7日以邮寄方式向被告东城区政府申请行政复议。被告东城区政府于同年7月10日收到上述行政复议申请，于同年7月15日作出东政复字〔2015〕49号《不予受理行政复议申请决定书》（以下简称第49号复议决定）并于次日向原告送达，认为原告黄连某提出的行政复议申请超过法定期限，根据《中华人民共和国行政复议法》第十七条第一款的规定，决定不予受理其行政复议申请。原告黄连某仍不服，于2015年9月7日向本院提起行政诉讼。本院于2015年11月20日作出（2015）四中行初字第741号行政裁定书，以其超过了15天的起诉期限且无正当理由，裁定驳回原告黄连某的起诉。

本院认为，根据《行政复议法》第十二条第一款规定，对县级以上地方各级人民政府工作部门的具体行政行为不服的，由申请人选择，可以向该部门的本级人民政府申请行政复议，也可以向上一级主管部门申请行政复议。本案中，被告东城区政府作为东城区城管委的本级人民政府，依法具有应原告黄连某所提行政复议申请并作出行政复议决定的法定职权。

本案的争议焦点在于第711号邮件中，是否存在二案行政复议申请书，即原告针对第1号告知书和第2号告知书不服，通过一个邮件同时提出行政复议申请的事实。

庭审中，原告主张一个信封内装有二案行政复议申请，被告主张仅收到一案的行政复议申请，形成“一对一”的证据，在案证据也不能证明一方当事人捏造事实作虚假陈述。根据《最高人民法院关于行政诉讼证据若干问题的规定》第五十四条规定，法庭应当对经过庭审质证的证据和无需质证的证据进行逐一审查和对全部证据综合审查，遵循法官职业道德，运用逻辑推理和生活经验，进行全面、客观和公正地分析判断，确定证据材料与案件事实之间的证明关系，排除不具有关联性的证据材料，准确认定案件事实。该条规定表明，在审查证据时应当运用逻辑推理和生活经验，进行全面、客观和公正的分析判断。

《行政诉讼法》第三十四条规定，被告对作出的行政行为负有举证责任，应当提供作出该行政行为的证据和所依据的规范性文件。被告不提供或者无正当理由逾期提供证据，视为没有相应证据。但是，被诉行政行为涉及第三人合法权益，第三人提供证据的除外。具体到本案而言，在被告不能再行举证信封内材料份数的情况下，要求原告再举出反证亦强人所难。行政复议机关代表国家行使管理权以维持公共秩序，属于公共利益范畴。如果要求行政复议机关拆封每一个邮件时均需保留证据，无疑会过高地增加行政成本和公共财政支出。同样，亦不能苛求行政相对人邮寄每一封信件时都需要见证邮寄的材料。因此，从平衡公共利益与私人利益的角度考量，应当要求行政机关和行政相对人各方应尽合理的注意义务。

本案中，原告虽主张邮件装有二案行政复议申请，但也不能排除只有一件行政复议申请材料的可能。基于申请行政复议的常识，原告应当知晓区县人民政府的行政首长并不承办具体的行政复议事务，现原告将本应邮寄给被告行政复议机构的第711号信件邮寄给张家明区长而产生了不必要的转交程序。在信件转交被告东城区政府值班室，再转交到被告行政复议办理机构的过程中，原告应当对可能存在的材料遗失承担相应的不利后果。至于原告通过邮件称重进行辨别的主张，结合本案仅4张A4纸的差别，显然不具有可操作性。针对被告东城区政府而言，其行政复议机构专职从事行政复议的公务人员，应当经过了相应的专业训练和上岗培训，在行政复议程序中的判断能力和业务水平应当高于普通社会公众。基于行政复议的需要，申请人通过邮寄的方式传递或者接收书面材料的，行政复议机构的工作人员应当对复议材料尽到必要的、形式上的核实义务，否则应当承担不利的后果。根据原告提交的证据1邮寄信封，其表面记载有“内有复议申请书2页；身份证复印件2页；申请表及邮寄凭证2页；登记回执、延长告知书、答复告知书及邮寄凭证7页。共计17页”的说明。在信封内的行政复议材料与信封表面记载不一致的情况下，被告东城区政府未能提供证据证明，就材料不一致的问题履行过相应的核实义务，对此应当承担不利的法律后果。

需要说明的是，本院判决被告东城区政府承担不利法律后果，并非认定其收到了原告所述的行政复议申请后未作出行政复议决定，而是认定被告东城区政府的工作人员未尽合理的注意义务，导致本案是否提出行政复议申请的事实无法查清应当承担的法律责任。结合原告不服第49号复议决定向本院提起行政诉讼，本院以其超过了15天的起诉期限且无正当理由，裁定驳回原告起诉的事实。即使原告所述事实成立，本案所涉不履行行政复议职责亦未对其权利义务产生实际影响，故被告不履行法定职责应属确认违法之情形。

据此，依照《中华人民共和国行政诉讼法》第七十四条第二款第（三）项之规定，判决如下：

确认被告北京市东城区人民政府针对原告黄连某于二〇一五年七月七日提出的行政复议申请未履行法定职责违法。

案件受理费50元，由被告北京市东城区人民政府负担（于本判决生效后七日内交纳）。

如不服本判决，各方当事人可于本判决书送达之日起十五日内向本院提交上诉状，并按对方当事人人数提交上诉状副本，预交二审案件受理费50元，上诉于北京市高级人民法院。上诉人在上诉期满后七日内未预交上诉费，又不提出缓交申请的，按自动撤回上诉处理。

审　判　长　　向绪武
人民陪审员　　吴雨龙
人民陪审员　　张桂荣
二〇一五年十二月二十八日
法官助理　　程　娜
书　记　员　　高秀丽

第三章 审理与判决

25

国有土地使用权人请求人民法院收回国有土地使用权应按法定程序提出

——北京鸿宝方达工贸有限公司诉北京市顺义区人民政府行政不作为案

【裁判要旨】国有土地使用权人请求人民法院收回国有土地使用权应当按照法定程序向土地行政主管部门提出，申请人直接向区县级政府提出请求的，区县级政府将申请转交土地行政主管部门办理的，程序符合法律规定。

北京市第四中级人民法院

行政判决书

(2015) 四中行初字第96号①

原告北京鸿宝方达工贸有限公司，住所地北京市顺义区。

法定代表人林骥，董事长。

委托代理人董国女，北京楹庭律师事务所律师。

委托代理人路永强，北京楹庭律师事务所律师。

被告北京市顺义区人民政府，住所地北京市顺义区。

法定代表人卢映川，区长。

委托代理人杜井龙，北京市国土资源局顺义分局副局长。

---

① 本案判决作出之后，双方当事人均未上诉，判决已生效。

委托代理人夏日星，北京顺东律师事务所律师。

原告北京鸿宝方达工贸有限公司（以下简称鸿宝公司）因要求被告北京市顺义区人民政府（以下简称顺义区政府）履行法定职责一案，向本院提起行政诉讼。本院于2015年1月29日受理后，于2015年2月2日向被告顺义区政府送达了起诉状副本及应诉通知书。本院依法组成合议庭，于2015年3月24日公开开庭审理了本案。原告鸿宝公司的委托代理人董国女、路永强，被告顺义区政府的法定代表人卢映川及其委托代理人杜井龙、夏日星到庭参加了诉讼。本案经北京市高级人民法院批准延期审理，本案现已审理终结。

2014年10月27日，鸿宝公司向顺义区政府提交《收回国有土地使用权及房屋征收申请书》（以下简称《申请书》）。认为鸿宝公司于1999年通过出让的方式，分别取得了京顺国用（1999出）字第×1号、京顺国用（1999出）字第×2号、京顺国用（1999出）字第×3号，用途为“商业服务业”的国有土地的使用权。由于政府及规划修改的原因，原告鸿宝公司未能建设老年活动中心项目。现案涉土地规划为绿化用地，根据北京市规划委员会顺义分局（以下简称顺义规划分局）的告知，案涉国有土地只能进行原建工程审批，不能进行新建工程审批，故鸿宝公司无法行使“利用该土地建造建筑物、构筑物及附属设施”等商业服务业用途的权利，致使土地闲置。根据《中华人民共和国土地管理法》（以下简称《土地管理法》[①]）第五十八条第（一）项、第（二）项，《北京市国有建设用地供应办法（试行）》第十二条，《北京市收回企业国有土地使用权补偿办法》第二条的规定，申请被告顺义区政府收回案涉国有土地使用权并依法给予补偿，并根据《国有土地上房屋征收与补偿条例》（以下简称《征补条例》）、《国有土地上房屋征收评估办法》、《北京市国有土地上房屋征收与补偿实施意见》的规定，对上述土地上房屋进行征收并依法予以补偿。至本案起诉之日，被告顺义区政府未直接对原告鸿宝公司的请求作出答复。

原告鸿宝公司诉称，根据《土地管理法》第五十八条的规定，被告顺义区政府具有作出收回国有土地使用权决定的职责。原告鸿宝公司取得案涉国有土地使用权后，因规划调整不能实现项目开发，致使土地闲置。2014年10月27日，原告鸿宝公司向被告顺义区政府提交《申请书》。2015年1月16日，其收到北京市国土资源局顺义分局（以下简称顺义国土分局）作出的京国土顺信〔2015〕3号《国土资源信访事项处理意见书》（以下简称3号信访处理意见书），认为原告鸿宝公司的申请不符合法定条件。原告认为，由于案涉土地的规划已经实施，将来土地调整使

① 此处指2019年修改前的《土地管理法》，本案下同。

用必然会发生，因此本案申请符合《土地管理法》第五十八条的规定。另外，被告顺义区政府将本案申请以信访的方式转交其所属部门办理不符合法律规定。综上，请求依法判令被告顺义区政府履行职责，收回本案涉及的国有土地使用权并对地上房屋进行征收补偿。

被告顺义区政府辩称，被告于2014年11月5日收到鸿宝公司的申请，于2014年11月13日将该申请批转到顺义国土分局处理。顺义国土分局认为鸿宝公司的申请不符合《土地管理法》第五十八条和《征补条例》规定的土地收回及房屋征收条件，故以信访形式回复原告鸿宝公司并告知理由。依据《土地管理法》第五十八条的规定，区政府收回土地使用权的行使具有裁量选择性，本案中鸿宝公司的请求不符合土地使用权应当予以收回的法定条件。综上，鸿宝公司的请求没有相应的事实及法律依据，请求依法驳回原告鸿宝公司的诉讼请求。

原告鸿宝公司在起诉时向本院提交以下证据材料：第一组证据：1. 收回国有土地使用权及房屋征收申请书，证明鸿宝公司提出申请事项及理由；2. 邮寄申请书邮寄单；3. 邮寄单查询回执，证据2、证据3证明被告顺义区政府收到原告鸿宝公司的申请；4. 国土资源信访事项处理意见书，证明本案的申请按信访事项处理，程序不当，内容违法；5. 2014规（顺）复028号《关于北京鸿宝方达工贸有限公司建设项目申请规划意见的复函》（以下简称28号复函）；6. 顺政函〔2014〕171号《关于北京市盛廷律师事务所〈案件沟通函〉和〈法律意见书〉的复函》（以下简称171号复函），证据5、证据6证明案涉国有土地规划为绿地，该规划已向鸿宝公司实施；7. 北京市国有土地使用权出让合同及附图；8. 国有土地使用证，证据7、证据8证明案涉土地的权利不能按土地出让合同的约定及国有土地使用证载明的用途行使。

第二组证据：1. 鸿宝公司和北京福禄达出租汽车公司（以下简称福禄达公司）签订的《厂房买卖协议》及《协议书》；2. 支付土地和房屋款项的三张收据；3. 北京市城镇土地使用权登记申请、审批表；4. 北京市顺义区发展和改革委员会（以下简称顺义区发改委）关于复印《北京市国有土地使用权出让合同》的协议；5. 顺义区发改委领导苏德济签字的出让合同申领表（第一组第7份证据中已经提交），证据1—5证明代表福禄达公司实际签字人，是顺义区发改委主任，价款支付给顺义区发改委，相关手续由顺义区发改委代原告鸿宝公司办理。

第三组证据：1. 北京市顺义区计划委员会（以下简称顺义区计委）《关于海伦老年活动中心的批复》；2. 鸿宝公司与中机中电设计研究院签订的《建设工程设计合同》及支付9万元设计费的票据，证据1、证据2证明鸿宝公司已经筹备建设并已投入资金；3. 国务院《关于出让国有土地使用权批准权限的通知》；4. 顺义区计委作出的《关于兴建“海伦老年服务中心”的批复》、《关于兴建“海伦老年服务中心”二期工程的批复》、《关于兴建“海伦老年服务中心”三期工程的批复》，证据3、证据4证明鸿宝公司发现顺义区发改委代为办理的国有土地出让手续和立项手续可能存在“化整为零”变相扩大批准权限的情形；5. 鸿宝公司的代表人王菁分别向时任顺义区发改委主任王庆芸和周福军的一封信；6. 鸿宝公司的代表人王菁再次向时任顺义区发改委主任王庆芸和周福军的一封信；7. 鸿宝公司的代表人王菁向时任顺义区发改委主任王庆芸的一封信；8. 鸿宝公司的代表人王菁向北京市人民政府递交的一份信访材料；9. 鸿宝公司的代表人王菁再次向北京市人民政府递交的一份信访材料；10. 林骥向北京市台湾事务办公室提交的一份反映材料；11. 顺义区政府台湾事务办公室（以下简称顺义区台办）的回函；12. 鸿宝公司针对王庆芸等人的行为向北京市公安局提出控告书及北京市公安局顺义区分局不予立案通知书；13. 关于由林骥、顺义区发改委主任田建国、顺义区台办周副主任、杨何洁律师、我国台湾地区前“立法委员”、王菁等人在顺义宾馆协调会议的《说明》，证据5—13证明原告鸿宝公司取得土地手续后发现存在违法情况，向有关部门反映情况解决问题的过程；14. 鸿宝公司向顺义规划分局提出《建设项目申请报告》；15. 2006年顺义规划分局向顺义区台办提交的关于规划调整鸿宝公司不能建设的“顺规函〔2006〕14号”文件摘要说明；16. 林骥向北京市人民政府提交的陈情书；17. 鸿宝公司向北京市规划委员会提交建设项目申请；18. 鸿宝公司向顺义区规划分局提交《建设项目申请报告》；19. 2014年3月24日顺义区规划分局的《回函》（第一组已提交）；20. 顺义区规划分局《关于北京鸿宝方达工贸有限公司来信的答复意见》，证据14—20证明原告鸿宝公司多次向规划部门申请建设项目规划手续，于2014年3月24日第一次得到正式回复。

被告顺义区政府在法定举证期限内向本院提交了下列证据：1. 收回国有土地使用权及房屋征收申请书，证明原告鸿宝公司的申请事项；2. 组织机构代码、法人营业执照、法定代表人身份证明书、身份证复印件，证明原告鸿宝公司的主体身份；3. 处理群众来信转办单，证明被告顺义区政府的批转及授权情况；4. 信访（举报）事项登记批办单，证明被告顺义国土分局内部的批办程序；5. 土地使用权出让合同，证明土地转让情况及转让土地使用的限制情况；6. 信访事项处理意见书，证明回复的内容情况及不予以收回补充的理由；7. 顺义区政府《关于北京市盛廷律师事务所〈案件沟通函〉和〈法律意见书〉的复函》及送达回执，证明案件事实和程序；8. 《国有土地上房屋征收与补偿条例》，证明被告顺义区政府应依职权征收的法律依据；9. 顺义区计委《关于海伦老年活动中心的批复》，证明批复的有限期限为1年；10. 《国务院信访条例》，证明原告鸿宝公司申请事项应按信访处理。

经证据交换，原告鸿宝公司对被告顺义区政府证据1、证据2的真实性、合法性和关联性不持异议；对证据3的关联性认可，对真实性、合法性和证明目的不认可；对证据4的真实性认可，对关联性和证明目的不认可；对证据5的真实性、关联性认可；对证据6的真实性认可，对合法性、关联性不认可；对证据7、8、9的证明目的不认可，认为证据10与本案无关。

被告顺义区政府对原告鸿宝公司第一组证据1—3的真实性、关联性和证明目的不持异议；对证据4、证据7、证据8的真实性、关联性认可，对证明目的不认可。对证据5、证据6的真实性、关联性认可，对部分证明目的不认可。对鸿宝公司第二组证据1—5的真实性不持异议，但认为与本案不具有关联性，不认可其证明目的。对鸿宝公司第三组证据1、证据2的真实性、关联性认可，对证明目的不认可；对证据3的真实性、关联性不认可；对证据4的真实性认可，关联性不认可；对证据5—18的真实性、关联性不认可；证据19的质证意见同第一组证据；对证据20的真实性、关联性认可。

根据《最高人民法院关于行政诉讼证据若干问题的规定》的相关规定，经审查，本院对上述证据作如下认证：被告顺义区政府提交的证据1、证据2与本案具有关联性，且合法真实，可以证明原告鸿宝公司向被告顺义区政府提出本案申请及相关事实，本院予以采信；证据3—6与本案具有关联性，且合法真实，可以证明被告顺义区政府按照信访程序对原告鸿宝公司申请转交处理的经过，本院予以采信；证据7可以证明就案件涉及有关问题，前期双方沟通的事实，本院予以采信；证据8、证据10系法律依据，本院不作为证据采纳；证据9与本案无直接关联，本院不予采信。原告鸿宝公司提交的第一组证据1—3可以证明其向被告顺义区政府提出申请的事实，本院予以采信；证据4可以证明被告顺义区政府按照信访程序对原告鸿宝公司申请转交处理，本院予以采信；证据5、证据6可以证明案件涉及的国有土地规划调整为绿化用地的事实，本院予以采信；证据7、证据8可以证明鸿宝公司具有建设用地使用权的事实，本院予以采信；原告鸿宝公司提交的第二组证据主要反映其取得案涉国有土地使用权的过程、第三组证据主要反映就案涉国有土地的规划等问题向顺义区政府等有关部门沟通及信访的过程，与本案履行法定职责的合法性审查不具有直接关联性，本院不予采信。

根据上述合法有效证据及当事人无争议之陈述，本院查明如下事实：2014年10月27日，原告鸿宝公司通过邮寄的方式向被告顺义区政府提交《申请书》，请求被告顺义区政府根据《土地管理法》第五十八条第（一）项、第（二）项，《北京市国有建设用地供应办法（试行）》第十二条，《北京市收回企业国有土地使用权补偿办法》第二条的规定，收回案涉国有土地使用权，并根据《国有土地上房屋征收与补偿条例》、《国有土地上房屋征收评估办法》、《北京市国有土地上房屋征收与补偿实施意见》的规定，对地上房屋征收并依法予以补偿。顺义区政府收到上述《申请书》后，于2014年11月13日按照信访程序将该申请批转到顺义国土分局处理。2015年1月12日，顺义国土分局作出3号信访处理意见书，认为鸿宝公司的申请不符合收回国有土地使用权的法定条件。鸿宝公司认为顺义区政府未履行法定职责，于2015年1月29日向本院提起行政诉讼。

本院认为，《土地管理法》第五十八条规定，有下列情形之一的，由有关人民政府土地行政主管部门报经原批准用地的人民政府或者有批准权的人民政府批准，可以收回国有土地使用权：（一）为公共利益需要使用土地的；（二）为实施城市规划进行旧城区改建，需要调整使用土地的；（三）土地出让等有偿使用合同约定的使用期限届满，土地使用者未申请续期或者申请续期未获批准的；（四）因单位撤销、迁移等原因，停止使用原划拨的国有土地的；（五）公路、铁路、机场、矿场等经核准报废的。依照前款第（一）项、第（二）项的规定收回国有土地使用权的，对土地使用权人应当给予适当补偿。被告顺义区政府作为国有土地使用权的批准机关，在符合法定情形并经法定程序，依法负有收回国有土地使用权的法定职责。

根据上述法律规定，收回国有土地使用权在实体上需要满足《土地管理法》第五十八条规定的五种情形之一，在程序上由"有关人民政府土地行政主管部门报经原批准用地的人民政府或者有批准权的人民政府批准"，因此作为原批准用地的人民政府或者有批准权的人民政府，并不承担直接受理收回国有土地使用权申请的职责。本案中，原告鸿宝公司如认为案涉土地符合《土地管理法》第五十八条收回国有土地使用权规定情形，应当先向被告顺义区政府的土地行政主管部门提出申请，政府土地行政主管部门审查同意后，再报经被告顺义区政府批准收回案涉土地使用权。现原告鸿宝公司直接向被告顺义区政府提出收回国有土地使用权的申请，其程序显然不符合上述法律规定。被告顺义区政府收到原告鸿宝公司的申请之后，将该申请转交区土地行政主管部门顺义国土分局予以审查处理，程序并无不当。故原告鸿宝公司认为被告顺义区政府将本案申请以信访的方式转交其所属部门办理不符合法律规定，并请求被告顺义区政府履行职责，收回本案涉及的国有土地使用权并对地上房屋进行征收补偿的诉讼请求，缺乏法律依据，本院不予支持。

据此，依照《中华人民共和国行政诉讼法》第六十九条之规定，判决如下：

驳回原告北京鸿宝方达工贸有限公司的诉讼请求。

案件受理费50元，由原告北京鸿宝方达工贸有限公司负担（已交纳）。

如不服本判决，各方当事人可于本判决书送达之日起十五日内向本院提交上诉状，并按对方当事人人数提交上诉状副本，预交二审案件受理费50元，上诉于北京市高级人民法院。上诉人在上诉期满后七日内未预交上诉费，又不提出缓交申请的，按自动撤回上诉处理。

审　判　长　　程　琥
审　判　员　　向绪武
审　判　员　　张　岩
二〇一五年七月八日
书　记　员　　牛　然

26

行政机关未尽到合理注意义务退回政府信息公开申请的行为违法

——霍某、刘金某诉北京市房山区人民政府行政不作为案

【裁判要旨】公民、法人或者其他组织以邮寄方式向负有相应职责的行政机关提出履责申请，该行政机关指定的收发信件部门将申请信件直接退回的，应认定该行政机关未尽到合理注意的义务，拒绝履行法定职责。

北京市第四中级人民法院

行政判决书

（2015）四中行初字第269号①

原告霍某，住北京市房山区。

原告刘金某，住北京市房山区。

被告北京市房山区人民政府，住所地北京市房山区。

法定代表人曾赞荣，区长。

委托代理人张红杰，北京市房山区人民政府工作人员。

委托代理人王炳明，北京市智远律师事务所律师。

原告霍某、刘金某（以下简称二原告）因要求确认被告北京市房山区人民政府（以下简称房山区政府）行为违法，向本院提起行政诉讼。本院于2015年4月7日依法受理后，向被告送达了起诉状副本及应诉通知书。本院依法组成合议庭，于2015年5月6日公开开庭审理了本案，原告霍某、刘金某，被告房山区政府的委托代理人张红杰、王炳明到庭参加诉讼。本案现已审理终结。

二原告诉称，二原告是北京市房山区韩村河镇西周各庄村（以下简称西周各庄

---

① 该案判决作出后，被告不服向北京市高级人民法院提起上诉，二审法院经审理，判决驳回上诉，维持一审判决，参见（2015）高行终字第2775号行政判决书。

村）村民。2014 年 3 月，二原告得知被告房山区政府委托社会审计部门对西周各庄村的财务账目进行审计，2014 年 5 月审计结束。此后，二原告以挂号信的方式向被告房山区政府要求公开审计报告，被告房山区政府将挂号信退回，拒绝公开。故起诉要求确认被告房山区政府拒绝接收其政府信息公开信件的行为违法。二原告在举证期限内向本院提供了如下证据：

1. 投递挂号信信封，证明被告房山区政府拒收其信息公开申请；

2. 寄信收据；

3. 政府信息公开申请表。

二原告以证据 2—3 证明二原告向被告申请了信息公开。

被告房山区政府辩称，被告房山区政府不存在拒绝接受二原告申请政府信息公开信息的行为，同时不存在不履行政府信息公开职责的行为。故请求法院驳回二原告的诉讼请求。

被告房山区政府在法定举证期限内向本院提交了如下证据：

1. 挂号信信封，证明挂号信填写的收件人名称及该信封并未标注为政府信息公开申请；

2. 北京市房山区机关事务管理服务中心（以下简称服务中心）证明，证明因签收后查找不到收件部门，即不存在房山区信息办公室部门，且收件人填写不明确，故通知邮政部门退邮；

3. 北京市房山区邮政局信件退回说明，证明因挂号信寄件人填写的收件部门不明确，故将该信件做退回处理。

根据当事人的质证、辩论意见及当事人的当庭陈述，本院对上述证据作如下认证：二原告提供的全部证据及被告房山区政府提供的证据 1 与本案具有关联性，具备真实性、合法性，本院予以采信；被告房山区政府提供的证据 2、3 系在本案诉讼过程中形成，不符合《最高人民法院关于行政诉讼证据若干问题的规定》中关于证据的要求，故本院不予接纳。

经审理查明，二原告系西周各庄村村民。2015 年 3 月 17 日，二原告向被告房山区政府邮寄政府信息公开申请表，要求被告房山区政府公开“德慧会计师事务所对韩村河镇西周各庄村账目审计结果”，挂号信填写的收件人为“房山区人民政府、北京市房山区良乡镇房山区人民政府信息办工室”。2015 年 3 月 18 日，承担被告房山区政府邮件收发工作的服务中心签收该信件。2015 年 3 月 28 日，服务中心以填写的收件人不明确为由将该信件退回邮政部门。二原告不服，向本院提起行政诉讼。

本院认为，根据《中华人民共和国政府信息公开条例》（以下简称《条例》）第四条规定，各级人民政府及县级以上人民政府部门应当建立健全本行政机关的政府信息公开工作制度，并指定机构（以下统称政府信息公开工作机构）负责本行政机关政府信息公开的日常工作。由此可见，被告房山区政府具有对辖区内政府信息公开申请作出答复的职责。

本案中，二原告提出的诉讼请求是确认被告房山区政府拒绝接收其政府信息公开信件的行为违法。对此，二原告向被告房山区政府邮寄了挂号信，承担被告房山区政府邮件收发工作的服务中心以填写的收件人不明确为由，将该信件退回邮政部门的行为应视为被告房山区政府的行为。因该行为系被告房山区政府针对特定相对人和特定事项作出的，且对相对人产生了权利义务上的法律后果，故应属于行政行为。虽然二原告邮寄的挂号信填写的收件人为“房山区人民政府、北京市房山区良乡镇房山区人民政府信息办工室”，表述不够准确，亦未标注信件内容为“政府信息公开申请书”，但填写的收件人为“房山区人民政府信息办工室”，且信件已到达被告房山区政府处，按照一般理解可以得出寄件人向被告房山区政府提出的是要求其履行有关政府信息公开职责的公务行为、并非私务行为这一结论；同时，目前法律法规没有要求申请人在邮寄政府信息公开申请时应在信封上注明“政府信息公开申请书”的规定。故，被告房山区政府的行为表明其未尽到合理注意的义务，其将二原告邮寄的信件退回邮政部门的行为直接导致二原告启动的政府信息公开申请程序被终结，无法进入政府信息公开程序，致使二原告依法获取政府信息的权利无法获得救济，本院应确认其违法性。二原告的诉讼请求具有法律依据和事实根据，本院应予支持。

综上，依照《中华人民共和国行政诉讼法》第七十四条第二款第（一）项之规定，判决如下：

确认北京市房山区人民政府拒绝接收霍某、刘金某 2015 年 3 月 17 日邮寄的政府信息公开申请之行为违法。

案件受理费 50 元，由北京市房山区人民政府负担，于本判决生效之日起七日内交纳。

如不服本判决，可在判决书送达之日起十五日内提起上诉，向本院递交上诉状，并按对方当事人的人数递交上诉状副本，上诉于北京市高级人民法院。

审 判 长　张立鹏
审 判 员　向绪武
审 判 员　张　岩
二〇一五年六月十九日
法官助理　李冬梅
书 记 员　牛　然

27

上诉机关在无明确依据下直接将职责范围内的申请事项转交下级行政机关处理的构成行政不作为

——李学某等诉北京市朝阳区人民政府行政不作为案

【裁判要旨】本案确立了行政不作为案件的如下裁判标准：上级行政机关和下级行政机关依法对相关事项均负有法定职责，公民、法人或者其他组织申请上级行政机关履行法定职责，上级行政机关在既无明确依据又未取得申请人同意的情况下直接将申请事项转交下级行政机关处理的，构成行政不作为。

北京市第四中级人民法院

行政判决书

（2015）四中行初字第278号①

原告李学某，住北京市朝阳区。

原告邢文某，住北京市朝阳区。

原告梁淑某，住北京市朝阳区。

原告刘锡某，住北京市朝阳区。

原告郝存某，住北京市朝阳区。

原告靳立某，住北京市朝阳区。

原告暨诉讼代表人靳德某，住北京市朝阳区。

委托代理人张骄，天津全唐律师事务所律师。

委托代理人程薇，天津全唐律师事务所律师。

原告刘金某，住北京市朝阳区。

① 本案判决作出之后，双方当事人均未上诉，判决已生效。

原告刘某香，住北京市朝阳区。

原告靳长某，住北京市朝阳区。

原告暨诉讼代表人湛玉某，住北京市朝阳区。

原告暨诉讼代表人靳某春，住北京市朝阳区。

原告暨诉讼代表人崔亚某，住北京市朝阳区。

原告暨诉讼代表人刘少某，住北京市朝阳区。

委托代理人张骄，天津全唐律师事务所律师。

委托代理人张成凤，上海镇平律师事务所律师。

被告北京市朝阳区人民政府，住所地北京市朝阳区日坛北街33号。

法定代表人吴桂英，区长。

委托代理人汪虎，北京市朝阳区人民政府法制办公室干部。

委托代理人孟丽娜，北京市康达律师事务所律师。

原告李学某、梁淑某、郝存某、靳德某、刘金某、刘某香、靳长某、湛玉某、靳某春、崔亚某、刘少某、邢文某、刘锡某、靳立某（以下简称李学某等14人）诉被告北京市朝阳区人民政府（以下简称朝阳区政府）不履行法定职责，向本院提起行政诉讼。本院受理后，向被告送达了起诉状副本及应诉通知书。本院依法组成合议庭公开开庭审理了本案。原告李学某、梁淑某、郝存某、靳德某、刘金某、刘某香、靳长某、湛玉某、靳某春、崔亚某、刘少某及委托代理人张骄、张成凤、程薇，被告的委托代理人汪虎、孟丽娜到庭参加诉讼。本案现已审理终结。

原告李学某等14人诉称，李学某等14人系北京市朝阳区来广营乡北湖渠村（以下简称北湖渠村）村民，享有《中华人民共和国村民委员会组织法》（以下简称《村委会组织法》）赋予村民的知情权。为了解本村村民委员会的运行情况，原告于2014年9月26日以邮寄的方式向北湖渠村村民委员会提出公开村务的申请，被申请人于次日签收，但是迟迟未对申请公开的事项进行公开。原告于同年10月21日向朝阳区政府提出申请，要求朝阳区政府责令北湖渠村村民委员会向原告公开其要求公开的村务。但是，时至今日北湖渠村村民委员会仍未公开相关村务。被告未在法定期限内履行其职责，即责令北湖渠村村民委员会对原告提出的村务公开申请进行公开的行为违法。侵害了原告的合法权益，因此，请求确认朝阳区政府未在法定期限内责令北湖渠村村民委员会对原告提出的村务公开申请进行公开的行为违法，并判令朝阳区政府责令北湖渠村村民委员会对原告提出的村务公开申请进行公开。

原告李学某等14人在指定期限内向本院提供了以下证据材料：1. 村务公开申请书；2. 给朝阳区政府的邮寄单、查询单；3. 给北湖渠村村主任的邮寄单、查询单；4. 山东省潍坊市中级人民法院行政判决书。证据1—3证明原告向北湖渠村村民委员会、朝阳区政府分别邮寄了村务公开申请书、责令村务公开申请书，证据4证明朝阳区政府具有责令村民委员会依法公布村务的职责，且该“责令”应当具有约束力和执行力。

被告朝阳区政府辩称，被告收到原告邮寄的《责令村务公开申请书》后，朝阳区政府信访办公室将材料转至朝阳区来广营乡政府（以下简称来广营乡政府）处理。2014年11月17日，来广营乡政府信访办公室作出《受理告知单》，并作出《来广营地区关于李学某等同志反映要求北湖渠村村民委员会进行村务公开的情况说明》（以下简称《情况说明》），告知原告北湖渠村村民委员会每年年初、年末两次进行村务公开，具体公开时间请直接与北湖渠村村民委员会联系，并告知了具体联系电话。2015年1月13日，来广营乡人民政府信访办公室作出《信访事项处理意见告知书》，并将《情况说明》同时作为附件送达至原告。根据《村委会组织法》有关规定，村民委员会是村民自我管理、自我教育、自我服务的基层群众性自治组织，乡镇人民政府对村民委员会的工作给予指导、支持和帮助。村民委员会实行村务公开制度。本案中被告在收到原告申请后，已交由负责指导工作的来广营乡政府处理，来广营乡政府经调查核实，已将北湖渠村村民委员会村务公开情况书面告知原告，被告的上述行为并无不当。综上，请求依法驳回原告的诉讼请求。

被告朝阳区政府在法定期限内向本院提供了以下证据：1. 信访件交接单；2. 朝阳区信访工作系统记录，证据1、2证明被告收到原告的申请后，将材料转至朝阳区政府信访办；3.《受理告知单》；4. 信访事项处理意见告知单、《情况说明》、身份证明；5. 来广营乡人民政府向北湖渠村村民委员会作出的《通知》；6. 村务公开信息及照片，证据3—6证明来广营乡政府信访办公室根据《信访条例》相关规定受理了李学某等14人责令村务公开申请事项，通知北湖渠村村民委员会公开村务内容，并向申请人进行了告知。

经庭审质证，本院对上述证据作如下确认：原告提交的证据3、4与本案待证事实无关联性，本院不作认证；原告提交的证据1、2及被告提供的证据均具备真实性、合法性及与本案的关联性，本院予以采信，但被告提交的证据不能证明其已经履行法定职责的证明目的。

根据上述合法有效证据以及当事人无争议之陈述，本院认定如下事实：2014年10月22日，被告朝阳区政府收到原告邮寄的《村务公开申请书》，请求事项为被告责令北湖渠村村民委员会依据《村委会组织法》向原告即申请人公开村务。朝阳区政府信访办公室将材料转至来广营乡政府处理。11月17日，来广营乡信访办公室作出《受理告知单》。2015 年 1 月 13 日，来广营乡信访办公室向原告作出《信访事项处理意见告知单》，并将《情况说明》同时作为附件送达至原告。主要内容如下：第一，原告向朝阳区政府、来广营乡政府写信反映要求北湖渠村村民委员会进行村务公开问题，根据《北京市信访条例》第四十二条规定已经办结，来广营乡政府已于 2014 年 11 月 5 日向北湖渠村村民委员会发出《通知》，要求其按照相关规定对村务进行公开；第二，经调查核实，北湖渠村村民委员会每年进行两次村务公开，如需了解请于每年村务公开之时进行了解监督。2015 年 1 月 28 日原告向北京市人民政府申请复议，请求确认朝阳区政府未在法定期限内责令北湖渠村村民委员会对申请人提出的村务公开申请进行公开的行为违法，并要求被申请人依法履职。2015 年 3 月 23 日，北京市人民政府作出驳回申请人行政复议申请的决定书。原告不服，诉至本院。

本院认为，根据《村委会组织法》第三十一条规定，村民委员会不及时公布应当公布的事项或者公布的事项不真实的，村民有权向乡、民族乡、镇的人民政府或者县级人民政府及其有关主管部门反映，有关人民政府或者主管部门应当负责调查核实，责令依法公布；经查证确有违法行为的，有关人员应当依法承担责任。被告朝阳区政府有对村民反映村民委员会村务公布事项进行调查核实、责令公开的职责。本案中，朝阳区政府收到原告要求其责令北湖渠村村民委员会公开村务的申请后，将其作为信访事项，交由来广营乡政府处理的行为，未完全按照《村委会组织法》的规定履行法定义务，故朝阳区政府关于其将此事交由来广营乡政府处理并无不当的主张没有法律依据，本院不予支持。因《村委会组织法》中规定责令公布需要进行调查核实是否存在被反映问题，故关于原告要求确认朝阳区政府未在法定期限内责令北湖渠村村民委员会对原告提出的村务公开申请进行公开的行为违法，并判令朝阳区政府责令北湖渠村村民委员会对原告提出的村务公开申请进行公开的诉讼请求，无事实及法律依据，本院不予支持。

综上，原告请求被告履行法定职责的理由成立，本院应予支持。依据《中华人民共和国行政诉讼法》第六十九条、第七十二条，《最高人民法院关于适用〈中华人民共和国行政诉讼法〉若干问题的解释》① 第二十二条之规定，判决如下：

一、被告北京市朝阳区人民政府在本判决生效之日起六十日内对原告李学某、梁淑某、郝存某、靳德某、刘金某、刘某香、靳长某、湛玉某、靳某春、崔亚某、刘少某、邢文某、刘锡某、靳立某关于北京市朝阳区来广营乡北湖渠村村务公布事项进行调查处理。

---

① 已被《最高人民法院关于适用〈中华人民共和国行政诉讼法〉的解释》废止。

二、驳回原告李学某、梁淑某、郝存某、靳德某、刘金某、刘某香、靳长某、湛玉某、靳某春、崔亚某、刘少某、邢文某、刘锡某、靳立某的其他诉讼请求。

案件受理费五十元，由被告北京市朝阳区人民政府负担，于本判决生效之日起七日内交纳。

如不服本判决，各方当事人可于本判决书送达之日起十五日内向本院提交上诉状，并按对方当事人人数提交上诉状副本，预交二审案件受理费五十元，上诉于北京市高级人民法院。上诉人在上诉期满后七日内未预交上诉费，又不提出缓交申请的，按自动撤回上诉处理。

审 判 长　张　岩
审 判 员　张立鹏
审 判 员　向绪武
二〇一五年七月十三日
法官助理　张鸿浩
书 记 员　赵迎争

28

行政机关对有具体指向的政府信息公开申请以不明确为由作出的答复不予支持

——王书某诉北京市海淀区人民政府政府信息公开案

【裁判要旨】 根据申请人的描述足以确定政府信息公开申请具体指向的，行政机关以申请公开的政府信息不明确为由作出的答复不应得到支持。

北京市第四中级人民法院

行政判决书

（2015）四中行初字第935号[①]

原告王书某，住北京市海淀区。

委托代理人吴香玉，住北京市海淀区。

委托代理人韩晓鹏，住北京市海淀区。

被告北京市海淀区人民政府，住所地北京市海淀区。

法定代表人于军，代区长。

委托代理人张雷，北京市嘉维律师事务所律师。

委托代理人张璐，北京市海淀区人民政府干部。

被告北京市人民政府，住所地北京市东城区。

法定代表人王安顺，市长。

委托代理人张童，北京市人民政府法制办公室干部。

委托代理人葛春雨，北京市人民政府法制办公室干部。

原告王书某不服北京市海淀区人民政府（以下简称海淀区政府）信息公开及北京市人民政府（以下简称北京市政府）行政复议决定，向本院提起行政诉讼。本

---

① 本案判决作出之后，双方当事人均未上诉，判决已生效。

院于2015年10月27日受理后，于2015年10月29日向被告送达了起诉书副本及应诉通知书。本院依法组成合议庭，于2015年11月25日公开开庭审理了本案。原告王书某及其委托代理人吴香玉、韩晓鹏，被告海淀区政府委托代理人张雷、张璐，被告北京市政府委托代理人张童到庭参加诉讼。本案现已审理终结。

被告海淀区政府于2015年7月27日作出海淀区政府（2015）第231号–答《政府信息依申请公开答复书》（以下简称被诉答复），主要内容为：经审查，您提交的材料不符合《北京市政府信息公开规定》第二十四条规定政府信息公开的申请要求，本机关不再按照《北京市政府信息公开规定》作出答复。

原告诉称：原告是海淀区温泉镇太舟坞村村民，在该村拥有合法住宅，2011年9月，该村开始拆迁，本村村民回迁入住定向安置房小区，为了解小区配套小学校、幼儿园建设情况，原告向海淀区政府提出要求获取"关于北京市海淀区温泉镇太舟坞定向安置房项目小学校、幼儿园的建设情况及相关材料"的政府信息公开申请，但海淀区政府却以原告提交的材料不符合《北京市政府信息公开规定》第二十四条规定政府信息公开的申请要求为由作出被诉答复，明显认定事实不清、适用法律错误。北京市政府复议维持错误的答复书，应予撤销。综上，诉请：1. 撤销海淀区政府作出的被诉答复，判令海淀区政府重新作出答复，依法公开涉案的政府信息；2. 确认北京市政府作出的行政复议决定违法。

原告向本院提交了下列证据：1. 政府信息公开申请表、登记回执、政府信息延长答复期告知书、补正申请告知书、补正说明、被诉答复，证明原告于2015年6月13日向海淀区政府提出政府信息公开申请，海淀区政府进行了登记并作出延期告知书，延期后于2015年7月9日作出补正申请告知书，2015年7月22日，原告按要求进行了补正，海淀区政府却以原告提交的材料不符合《北京市政府信息公开规定》作出被诉答复，该答复认定事实不清，程序违法。2. 京政复字〔2015〕695号行政复议决定书及签收单。证明原告向北京市政府提起行政复议，北京市政府作出维持的复议决定，原告签收后在法定期限内提起行政诉讼。3. 2012规（海）条授字0007号《北京市规划委员会建设项目规划条件》、温泉镇定向安置房宣传手册节选及《海淀区温泉镇太舟坞地块定向安置房项目"三定三限三结合"方案》封面1页。证明海淀区政府是海淀区太舟坞村定向安置房的职责主体，且负责该项目小学校、幼儿园的投资建设，并保证与安置房同步实施，其应掌握涉案的政府信息。4. 在行政复议程序中海淀区政府向北京市政府提交的证据目录1页，证明海淀区政府向北部办出具的《关于协助查找政府信息的函》、向温泉镇政府出具的《关于协助查找政府信息的函》、与原告通话录音记录及区政府信息公开协调会会议通知2份均没有在行政复议程序中提交，不能作为行政诉讼证据使用，也不能作为法院定案的依据，北京市政府在没有事实依据的情况下作出维持的行政复议决定，违反了法律规定。

被告海淀区政府辩称，原告的信息描述无具体文件名称、文号，未指向确定的政府信息，被告无法为其查找。被告要求原告补正后，原告未对原申请内容进行补充、明确，不符合政府信息公开申请要求。被诉答复认定事实清楚、适用法律正确、程序合法，请求法院驳回原告诉讼请求。

海淀区政府于法定举证期限内向本院提供了作出被诉答复的证据：1. 挂号信封皮、《政府信息公开申请表》、海淀区政府（2015）第231号－回《登记回执》、挂号信函收据（2015.6.16）、《海淀区政府信息公开延期答复审批表》、海淀区政府（2015）第231号－延《政府信息延长答复期告知书》、挂号信函收据（2015.7.3）、EMS快递详情单，证明2015年6月15日，海淀区政府收到并受理了原告的政府信息公开申请，并在法定期限内向其进行了答复。2. 海淀区政府向北部办出具的《关于协助查找政府信息的函》、向温泉镇政府出具的《关于协助查找政府信息的函》、与原告通话录音记录1份、区政府信息公开协调会会议通知2份、《补正申请告知书》、挂号信函收据（2015.7.9）、挂号信封皮、《补正说明》，证明原告申请信息描述无法指向具体政府信息，海淀区政府告知原告对申请内容进行补正后，原告未对原申请内容进行补充说明，海淀区政府作出被诉答复书并无不当。

被告北京市政府辩称，本机关严格按照《中华人民共和国行政复议法》（以下简称《行政复议法》）规定的程序办理行政复议案件，程序合法。本机关作出的行政复议决定事实清楚，证据充分，依据正确，请求法院依法驳回原告诉讼请求。

北京市政府于法定举证期限内向本院提供了作出行政复议决定程序的证据：1. 行政复议申请书、邮寄信封，证明我机关依法受理复议案件；2. 行政复议答复通知书及送达回证，证明我机关在法定期限内通知被申请人答复；3. 海淀区政府提交的复议答复书，证明被申请人在法定期限内提交答复材料；4. 行政复议决定书、送达回证，证明我机关在法定期限内依法作出并送达复议决定。

经庭审质证，本院对以下证据作如下确认：原告提供的证据具备真实性、合法性及与本案的关联性，本院予以采信；被告海淀区政府提供的第一组证据具备真实性、合法性及与本案的关联性，本院予以采信；被告海淀区政府提供的第二组证据中的《补正申请告知书》、挂号信函收据（2015.7.9）、挂号信封皮、《补正说明》具备真实性、合法性及与本案的关联性，能够证明被诉答复作出的过程性事实，但不能证明海淀区政府作出被诉答复书并无不当，故对其证明目的，本院不予采信；被告海淀区政府提供的第二组证据中海淀区政府向北部办出具的《关于协助查找政府信息的函》、向温泉镇政府出具的《关于协助查找政府信息的函》、与原告通话录音记录及区政府信息公开协调会会议通知 2 份因在复议程序中未向复议机关提交，故根据《最高人民法院关于行政诉讼证据若干问题的规定》第六十一条的规定，不能作为人民法院认定被诉答复合法的依据；被告北京市政府提供的证据具备真实性、合法性及与本案的关联性，本院予以采信。

经审理查明：2015 年 6 月 15 日，海淀区政府收到原告要求获取“关于北京市海淀区温泉镇太舟坞定向安置房项目小学校、幼儿园的建设情况及相关材料”的政府信息公开申请，并作出海淀区政府（2015）第 231 号 – 回《登记回执》，告知原告将于 2015 年 7 月 7 日前作出书面答复。如需延长答复期限，将另行告知。2015 年 7 月 3 日，海淀区政府作出海淀区政府（2015）第 231 号 – 延《政府信息延长答复期告知书》，告知原告因故无法按期答复，经本机关政府信息公开工作机构负责人同意，延期至 2015 年 7 月 28 日前作出答复。2015 年 7 月 9 日，海淀区政府作出海淀区政府（2015）第 231 号 – 补告《补正申请告知书》。2015 年 7 月 22 日，原告向海淀区政府作出《补正说明》。2015 年 7 月 27 日，海淀区政府作出被诉答复书，并于同日向原告邮寄送达。

原告因不服被诉答复，于 2015 年 8 月 26 日向北京市政府申请行政复议，北京市政府收到行政复议申请及相关材料后，于同年 8 月 27 日向海淀区政府送达《行政复议答复通知书》，海淀区政府于同年 9 月 8 日作出《行政复议答复书》。2015 年 10 月 13 日，北京市政府作出京政复字〔2015〕695 号《行政复议决定书》，并于同年 10 月 17 日送达原告。

本院认为：依据《中华人民共和国政府信息公开条例》（以下简称《政府信息公开条例》）第四条及第十三条之规定，海淀区政府作为地方人民政府，依法具有应申请人的政府信息公开申请作出政府信息公开答复书的法定职权。

根据《北京市政府信息公开规定》第二十四条第一款第（二）项规定，申请公开政府信息的内容描述，包括能够指向特定政府信息的文件名称、文号或者其他详尽、准确的特征描述。本案中，原告将申请公开政府信息的内容描述为“关于北京市海淀区温泉镇太舟坞定向安置房项目小学校、幼儿园的建设情况及相关材料”，该申请内容包含了较为明确的信息指向。从申请人的角度考察，原告已就其所知对需要的信息内容进行了较为充分的特征描述；从政府信息公开义务机关的角度考察，原告申请公开政府信息的内容描述并未达至无法查找的程度，且根据《政府信息公开条例》[①] 第十一条第（二）项之规定，设区的市级人民政府、县级人民政府及其部门重点公开的政府信息包括社会公益事业建设情况，海淀区政府应当对社会

① 此为 2019 年修订前的《政府信息公开条例》，本案下同。

公益事业建设情况的政府信息范围有所了解，故海淀区政府能够根据原告的申请内容进行搜索、查找。需要强调的是，《政府信息公开条例》第十七条规定，行政机关制作的政府信息，由制作该政府信息的行政机关负责公开；行政机关从公民、法人或者其他组织获取的政府信息，由保存该政府信息的行政机关负责公开。据此，海淀区政府的信息公开职责在于该机关在履行职责过程中制作或获取并保存的政府信息，而非其他机关或部门依职权制作或获取并保存的政府信息。海淀区政府应在本机关政府信息范围内以“海淀区温泉镇太舟坞定向安置房项目小学、幼儿园的建设”为关键词进行搜索、查找，如存在相关信息且能够公开，应向原告公开；如相关信息不存在，应答复原告信息不存在；如认为不属于本机关公开范围，对能够确定该政府信息公开机关的，应告知原告该行政机关的名称及联系方式。而本案海淀区政府却以原告提交的材料不符合政府信息公开的申请要求为由作出被诉答复，认定事实不清，证据不足，依法应予撤销。

此外，按照政府信息公开行政程序的正常步骤、顺序，行政机关本应于收到原告申请后及时审查判断申请内容是否清晰、明确，而本案中，海淀区政府在登记受理原告申请后延长答复期限内方告知原告需要对申请获取信息的内容进行补正，程序步骤存在一定瑕疵，本院应予指出。

因海淀区政府对原告信息公开申请尚未行使初次判断权，原告申请公开的政府信息是否存在、能否公开等问题尚需被告进一步调查、裁量，并在此基础上重新作出答复，故原告关于判令海淀区政府公开其所申请信息的诉讼请求，本院不予支持。

根据《最高人民法院关于适用〈中华人民共和国行政诉讼法〉若干问题的解释》[①] 第十条规定，人民法院对原行政行为作出判决的同时，应当对复议决定一并作出相应判决。本案中，因被诉答复依法应予撤销，故行政复议决定亦应一并撤销。综上，依照《中华人民共和国行政诉讼法》第七十条第（一）项、《最高人民法院关于适用〈中华人民共和国行政诉讼法〉若干问题的解释》[②] 第十条第二款、《中华人民共和国行政诉讼法》第六十九条之规定，判决如下：

一、撤销被告北京市海淀区人民政府作出的海淀区政府（2015）第231号－答《政府信息依申请公开答复书》；

二、被告北京市海淀区人民政府于本判决生效之日起在法定期限内对原告王书某的政府信息公开申请重新作出答复；

---

① 已被《最高人民法院关于适用〈中华人民共和国行政诉讼法〉的解释》废止。

② 已被《最高人民法院关于适用〈中华人民共和国行政诉讼法〉的解释》废止。

三、撤销被告北京市人民政府作出的京政复字〔2015〕695号《行政复议决定书》；

四、驳回原告王书某的其他诉讼请求。

案件受理费50元，由被告北京市海淀区人民政府和被告北京市人民政府共同负担（于本判决生效后7日内交纳）。

如不服本判决，可在判决书送达之日起十五日内，向本院递交上诉状，并按对方当事人人数递交上诉状副本，上诉于北京市高级人民法院。

审　判　长　　霍振宇
人民陪审员　　孔　勤
人民陪审员　　冯建秋
二〇一六年一月四日
法 官 助 理　　戴　蕾
书　记　员　　张媛媛

29

依法签订履行的移民安置协议应当得到支持

——王志某诉北京市顺义区人民政府要求履行行政协议案

【裁判要旨】行政机关为实现公共利益或者行政管理目标，在法定职责范围内与公民、法人或者其他组织协商订立的具有行政法上权利义务内容的协议，属于行政诉讼法规定的行政协议。公民、法人或者其他组织认为行政机关不依法履行、未按照约定履行协议的，有权依法提起行政诉讼。人民法院经审理，认定行政机关已经依法并按照约定履行协议的，应当判决驳回原告要求被告履行协议的诉讼请求。

北京市第四中级人民法院

行政判决书

（2015）四中行初字第779号①

原告王志某，住北京市顺义区。

被告北京市顺义区人民政府，住所地北京市顺义区。

法定代表人卢映川，区长。

委托代理人徐夫金，北京市顺义区人民政府工作人员。

委托代理人夏日星，北京顺东律师事务所律师。

第三人北京市密云县人民政府，住所地北京市密云县。

原告王志某诉被告北京市顺义区人民政府（以下简称顺义区政府）行政协议一案，向本院提起行政诉讼。本院于2015年9月16日立案后，于同年9月22日向被告顺义区政府邮寄送达了起诉状副本及应诉通知书。因北京市密云县人民政府与

---

① 该案判决作出后，原告不服向北京市高级人民法院提起上诉，二审法院经审理，判决驳回上诉，维持一审判决，参见（2016）京行终1167号行政判决书。

本案被诉行政协议具有利害关系，本院依法通知其作为第三人参加诉讼。本院依法组成合议庭，于2015年11月4日公开开庭审理了本案。原告王志某，被告顺义区政府的委托代理人徐夫金、夏日星到庭参加诉讼。本案现已审理终结。

1999年4月26日，被告北京市顺义区接收安置密云水库库区移民安置办公室（以下简称顺义区移民安置办）、密云县人民政府移民办公室（以下简称密云县移民办）与原告王志某签订《北京市密云水库移民协议书》（以下简称《移民协议书》），该协议约定甲方为密云县移民办，乙方为顺义区移民安置办，丙方王志某。协议约定了各方的主要权利义务，其中，甲方责任概括为负责办理丙方王志某落实村庄、移民的迁出组织、转出手续、搬家补助、生产资料转交、附属设施处置及其他有关补偿义务。乙方责任概括为接收移民提供必要的条件、完善基础设施、办理转入手续、安排1名农转非。丙方责任概括为按期迁出、放弃原籍生产资料、拥有与当地村民同等权利和义务。

原告王志某诉称，被告顺义区政府与原告王志某于1999年4月26日签订上述《移民协议书》，约定了各自应当履行的权利义务，原告一家七口人从北京市密云县不老屯镇董各庄村移民至北京市顺义区李桥镇头二营村（以下简称头二营村），根据《移民协议书》中顺义区政府“为每个户口移民提供0.6亩口粮地”的约定，本案中顺义区政府应当给原告提供4.2亩口粮田。现被告顺义区政府没有履行上述约定，不符合法律规定。综上，请求依法判令被告顺义区政府履行《移民协议书》中第二条第四款之约定，为原告王志某划分4.2亩口粮田。

原告王志某于开庭审理前向本院提交了以下证据：1. 北京市密云县公证处公证书；2. 被诉《移民协议书》，证据1、2证明原告现在没有口粮田可以耕种，要求被告顺义区政府履行为原告划分4.2亩口粮田的义务。

被告顺义区政府辩称，被告已经按照相关规定履行了移民协议的内容。原告王志某由头二营村于1999年5月2日予以接收安置，根据京政农发〔1996〕034号《关于印发〈北京市密云水库移民搬迁安置暂行办法〉的通知》（以下简称《移民安置办法》）的规定，头二营村集体已按每个农业户口0.6亩，分给原告家庭共计4.2亩口粮田。并按相关规定在最初的三年内，即1999年6月至2002年6月内由其自行耕种。另外，因北京首都国际机场（以下简称首都机场）东扩，王志某的4.2亩口粮田于2003年11月被占用。基于情形变更，头二营村经济合作社于2006年3月22日与原告签订了《顺义区农村土地经营权使用权流转合同书》，自2003年起每年向原告发放确权土地流转补偿费，与该村其他村民享受同等土地权益，安置单位给予原告王志某的待遇符合《移民安置办法》第二十四条的规定。综上，原告王志某的请求没有事实根据和法律依据，请求依法驳回原告王志某的诉讼请求。

被告顺义区政府于法定举证期限内向本院提交了以下证据：1. 行政复议申请，证明原告在2007年申请行政复议时就认可已分给4.2亩口粮田的事实；2. 公证书，证明签订《移民协议书》的事实；3.《移民协议书》，证明合同内容和各方当事人的权利义务；4. 头二营村确权土地流转补偿费签收单，证明土地流转费发放情况；5. 头二营村土地延包方案；6. 社员代表大会决议；7. 头二营村土地延包工作的民主程序，证据5—7证明土地流转情况；8. 头二营村村民委员会《关于王志某行政复议反映问题的情况说明》，证明事实情况；9. 顺义区土地经营权使用权流转合同，证明土地流转情况；10.《移民安置办法》，证明签订合同的依据，口粮田当时是三年自由耕种，后纳入流转程序；11. 顺发〔1999〕35号顺义区政府《关于落实以家庭承包经营为基础、统分结合的经营制度，稳定土地承包关系的实施意见》，证明土地流转的依据。

经本院依法通知，第三人北京市密云县人民政府表示不参加本案诉讼。

经庭审质证，原告王志某对被告顺义区政府提交全部证据的真实性、合法性和关联性不持异议。只是认为其分得的口粮田因首都机场东扩被占用，在此过程中既没有听取其意见，也没有给其经济补偿，被告顺义区政府应当保障其有4.2亩口粮田可以耕种。被告顺义区政府对原告王志某提交全部证据的真实性、合法性和关联性不持异议，但认为不能实现原告王志某的证明目的。

经审查，本院认为被告顺义区政府提交的证据10、11是签订及实施《移民协议书》的规范性依据，本院亦不作为证据接纳。原告王志某提交的全部证据，被告顺义区政府提交的其他证据，形式上符合最高人民法院《关于行政诉讼证据若干问题的规定》提供证据的要求，内容真实、合法，与本案具有关联性，可以作为认定本案相关事实的依据，本院予以采信。

根据上述合法有效证据以及当事人无争议之陈述，本院认定如下事实：

根据国务院国阅〔1994〕6号《关于研究解决密云水库移民遗留问题的会议纪要》（以下简称国务院《会议纪要》）和北京市人民政府（以下简称北京市政府）第78次常务会议决定（1998年2月8日）的有关精神（以下简称北京市政府常务会议精神），密云县政府、顺义区政府开展了密云水库移民安置工作。1999年4月26日，顺义区移民安置办、密云县移民办与原告王志某签订了一份三方《移民协议书》，该协议约定甲方为密云县移民办，乙方为顺义区移民安置办，丙方为王志某。该协议约定了各方应当履行的权利义务，并载明：甲方责任概括为负责办理丙方王志某落实村庄、移民的迁出组织、转出手续、搬家补助、生产资料转交、附属设施处置及其他有关补偿义务；乙方责任概括为接收移民提供必要的条件、完善基础设施、办理转入手续、安排1名农转非；丙方责任概括为按期迁出、放弃原籍生产资料、拥有与当地村民同等权利和义务。其中，《移民协议书》第二条第四款约定“移民就业以农业生产为主，为每个户口移民提供0.6亩口粮地”。1999年5月2日，原告王志某被安置在头二营村，根据《移民安置办法》的规定，头二营村集体按每个农业户口0.6亩的标准，分配给原告家庭共4.2亩口粮田，在最初的三年内，即1999年6月至2002年6月内由其自行耕种。后因首都机场东扩占用头二营村土地，原告王志某的4.2亩口粮田在机场东扩范围内，于2003年11月被占用。自2003年8月至2007年3月，头二营村按照1.3亩/人的标准，为原告家庭按5人的标准，共计6.5亩发放确权土地流转补偿费。2006年3月22日，头二营村经济合作社与原告签订《顺义区农村土地经营权使用权流转合同书》，自2006年3月至2030年3月止，流转期限为25年。农村土地经营权使用权流转后，与该村其他村民享受同等确权土地流转补偿费。

另查，根据国务院《会议纪要》和北京市政府常务会议精神，为做好密云水库移民搬迁安置工作，经北京市政府同意，1996年4月26日，北京市人民政府农业办公室印发《移民安置办法》，该办法第二十四条规定，“移民迁入后，即拥有与当地村民的同等权利和义务。顺义、通县要根据所在村的实际情况和移民的要求，分给每个农业户口的移民0.5亩口粮田和0.1亩菜地。对分给移民的土地，允许他们在3年内自行耕种，所在村要给予适当优惠和提供必要的服务，待条件具备后，再纳入大农业生产。接收县要妥善解决好他们的生活、就业、入学等问题”。

再查，2007年10月，王志某因与北京市顺义区李桥镇政府土地纠纷，向顺义区政府申请行政复议，要求“李桥镇政府重新划分口粮田，并赔偿2004—2007年粮食收入损失50000元，4年信访来回费15000元”。自述“头二营村2000年分送我全家七口人的口粮田每人0.6亩，共计4.2亩，此后全家人一直耕种此地，2003年首都机场扩建，政府未征得本人的同意，允许机场工作人员在我的土地上占用，并未给我重新划分口粮田或者予以经济补偿……”

本院认为，根据当事人的诉辩意见，本案的争议焦点是被告顺义区政府是否已经全部履行《移民协议书》所约定的义务。

《中华人民共和国行政诉讼法》第十二条第一款第（十一）项规定，人民法院受理公民、法人或者其他组织提起的认为行政机关不依法履行、未按照约定履行或者违法变更、解除政府特许经营协议、土地房屋征收补偿协议等协议的诉讼。《最高人民法院关于适用〈中华人民共和国行政诉讼法〉若干问题的解释》[①]（以下简

① 已被《最高人民法院关于适用〈中华人民共和国行政诉讼法〉的解释》废止。

称《适用解释》）第十一条规定，行政机关为实现公共利益或者行政管理目标，在法定职责范围内，与公民、法人或者其他组织协商订立的具有行政法上权利义务内容的协议，属于行政诉讼法第十二条第一款第十一项规定的行政协议。公民、法人或者其他组织就下列行政协议提起行政诉讼的，人民法院应当依法受理：（一）政府特许经营协议；（二）土地、房屋等征收占用补偿协议；（三）其他行政协议。根据上述规定，本案中，顺义区移民安置办、密云县移民办与原告王志某签订的《移民协议书》，是根据国务院《会议纪要》、北京市政府常务会议精神、京移通字〔1998〕38号《北京市密云水库移民工作若干规定》的要求，为妥善做好移民安置工作，经三方当事人协商一致签订的协议。该协议是密云县政府、顺义区政府为保障大型水利工程建设，解决密云水库移民遗留问题，履行公共行政管理职能的过程中，与公民、法人或者其他组织协商订立的具有行政法上权利义务内容的行政协议。

根据职权法定原则，行政机关行使职权必须有法律、法规、规章等规范性依据，行政机关通过订立行政协议的方式履行行政管理职能的同样属于职权行为，其签订行政协议的内容及方式亦应有相应规范性文件依据。本案中，《移民安置办法》是根据国务院《会议纪要》和北京市政府常务会议精神有关移民工作的具体落实，该办法第十六条第一款规定，移民搬迁前，由密云县移民办会同接收县移民办同移民本人签订《协议书》，并由密云县公证处进行公证。依据上述规定，被告顺义区政府具有签订《移民协议书》的法定职权。

《适用解释》第十四条规定，人民法院审查行政机关是否依法履行、按照约定履行协议或者单方变更、解除协议是否合法，在适用行政法律规范的同时，可以适用不违反行政法和行政诉讼法强制性规定的民事法律规范。行政协议具有行政管理与民事协商的双重属性，基于依法行政基本原则的要求，行政协议除必须有行政管理方面的法律、法规、规章等规范性文件作为依据外，对于行政法律规范没有明确的与行政协议有关的问题，在不与行政法律规范相冲突的情况下，人民法院应当根据被诉行政协议的具体内容，适用民事合同的基本原理和法律规范，审查行政协议案件中行政行为的合法性。《中华人民共和国合同法》第六十条第一款规定，当事人应当按照约定全面履行自己的义务。第六十二条规定，当事人就有关合同内容约定不明确，依照本法第六十一条的规定仍不能确定的，适用下列规定：……（五）履行方式不明确的，按照有利于实现合同目的的方式履行。本案中，顺义区政府、密云县政府与原告王志某签订的《移民协议书》，内容符合国家相关政策的要求，系三方真实意思表示，不违反法律及行政法规的禁止性规定，应为有效的行政协议。该协议书的主要内容是，第三人密云县政府负有办理丙方王志某落实村庄、移民的迁出组织、转出手续、搬家补助、生产资料转交、附属设施处置及其他有关补偿义务；被告顺义区政府负有为接收移民提供必要的条件、完善基础设施、办理转入手续、安排1名农转非的义务；原告王志某有义务按期迁出、放弃原籍生产资料，并拥有与当地村民同等权利和义务。但是，《移民协议书》对于如何具体安置，即履行该合同的细节问题未作明确约定。现原告王志某与被告就是否已经履行了《移民协议书》第二条第四款“移民就业以农业生产为主，为每个户口移民提供0.6亩口粮地”的约定产生争议。因此，关于是否履行行政协议，应当结合移民安置工作的特点及过程整体分析。

本院认为，移民安置具有较强的政策性，涉及移民转入手续、落实安置村庄、分配口粮田、完善基础设施、提供必要的生活条件、安排农转非等诸多环节。该项工作具有明显阶段性的特点，但并不是负担持续的保障义务。只有按照《移民安置办法》的要求，履行了《移民协议书》所约定的义务，安置好原告的生产生活，使其与安置地村民享有同等权利义务后，方可认定接收方履行了《移民协议书》所确定的义务。本案中，根据被告方顺义区政府提交的证据及原告自认的事实，原告王志某于1999年5月2日被安置在头二营村后，头二营村集体已给原告王志某的家庭按每个农业户口0.6亩，共分配了4.2亩口粮田，在最初的三年即1999年6月至2002年6月内自行耕种。自2003年8月至2007年3月，头二营村按照6.5亩的标准为原告发放了确权土地流转补偿费。2006年3月22日，头二营村经济合作社与原告签订《土地使用权流转合同》，自2006年3月至2030年3月止，流转期限为25年。在确权土地流转及其他待遇上，原告与该村的其他村民享受同等的权益。以上事实表明，为了实现《移民安置协议》的目的，被告顺义区政府对待移民安置开展了相应的工作，实际上为原告王志某的家庭按每个户口提供0.6亩，共计4.2亩口粮地，并不存在差别待遇之情形。因此，应当认定被告顺义区政府已经履行了《移民协议书》所约定的义务。

本院注意到，因首都机场东扩建设需要，原告家庭的4.2亩口粮田于2003年11月被占用的事实。原告认为分得的口粮田因首都机场东扩被占用，在此过程中既没有听取其意见，也没有给其经济补偿。本院认为，因首都机场建设而征占土地的事实发生在《移民协议书》已经履行完毕之后，该占用事实非同一法律关系，不会影响到本案《移民协议书》的履行问题。原告如对上述占用土地的行为不服的，应通过其他途径解决。

综上，原告王志某的诉讼请求缺乏事实根据和法律依据，本院不予支持。据此，依照《中华人民共和国行政诉讼法》第六十九条之规定，判决如下：

驳回原告王志某的诉讼请求。

案件受理费70元，由原告王志某负担（已交纳）。

如不服本判决，各方当事人可于本判决书送达之日起十五日内向本院提交上诉状，并按对方当事人人数提交上诉状副本，预交二审案件受理费70元，上诉于北京市高级人民法院。上诉人在上诉期满后七日内未预交上诉费，又不提出缓交申请的，按自动撤回上诉处理。

审 判 长　向绪武
人民陪审员　张风光
人民陪审员　董建华
二〇一五年十二月二十四日
法官助理　程 娜
书 记 员　高秀丽

30

对罚没物品处置行为明显不当的应予撤销

——刘翠某诉北京市房山区人民政府没收物移交批准案

【裁判要旨】行政机关作出行政行为，不仅应当符合法律规范明确具体的规定，也应当符合基本法律原则。被诉行政行为虽不违反法律规范明确具体的规定，但存在明显不当情形的，人民法院应当依法判决撤销或者部分撤销，并可以判决被告重新作出行政行为。

北京市第四中级人民法院

行政判决书

（2016）京04行初2760号[①]

原告刘翠某，住北京市房山区。

委托代理人默立贤，北京京润律师事务所律师。

委托代理人郑水平，北京京润律师事务所实习律师。

被告北京市房山区人民政府，住所地北京市房山区。

法定代表人陈清，代区长。

委托代理人李树东，北京市规划和国土资源管理委员会房山分局工作人员。

委托代理人董芙蓉，北京元辅律师事务所律师。

原告刘翠某不服被告北京市房山区人民政府（以下简称房山区政府）对《北京市国土资源局房山分局（以下简称房山国土分局）关于对道路工程行政处罚罚没地上物及其他设施移交的请示》（以下简称罚没移交请示）作出的批示，向本院提起行政诉讼。本院于2016年11月9日受理后，于同年11月11日向被告送达了起诉书副本及应诉通知书，本院依法组成合议庭，于2016年12月13日公开开庭

① 本案判决作出之后，双方当事人均未上诉，判决已生效。

审理了本案。原告刘翠某及其委托代理人默立贤、郑水平，被告房山区政府委托代理人李树东、董芙蓉到庭参加了诉讼。本案现已审理终结。

2016年7月6日，房山国土分局向房山区政府提交了京国土房文〔2016〕175号罚没移交请示，请示将京国土（房）分局罚字〔2015〕第56号《国土资源行政处罚决定书》（以下简称56号决定书）中关于没收北京市房山区市政市容管理委员会（以下简称房山市政市容委）在非法占用的土地上新建的建筑物及其他设施的处罚决定，移交房山市政市容委进行处置。同年7月19日，房山区政府对此进行了批示，房山国土分局根据批示作出京国土（房）分局罚没移字〔2015〕第56号《行政处罚没收建筑物及其他设施移交书》（以下简称56号罚没移交书），将56号决定书中的没收处罚决定移交房山市政市容委处置。

原告刘翠某诉称，房山市政市容委未取得合法用地手续，占用原告房屋所在土地进行石夏路东延（107国道—良常路）道路工程建设，经原告刘翠某举报，房山国土分局对房山市政市容委作出56号决定书决定给予处罚。后因北京市国土资源局和房山国土分局不履行法定职责，原告刘翠某向北京市东城区人民法院提起行政诉讼。北京市东城区人民法院经审理作出（2016）京0101行初548号行政判决书（以下简称548号判决书），确认“北京市国土资源局下属房山分局于2016年7月6日就涉案行政处罚罚没地上物及其他设施问题请示房山区政府，经房山区政府批示，房山分局于2016年7月19日将56号决定书及地上建设物和其他设施移交房山市政市容委处理”。被告房山区政府批准将56号决定书中涉及没收非法占用的土地上新建的建筑物及其他设施的处罚交由房山市政市容委处理，明显违反有关法律规定。56号决定书的被处罚单位是房山市政市容委，但被告房山区政府在作出批示后，又将处罚的执行权交予房山市政市容委，该行为不仅达不到行政处罚效果，更是违背了《中华人民共和国行政处罚法》的法律规定及立法原则。故请求法院判决撤销被告将56号决定书处罚事项移交给房山市政市容委的批示行为。

原告在法定举证期限内向本院提供下列证据：

1. 115号《国土资源涉嫌违法行为举报事项处理结果告知书》、56号决定书，证明涉案的行政处罚和对象的由来。

2. 548号判决书，证明被告房山区政府作出了批准移交行为，该行为违法。

3. 〔2016〕第959号房山区人民政府公文批办单（以下简称公文批办单）。

4. 罚没移交请示、《待移交项目明细表》。

证据3、4证明本案批示行为系房山区政府根据房山国土分局的请示作出，其行为违法。

5. 56号罚没移交书，证明房山国土分局将56号决定书中的没收处罚决定交由被处罚人处理，其处理行为违法。

6.《确权证明》，证明原告刘翠某与涉案的移交行为具有法律上的利害关系，原告主体适格。

被告房山区政府辩称，1. 原告主体不适格。原告与被诉行政行为不具有法律上的利害关系，不属于《中华人民共和国行政诉讼法》（以下简称《行政诉讼法》）第二十五条规定的公民、法人或者其他组织，因此原告提起本案诉讼不符合《行政诉讼法》规定的提起行政诉讼的条件。2. 被告房山区政府所作行政行为未对原告刘翠某的合法权益产生实际影响，根据《最高人民法院关于适用〈中华人民共和国行政诉讼法〉若干问题的解释》① 第三条的相关规定，应当裁定驳回起诉。3. 依据《国土资源行政处罚办法》第三十五条的规定，被告房山区政府具有对国土资源行政处罚没收地上建筑物及其他设施的处置方案进行批准的法定职责。房山国土分局就关于对道路工程行政处罚罚没地上物及其他设施移交问题拟订处置方案向被告请示，并提交了有关材料，被告房山区政府经审查后进行批示，适用法律法规正确，程序合法，并无不当。综上，请求法院依法驳回原告的诉讼请求。

被告房山区政府在法定举证期限内向本院提供以下证据：

1. 罚没移交请示，证明房山国土分局于2016年7月6日就对道路工程行政处罚罚没地上物及其他移交问题向房山区政府进行请示。

2.《待移交项目明细表》，证明房山区国土局请示中涉及的道路工程。

3. 关于房山区石夏路东延（107国道—良常路）道路工程项目建议书（代可行性研究报告）的批复。证明房山区石夏路东延道路工程取得了市发改委的立项批复。

4.《北京市国土资源局建设项目用地预审意见》，证明房山区石夏路东延道路工程通过了国土部门的用地预审。

5.《市政府扩大内需重大项目绿色审批通道确认表》，证明房山区石夏路东延道路工程属于市政府扩大内需绿色审批通道项目。

6.《北京市国土资源局关于行政处罚没收矿产品、建筑物或其他设施工作的通知》（京国土监〔2014〕515号），证明房山国土分局依据该通知将作出行政处罚的没收资产拟订处置方案报告房山区政府进行批准。

7. 公文批办单，证明房山区政府于2014年7月19日对房山国土分局关于道路

① 已被《最高人民法院关于适用〈中华人民共和国行政诉讼法〉的解释》废止。

工程行政处罚罚没地上物及其他设施移交的请示进行批示。

8. 56号罚没移交书，证明2016年7月19日房山国土分局将第56号决定书没收的地上建筑物及其他设施移交给房山市政。

经庭审质证，原告刘翠某对被告房山区政府提交的证据1的合法性不认可，认为56号决定书2016年3月2日生效，房山国土分局应当在2016年5月31日前移交处理或报批，同年7月6日提交请示已超法定履职期限，对证据2的合法性和关联性不认可，对证据3—5的关联性不认可，对证据6—7的真实性、合法性和关联性不认可，对证据8的合法性和关联性不认可；被告房山区政府对原告刘翠某提交的证据1—5的真实性、合法性认可，关联性和证明目的不认可；对证据6的真实性认可，合法性、关联性和证明目的不认可。

经庭审质证，本院对当事人提交的证据作如下确认：

依照《最高人民法院关于行政诉讼证据若干问题的规定》（以下简称《行政诉讼证据规定》）第五十四条的规定，本院对经过庭审质证的证据进行评议后认为，原告刘翠某提交的证据3及被告房山区政府提交的证据7系本案被诉行政行为的书面载体，该证据本身不具有证明被诉行政行为合法的效力，但能够证明被告房山区政府对房山国土分局的请示作出了批示以及批示的具体内容，与本案具有关联性，且具备证据的真实性、合法性，本院依法对该证据予以采信。被告房山区政府提交的证据3、4、5与被诉行政行为不具有关联性，本院不予采纳。原告刘翠某和被告房山区政府提交的其他证据形式上符合《行政诉讼证据规定》中规定的提供证据的要求，与本案被诉的行政行为具有关联性，本院予以采信。

经审理查明，原告刘翠某系北京市房山区窦店镇望楚村村民，2015年9月2日，房山国土分局针对原告刘翠某举报的房山市政市容委在窦店镇望楚村石夏路东延工程项目建设中存在的违法占地建设行为，依法作出56号决定书，其中一项处罚内容为没收房山市政市容委在非法占用的土地上新建的建筑物及其他设施，房山国土分局就以上处罚情况向原告进行了告知。房山市政市容委法定期限内未就56号决定书提起诉讼，也未申请行政复议，该决定书于2016年3月2日生效。56号决定书生效后房山国土分局在法定期限内未主动履行移交处置职责，因此原告刘翠某向北京市东城区人民法院提起行政诉讼，诉讼期间房山国土分局于2016年7月6日就56号决定书中涉及的没收事项移交问题向房山区政府提交罚没移交请示，主要内容为“房山新城规划建设管理委员会第204次办公室主任会会议纪要通过，会议原则同意‘在房山国土分局下达国土资源行政处罚决定生效后，经区政府同意移交街道办事处及乡镇政府对地上建筑物或其他设施进行处置’。但我区目前存在多条未批先建道路问题，由于道路工程的特殊性，一条道路涉及多个乡镇，如按乡镇分段移交，易造成涉案道路后期手续办理和乡镇后期管理的难度，不利于整条道路的管护。鉴于此以及后期移交的紧迫性，道路移交问题作为该会议纪要的补充，建议不再上新城会，由区政府指定建设主体部门为接受部门，统一进行移交”。2016年7月19日，被告房山区政府对该请示予以批示，房山国土分局根据房山区政府的批示，将56号决定书中的没收处罚移交被处罚人房山市政市容委进行处置。原告刘翠某认为房山区政府的批示行为违法，于2016年11月9日向本院提起行政诉讼。

本院认为，本案的争议焦点在于，一是刘翠某是否具有原告主体资格；二是被告房山区政府对房山国土分局提交的罚没移交请示作出的批示是否合法。

关于刘翠某的原告主体资格问题，根据《行政诉讼法》第二十五条第一款之规定，行政行为的相对人以及其他与行政行为有利害关系的公民、法人或者其他组织，有权提起诉讼。本案中，原告刘翠某系窦店镇望楚村村民，房山国土分局根据其对房山市政市容委在窦店镇望楚村石夏路东延工程项目建设中存在违法占地建设行为的举报，对房山市政市容委作出56号决定书，现刘翠某对56号决定书执行过程中房山区政府针对没收处罚的批示行为不服提起诉讼，应该认定刘翠某与该批示行为有利害关系，符合作为本案原告的法定条件。

关于房山区政府批示行为的合法性问题，根据《国土资源行政处罚办法》第三十五条的规定，国土资源主管部门作出没收矿产品、建筑物或者其他设施的行政处罚决定后，应当在行政处罚决定生效后九十日内移交同级财政部门处理，或者拟定处置方案报本级人民政府批准后实施。本案56号决定书系房山国土分局作出，房山区政府作为房山国土分局的本级人民政府，有批准其拟定的罚没移交请示的法定职责。56号决定书是针对房山市政市容委未经批准非法占用土地行为作出的处罚决定，房山市政市容委系被处罚人，被告房山区政府批示将没收房山市政市容委在非法占用的土地上新建的建筑物及其他设施移交给房山市政市容委自身处置，明显不当，且无法真正实现对该没收处罚的履行，从而导致56号决定书得不到实质意义上的执行。因此，房山区政府对房山国土分局的罚没移交请示作出的批示行为属明显不当。

综上，依据《中华人民共和国行政诉讼法》第七十条第（六）项的规定，判决如下：

撤销被告北京市房山区人民政府于2016年7月19日对北京市国土资源局房山分局《关于对道路工程行政处罚罚没地上物及其他设施移交的请示》作出的批示。

案件受理费50元，由被告北京市房山区人民政府负担（于本判决生效后7日内交纳）。

如不服本判决，可在判决书送达之日起十五日内向本院递交上诉状，并按对方当事人的人数递交上诉状副本，上诉于北京市高级人民法院。

审 判 长　　程 琥
审 判 员　　孙永欣
审 判 员　　向绪武
二〇一六年十二月二十七日
法官助理　　李京娜
书 记 员　　赵 悦

31

行政复议机关以行政机关负责人出庭应诉行为不属于行政复议受理范围为由决定不予受理的应予支持

——孙德某诉北京市朝阳区人民政府行政复议申请不予受理决定案

【裁判要旨】行政机关负责人出庭应诉是行政机关参与行政诉讼活动的行为，不属于行政复议法规定的具体行政行为。公民、法人或者其他组织针对行政机关负责人出庭应诉或不出庭应诉提出的行政复议申请，依法不属于行政复议受理范围。

北京市第四中级人民法院

行政判决书

（2016）京04行初66号①

原告孙德某，住北京市朝阳区。

被告北京市朝阳区人民政府，住所地北京市朝阳区。

法定代表人王灏，区长。

委托代理人武力强，北京市朝阳区人民政府干部。

委托代理人郭杨，北京市康达律师事务所律师。

原告孙德某不服被告北京市朝阳区人民政府（以下简称朝阳区政府）行政复议申请不予受理决定，向本院提起行政诉讼。本院立案后，向被告送达了起诉状副本及应诉通知书。本院依法组成合议庭公开开庭审理了本案。原告孙德某，被告朝阳区政府的委托代理人武力强、郭杨到庭参加诉讼。本案现已审理终结。

被告朝阳区政府于2015年12月23日对孙德某作出朝政复不决字〔2016〕第7

① 该案判决作出后，原告不服向北京市高级人民法院提起上诉，二审法院经审理，判决驳回上诉，维持一审判决，参见（2016）京行终3659号行政判决书。

号《北京市朝阳区人民政府行政复议申请不予受理决定书》（以下简称《不予受理决定书》），内容为：孙德某复议请求中要求审查行政机关负责人出庭应诉行为的申请不属于《中华人民共和国行政复议法》（以下简称《行政复议法》）规定的行政复议范围，其复议申请不符合《中华人民共和国行政复议法实施条例》（以下简称《行政复议法实施条例》）第二十八条第（五）项规定的行政复议受理条件。孙德某提出的安排其查阅相关材料的复议请求是其在行政复议活动中享有的权利，不是行政复议请求事项。依据《行政复议法》第十七条第一款规定，决定不予受理孙德某之复议申请。

原告孙德某诉称，2015 年 3 月以来，因北京市公安局朝阳分局（以下简称朝阳区公安分局）对原告被人恶意在同一地点屡次寻衅滋事没有实质履行应该履行的法定职责、行政不作为，原告四次将朝阳区公安分局诉至北京市朝阳区人民法院，在该四个案件开庭审理时，朝阳区公安分局的行政机关负责人拒不出庭应诉。2015 年 12 月 17 日，原告就朝阳区政府行政机关负责人拒不出庭应诉的违法行为，向被告朝阳区政府提起行政复议。2016 年 1 月 4 日，原告收到被告作出的《不予受理决定书》。原告认为被告未履行法定职责，请求法院撤销该《不予受理决定书》，判令被告依法受理原告的行政复议申请。

原告孙德某在本院指定期限内提交如下证据：1.《不予受理决定书》，证明被告对原告的行政复议申请不予受理；2.《行政复议申请书》，证明原告向被告提交了行政复议申请。

被告朝阳区政府辩称，原告的复议申请不符合受理条件，被告作出被诉复议决定证据确凿、适用法律法规正确、符合法定程序，请求法院依法驳回原告的诉讼请求。

被告在法定期限内向本院提交如下证据：证据 1，《行政复议申请书》、孙德某身份证、EMS 快递单、查询记录；证据 2，《情况说明》；证据 3，《不予受理决定书》、送达回证（2 份）、查询记录（2 份）。以上证据用以证明被诉复议决定作出的相关事实。

经庭审质证，本院对当事人提交的证据作如下确认：当事人提交的全部证据符合法定的证据形式要求，与本案具有关联性，本院予以采信。

根据已采信之证据及当事人无争议之陈述，本院认定如下事实：2015 年 12 月 16 日，被告朝阳区政府收到原告孙德某邮寄的《行政复议申请书》及身份证复印件，复议请求为：1. 确认被申请人朝阳区公安分局的行政机关负责人在 2015 年 1 月以来原告诉朝阳区公安分局的四个行政诉讼中拒不出庭应诉，违法；2. 安排原告查阅被申请人朝阳区公安分局提出的书面答复、提供的证据、法律法规依据和其他有关材料；3. 向原告邮寄或由原告当面领取该申请对应的《行政复议决定书》。2015年12月21日，朝阳区公安分局向被告朝阳区政府出具《情况说明》，认为行政负责人出庭应诉系《中华人民共和国行政诉讼法》（以下简称《行政诉讼法》）所规定的内容，该行为属于行政诉讼活动，不属于行政复议范围，原告的复议申请不符合受理条件。

被告朝阳区政府审查后认为，原告第一项复议请求所要求审查的“朝阳区公安分局行政机关负责人在2015年1月以来原告诉朝阳区公安分局的四个行政诉讼中拒不出庭应诉”事项，是行政机关依据《行政诉讼法》的规定参与司法审判活动中的行为，应当接受人民法院的司法监督，不属于行政机关履行行政管理职责作出的具体行政行为，故不属于《行政复议法》规定的行政复议范围，原告的行政复议申请不符合《行政复议法实施条例》第二十八条第（五）项规定的行政复议受理条件。原告第二、三项请求，属于原告在行政复议活动中所享有的权利，不是行政复议请求事项。故，依据《行政复议法》第十七条第一款之规定，被告朝阳区政府于2015年12月23日作出朝政复不决字〔2016〕第7号《不予受理决定书》，决定不予受理，并于2016年1月4日送达至原告。孙德某不服，遂起诉至法院。

本院认为，《行政复议法》第十二条规定，对县级以上地方各级人民政府工作部门的具体行政行为不服的，由申请人选择，可以向该部门的本级人民政府申请行政复议，也可以向上一级主管部门申请行政复议。朝阳区政府作为朝阳区公安分局的本级人民政府，具有对申请人针对朝阳区公安分局的行政复议申请进行处理的法定职权。

申请人申请行政复议，应当符合法定的申请条件，属于行政复议受案范围。《行政复议法》第二条规定，公民、法人或者其他组织认为具体行政行为侵犯其合法权益，向行政机关提出行政复议申请。《行政复议法》第六条列举的行政复议受案范围亦是对相关具体行政行为不服提起行政复议的情形。而行政行为，是指行政主体为实现行政管理目标和任务，依职权或应申请而实施的对公民、法人或者其他组织的权利义务产生实际影响的行为。本案中，原告孙德某针对朝阳公安分局行政机关负责人不出庭应诉的行为向被告提起行政复议，该行为系行政机关依法参与行政诉讼活动的行为，不是行政机关依法履行法定职责的行为，不属于行政复议的受案范围。原告提出要求被告安排其查阅相关材料、向其邮寄或当面送达决定书的请求，属于原告在行政复议活动中所享有的权利，亦不属于行政复议范围。故被告认定原告申请的行政复议事项不属于行政复议受案范围，并作出不予受理决定，认定事实清楚，适用法律正确。

《行政复议法》第十七条第一款规定，行政复议机关收到行政复议申请后，应当在五日内进行审查，对不符合本法规定的行政复议申请，决定不予受理，并书面告知申请人；对符合本法规定，但是不属于本机关受理的行政复议申请，应当告知申请人向有关行政复议机关提出。本案中，被告于 2015 年 12 月 16 日收到原告的复议申请，于 2015 年 12 月 23 日作出被诉决定书并向原告邮寄送达，被告在法定期限内作出了不予受理的决定，符合相关法律规定。

综上，原告的复议申请不符合《行政复议法》规定的受理条件，被告作出不予受理的决定认定事实清楚、程序合法、于法有据。原告孙德某要求撤销被诉复议决定的诉讼主张缺乏事实及法律依据，本院不予支持。依据《中华人民共和国行政诉讼法》第六十九条之规定，判决如下：

驳回原告孙德某的诉讼请求。

案件受理费五十元，由原告孙德某负担（已交纳）。

如不服本判决，各方当事人可于本判决书送达之日起十五日内向本院提交上诉状，并按对方当事人人数提交上诉状副本，预交二审案件受理费五十元，上诉于北京市高级人民法院。上诉人在上诉期满后七日内未预交上诉费，又不提出缓交申请的，按自动撤回上诉处理。

审 判 长　张 岩
人民陪审员　樊丽红
人民陪审员　田西岳
二〇一六年六月十二日
法官助理　张鸿浩
书 记 员　王 阳
书 记 员　高晶晶

32

对于法律规范明确规定应予公开的事项行政机关不应以涉及个人隐私为由不予公开

——张乃某诉北京市顺义区人民政府行政复议决定案

【裁判要旨】 对于涉及个人隐私且权利人不同意公开的政府信息，行政机关应当在保护个人隐私与保护公共利益之间进行权衡，不公开可能对公共利益造成重大影响的，可以予以公开。同时，对于法律规范已经明确规定应当予以公开的事项，行政机关不应以涉及个人隐私为由不予公开。

北京市第四中级人民法院
行政判决书

（2015）四中行初字第 271 号①

原告张乃某，住北京市顺义区。

被告北京市顺义区人民政府，住所地北京市顺义区。

法定代表人卢映川，区长。

委托代理人徐夫金，北京市顺义区人民政府工作人员。

委托代理人夏日星，北京顺东律师事务所律师。

原告张乃某不服被告北京市顺义区人民政府（以下简称顺义区政府）行政复议决定一案，向本院提起行政诉讼。本院于 2015 年 4 月 8 日受理后，于 2015 年 4 月 13 日向被告顺义区政府送达了起诉状副本及应诉通知书。本院依法组成合议庭，于 2015 年 6 月 3 日公开开庭审理了本案。原告张乃某，被告顺义区政府的委托代理人徐夫金、夏日星到庭参加了诉讼。本案现已审理终结。

---

① 该案判决作出后，被告不服向北京市高级人民法院提起上诉，二审法院经审理，判决驳回上诉，维持一审判决，参见（2015）高行终字第 2944 号行政判决书。

2015年4月1日，被告顺义区政府作出顺政复字〔2015〕10号《行政复议决定书》（以下简称被诉复议决定），撤销北京市顺义区民政局（以下简称顺义区民政局）于2015年1月20日作出的《政府信息答复告知书》（以下简称《答复告知书》）中，顺义区民政局对张乃某申请公开死亡超转人员名单的答复内容，并责令顺义区民政局在法定期限内对死亡超转人名单的政府信息公开申请重新作出答复。

被告顺义区政府在法定举证期限内向本院提交了以下证据：1. 行政复议申请书，证明申请复议的内容；2. 张乃某的身份证复印件，证明张乃某的身份情况；3. 张乃某交纳的证据；4. 行政复议申请收据；5. 当事人送达地址确认书；6. 行政复议接待室接待笔录；7.《行政复议延期通知书》、《行政复议答复通知书》及送达回证，证据3—7证明行政复议案件的程序及相关事实；8. 顺义区民政局的组织机构代码证、法定代表身份证明书、授权委托书、被委托人身份证明，证明顺义区民政局的主体身份情况；9. 顺义区民政局提交的行政复议答复书；10. 顺义区民政局提交的证据材料；11. 行政复议笔录，证据9—11证明行政复议程序中，顺义区民政局举证及案件事实情况；12. 被诉复议决定及送达回证，证明案件复议的结果。另外提交《北京市信息公开规定》、《中华人民共和国行政复议法》（以下简称《行政复议法》）、《中华人民共和国村民委员会自治法》、《中华人民共和国行政复议法实施条例》（以下简称《行政复议法实施条例》）、《中华人民共和国政府信息公开条例》（以下简称《政府信息公开条例》）作为法律依据。

原告张乃某诉称，2014年11月27日，张乃某向顺义区民政局申请公开北京市顺义区马坡镇向阳村（以下简称向阳村）全体超转人员名单、死亡超转人员名单和超转人员资金使用情况的政府信息。原告张乃某认为上述信息属于被告顺义区政府及顺义区民政局应当主动公开的政府信息，现顺义区民政局认为其属于个人隐私而不予公开没有法律依据。虽然被诉复议决定部分支持了原告张乃某的行政复议请求事项，但认定张乃某申请公开的信息属于个人隐私是错误的。综上，请求法院依法撤销被诉复议决定。

原告张乃某于开庭审理前向本院提交了以下证据：1. 顺义区民政局（2014）第4号-答《政府信息涉及第三方告知书》；2.《答复告知书》，证据1、证据2证明顺义区民政局认定案涉信息属于个人隐私没有法律依据；3. 行政复议申请书，证明张乃某在法定期限内提出行政复议申请；4. 被诉复议决定，证明顺义区政府认定案涉信息属于个人隐私没有法律依据；5. 向权利人征询意见表，证明向阳村办理超转的部分人员不知情，并非所有的超转人员不同意公开案涉政府信息；6. 关于顺义区民政局政府信息公开事宜征求意见的公告，证明并非所有超转人员知道公告，且该公告违反规律；7. 关于顺义区民政局政府信息公开事宜征求意见的统计结果；8. 政府信息征求第三方意见书，证据7、证据8证明征求意见不符合法律规定；9. 建设征地后农民转为居民发放生活补助费名册（向阳）；10. 建设征地后农民转为居民发放生活补助费名册，证据9、证据10证明案涉信息不属于个人隐私。

被告顺义区政府辩称，顺义区民政局收到原告张乃某的政府信息公开申请后，发现其申请公开的“向阳村全体超转人员名单和死亡超转人员名单以及超转人员资金使用情况”涉及第三方个人隐私且涉及人员众多，顺义区民政局采取公告的方式征求第三方意见。统计结果显示第三方无人同意公开，在第三方不同意公开案涉信息且案件证据不足以证明不公开案涉信息可能对公共利益造成重大影响的情况下，作出了不予公开案涉信息的决定。其中，顺义区民政局在公告中针对已经死亡的超转人员进行意见征询有悖常理，同时对于是否制作或保存了死亡超转人员名单并未予以说明。综上，被告顺义区政府认为，针对顺义区民政局对申请公开的向阳村全体超转人员名单和所需资金情况两项内容，在法定期限内按照法定程序和方式作出政府信息答复告知书并无不当，但是针对已经死亡的超转人员进行意见征询是错误的。依据《行政复议法》第二十八条第一款第（三）项的规定，决定撤销《答复告知书》中对于张乃某申请公开死亡超转人员名单的答复内容，并责令顺义区民政局重新作出答复。综上，被诉复议决定认定事实清楚，适用法律正确，程序合法，请求依法驳回张乃某的诉讼请求。

经庭审质证，原告张乃某对被告顺义区政府提交全部证据的真实性、合法性和关联性不持异议，但认为不能证明案涉信息为个人隐私。被告顺义区政府对原告张乃某提交的证据1、证据2的真实性、合法性和关联性不持异议，但不认可证明目的；对证据3的真实性、合法性、关联性和证明目的不持异议；对证据4的真实性、关联性认可，但不认可证明目的；认为证据5—10的真实性无法确认，对证明目的不认可。

经审查，本院认为原告张乃某提交的证据4及被告顺义区政府提交的证据12中被诉复议决定是本案被诉行为，不作为证据接纳；原告张乃某提交的证据9、证据10与本案的合法性审查没有直接关联性，本院不予采信。张乃某和顺义区政府提交的其他证据，形式上符合最高人民法院《关于行政诉讼证据若干问题的规定》提供证据的要求，内容真实、合法，与本案具有关联性，可以作为认定本案相关事实的依据，本院予以采信。

根据上述合法有效证据以及当事人无争议之陈述，本院认定如下事实：

2014年11月27日，原告张乃某向顺义区民政局提出政府信息公开申请，请求公开向阳村全体超转人员名单、死亡超转人员名单和超转人员资金使用情况。顺义区民政局于 2015 年 1 月 20 日作出《答复告知书》，认为其申请获取的信息属于个人隐私，不予公开。张乃某不服，于 2015 年 2 月 2 日向被告顺义区政府申请行政复议。被告顺义区政府受理后，经延期于 2015 年 4 月 1 日作出被诉复议决定，主要内容为："本案中，申请人向被申请人申请政府信息公开，要求获取向阳村全体超转人员名单及死亡超转人员名单和超转人员所需资金情况。被申请人收到申请后，发现申请人申请公开的信息涉及第三方个人隐私，且涉及人员众多，被申请人采取公告的方式征求第三方意见，并根据征求意见结果作出政府信息答复告知书，且明确告知申请人不予公开上述两项信息的理由及法律依据。因此，针对申请人申请公开的向阳村全体超转人员名单和所需资金情况这两项内容，被申请人在法定期限内，按照法定程序和方式作出政府信息答复告知书并无不当。但被申请人在公告中针对申请人申请公开的死亡超转人员名单进行意见征询显然有悖常理，同时，对于是否制作或保存了死亡超转人员名单，被申请人在政府信息答复告知书中并未予以说明。因此，针对申请人此项公开申请，被申请人未依法履行政府信息公开说明理由义务，违反了《政府信息公开条例》第二十一条第（三）项的规定，属于适用法律错误。根据《行政复议法》第二十八条第一款第（三）项的规定，本机关决定如下：撤销被申请人作出的政府信息答复告知书中对申请人申请公开死亡超转人员名单的答复内容，并责令被申请人在法定期限内对申请人提出的死亡超转人名单的政府信息公开申请重新作出答复。"张乃某仍不服，于同年 4 月 8 日向本院提起行政诉讼。

本院认为，根据《行政复议法》第三十一条的规定，行政复议机关应当自受理申请之日起六十日内作出行政复议决定；但是法律规定的行政复议期限少于六十日的除外。情况复杂，不能在规定期限内作出行政复议决定的，经行政复议机关的负责人批准，可以适当延长，并告知申请人和被申请人；但是延长期限最多不超过三十日。本案中，被告顺义区政府于 2015 年 2 月 2 日收到行政复议申请，经延期于同年 4 月 1 日作出被诉决定并于当日送达给原告张乃某，审理程序未违反上述法律规定。

本案争议的焦点问题是原告张乃某申请公开的向阳村全体超转人员名单、死亡超转人员名单和超转人员资金使用情况的信息是否属于个人隐私而依法免于公开。

《政府信息公开条例》[①] 第十四条第四款规定，行政机关不得公开涉及国家秘密、商业秘密、个人隐私的政府信息。但是，经权利人同意公开或者行政机关认为不公开可能对公共利益造成重大影响的涉及商业秘密、个人隐私的政府信息，可以

---

① 此处指 2019 年修改前的《政府信息公开条例》，本案下同。

予以公开。《北京市建设征地补偿安置办法》（以下简称《征地补偿安置办法》）第四十五条规定，超转人员是指征地转为非农业户口且男年满60周岁、女年满50周岁及其以上的人员和经认定完全丧失劳动能力的人员。有关超转人员的待遇问题，当时有效的京政办发〔2004〕41号《关于征地超转人员生活和医疗补助若干问题意见》第一条规定，凡因国家建设征地农民户转为居民户的原农村劳动力中年龄超过转工安置年限（男满60周岁，女满50周岁及其以上）人员，含无人赡养的孤寡老人以及法定劳动年龄范围内经有关部门鉴定完全丧失劳动能力且不能进入社会保险体系的病残人员，按照规定标准享受生活和医疗补助。因此，超转人员是对被征收土地农民，依据相关规定可以享受相应生活和医疗补助的一种社会保障措施。为了确保超转人员的公开和透明，《征地补偿安置办法》确立了超转人员的公示制度，该办法第二十条规定，农村集体经济组织或者村民委员会应当自征地公告之日起60日内确定应当转为非农业户口人员、转非劳动力、超转人员名单，向农村村民公示，并分别报区、县公安、劳动保障和民政部门。各有关部门应当依照职责办理相关手续。本案中，作为享受社会保障的超转人员，公开其享受此项社会保障所必备的个人信息，涉及村集体经济组织成员的知情权、监督权与超转人员一定范围个人隐私冲突的问题。对此，应当首先考量到超转人员的社会保障属性，其在获得社会保障的同时即让渡了部分个人信息。因此，其相关信息的公开应当适用《政府信息公开条例》第十四条第四款“经权利人同意公开的涉及个人隐私的政府信息可以予以公开”的规定，既符合比例原则，又利于村集体组织成员的监督和超转人员制度的良性发展。综上，顺义区民政局认为超转人员名单、死亡超转人员名单和超转人员资金使用情况属于个人隐私不予公开，没有法律依据。被告顺义区政府在行政复议程序中对此未予查清，其作出被诉复议决定的主要证据不足。

被告顺义区政府作为行政复议机关，在受理行政复议申请后，应当围绕行政复议申请的请求内容，对被复议行为是否属于行政复议范围以及该行为是否合法、适当进行全面审查，并根据《行政复议法》及《行政复议法实施条例》的有关规定作出相应的行政复议决定。本案中，原告张乃某请求顺义区民政局公开超转人员名单、死亡超转人员名单以及超转人员资金使用情况三项信息，因此被告顺义区政府应当就被复议行为的三项信息公开内容进行全面审查。现被诉复议决定仅撤销了《答复告知书》中有关死亡超转人员名单的答复内容，并责令顺义区民政局重新作出答复，但未就超转人员名单、超转人员资金使用情况的问题作出结论性意见，遗漏行政复议应当处理的事项，属于认定事实不清。

综上，被诉复议决定认定事实不清，主要证据不足，适用法律错误，本院依法应予纠正。原告张乃某请求撤销被诉复议决定的诉讼请求，本院应予支持。据此，依照《中华人民共和国行政诉讼法》第七十条第（一）项、第（二）项的规定，判决如下：

一、撤销被告北京市顺义区人民政府二〇一五年四月一日作出的顺政复字〔2015〕10号行政复议决定书；

二、被告北京市顺义区人民政府自本判决生效之日起在法定期限内对原告张乃某的行政复议申请重新作出行政复议决定。

案件受理费50元，由被告北京市顺义区人民政府负担（自本判决生效之日起七日内缴纳）。

如不服本判决，可在判决书送达之日起十五日内，向本院递交上诉状，并按对方当事人的人数提出副本，预交上诉案件受理费50元，上诉于北京市高级人民法院。上诉人在上诉期限内未预交上诉案件受理费，又不提出缓交申请的，按自动撤回上诉处理。

审 判 长　向绪武
审 判 员　张立鹏
审 判 员　张　岩
二〇一五年六月十七日
书 记 员　牛　然

33

政府信息公开案件中商业秘密的认定及处理

——张振某诉北京市密云区人民政府信息公开案

【裁判要旨】行政机关对申请公开的政府信息是否涉及商业秘密，具有初步的审查判断职责。在诉讼程序中，行政机关应对履行了申请公开的政府信息属于商业秘密审查判断职责的事实进行说明或举证，法院则应审查行政机关认为申请公开的政府信息涉及商业秘密的理由是否充分。

北京市第四中级人民法院

行政判决书

（2015）四中行初字第101号①

原告张振某，住北京市密云县。

委托代理人吴立某（张振某之妻），住北京市密云县。

委托代理人段福惠，北京在明律师事务所律师。

被告密云县人民政府，住所地北京市密云县。

法定代表人王海臣，县长。

委托代理人王春紫，密云县人民政府干部。

委托代理人范超英，密云县人民政府干部。

第三人北京京密投资有限公司，住所地北京市密云县。

法定代表人关继发，董事长。

委托代理人赵锋，北京京密投资有限公司经理，住北京市东城区。

第三人北京首政置业集团有限公司，住所地北京市密云县。

法定代表人王小明，总经理。

---

① 本案判决作出之后，双方当事人均未上诉，判决已生效。

委托代理人赵永森，北京首政置业集团有限公司副经理，住北京市密云县。

第三人密云县檀营满族蒙古族乡人民政府，住所地北京市密云县城东檀营村。

法定代表人关佩君，乡长。

委托代理人相永良，密云县檀营司法所工作人员，住北京市密云县。

原告张振某不服被告密云县人民政府（以下简称密云县政府）作出的密云县公开办（2014）第1号－答《政府信息涉及第三方告知书》，向本院提起行政诉讼。本院于2015年2月2日受理后，于2015年2月5日向被告送达了起诉书副本及应诉通知书，并依法通知北京京密投资有限公司（以下简称京密公司）、北京首政置业集团有限公司（以下简称首政公司）、密云县檀营满族蒙古族乡人民政府（以下简称檀营乡政府）作为本案第三人参加诉讼。本院依法组成合议庭，于2015年3月20日公开开庭审理了本案。原告张振某及其委托代理人吴立某、段福惠，被告密云县政府的委托代理人王春紫、范超英，第三人京密公司委托代理人赵锋，第三人首政公司委托代理人赵永森，第三人檀营乡政府委托代理人相永良到庭参加诉讼。本案现已审理终结。

被告于2014年11月25日向张振某作出密云县公开办（2014）第1号－答《政府信息涉及第三方告知书》，主要内容为：经查，您申请获取的政府信息涉及商业秘密，根据《中华人民共和国政府信息公开条例》（以下简称《政府信息公开条例》第二十三条的规定，经向第三方京密公司征求意见，现答复如下：第三方同意公开密政函〔2011〕86号批复，因此，本机关予以公开。呈报文件包括《关于檀营乡居住区储备开发项目拆迁实施方式等问题的请示》和《密云县檀营乡居住区储备开发项目土地一级开发合作协议》。第三方同意公开《关于檀营乡居住区储备开发项目拆迁实施方式等问题的请示》的部分内容，第三方认为该文件中就檀营项目拆迁实施方式问题请示内容的第八条、第十一条涉及商业秘密，不同意公开此两条内容，同意公开除此两条内容外该文件的其他内容，因此，本机关对此两条内容不予公开，对除此两条内容外该文件的其他内容予以公开。第三方认为《密云县檀营乡居住区储备开发项目土地一级开发合作协议》涉及商业秘密，不同意公开，因此，本机关不予公开。

被告于法定举证期限内向本院提供了作出被诉具体行政行为的证据：1. 密政函〔2011〕86号《密云县人民政府关于檀营地区旧村改造及土地一级开发储备项目拆迁实施方式有关问题的批复；2. 隐去第八条及第十一条内容的《关于檀营乡居住区储备开发项目拆迁实施方式等问题的请示》，被告以证据1、2证明原告申请公开的政府信息内容；3. 北京市政府信息公开申请表、张振某身份证复印件、律师事务所函、授权委托书、段福惠身份证复印件、律师执业证复印件、毕文芳身份证复印件、个人建设工程规划许可证，证明原告提出公开申请的时间及内容；4. 密云县公开办（2014）第 2 号 - 回《登记回执》；5. 密云县政府信息公开批办单（2 份）；6. 密云县公开办（2014）第 1 号 - 延《政府信息延长答复期告知书》；7. 密云县公开办（2014）第 1 号 - 答《政府信息涉及第三方告知书》，被告以证据 3—7 证明严格履行了程序规定；8. 向京密公司征求意见的密云县公开办（2014）第 1 号 - 征《政府信息征求第三方意见书》；9. 向首政公司征求意见的密云县公开办（2014）第 1 号 - 征《政府信息征求第三方意见书》；10. 向檀营乡政府征求意见的密云县公开办（2014）第 1 号 - 征《政府信息征求第三方意见书》，被告以证据 8—10 证明第三方不同意公开相关政府信息。

原告张振某诉称，因 101 国道绕城线道路工程项目建设拆迁人密云县市政市容管理委员会取得京建密拆许字〔2009〕第 19 号房屋拆迁许可证，在檀营地区实施拆迁，原告房屋在拆迁范围内。为了解安置房产权性质，原告向被告申请信息公开，被告部分公开及未予公开的两份文件内容直接关系到原告要求公开的拆迁安置房信息，被告以涉及第三人商业秘密为由不予公开是错误的。即使这两份文件涉及京密公司的商业秘密，其中的征地拆迁部分也不属于商业秘密范畴，应予公开。根据《中华人民共和国政府信息公开条例》[①]（以下简称《政府信息公开条例》）第九条、第十一条的规定，有关征地拆迁补偿情况应主动公开、重点公开；第十四条规定，行政机关认为不公开可能对公共利益造成重大影响的涉及商业秘密的政府信息，可以予以公开。因此，被告不按原告要求公开政府信息的行为违法，侵犯了原告的合法权益，故诉请法院：1. 依法撤销密云县公开办（2014）第 1 号《政府信息涉及第三方告知书》；2. 责令被告依法公开密云县人民政府密政函〔2011〕86 号批复及呈报文件。原告向本院提交了下列证据：1. 张振某的村民建房规划用地申请审批表、个人建设工程规划许可证，证明原告符合申请信息公开及提起诉讼的主体资格；2. 北京市政府信息公开申请表及邮寄单，证明原告于 2014 年 10 月 13 日提出信息公开申请；3. 密云县公开办（2014）第 1 号 - 答《政府信息涉及第三方告知书》，证明被告以商业秘密为由，没有对原告进行答复不合法，且被告答复超期，程序违法；4. 信封，证明原告收到告知书时已经超过法定期限。

被告密云县政府辩称，原告诉讼请求不能成立，首先，涉案部分政府信息内容属于商业秘密，经征求第三方意见，第三方不同意公开；其次，原告申请公开的政府信息，不属于征地拆迁补偿情况，而是京密公司就檀营地区土地开发使用项目中三方合作等事宜向密云县政府作出的请示及密云县政府批复内容，密云县政府已将其中不涉及商业秘密的部分予以公开；最后，原告申请政府信息的具体用途是了解拆

---

① 此处指 2019 年修改前的《政府信息公开条例》，本案下同。

迁项目信息，是其个人行为，不涉及公共利益。综上，被诉《政府信息涉及第三方告知书》事实清楚、适用依据正确，程序合法，请求法院依法驳回原告的诉讼请求。

第三人京密公司认同被告答辩意见，请求法院依法驳回原告的诉讼请求，无证据向法院提供。

第三人首政公司认同被告答辩意见，请求法院依法驳回原告的诉讼请求，无证据向法院提供。

第三人檀营乡政府认同被告答辩意见，请求法院依法驳回原告的诉讼请求，无证据向法院提供。

经庭审质证，本院对以下证据作如下确认：被告提供的证据具备真实性、合法性及与本案的关联性，本院予以采信；原告提供的证据 1、2 具备真实性、合法性及与本案的关联性，本院予以采信，原告提供的证据 3、4 具备真实性、合法性及与本案的关联性，但与原告的证明目的不符，本院不予采信。

经审理查明：2014 年 10 月 13 日，原告向被告邮寄政府信息公开申请，要求公开密云县政府密政函〔2011〕86 号批复及呈报文件。2014 年 10 月 14 日，被告作出密云县公开办（2014）第 2 号 – 回《登记回执》，告知原告将于 2014 年 11 月 2 日前作出书面答复，如需延长答复期限，将另行告知。2014 年 10 月 17 日，被告出具密云县公开办（2014）第 1 号 – 征《政府信息征求第三方意见书》，就原告申请公开的政府信息分别征求京密公司、首政公司、檀营乡政府的意见。三家单位的意见均为：同意公开密政函〔2011〕86 号批复。《关于檀营乡居住区储备开发项目拆迁实施方式等问题的请示》中就檀营项目拆迁实施方式问题请示内容的第八条、第十一条涉及商业秘密，因此不同意公开此两条内容，同意公开除此两条内容外该文件的其他内容。《密云县檀营乡居住区储备开发项目土地一级开发合作协议》涉及商业秘密，因此不同意公开。2014 年 11 月 2 日，被告经内部审批程序，作出密云县公开办（2014）第 1 号 – 延《政府信息延长答复期告知书》，告知原告现因故无法按期答复，经本机关政府信息公开工作机构负责人同意，延期至 2014 年 11 月 26 日前作出答复。2014 年 11 月 25 日，被告作出被诉密云县公开办（2014）第 1 号 – 答《政府信息涉及第三方告知书》并附可以公开的政府信息，向原告邮寄送达。

本院认为：《政府信息公开条例》第四条规定，各级人民政府及县级以上人民政府部门应当建立健全本行政机关的政府信息公开工作制度，并指定机构负责本行政机关政府信息公开的日常工作。据此，密云县政府具有办理信息公开事宜的工作职责。

《政府信息公开条例》第二十三条规定，行政机关认为申请公开的政府信息涉及商业秘密、个人隐私，公开后可能损害第三方合法权益的，应当书面征求第三方的意见；第三方不同意公开的，不得公开。但是，行政机关认为不公开可能对公共利益造成重大影响的，应当予以公开，并将决定公开的政府信息内容和理由书面通知第三方。《中华人民共和国反不正当竞争法》① 第十条规定，商业秘密是指不为公众所知悉、能为权利人带来经济利益、具有实用性并经权利人采取保密措施的技术信息和经营信息。行政机关在政府信息公开程序中，应当依据上述规定及相关法律规范对申请公开的政府信息是否涉及商业秘密进行审查判断。本案中，被告虽认为原告申请公开的政府信息涉及商业秘密，公开后可能损害第三方合法权益，但未能充分说明其判断的依据与理由，属认定事实不清，故被诉告知书依法应予撤销。原告关于撤销被诉告知书的诉讼请求，本院予以支持。因被申请公开的政府信息是否涉及商业秘密，可否作区分处理等问题尚需被告进一步调查、裁量，并在此基础上重新作出答复，故原告关于判令被告公开其所申请信息的诉讼请求，本院不予支持。

综上，根据《中华人民共和国行政诉讼法》第五十四条第（二）项第 1 目、《最高人民法院关于执行〈中华人民共和国行政诉讼法〉若干问题的解释》② 第五十六条第（四）项之规定，判决如下：

一、撤销被告密云县人民政府作出的密云县公开办（2014）第 1 号－答《政府信息涉及第三方告知书》；

二、被告密云县人民政府在法定期限内对原告张振某的政府信息公开申请重新作出答复；

三、驳回原告张振某关于判令被告密云县人民政府向其依法公开密云县人民政府密政函〔2011〕86 号批复及呈报文件的诉讼请求。

案件受理费 50 元，由被告密云县人民政府负担（于本判决生效之日起 7 日内交纳）。

如不服本判决，可在判决书送达之日起十五日内，向本院递交上诉状，并按对方当事人人数递交上诉状副本，上诉于北京市高级人民法院。

审　判　长　　霍振宇
审　判　员　　武　楠
审　判　员　　贾　毅
二〇一五年四月二十九日
法 官 助 理　　戴　蕾
书　记　员　　张媛媛

① 此为 2019 年修改前的《反不正当竞争法》。
② 已被《最高人民法院关于适用〈中华人民共和国行政诉讼法〉的解释》废止。

34

对于村务公开事项上下级人民政府应在法律授权范围内各自承担相应的行政职责

——东某诉北京市通州区人民政府不履行法定职责案

【裁判要旨】上级人民政府对于法律明确规定由其履行的行政职责，仅转交其所属工作部门或下级人民政府办理的，应当认定为未充分、全面地履行法定职责。上、下级人民政府应在法律授权范围内各自承担相应的行政职责。同时，本案注重发挥行政机关负责人出庭应诉的制度功能，对于有效化解争议、密切官民关系起到了积极作用。

北京市第四中级人民法院

行政判决书

（2016）京04行初44号①

原告东某，住北京市通州区。

委托代理人刘淑某（原告之妻），住同原告。

委托代理人程薇，天津全唐律师事务所律师。

被告北京市通州区人民政府，住所地北京市通州区。

法定代表人岳鹏，区长。

委托代理人张琴琴，北京市通州区人民政府法制办公室副主任。

委托代理人张歌，北京市通州区人民政府法制办公室科员。

原告东某（以下简称原告）诉被告北京市通州区人民政府（以下简称被告）不履行法定职责，向本院提起行政诉讼。本院于2016年1月7日受理后，于2016年1月12日向被告送达了起诉状副本及应诉通知书。本院依法组成合议庭，于

① 本案判决作出之后，双方当事人均未上诉，判决已生效。

2016 年 3 月 31 日公开开庭审理了本案。原告委托代理人刘淑某、程薇，被告法定代表人岳鹏，委托代理人张琴琴、张歌到庭参加诉讼。本案现已审理终结。

原告诉称，原告系通州区梨园地区西小马庄村（以下简称西小马庄村）村民。2015 年 6 月 30 日，原告根据《中华人民共和国村民委员会组织法》（以下简称《村民委员会组织法》）等相关法律、法规的规定，通过中国邮政 EMS 的方式向西小马庄村村民委员会提出公开该村村集体土地征收征用情况等 25 项村务信息的申请。西小马庄村村民委员会于 7 月 2 日签收，但未回复。8 月 4 日，原告再次向西小马庄村村民委员会提出上述村务公开申请，西小马庄村村民委员会于 8 月 6 日再次签收，仍未回复。2015 年 8 月 25 日，原告根据《村民委员会组织法》第三十一条之规定，向被告提出《要求通州区政府责令村务公开申请书》，被告于 2015 年 8 月 27 日签收，但至今未采取任何措施责令村务公开。被告的行为已经构成行政不作为。故原告诉请法院确认被告未在法定期限内责令西小马庄村村民委员会对原告 2015 年 6 月 30 日提出的村务公开申请进行公开的行为违法；判令被告责令西小马庄村村民委员会依据《村民委员会组织法》等相关法律、法规的规定向原告公开其依法申请的 25 项村务信息。

原告在法定期限内向本院提供了以下证据材料：第一组证据：1. 原告户口本复印件；2.（2002）通民初字第 04517 号《民事判决书》、（2003）二中民终字第 02096 号《民事判决书》，证明原告是西小马庄村村民，在西小马庄村拥有北房三间、西厢房三间的所有权，具有要求西小马庄村村民委员会依法公开相关村务信息的权利。第二组证据：3.《村务公开申请书》；4. 2015 年 6 月 30 日邮寄单和签收单网页打印截图；5. 2015 年 8 月 4 日邮寄单和签收单网页打印截图。证明原告分别于 2015 年 6 月 30 日、8 月 4 日向西小马庄村村民委员会邮寄村务公开申请，西小马庄村村民委员会均签收，但未依法进行村务公开。第三组证据：6.《要求通州区政府责令村务公开申请书》；7. 2015 年 8 月 25 日邮寄单和签收单网页打印截图。证明原告于 2015 年 8 月 25 日向被告邮寄了要求区政府责令村务公开申请书，被告签收，但是被告未履行责令西小马庄村村民委员会依法进行村务公开的法定职责。

被告辩称，被告已经履行了相关职责。被告收到原告申请后，及时转送该区梨园镇人民政府（以下简称梨园镇政府）及通州区民政局，要求了解情况后报送被告，由被告根据情况进行处理。梨园镇政府责令西小马庄村村民委员会对原告申请的村务公开内容进行公开，并对该村民委员会是否履行村务公开职责进行调查核实。村民委员会认为，原告申请公开的内容没有时间节点，无法确定其申请村务公开的具体内容。但村民委员会每年都按照相关规定进行村务公开，不存在未公开的情形。被告另责令镇政府组织相关部门当面对原告就村务公开问题进行答复。但原告未到场参加镇政府、村民委员会组织的当面答复会。被告认为按照《村民委员会组织法》的规定，只有在村民委员会不及时公布或者公布的事项不真实的情况下，才由政府或主管部门负责调查核实，责令依法公布。现原告不能证明西小马庄村村民委员会存在不及时公布或者公布的事项不真实的情形，其起诉不能成立。故请求法院驳回原告的诉讼请求。

被告在法定期限内向本院提供了以下证据、依据：1. 信访流程单，证明收到原告的《要求通州区政府责令村务公开申请书》后，被告信访办登记，并转梨园镇政府、区民政局办理；2. 梨园镇信访办公室于 2015 年 10 月 18 日出具的《关于东某、邓希某反映情况的说明》，证明被告要求镇政府先行调查处理后，镇政府为此所做的工作；3. 通州区民政局于 2015 年 10 月 29 日出具的《关于梨园镇西小马庄村有关信访问题的说明》，证明区民政局为调查核实西小马庄村村务公开所做工作；4. 《2014 年西小马庄村工作总结》，证明西小马庄村村务公开情况，其中包括原告申请事项；5. 《西小马庄村 2014 年 1—12 月份财务收支报告》，证明西小马庄村村务公开情况，其中包括原告申请事项；6. 《会议纪要》，证明根据被告的信访转件，梨园镇政府于 2015 年 9 月 15 日召开会议；7. 视频光盘，证明 2015 年 9 月 18 日，西小马庄村党支部、村民委员会在镇社会事务管理科、镇信访办的参与下，准备当面对原告的申请进行答复，但原告没有到场，其妻子声称不能代表原告，在原告不到场的情况下，答复无法进行；8. 被告于 2016 年 1 月 27 日制作的《调查笔录》，证明被告对原告提出的申请进行调查核实；9. 西小马庄村村民委员会于 2016 年 1 月 27 日对原告作出的《关于村务公开的说明》及邮寄单据，证明经被告调查核实，西小马庄村村民委员会对原告作出书面回复并邮寄送达。

被告同时提交《村民委员会组织法》及《北京市实施〈中华人民共和国村民委员会组织法〉的若干规定》作为法律依据。

经庭前交换证据及庭审质证，原告对被告提交的证据的真实性、合法性及证明目的均不认可；被告认为原告提交的证据 2 与本案没有关联性，对其他证据没有异议。

本院对上述证据认证如下：原告提交的证据具备真实性、合法性及与本案的关联性，本院予以采纳。被告提交的证据 1—7 具备真实性、合法性及与本案的关联性，但不能实现证明被告已经履行法定职责的证明目的，对其证明目的本院不予采信；被告提交的证据 8、证据 9 系其在本案原告提起诉讼后收集调取的，不能用以证明被诉行为的合法性，本院不予采纳。

经审理查明：原告系西小马庄村村民。2015 年 6 月 30 日、8 月 4 日，原告向西小马庄村村民委员会邮寄《村务公开申请》，申请公开该村村集体土地征收征用情况等25项村务信息。西小马庄村村民委员会均签收。2015年8月25日，原告向被告邮寄《要求通州区政府责令村务公开申请书》，请求被告责令西小马庄村村民委员会向原告公开该村村集体土地征收征用情况等25项村务信息，被告于同年8月27日签收。2015年9月2日，被告下属信访办公室将材料转送至梨园镇政府及通州区民政局处理。2015年9月15日，梨园镇政府组织召开会议并制作《会议纪要》。2015年9月18日，西小马庄村村民委员会，梨园镇社会事务管理科、信访办等拟对原告申请进行当面答复，但原告本人未到场。2015年10月18日，梨园镇信访办公室出具《关于东某、邓希某反映情况的说明》，说明被告要求镇政府先行调查处理后，镇政府为此召开协调会及拟对原告进行答复的情况。2015年10月29日，通州区民政局出具《关于梨园镇西小马庄村有关信访问题的说明》，说明区民政局为调查核实西小马庄村村务公开所做工作情况。2016年1月7日，原告因认为被告在法定期限内未履行《村民委员会组织法》规定的法定职责，向本院提起诉讼。

本院认为，根据《村民委员会组织法》第三十条之规定，村民委员会实行村务公开制度。第三十一条规定，村民委员会不及时公布应当公布的事项或者公布的事项不真实的，村民有权向乡、民族乡、镇的人民政府或者县级人民政府及其有关主管部门反映，有关人民政府或者主管部门应当负责调查核实，责令依法公布；经查证确有违法行为的，有关人员应当依法承担责任。因此，本案原告作为西小马庄村村民，有权向县级人民政府反映该村村民委员会村务公开问题。被告作为一级人民政府，则负有对村民反映的村民委员会村务公布事项进行调查核实，并在确认村民委员会存在不及时公布应当公布的事项或者公布的事项不真实的情况下责令其公开的职责。

关于本案双方当事人所争议的被告是否按照《村民委员会组织法》的规定履行了调查核实职责的问题，被告认为，其收到原告要求其责令西小马庄村村民委员会向原告公开该村村集体土地征收征用情况等25项村务信息的申请后，将其作为信访事项，交由梨园镇政府及通州区民政局处理，已属履行了相关职责。对此，本院认为，《中华人民共和国地方各级人民代表大会和地方各级人民政府组织法》虽然规定县级以上的地方各级人民政府可以行使领导所属各工作部门和下级人民政府工作的职权，镇级人民政府应当办理上级人民政府交办的其他事项，但两级人民政府亦应在法律授权范围内行使各自的法定职权，并承担相应的行政义务。《村民委员会组织法》已明确规定接到村民反映的镇或县级人民政府均负有调查核实的法定职责，因此本案被告虽将原告反映事项转交梨园镇政府及通州区民政局处理，但并未依法定职权对西小马庄村村民委员会是否及时、全面公开了原告所提出的多个村务公开请求进行调查核实，被告未充分、全面地履行前述法律规定中的法定职责。故被告关于其已履行职责的主张没有事实依据和法律依据，本院不予支持。

关于本案双方当事人所争议的目前情况下是否需由被告责令村民委员会依法公布原告相关申请事项的问题，本院认为，《村民委员会组织法》中关于责令公布的规定系以相关主管部门进行调查核实并确认是否存在被反映问题为前提，在本案被告未充分、全面地履行调查核实法定职责的情况下，原告迳行要求确认被告未在法定期限内责令西小马庄村村民委员会对原告2015年6月30日提出的村务公开申请进行公开的行为违法并判令被告责令西小马庄村村民委员会依据《村民委员会组织法》等相关法律、法规的规定向原告公开其依法申请的25项村务信息的诉讼请求，无事实及法律依据，本院不予支持。

综上，依据《中华人民共和国行政诉讼法》第六十九条、第七十二条，《最高人民法院关于适用〈中华人民共和国行政诉讼法〉若干问题的解释》① 第二十二条之规定，判决如下：

一、被告北京市通州区人民政府在本判决生效之日起六十日内对原告东某关于北京市通州区梨园地区西小马庄村村务公布事项的申请进行调查处理。

二、驳回原告东某的其他诉讼请求。

案件受理费50元，由被告北京市通州区人民政府负担，于本判决生效之日起7日内交纳。

如不服本判决，各方当事人可于本判决书送达之日起15日内向本院提交上诉状，并按对方当事人人数提交上诉状副本，预交二审案件受理费50元，上诉于北京市高级人民法院。上诉人在上诉期满后7日内未预交上诉费，又不提出缓交申请的，按自动撤回上诉处理。

审 判 长　　吴在存
审 判 员　　武　楠
人民陪审员　　朱国庆
二〇一六年六月二十四日
法 官 助 理　　苏美夏
书 记 员　　郝　爽

---

① 已被《最高人民法院关于适用〈中华人民共和国行政诉讼法〉的解释》废止。

35

诚实信用原则在公房承租人变更审查程序中的适用

——周美某诉北京市东城区人民政府行政答复案

【裁判要旨】《北京市公有住宅租赁合同》第七条规定，租赁期限内，乙方外迁或死亡，乙方同一户籍共同居住两年以上，又无其他住房的家庭成员愿意继续履行原合同，其他家庭成员又无异议的，可以办理更名手续。一般而言，有资格提出异议的“其他家庭成员”也应符合与原承租人同一户籍、共同居住两年以上、无其他住房等条件。如果其他家庭成员在申请人提出变更承租人申请时有其他住房，而在公房管理机构因审查该申请需要征求其意见时通过协议离婚方式对住房予以处置并形成无房状态的，通常不应认可该家庭成员对变更承租人申请提出异议的资格。

北京市第四中级人民法院

行政判决书

（2017）京04行初354号①

原告周美某，住北京市东城区。

委托代理人钟细彬，天津瀚洋律师事务所北京分所律师。

被告北京市东城区人民政府，住所地北京市东城区。

法定代表人李先忠，区长。

委托代理人李磊，北京市东城区房屋土地经营管理一中心东四分中心工作人员。

委托代理人田雨，北京市东城区房屋土地经营管理一中心东四分中心管理所长。

---

① 本案判决作出之后，双方当事人均未上诉，判决已生效。

第三人段其某，住北京市东城区。

委托代理人单正宏，北京市邦盛律师事务所律师。

原告周美某（以下简称原告）因不服被告北京市东城区人民政府（以下简称被告）下属的北京市东城区房屋土地经营管理一中心东四分中心（以下简称东四分中心）作出的公房行政答复，向本院提起行政诉讼。本院于 2017 年 3 月 21 日立案后向被告送达了起诉状副本及应诉通知书。本院依法组成合议庭，于 2017 年 4 月 26 日公开开庭审理了本案。原告的委托代理人钟细彬，被告的委托代理人李磊、田雨，第三人段其某（以下简称段其某）及其委托代理人单正宏到庭参加诉讼。本案现已审理终结。

被告于 2017 年 3 月 9 日作出《关于周美某申请变更承租人的答复》（以下简称被诉答复），针对原告提出申请将北京市东城区东四铁营南巷 × 号院 × 、 × 号北房变更承租人申请，作出如下答复：经我单位工作人员调查核实，与原承租人同一户籍共有两人，原承租人之妻周美某，原承租人之子段其某，您与段其某先后分别向我分中心提出更名申请，并分别提供院内相邻住户证人证言都证明各自在原承租人段世某去世之前与原承租人共同居住两年以上，经我单位工作人员下户核实，院内相邻住户均表示证明材料内所写内容为真实意思表示，且双方无房证明也显示双方它处均无其他住房。因家庭成员之间存在异议，不符合《北京市公有住宅租赁合同》第七条“其他家庭成员无异议的，可以办理更名手续”之规定，故不能为您办理变更承租人的手续，待双方达成意见共识之后再行办理。

原告诉称：原告与段士某于 1988 年结婚，段士某（曾用名段世某）与东四分中心签订《公有住宅租赁合同》，约定由段士某作为北京市东城区铁营南巷 × 号房屋的承租人。夫妻俩的户口落到该房处，一直居住至今。2015 年 8 月 11 日，段士某去世，原告作为其唯一的共同居住人，又无其他住所，所以在 2015 年 12 月多次向被告申请变更北京市东城区铁营南巷 × 号房屋承租人为原告，但是被告以原告的继子段其某不同意变更为理由不予批准。但是经调查得知，段其某在朝阳区有私房 2 套，且其未在涉诉公房处长期居住。综上，被告的答复严重损害了原告的合法权益。故请求法院依法撤销东四分中心于 2017 年 3 月 9 日作出的被诉答复，判令被告重新作出答复。

原告在法定期限内提交如下证据：

1. 录音，用以证明在 2015 年 12 月 21 日，原告在被告处当场申请变更承租人，被告不同意。

2. 邮寄回执单及接收情况，用以证明原告撤诉后，在 2016 年 2 月 4 日申请变更申请人。

3. 离婚证、离婚协议、房本，用以证明被告在接收原告口头和书面申请后，找到段其某，问其意见，其不同意变更承租人，并在2016年3月1日假离婚，将夫妻共有财产都转移到妻子李俊某名下，而被告明知道段其某有其他住房的情形下，依旧不同意变更承租人。

4. 证人证言，用以证明被告调查4个邻居，证人都证明原告在涉诉房屋居住几十年。

5. 东四街道社区保障事务所证明，用以证明原告为无社会保障人员，经济困难。

6. （2016）京04行初822号行政判决书，用以证明北京市第四中级人民法院已经撤销被告不予变更承租人的答复，并要求被告重新作出答复。

7. 被诉答复、结案通知书，用以证明被告逾期重新作出答复，原告通过北京市第四中级人民法院强制执行，被告才作出答复，属违法行为。

8. 东四派出所证明信，用以证明原告与段士某系夫妻关系，户口也在涉案房屋中，有权成为房屋承租人。

被告辩称：对于原告提出的更名申请，经核实，原承租人段士某之子即同一户籍共居人段其某表示不同意将涉案公房变更为其继母周美某的名下，提交了书面不同意更名情况说明，并提供了相关证据材料，周美某和段其某提交的院内证人证言显示双方均与原承租人长期居住在涉案房屋内。因段其某作为符合条件的其他家庭成员有异议，所以东四分中心不能为原告办理更名手续。东四分中心作出的答复适用依据正确，符合法律规定，故请求法院依法驳回原告的诉讼请求。

被告在法定期限内向本院提交如下证据：

1. 北京市公有住宅租赁合同，用以证明段士某承租的铁营南巷×号房屋是被告直管公房。

2. 原承租人户口本，用以证明同一户籍家庭成员关系。

3. 原承租人死亡证明，用以证明段士某去世的时点。

4. 共居人身份证复印件，用以证明段其某身份。

5. 共居人不同意变更承租人情况说明，用以证明段其某向东四分中心提交关于周美某变更承租人的意见。

6. 段其某更名申请，用以证明段其某向东四分中心申请变更涉案房屋承租权。

7. 共居人长期居住证明，用以证明段其某长期在院内居住。

8. 段其某院内居民证人证言及东四分中心工作人员调查询问笔录，用以证明对段其某居住涉案公房时点的补充证明。

9. 共居人无房证明，用以证明段其某没有享受过单位的福利分房。

10. 段其某离婚证复印件，用以证明段其某已经离异。

11. 段其某离婚协议，用以证明段其某在离婚的时点对其夫妻名下的财产分割情况。

12. 段其某前妻房产证复印件，用以证明离婚协议中提及房产证明。

13. 被诉答复，用以证明被告已经对原告的申请重新作出答复。

14. 关于段其某申请变更承租人的答复，用以证明被告也对段其某的更名申请作出了答复。

第三人段其某述称，支持被告作出的被诉答复，请求法院驳回原告的诉讼请求。

段其某向本院提交如下证据：

1. 北京市公有住宅租赁合同，用以证明2000年4月11日段其某的父亲与北京市东城区房屋土地管理局签订租赁合同，根据合同第七条的规定，原告的变更申请需经过段其某同意，段其某不同意变更，被告未办理变更符合法律规定和合同约定。

2. 段其某的户口本，用以证明段其某的户口在东城区铁营南巷×号，与原告为同一户籍。

3. 北京市隆福医院患者授权委托书，用以证明段其某父亲住院期间是由段其某办理住院、出院手续，由段其某照顾其间的生活起居。

4. 证人证言，用以证明段其某自2012年一直同父亲在东城区铁营南巷×号居住，父亲去世后，同原告居住，照顾生活起居。

5. 电费、电话费、水费、卫生费、租金等收据和发票，用以证明段其某的父亲去世后，一直由段其某履行租赁合同的义务，缴纳租金和各种费用，原告没有经济收入，没有履行合同的能力。

6. 现场照片，用以证明段其某的父亲去世前里屋放两张床，外屋放一张床，段其某在里屋居住，照顾父亲。

庭审中，对于被告提交的证据材料，原告对证据1—4、10、13、14无异议，对证据8、11、12的真实性不予认可，对证据5、6的合法性不予认可，对证据9的关联性不予认可，对证据7的证明目的不予认可；段其某无异议；对于原告提交的证据材料，被告无异议；段其某对证据3的证明目的不予认可，其他证据无异议；对于段其某提交的证据材料，被告无异议；原告对证据6的真实性、证明目的不予认可，其他证据无异议。

经庭审质证，本院对当事人提交的证据材料作如下确认：被告提交的证据6、14与本案不具有关联性；原告提交的证据3欲证明段其某假离婚这一情节不予认可；段其某提交的证据6不能证实其欲证明的事实，本院不予采信。被告、原告、段其某提交的其他证据，均符合证据的法定条件，具有真实性、合法性、关联性，本院予以采信。

经审理查明，北京市东城区东四铁营南巷×号院的×1、×2号（原×3、×4号）房屋，使用面积20.6平方米，系东四分中心管理的直管公房，原承租人为原告的丈夫段士某（曾用名段世某），其于2015年8月死亡。原告与段其某均与原承租人为同一户籍。原告于2016年2月3日向东四分中心邮寄了《公租房变更承租人申请表》，东四分中心于2016年5月23日作出《关于周美某申请变更承租人的答复》。原告不服，向本院提起诉讼。本院经过审理，于2016年10月14日作出撤销被告下属的东四分中心作出的《关于周美某申请变更承租人的答复》，并在判决生效之日起六十日内对原告周美某的更名申请重新作出处理的判决。判决生效后，东四分中心对原告的申请重新进行调查核实工作，其间，段其某向东四分中心提交了离婚协议、离婚证、前妻房产证复印件等证据，证实2016年3月11日段其某与其妻子离婚，段其某名下有一处房产，离婚后归其前妻所有。2017年3月9日，东四分中心依据补充调查的内容作出因作为其他家庭成员的段其某有异议，不予变更原告为承租人的答复。原告对该答复不服，向本院提起诉讼。

本院认为，根据直管公房管理的相关规定及我市机构改革的现状，东城区房屋土地经营管理一中心及其各分中心接受北京市东城区人民政府的委托，依法履行对辖区内直管公房进行管理的法定职责，包括对直管公房承租人变更申请进行审查，对申请人是否具备更名条件作出认定。

《北京市公有住宅租赁合同》（2000年版）第七条规定，租赁期限内，乙方外迁或死亡，乙方同一户籍共同居住两年以上，又无其他住房的家庭成员愿意继续履行原合同，其他家庭成员又无异议的，可以办理更名手续。此规定是公房管理部门审核申请人是否符合更名条件的依据。根据公房管理的原则和精神，征求其他家庭成员对变更承租人的意见，系保护与公有住宅原承租人形成共居关系的且在外无其他住房的家庭成员的居住权和承租权，故在前引规定中需征求其意见的“家庭成员”与符合承租条件的“家庭成员”具有同一性的概念，即只有符合与原承租人同一户籍、共同居住两年以上、无其他住房的条件的家庭成员，才是需要征求其意见的家庭成员。

段其某是否符合其他家庭成员的条件系本案的争议焦点。对于段其某有无住房问题，东四分中心依据其单位开出的证明和其离婚协议等证据，认定段其某没有享受过福利分房，其所有的一套房屋已经在离婚时以财产分割的方式让与女方，故其名下应属无房。本院认为，无论是申请变更的“家庭成员”还是需要征求意见的

"家庭成员"，就是否享有其他住房这一条件认定的时间节点根据不同情况，至迟应为一方提出变更承租人的申请时。东四分中心在庭审中亦认可这一标准。结合本案的具体案情，原告于2016年2月3日向东四分中心提出变更承租人的申请，东四分中心收到后即启动原告是否符合《北京市公有住宅租赁合同》第七条规定的四项条件的调查工作，段其某于2016年2月22日书写了一份不同意原告变更申请的情况说明，说明其此时已经知晓原告要变更的情况。而段其某于2016年3月11日在离婚协议中才将自己名下的房屋让与其前妻。综上，段其某在原告申请变更时名下有房，甚至其在提交有异议的情况说明时还属于享有其他住房的情况。故段其某之后对房屋的处理行为不影响认定其享有其他住房。因此，东四分中心认定段其某没有其他住房，继而结合其他三项条件认定段其某符合《北京市公有住宅租赁合同》第七条的要求，应为需要征求意见的其他家庭成员，属于认定事实不清，主要证据不足，所作的被诉答复应予撤销。对原告提出的诉讼请求，本院予以支持。

综上，依据《中华人民共和国行政诉讼法》第七十条第（一）项的规定，判决如下：

一、撤销被告北京市东城区人民政府下属北京市东城区房屋土地经营管理一中心东四分中心于二〇一七年三月九日对原告周美某作出的《关于周美某申请变更承租人的答复》。

二、被告北京市东城区人民政府下属北京市东城区房屋土地经营管理一中心东四分中心在本判决生效之日起六十日对原告周美某的更名申请重新作出处理。

案件受理费50元，由被告北京市东城区人民政府负担（于本判决生效之日起7日内交纳）。

如不服本判决，可在本判决书送达之日起十五日内提起上诉，向本院递交上诉状，并按对方当事人人数提出副本，上诉于北京市高级人民法院。

审 判 长　　贾　毅
审 判 员　　邢　军
人民陪审员　　李东英
二〇一七年八月二十五日
法官助理　　胡　荣
书 记 员　　赵迎争

36

行政复议应遵循禁止不利变更原则

——王宝某诉北京市西城区人民政府行政复议案

【裁判要旨】 根据《中华人民共和国行政复议法实施条例》第五十一条的规定，行政复议机关在申请人的行政复议请求范围内，不得作出对申请人更为不利的行政复议决定。该条所规定的“对申请人更为不利的行政复议决定”既包括行政复议机关作出的对申请人更为不利的变更原行政行为的决定，也包括行政复议机关作出的将实际导致申请人更为不利的撤销原行政行为的决定。

北京市第四中级人民法院
行政判决书

（2017）京04行初789号[①]

原告王宝某，住北京市西城区。

被告北京市西城区人民政府，住所地北京市西城区。

法定代表人王少峰，区长。

委托代理人毕菲，北京市西城区人民政府法制办公室干部。

委托代理人李鹏，北京市西城区人民政府法制办公室干部。

第三人刘某，住北京市西城区。

第三人张某某，住河北省承德市双桥区。

原告王宝某（以下简称原告）不服被告北京市西城区人民政府（以下简称被告）作出的行政复议决定，向本院提起行政诉讼。本院于2017年7月25日受理后，向被告送达了起诉书副本及应诉通知书。本院依法组成合议庭，于2017年10

① 本案判决作出之后，双方当事人均未上诉，判决已生效。

月17日公开开庭审理了本案。因刘某、张某某与本案具有利害关系，本院通知两人作为第三人参加诉讼，张某某表示放弃参加本次诉讼。原告、被告的委托代理人李鹏、第三人刘某（以下简称第三人）到庭参加诉讼。本案现已审理终结。

被告于2017年7月13日作出的西政法复字〔2017〕第58号《北京市西城区人民政府行政复议决定书》（以下简称被诉决定书），主要内容为：申请人王宝某不服被申请人北京市公安局西城分局（以下简称西城分局）作出的行政处罚决定，于2017年4月18日向被告申请行政复议，复议请求为撤销西城分局作出的行政处罚决定。被告认为，依据《治安管理处罚法》第四十三条第一款规定："殴打他人的，或者故意伤害他人身体的，处五日以上十日以下拘留，并处二百元以上五百元以下罚款；情节较轻的，处五日以下拘留或者五百元以下罚款。"本案中，西城分局认定申请人王宝某具有结伙殴打他人的情形，但未适用《治安管理处罚法》第四十三条第二款第（一）项"有下列情形之一的，处十日以上十五日以下拘留，并处五百元以上一千元以下罚款：（一）结伙殴打、伤害他人的"规定，属于适用法律错误，故该处罚决定应当予以撤销。依据《中华人民共和国行政复议法》（以下简称《行政复议法》）第二十八条第一款第（三）项规定，决定撤销被申请人作出的京公西行罚决字〔2017〕000782号行政处罚决定。

原告诉称，2017年3月7日下午，原告在小区内发现他的妻子被两个妇女殴打，其上前阻挡，所有的动作都是为了阻止她们继续殴打他妻子并没有出手打她们，因此被诉决定书涉嫌违法，故请求依法撤销被告作出的被诉决定书。

原告在法定期限内向本院提交了下列证据：

1. 光盘。
2. 证人证言（李秀某、温康某、宋春某）。
3. 被诉决定书。
4. 行政复议申请书。
5. 西城分局处罚决定书。
6. 照片一组（两张）。

证据1—6用以证明原告没有殴打他人。

被告辩称，西城分局作出的行政处罚决定适用法律错误，应予撤销。被诉决定书认定事实清楚、程序合法、适用依据正确，请求法院驳回原告诉讼请求。

被告在法定举证期限内向本院提交了以下证据：

1. 行政复议申请书及相关材料，用以证明收到复议申请情况。
2. 申请处理审批表，用以证明依法办理立案手续。
3. 申请受理通知书及送达凭证，用以证明被告对原告的申请已经立案，并送达告知申请人。

4. 答复通知书及送达回证，用以证明被申请人提出答复。

5. 答复意见书、代理手续及送达凭证，用以证明被申请人提交答复意见及相关材料。

6. 延期呈报表，用以证明办理延期手续。

7. 延期审理通知书及送达凭证，用以证明作出延期通知并送达。

8. 结案呈报表，用以证明办理结案手续。

9. 被诉决定书的送达凭证，用以证明依法送达被诉决定。

第三人参诉意见为希望案件公正审理，第三人提交的证据与原告一致。

经庭审质证，本院对以下证据作如下确认：原告提交的证据1、3—6，被告提供的证据具备真实性、合法性及与本案的关联性，本院予以采信；原告提交的证据2证人证言，未附有居民身份证复印件等证明证人身份的文件，不具有合法性，且不能证实原告想要证明的内容，本院不予采信。

本院经审理查明：2017年3月24日，西城分局对原告作出京公西行罚决字〔2017〕000782号《行政处罚决定书》，认定2017年3月7日16时许，王宝某在北京市西城区西皇城根南街×区×号楼楼下，因与张某某发生纠纷，故伙同刘某将张某某打伤，后被查获，根据《治安管理处罚法》第四十三条第一款之规定，决定给予王宝某行政拘留7日，并处罚款200元的处罚。原告不服，于2017年4月18日向被告申请行政复议。被告于2017年4月20日作出《行政复议申请受理通知书》并于4月26日送达原告，同日被告作出《行政复议答复通知书》并于4月26日送达西城分局。2017年5月6日西城分局提交答复意见及相关材料。2017年6月15日被告作出延期审理决定，并送达原告。2017年7月13日，被告作出被诉决定书并送达各方当事人。原告不服，诉至本院。

另查明，西城分局尚未依据《行政处罚决定书》对原告执行处罚。

本院认为：根据《行政复议法》第十二条规定，对县级以上地方各级人民政府工作部门的具体行政行为不服的，由申请人选择，可以向该部门的本级人民政府申请行政复议，也可以向上一级主管部门申请行政复议。本案中，被告作为西城分局的本级人民政府，具有对原告行政复议申请进行审查处理的法定职责。

《行政复议法》第二十八条第一款规定，行政复议机关负责法制工作的机构应当对被申请人作出的具体行政行为进行审查，提出意见，经行政复议机关的负责人同意或者集体讨论通过后，按照下列规定作出行政复议决定：（一）具体行政行为认定事实清楚，证据确凿，适用依据正确，程序合法，内容适当的，决定维持；（二）被申请人不履行法定职责的，决定其在一定期限内履行；（三）具体行政行为有下列情形之一的，决定撤销、变更或者确认该具体行政行为违法；决定撤销或者确认该具体行政行为违法的，可以责令被申请人在一定期限内重新作出具体行政行为：1. 主要事实不清、证据不足的；2. 适用依据错误的；3. 违反法定程序的；4. 超越或者滥用职权的；5. 具体行政行为明显不当的。（四）被申请人不按照本法第二十三条的规定提出书面答复、提交当初作出具体行政行为的证据、依据和其他有关材料的，视为该具体行政行为没有证据、依据，决定撤销该具体行政行为。被告作出的被诉决定书审理查明的事实正确，其以适用法律错误为由撤销西城分局作出的行政处罚决定，本符合上述法律条款中规定撤销的情形，但是《中华人民共和国行政复议法实施条例》（以下简称《复议法实施条例》）第五十一条规定，行政复议机关在申请人的行政复议请求范围内，不得作出对申请人更为不利的行政复议决定。本案中，西城分局作出的行政处罚决定适用了《治安管理处罚法》第四十三条第一款，依据该条款处罚，拘留的上限为10日，罚款的上限为500元，行政处罚决定最终给予原告的处罚为拘留7日，并处罚款200元。而被诉决定书在本机关认为部分指出西城分局认定原告具有结伙殴打他人情节，应适用而未适用的是《治安管理处罚法》第四十三条第二款第（一）项，依据该条款处罚，拘留的下限为10日，上限为15日；罚款的下限为500元，上限为1000元。显然，原行政处罚决定适用法律确有错误，但是依据被诉决定书指向的应适用法律条款对原告进行处罚，将导致原告在申请行政复议之后，处罚结果有所加重。《复议法实施条例》第五十一条是禁止不利变更原则在复议程序中的体现。该条款既包括复议机关不得直接作出对申请人更为不利的复议决定，也包括复议机关不得以撤销等方式间接导致对申请人更为不利的结果。尽管被告没有在被诉决定书中直接变更原行政行为，也没有在作出撤销决定的同时，要求西城分局重新作出行政处罚决定，然而该行政处罚系殴打他人事件引起，西城分局必然会重新作出行政处罚决定，而重作的决定必将导致对原告更为不利的后果。综上，被告作出的被诉决定书违反了《复议法实施条例》第五十一条的规定，属于适用法律法规错误，应当予以撤销。原告提出的诉讼请求，本院予以支持。根据《中华人民共和国行政诉讼法》第七十条第（二）项之规定，判决如下：

一、撤销被告北京市西城区人民政府于二〇一七年七月十三日作出的西政法复字〔2017〕第58号《北京市西城区人民政府行政复议决定书》。

二、被告北京市西城区人民政府对原告王宝某提出撤销北京市公安局西城分局作出的京公西行罚决字〔2017〕000782号《行政处罚决定书》的行政复议申请在法定期限内重新作出答复。

案件受理费50元，由被告北京市西城区人民政府负担（于本判决生效后七日内交纳）。

如不服本判决，可在判决书送达之日起十五日内，向本院递交上诉状，并按对方当事人人数递交上诉状副本，上诉于北京市高级人民法院。

审　判　长　　贾　毅
审　判　长　　邢　军
人民陪审员　　李东英
二〇一七年十二月十一日
法官助理　　胡　荣
书　记　员　　赵迎争

37

对合法、公正的房屋征收决定，人民法院应予支持

——王某诉北京市朝阳区人民政府房屋行政征收案

【裁判要旨】国有土地上房屋征收决定通常既涉及众多被征收人的重大财产权益，又涉及重大公共利益。对于房屋征收决定的合法性，人民法院应当坚持全面的合法性审查原则。对于行政机关依照《国有土地上房屋征收与补偿条例》等法律规范作出的合法的房屋征收决定，人民法院应依法予以支持。

北京市第四中级人民法院
行政判决书

（2017）京04行初414号①

原告王某，住北京市朝阳区。

委托代理人冯迅（原告之婿），住北京市朝阳区。

被告北京市朝阳区人民政府，住所地北京市朝阳区。

法定代表人王灏，区长。

委托代理人王宝林，北京市朝阳区人民政府干部。

委托代理人孟丽娜，北京市康达律师事务所律师。

原告王某诉被告北京市朝阳区人民政府（以下简称朝阳区政府）房屋行政征收一案，向本院提起行政诉讼。本院于2017年4月5日受理后，向被告送达了起诉书副本及应诉通知书。本院依法组成合议庭，于2017年7月18日公开开庭审理了本案。原告王某及其委托代理人冯迅，被告朝阳区政府副区长李国红作为行政机关负责人出庭应诉，委托代理人王宝林、孟丽娜到庭参加诉讼。本案现已审理终结。

---

① 本案判决作出之后，双方当事人均未上诉，判决已生效。

2017 年 2 月 24 日，被告朝阳区政府作出朝政房征字〔2017〕1 号《北京市朝阳区人民政府房屋征收决定》（以下简称被诉征收决定），主要内容为：朝阳区政府决定对永安里旧城区改建项目（以下简称永安里项目）用地红线范围内的房屋及其附属物实施征收，国有土地使用权同时收回。房屋征收范围为：东至永安里东路，南至永安东里小区围墙，西至国泰饭店、北京铁路局、朝阳区教育委员会用地边界，北至建国门外大街（具体范围以规划意见及附图划定的范围为准）。并载明了房屋征收实施单位、评估机构、项目签约期限、行政复议和行政诉讼权利等内容。

原告王某诉称，原告在永安东里 × 号楼 × 单元 × 号（以下简称涉案房屋）承租公房，后通过房改售房的方式取得涉案房屋所有权。《国有土地上房屋征收与补偿条例》第七条、《北京市旧城区改建房屋征收实施意见》第七条均规定了被征收人有提出自己意见的权利。征收部门有依照被征收人意见进行调查、核实，并落实在最终征收相关文件中的义务。2016 年 5 月 18 日被告征收部门组织听证会，包括原告在内的部分被征收人提出：1958 年，被征收人通过置换的方式迁来现居住房屋，事实上已经取得现居住房屋的所有权。在此次征收中，又通过房改置换的方式取得同一处房屋的所有权，因此，被征收人应享有相当于两套房屋的补偿。而被告在此次征收中，只按照一套房屋给予原告相应补偿，侵犯了原告的合法权益。故请求人民法院确认被诉征收决定违法、无效并予以撤销。

原告王某在法定举证期限内向本院提供下列证据：

1. 被诉征收决定，证明原告认为其不合法，故提起行政诉讼；

2.《关于永安里旧城改建项目预签征收补偿协议的通知》及附件，证明听证会没有针对参会代表提出的全部意见进行修改，内容程序不合法；

3. 购买公有住宅协议书，证明原告通过购买的方式取得了涉案房屋的所有权；

4. 北京市公有住宅租赁合同，证明原告的诉讼资格；

5. 户口本，证明原告 1958 年 1 月 1 日因拆迁迁入涉案房屋，对涉案房屋付出了两倍的价值；

6. 关于永安里片区房屋征收过程中的相关意见，证明针对房屋征收原告提出的个人意见。

被告朝阳区政府辩称，永安里项目被列入 2013 年棚户区改造和环境整治项目任务计划。2013 年 12 月，经征询旧城区改建范围内产权人、公房承租人的改建意愿，大多数产权人、公房承租人同意进行旧城区改建。2014 年 1 月 17 日，北京市国际商务中心区开发建设有限公司因项目建设需要，递交了《关于永安里旧城区改建项目纳入征收的申请》及相关申请材料。经审查，该项目征收要件完备，符合房屋征收条件，朝阳区政府于 2014 年 3 月 14 日作出《关于同意将永安里旧城区改建项目确认为房屋征收项目的批复》，同意将该项目确认为房屋征收项目。根据《国有土地上房屋征收与补偿条例》、《北京市国有土地上房屋征收与补偿实施意见》以及《北京市旧城区改建房屋征收实施意见》的有关规定，朝阳区人民政府房屋征收办公室（以下简称朝阳区征收办）进行了发布暂停公告、组织选定房地产价格评估机构、完成被征收房屋调查登记、拟定征收补偿方案并征求公众意见等工作。2016 年 5 月 18 日，北京市朝阳区市政市容管理委员会（以下简称朝阳区市政市容委）组织召开由产权人、公房承租人和公众代表参加的听证会。会后，朝阳区政府根据听证会情况修改了征收补偿方案。2016 年 10 月 26 日，朝阳区征收办按照公布的征收补偿方案，组织产权人、公房承租人预签附生效条件的征收补偿协议。2016 年 12 月 24 日，预签征收补偿协议比例超过 85%，预签征收补偿协议已生效。2017 年 2 月 24 日，朝阳区政府作出被诉征收决定，并在房屋征收范围内及北京市住房和城乡建设委员会（以下简称北京市住建委）网站上公告。故朝阳区政府作出的被诉征收决定证据确凿，适用法律法规正确，符合法定程序，请求驳回原告的诉讼请求。

被告朝阳区政府在法定举证期限内向本院提供以下证据：

1. 朝阳区市政市容委致朝阳区征收办《关于永安里旧城区改建项目区民意愿征询结果有关情况的函》（朝政容函〔2014〕1 号），证明永安里项目征询结果为产权人、承租人同意率达 88.2%；

2. （2013）京正阳内民证字第 8818 号《公证书》，证明北京市正阳公证处公证永安里项目意愿征询工作共发出《意愿征询函》858 张，“同意”票占总人数的 88.2%；

3. 照片，证明朝阳区征收办对征询意见工作实施监督；

4. 北京国际商务中心区开发建设有限公司《关于永安里旧城区改建项目纳入征收的申请》，证明该公司申请作为项目建设单位实施永安里项目；

5. 朝阳区发展和改革委员会（以下简称朝阳区发改委）《关于永安里旧城区改建项目征收投资任务书的批复》（朝发改〔2013〕714 号），证明朝阳区发改委同意北京国际商务中心区开发建设有限公司实施永安里项目；

6. 北京市规划委员会朝阳分局（以下简称市规委朝阳分局）《关于朝阳区永安里旧城区改建项目规划意见的复函》（规朝文〔2013〕116 号），证明该分局向北京国际商务中心区开发建设有限公司作出复函；

7. 原北京市国土资源局《建设项目用地预审意见》（京国土朝预〔2013〕0051 号），证明该局同意永安里项目通过用地预审；

8. 北京市重大项目建设指挥部办公室（以下简称市重大项目办）《关于下达 2013 年中心城区棚户区改造和环境整治项目任务的通知》（京重大办〔2013〕95

号）及2013年中心城区棚户区改造和环境整治项目册，证明永安里项目被列入2013年中心城区棚户区改造和环境整治改造任务计划；

9. 朝阳区人民代表大会常务委员会《关于朝阳区2013年国民经济和社会发展计划上半年执行情况的报告》、朝阳区发改委《关于朝阳区2013年国民经济和社会发展计划执行情况与2014年国民经济和社会发展计划草案的报告》、《北京市朝阳区第十五届人民代表大会第四次会议关于朝阳区2013年国民经济和社会发展计划执行情况与2014年国民经济和社会发展计划的决议》，证明永安里项目已纳入朝阳区国民经济和社会发展年度计划；

10. 朝阳区政府《关于同意将永安里旧城区改建项目确认为房屋征收项目的批复》（朝政批〔2014〕4号），证明朝阳区政府同意将该项目确认为房屋征收项目；

11. 朝阳区发改委《关于永安里旧城区改建项目调整投资规模的函》（朝发改〔2015〕531号），证明朝阳区发改委同意永安里项目总投资额增加，其他事项仍按朝发改〔2013〕714号文件执行；

12. 市规委朝阳分局《关于朝阳区永安里旧城区改建棚户区改造项目规划意见的复函》及附件，证明市规委朝阳分局对北京国际商务中心区开发建设有限公司作出永安里项目有关规划意见的复函；

13. 原北京市国土资源《建设项目用地预审延期的意见》（京国土朝预〔2015〕0056号），证明原北京市国土资源局同意《永安里旧城区改建项目建设项目用地预审意见》延期一年。

14. 北京市规划和国土资源管理委员会（以下简称市规划国土委）《建设项目用地预审意见》（市规划国土朝预〔2016〕28号）证明市规划国土委同意永安里项目通过用地预审；

15. 朝阳区征收办《北京市朝阳区房屋征收暂停办理事项的公告》（京朝房征审〔2014〕32号）、照片，证明朝阳区征收办在征收范围内发布暂停公告；

16. 朝阳区征收办《关于永安里旧城区改建项目房屋征收范围内暂停办理规划审批的通知》（京朝房征审〔2014〕33号）、回执，证明朝阳区征收办向市规委朝阳分局送达了暂停通知；

17. 朝阳区征收办《关于永安里旧城区改建项目房屋征收范围内暂停办理工商注册登记的通知》（京朝房征审〔2014〕35号）、回执，证明朝阳区征收办向北京工商管理局朝阳分局送达了暂停通知；

18. 朝阳区征收办《关于永安里旧城区改建项目房屋征收范围内暂停办理户籍分户、迁入等事项的通知》（京朝房征审〔2014〕34号）、回执，证明朝阳区征收办向北京市公安局朝阳分局送达了暂停通知；

19. 朝阳区征收办《关于永安里旧城区改建项目房屋征收范围内暂停办理变更权属登记的通知》（京朝房征审〔2014〕36号）、回执，证明朝阳区征收办向北京市朝阳区房屋管理局送达了暂停通知；

20. 朝阳区征收办《北京市朝阳区房屋征收暂停办理事项延期公告》（京朝房征审〔2015〕20号）、照片，证明朝阳区征收办在征收范围内发布暂停延期公告；

21. 朝阳区征收办《关于永安里旧城区改建项目房屋征收范围内暂停办理规划审批延期的通知》（京朝房征审〔2015〕21号）、送达回证，证明朝阳区征收办向市规委朝阳分局送达了延期通知；

22. 朝阳区征收办《关于永安里旧城区改建项目房屋征收范围内暂停办理工商注册登记延期的通知》（京朝房征审〔2015〕23号）、送达回证，证明朝阳区征收办向北京工商管理局朝阳分局送达了延期通知；

23. 朝阳区征收办《关于永安里旧城区改建项目房屋征收范围内暂停办理户籍分户、迁入等事项延期的通知》（京朝房征审〔2015〕22号）、送达回证，证明朝阳区征收办向北京市公安局朝阳分局送达了延期通知；

24. 朝阳区征收办《关于永安里旧城区改建项目房屋征收范围内暂停办理变更权属登记延期的通知》（京朝房征审〔2015〕24号）、送达回证，证明朝阳区征收办向北京市朝阳区房屋管理局送达了延期通知；

25. 朝阳区征收办《北京市朝阳区房屋征收暂停办理事项再次延期公告》（京朝房征审〔2016〕17号）、照片，证明朝阳区征收办在征收范围内发布暂停再次延期公告；

26. 朝阳区征收办《关于永安里旧城区改建项目房屋征收范围内暂停办理规划审批再次延期的通知》（京朝房征审〔2016〕20号），证明朝阳区征收办向市规委朝阳分局作出再次延期通知；

27. 朝阳区征收办《关于永安里旧城区改建项目房屋征收范围内暂停办理工商注册登记再次延期的通知》（京朝房征审〔2016〕18号），证明朝阳区征收办向北京市工商管理局朝阳分局作出再次延期通知；

28. 朝阳区征收办《关于永安里旧城区改建项目房屋征收范围内暂停办理户籍分户、迁入等事项再次延期的通知》（京朝房征审〔2016〕19号），证明朝阳区征收办向北京市公安局朝阳分局作出再次延期通知；

29. 朝阳区征收办《关于永安里旧城区改建项目房屋征收范围内暂停办理变更权属登记再次延期的通知》（京朝房征审〔2016〕21号），证明朝阳区征收办向北京市国土资源局朝阳分局作出再次延期通知；

30. 查询记录，证明证据26—29的相关通知于2016年3月8日进行了送达；

31. 朝阳区征收办《关于公开选择永安里旧城区改建项目房地产价格评估机构的通知》（京朝房征审〔2014〕45号），市住建委网页、照片，证明朝阳区征收办作出选择评估机构的通知并在征收范围内及市住建委网站公开发布；

32. 朝阳区征收办《关于永安里旧城区改建项目选定房地产价格评估机构的通知》（京朝房征审〔2014〕51号）、市住建委网页、照片，证明朝阳区征收办作出选定评估机构的通知并在征收范围内及市住建委网站公开发布；

33. 《关于永安里旧城区改建项目选定房地产价格评估机构协商意见结果》，证明选定评估机构经被征收人协商未能形成多数意见；

34. 朝阳区征收办《关于公布永安里旧城区改建项目住宅房屋房地产价格评估机构协商情况及摇号选定评估机构的通知》（京朝房征审〔2014〕53号）、市住建委网页、照片，证明朝阳区征收办作出选定住宅房屋价格评估机构协商情况及摇号的通知，并在征收范围内及市住建委网站公开发布；

35. （2014）京正阳内民证字第4088号《公证书》（含摇号结果确认意见），证明北京市正阳公证处确认选取房地产估价机构公开摇号过程及结果真实、有效；

36. 朝阳区征收办《关于公布永安里旧城区改建项目住宅房屋征收选定房地产价格评估机构摇号结果的通知》（京朝房征审〔2014〕54号）、市住建委网页、照片，证明朝阳区征收办作出住宅房屋价格评估机构摇号结果的通知，并在征收范围内及市住建委网站公开发布；

37. 朝阳区征收办《关于永安里旧城区改建项目选定非住宅房屋房地产价格评估机构的通知》（京朝房征审〔2014〕56号）、市住建委网页，证明朝阳区征收办作出非住宅房屋价格评估机构的通知，并在市住建委网站公开发布；

38. 《关于永安里旧城区改建项目选定非住宅房屋房地产价格评估机构协商意见结果》及附件，证明朝阳区房屋征收事务中心出具非住宅房屋价格评估机构协商意见结果，经协商选定北京大地盛业房地产土地评估有限公司；

39. 朝阳区征收办《关于永安里旧城区改建项目非住宅房屋征收工作选定房地产价格评估机构结果的公告》（京朝房征审〔2014〕66号）、市住建委网页、照片，证明朝阳区征收办作出非住宅房屋选定价格评估机构结果的公告，并在征收范围内及市住建委网站公开发布；

40. 房地产价格评估机构资质，证明永安里项目住宅及非住宅房屋选定的房地产价格评估机构资质证书；

41. 朝阳区征收办《通知》（2份）（京朝房征审〔2014〕55号、68号）、照片，证明朝阳区征收办张贴《通知》，通知各位被征收人分别开展住宅、非住宅入户调查登记和实地查勘工作；

42. 朝阳区征收办《关于公布永安里旧城区改建项目被征收住宅房屋情况调查结果的通知》(京朝房征审〔2016〕44号)、照片,证明朝阳区征收办作出被征收住宅房屋情况调查结果的通知,并在征收范围内公布;

43. 朝阳区征收办《永安里旧城区改建项目房屋征收补偿方案研讨会会议纪要》(2份)(京朝房征会〔2014〕12号)、(京朝房征会〔2015〕4号),证明朝阳区征收办分别组织有关部门对征收补偿方案进行论证;

44. 朝阳区政府《关于同意永安里旧城区改建项目房屋征收补偿方案的批复》(朝政批〔2015〕8号),证明朝阳区政府对朝阳区征收办作出批复,同意朝阳区征收办在拟征收范围内进行公布,征求被征收人意见,并做好后续相关工作;

45. 朝阳区征收办《关于永安里旧城区改建项目房屋征收补偿方案征求意见的通知》(京朝房征审〔2015〕43号)及附件、市住建委网页、照片,证明朝阳区征收办作出征收补偿方案征求意见的通知,并在征收范围内及市住建委网站公开发布;

46. (2015)京正阳内民证字第8152、8153号《公证书》,证明北京市正阳公证处对朝阳区征收办收集征收补偿方案的意见进行公证;

47. 朝阳区房屋征收事务中心《关于永安里旧城区改建项目房屋征收补偿方案意见收集情况的汇报》,证明朝阳区房屋征收事务中心向朝阳区征收办提交意见收集情况的汇报;

48.《关于召开永安里旧城区改建项目房屋征收补偿方案听证会的公告》,证明朝阳区市政市容委发布公告,通知永安里地区产权人和公房承租人于2016年5月18日组织召开听证会;

49. 永安里项目房屋征收补偿方案听证会记录、照片,证明2016年5月18日召开听证会的会议记录以及现场照片;

50. 朝阳区征收办《关于再次上报永安里旧城区改建项目房屋征收补偿方案的请示》(京朝房征审〔2016〕73号)及附件,证明朝阳区征收办向朝阳区政府报送再次上报征收补偿方案的请示;

51.《北京市朝阳区人民政府区长办公会议纪要》(第19号)证明朝阳区政府召开区长办公会议,原则同意永安里项目房屋征收补偿方案;

52.《朝阳区永安里旧城区改建项目征收补偿工作社会稳定风险评估报告》,证明朝阳区征收办出具社会稳定风险评估报告;

53. 朝阳区征收办《关于永安里旧城区改建项目预签征收补偿协议的通知》(京朝房征审〔2016〕115号)及附件、市住建委网页、照片,证明朝阳区征收办作出预签征收补偿协议的通知,签约期限自2016年10月26日起,期限不超过6个月。生效比例为 85%，同时将《永安里旧城区改建项目房屋征收补偿方案征求公众意见及修改意见的通告》、《永安里旧城区改建项目住宅房屋征收补偿方案》等作为附件；

54. 朝阳区财政局《银行账户确认书》（朝财综银〔2012〕308000 号）、收款凭证，证明房屋征收专用账户及资金拨付情况；

55. 北京国际商务中心区开发建设有限公司《关于永安里旧城区改建项目资金及房源情况的说明》（CBD 国际〔2017〕2 号），证明永安里项目补偿资金及产权调换房源情况；

56. 照片，证明 2016 年 12 月 24 日永安里项目签约率达到生效比例 85%；

57. 《北京市朝阳区人民政府常务会议纪要》（第 1 号）及会议材料，证明 2017 年 2 月 20 日朝阳区政府召开常务会议，同意作出房屋征收决定，社会稳定风险评估报告作为会议材料；

58. 《北京市朝阳区人民政府房屋征收决定》（朝政房征字〔2017〕1 号）、市住建委网页、照片，证明 2017 年 2 月 24 日朝阳区政府作出被诉征收决定；

59. 朝阳区征收办《关于永安里旧城区改建项目被征收住宅房屋分户初步评估结果的公示》（京朝房征审〔2017〕18 号）及照片、《关于对永安里旧城区改建项目被征收住宅房屋分户复核评估结果公示的通知》（京朝房征审〔2017〕31 号）及照片、专家咨询意见书，证明分户初步评估结果公示、复核以及专家咨询意见。

经庭审质证，原告对被告朝阳区政府提交的证据发表如下意见：认可被告朝阳区政府具有作出被诉征收决定的法定职权，对证据 1 的合法性不予认可，认为改建征询中缺少编制计划；对证据 2－24、31—49、56 的真实性、合法性、关联性和证明目的不持异议；对证据 25—30 的合法性不予认可，认为两次延长暂停期限没有法律依据；对证据 50—55、57—59 的合法性不予认可，认为征收补偿方案没有根据听证会代表提出的全部意见进行修改；

被告朝阳区政府对原告提交证据 1 的证明目的不认可，认为被诉征收决定是被诉行为，不应作为证据；对证据 2 的证明目的不认可，认为征收补偿方案已经根据听证会的情况进行了修改；对证据 3、4 的真实性、合法性、关联性和证明目的不持异议；对证据 5 的证明目的不认可，认为涉诉房屋是 1958 年拆迁对原告进行的居住安置，并没有产权政策；对证据 6 的关联性和证明目的不认可，认为不是证明征收行为违法的证据。

本院对以下证据作如下确认：原告提交的证据 6 是一份个人意见，与本案的待证事实不具有关联性，本院不予采信。原告王某和被告朝阳区政府提交的其他证据符合最高人民法院《关于行政诉讼证据若干问题的规定》的规定，内容真实、合法，与本案具有关联性，可以作为认定相关事实的依据，本院予以采信。

根据上述合法有效证据以及当事人无争议之陈述，本院认定如下事实：

2013 年 9 月 24 日，市重大项目办下发《关于下达 2013 年中心城区棚户区改造和环境整治项目任务的通知》，主要内容为，“经北京市棚户区改造和环境整治指挥部批准，将 108 个项目列为 2013 年中心城区棚户区改造和环境整治改造任务计划。根据北京市棚户区改造和环境整治指挥部工作部署，由市重大项目办将 2013 年改造任务计划汇编成册”，永安里项目被编入《北京市 2013 年中心城区棚户区改造和环境整治项目册》。朝阳区发改委将永安里项目列入《关于朝阳区 2013 年国民经济和社会发展计划执行情况与 2014 年国民经济和社会发展计划草案的报告》。2013 年 12 月 11 日至 12 月 30 日，朝阳区市政市容委会同相关单位对永安里旧城区改建范围内的产权人、公房承租人进行了意愿征询，同意改建率为 88.2%。

2014 年 1 月 10 日，朝阳区第十五届人民代表大会第四次会议作出《决议》，决定批准《关于朝阳区 2013 年国民经济和社会发展计划执行情况与 2014 年国民经济和社会发展计划草案的报告》及朝阳区 2014 年国民经济和社会发展计划。

2014 年 1 月 17 日，北京国际商务中心区开发建设有限公司向朝阳区征收办提交《关于永安里旧城区改建项目纳入征收的申请》，并附有《关于朝阳区 2013 年国民经济和社会发展计划上半年执行情况的报告》、朝阳区发改委作出的朝发改〔2013〕714 号《关于永安里旧城区改建项目征收投资任务书的批复》、市规委朝阳分局作出的规朝文〔2013〕116 号《关于朝阳区永安里旧城区改建项目规划意见的复函》、原北京市国土资源局作出的京国土朝预〔2013〕0051 号《建设项目用地预审意见》、市重大项目办作出的京重大办〔2013〕95 号《关于下达 2013 年中心城区棚户区改造和环境整治项目任务的通知》、《2013 年中心城区棚户区改造和环境整治项目册》和《关于朝阳区 2013 年国民经济和社会发展计划执行情况与 2014 年国民经济和社会发展计划草案的报告》。2014 年 3 月 14 日，朝阳区政府作出批复，同意将该项目确认为房屋征收项目。

2014 年 3 月 19 日，朝阳区征收办作出京朝房征审〔2014〕32 号《北京市朝阳区房屋征收暂停办理事项的公告》（以下简称《暂停公告》），并予以发布，告知自公告发布之日起 1 年，在项目征收范围内不得实施新建、扩建、改建房屋和改变房屋用途、变更房屋权属登记等不当增加补偿费用的行为。2015 年 3 月 19 日，朝阳区征收办作出京朝房征审〔2015〕20 号《北京市朝阳区房屋征收暂停办理事项延期公告》，并予以发布，告知在京朝房征审〔2014〕32 号《暂停公告》规定的暂停期限内，永安里项目征收工作未作出房屋征收决定，需要延长暂停期限，根据《北京市旧城区改建房屋征收实施意见》（京建发〔2013〕450 号）第四条第五项之规定，对《暂停公告》予以延期，延长期限为1年。2016年3月4日，朝阳区征收办作出京朝房征审〔2016〕17号《北京市朝阳区房屋征收暂停办理事项再次延期公告》，并予以发布，告知需要对《暂停公告》再次延期，延长期限为1年。

2014年3月24日，朝阳区征收办发布京朝房征审〔2014〕45号《关于公开选择永安里旧城区改建项目房地产价格评估机构的通知》，主要写明了项目基本情况、评估机构确定程序、评估机构应具备的条件、评估机构报名方式和时间安排等内容。2014年4月16日，朝阳区征收办发布京朝房征审〔2014〕51号《关于永安里旧城区改建项目选定房地产价格评估机构的通知》。2014年4月23日，朝阳区征收办作出京朝房征审〔2014〕53号《关于公布永安里旧城区改建项目住宅房屋房地产价格评估机构协商情况及摇号选定评估机构的通知》，告知因住宅房屋评估机构经被征收人协商未能形成多数意见，朝阳区房屋征收事务中心将组织住宅房屋被征收人代表通过公开摇号的方式选定5家评估机构承担该项目住宅房屋评估工作。2014年5月5日，朝阳区征收办作出〔2014〕54号《关于公布永安里旧城区改建项目住宅房屋征收选定房地产价格评估机构摇号结果的通知》，公布经公开摇号最终确定北京北方房地产咨询评估有限责任公司等5家评估机构承担该项目住宅房屋征收补偿评估工作。2014年5月6日和同年5月23日，朝阳区征收办分别作出京朝房征审〔2014〕56号《关于永安里旧城区改建项目选定非住宅房屋房地产价格评估机构的通知》和京朝房征审〔2014〕66号《关于永安里旧城区改建项目非住宅房屋征收工作选定房地产价格评估机构结果的公告》，公布非住宅房屋被征收人经协商，选定北京大地盛业房地产土地评估有限公司作为永安里项目非住宅房屋房地产价格评估机构。以上通知、公告以及房地产价格评估机构名单均在市住建委的网站予以公告并在拆迁范围内张贴公示。2014年5月5日和同年5月26日，朝阳区征收办作出通知，分别委托朝阳区房屋征收事务中心和评估机构对永安里项目住宅房屋和非住宅房屋开展入户调查登记和实地查勘工作，并于2016年5月5日公示住宅房屋情况调查结果。

2015年8月22日，被告朝阳区政府经研究，批复同意了朝阳区征收办制定的《永安里旧城区改建项目住宅房屋征收补偿方案（征求意见稿）》和《永安里旧城区改建项目非住宅房屋征收补偿方案（征求意见稿）》。2015年10月8日，朝阳区征收办发布了京朝房征审〔2015〕43号《关于永安里旧城区改建项目房屋征收补偿方案征求意见的通知》，并在市住建委的网站以及本项目范围内予以公告和张贴，征求意见期限自2015年10月9日至2015年11月7日。2016年5月18日，朝阳区市政市容委组织召开永安里项目房屋征收补偿方案听证会。朝阳区征收办根据征求意见情况和听证会结果对补偿方案进行修改和完善，于同年7月27日向朝阳区政府提交京朝房征审〔2016〕73号《关于再次上报永安里旧城区改建项目房屋征收补偿方案的请示》，2016年8月4日朝阳区政府经会议讨论原则同意该征收补偿方案。

2016年10月12日，朝阳区征收办作出《朝阳区永安里旧城区改建项目征收补偿工作社会稳定风险评估报告》（以下简称《社会稳定风险评估报告》）。2016年10月18日，朝阳区征收办作出京朝房征审〔2016〕115号《关于永安里旧城区改建项目预签征收补偿协议的通知》，内容为：永安里项目将启动预签征收补偿协议工作，签约期限自2016年10月26日起，期限不超过6个月；在预签征收补偿协议期限内，签订征收补偿协议达到本次房屋征收生效比例（85%）时，征收工作终止。该通知在市住建委的网站以及本项目范围内予以公告和张贴。银行本转业务回单显示，2016年10月14日，北京国际商务中心区开发建设有限公司向朝阳区房屋征收事务中心在中国民生银行北京国贸支行设立账号为××××的专用账户分别转账人民币十二亿五千三百万元和人民币九亿零二百九十四万六千五百元，用于房屋征收和补偿。2017年2月20日，朝阳区政府召开常务会议，讨论同意朝阳区征收办提交的《关于请区政府对永安里旧城区改建项目作出房屋征收决定的请示》，该请示附《社会稳定风险评估报告》。2017年2月24日，朝阳区政府作出被诉征收决定，并在房屋征收范围内及市住建委的网站予以公告。原告对被诉征收决定不服，于2017年4月5日向本院提起行政诉讼。

本院认为，《国有土地上房屋征收与补偿条例》第四条规定，市、县级人民政府负责本行政区域的房屋征收与补偿工作。市、县级人民政府确定的房屋征收部门组织实施本行政区域的房屋征收与补偿工作。该条例第八条规定，为了保障国家安全、促进国民经济和社会发展等公共利益的需要，确需征收房屋的，由市、县级人民政府作出房屋征收决定。据此，朝阳区政府具有作出本案被诉房屋征收决定的法定职权。

根据《国有土地上房屋征收与补偿条例》第八条第（五）项的规定，由政府依照城乡规划法有关规定组织实施的对危房集中、基础设施落后等地段进行旧城区改建的属于公共利益需要，可以进行房屋征收。为深入推进中心城区城市建设，实现人民生活改善、城市环境改善、安全隐患消除的发展目标，按照本市关于加快中心城区棚户区改造和环境整治的工作要求，市住建委依据《国有土地上房屋征收与补偿条例》、《北京市国有土地上房屋征收与补偿实施意见》的相关规定，制定《北京市旧城区改建房屋征收实施意见》，作为指导全市实施旧城区改建范围房屋征收工作的规范性文件。该意见第二条规定，本实施意见适用于全市实施旧城区改建范围的房屋征收项目。旧城区改建具体包括中心城区棚户区改造、平房区院落修缮、危旧房改造（不含解危排险等紧急情况）、城中村边角地环境整治等项目。本案中，永安里项目被列为 2013 年中心城区棚户区改造和环境整治改造任务计划，可以实施房屋行政征收。

根据《北京市旧城区改建房屋征收实施意见》第四条第（三）项的规定，旧城区改建计划确定后，区县人民政府组织或指定相关单位征询拟改建范围内产权人、公房承租人的改建意愿。区县房屋征收部门对征询意见过程实施监督，大多数产权人、公房承租人同意的，方可进行旧城区改建，拟征收范围由区县人民政府确定。本案中，经征询拟改建范围内产权人、公房承租人意愿，同意率为 88.2%，达到“大多数同意”的标准。根据《国有土地上房屋征收与补偿条例》第九条的规定，依照本条例第八条规定，确需征收房屋的各项建设活动，应当符合国民经济和社会发展规划、土地利用总体规划、城乡规划和专项规划。保障性安居工程建设、旧城区改建，应当纳入市、县级国民经济和社会发展年度计划。《北京市国有土地上房屋征收与补偿实施意见》第三条规定，为了公共利益需要征收房屋的，由建设单位向建设项目所在地区县人民政府提出征收申请，并提交项目批准文件、规划意见、土地预审意见等文件。《北京市旧城区改建房屋征收实施意见》第四条第（四）项规定，通过征询的旧城区改建项目，纳入各区县国民经济和社会发展年度计划。各相关部门要简化审批手续、加快推进。发展改革部门出具投资任务书作为项目批准文件、规划部门出具项目规划意见、国土资源部门出具项目土地预审意见。本案中，改建项目已纳入朝阳区 2014 年国民经济和社会发展计划，建设单位提交了房屋征收申请及投资任务书、规划意见、用地预审意见等实施征收的前置审批文件，具备征收要件。

根据《国有土地上房屋征收与补偿条例》第二十条的规定，房地产价格评估机构由被征收人协商选定；协商不成的，通过多数决定、随机选定等方式确定，具体办法由省、自治区、直辖市制定。《北京市国有土地上房屋征收与补偿实施意见》第五条规定，房屋征收部门发布暂停公告后，可以委托房屋征收实施单位或属地街道办事处（乡镇人民政府）组织被征收人在规定期限内协商选定房地产价格评估机构；协商不成的，根据多数被征收人意见确定；若无法形成多数意见，则由房屋征收部门通过公开摇号的方式随机选定，结果应当在征收范围内公布。本案中，朝阳区房屋征收事务中心组织被征收人协商选定住宅房屋评估机构，未能形成多数意见，后经过公开摇号，最终确定北京北方房地产咨询评估有限责任公司、北京市国盛房地产评估有限责任公司、北京龙泰房地产评估有限责任公司、北京京港房地产估价有限公司、北京百成首信房地产评估有限公司 5 家评估机构作为该项目住宅房屋价格评估机构；非住宅房屋被征收人经协商，选定北京大地盛业房地产土地评估有限公司作为该项目非住宅房屋价格评估机构，选择程序符合相关规定。

根据《国有土地上房屋征收与补偿条例》第十五条、《北京市国有土地上房屋征收与补偿实施意见》第六条和《北京市旧城区改建房屋征收实施意见》第四条第（六）项的规定，区县房屋征收部门可以委托房屋征收实施单位对房屋征收范围内房屋的权属、区位、用途、建筑面积等情况进行调查登记，产权人、公房承租人应当予以配合。调查结果应当在房屋征收范围内公布。本案中，朝阳区征收办在永安里项目房屋征收范围内对住宅房屋和非住宅房屋开展集中入户调查和实地查勘工作，并将调查结果在房屋征收范围内予以公布，调查程序符合相关规定。

根据《北京市旧城区改建房屋征收实施意见》第四条第（八）项的规定，区县房屋征收部门按照公布的征收补偿方案，组织产权人、公房承租人预签附生效条件的征收补偿协议。预签征收补偿协议生效具体比例由各区县人民政府确定，预签征收补偿协议期限不超过6个月。预签征收补偿协议生效的，由区县房屋征收部门报请区县人民政府作出房屋征收决定。在预签征收补偿协议期限内未达到生效比例的，征收工作终止。征收补偿协议生效前不实际支付补偿款和提供房源。本案中，朝阳区征收办组织拟征收范围内产权人按照征收补偿方案预签征收补偿协议，生效比例为85%，在预签协议期间，共有占总数86.94%的被征收人签订征收补偿协议，符合作出房屋征收决定的条件。

根据《国有土地上房屋征收与补偿条例》第十二条的规定，市、县级人民政府作出房屋征收决定前，应当按照有关规定进行社会稳定风险评估；房屋征收决定涉及被征收人数量较多的，应当经政府常务会议讨论决定。作出房屋征收决定前，征收补偿费用应当足额到位、专户存储、专款专用。《北京市国有土地上房屋征收与补偿实施意见》第八条、第十条规定，区县人民政府作出房屋征收决定前，应当按照有关规定进行社会稳定风险评估，制定并认真落实各项防范、化解、处置措施。房屋征收决定涉及被征收人数量较多的，应当经区县人民政府常务会议讨论决定。在作出房屋征收决定前，应当明确征收项目补偿资金的总额和产权调换房源。房屋征收部门应当设立房屋征收补偿资金专用账户，确保资金足额到位、专款专用。本案中，朝阳区征收办作出《社会稳定风险评估报告》并经区政府常务会议同意；中国民生银行北京国贸支行回单凭证显示征收补偿费用已足额到位；被诉征收决定经朝阳区政府常务会议讨论决定。根据《国有土地上房屋征收与补偿条例》第十三条规定，市、县级人民政府作出房屋征收决定后应当及时公告。公告应当载明征收补偿方案和行政复议、行政诉讼权利等事项。《北京市国有土地上房屋征收与补偿实施意见》第十一条规定，区县人民政府依据《国有土地上房屋征收与补偿条例》规定，履行上述程序后方可作出房屋征收决定，并及时在征收范围内公告。公告应当载明征收范围、实施单位、征收补偿方案、签约期限和行政复议、行政诉讼权利等事项。《北京市旧城区改建房屋征收实施意见》第四条第（九）项规定，区县人民政府作出房屋征收决定后应及时公告。本案中，朝阳区政府作出被诉征收决定后在征收范围内予以公告，载明了征收范围、实施单位、征收补偿方案、签约期限和行政复议、行政诉讼权利等事项，符合上述规定。

本案中，原告王某认为被诉征收决定主要存在以下违法之处：一、征收补偿方案没有根据听证会中各位代表提出的全部意见进行修改；二、朝阳区征收办针对永安里项目发布暂停公告并进行两次延期；三、朝阳区政府在启动永安里项目前没有进行充分的调研。

关于补偿方案的修改问题，根据《国有土地上房屋征收与补偿条例》第十条、第十一条的规定，房屋征收部门拟定征收补偿方案，报市、县级人民政府。市、县级人民政府应当组织有关部门对征收补偿方案进行论证并予以公布，征求公众意见。征求意见期限不得少于 30 日。市、县级人民政府应当将征求意见情况和根据公众意见修改的情况及时公布。因旧城区改建需要征收房屋，多数被征收人认为征收补偿方案不符合本条例规定的，市、县级人民政府应当组织由被征收人和公众代表参加的听证会，并根据听证会情况修改方案。《北京市国有土地上房屋征收与补偿实施意见》第七条、《北京市旧城区改建房屋征收实施意见》第四条第（七）项规定，区县房屋征收部门会同区县财政、发展改革、监察、审计等部门及街道办事处（乡镇人民政府）拟定房屋征收补偿方案，并报区县人民政府批准。房屋征收补偿方案应在征收范围内公布，征求公众意见，征求意见期限为 30 日。征收范围内产权人、公房承租人有意见的，持本人身份证明和房屋权属证明或者公房承租证明，在征求意见期限内以书面形式提交房屋征收部门。多数产权人、公房承租人不同意征收补偿方案的，区县人民政府应当组织由产权人、公房承租人和公众代表参加的听证会，并根据听证会情况修改方案。区、县人民政府应当将征求意见情况和根据公众意见修改的情况及时公布。本案中，朝阳区政府经研究同意永安里项目房屋征收补偿方案后，朝阳区征收办发布了《关于永安里旧城区改建项目房屋征收补偿方案征求意见的通知》，并予以公示，根据征求意见情况，决定组织召开产权人、公房承租人代表参加的听证会，根据听证会结果对补偿方案进行了修改和完善，再次上报后获朝阳区政府同意。方案征询程序符合上述规定。

关于暂停公告的发布问题，《北京市旧城区改建房屋征收实施意见》第四条第（五）项规定，区县房屋征收部门根据建设单位提交的征收要件以及房屋征收申请向区县人民政府申请启动房屋征收工作，在收到区县人民政府确认意见后 3 个工作日内，在征收范围内发布暂停公告，告知产权人、公房承租人不得在房屋征收范围内实施新建、扩建、改建房屋和改变房屋用途、变更房屋权属登记等不当增加补偿费用的行为，违反规定的不予补偿。暂停期限为一年，需要延长暂停期限的，区县房屋征收部门应当提前 15 日在征收范围内及时发布延期公告，延长期限最长不超过一年。本案中，朝阳区征收办收到朝阳区政府确认意见后，在征收范围内发布暂停公告，因在暂停期限内未作出房屋征收决定，后予以两次延期，并在征收范围内发布延期公告。原告对被告延长暂停期限的合法性提出异议，但在法定期限内并未提交证据证明其合法权益因此受到侵害，被诉征收决定亦不足以被认定为违法。

关于旧城区改建的可行性调查问题，《北京市旧城区改建房屋征收实施意见》第四条第（一）项规定，区县人民政府组织项目建设单位及相关部门对本行政区域内旧城区房屋破损程度和改建难易程度进行调查，编制辖区内旧城区改建计划，并将编制完成的旧城区改建计划上报市重大项目建设指挥部办公室组织联合审查。第四条第（二）项规定，市重大项目建设指挥部办公室召集市发展改革、规划、国土资源、建设房管、财政等部门对各区县汇总的旧城区改建计划进行可行性、公益性联合审查。公益性认定以改善民生、优化环境为原则，不以改建后的规划用途为条件。审查通过后，市重大项目建设指挥部办公室向各区县人民政府下达旧城区改建计划。本案中，永安里项目经北京市棚户区改造和环境整治指挥部批准，被列为 2013 年中心城区棚户区改造和环境整治改造任务计划，并被北京市重大项目建设指挥部办公室编入《北京市 2013 年中心城区棚户区改造和环境整治项目册》，并已纳入朝阳区 2014 年国民经济和社会发展计划，编制计划和计划审查符合上述规定。

综上，原告请求确认被诉征收决定违法、无效并予以撤销的诉讼请求没有事实根据和法律依据，本院不予支持。依据《中华人民共和国行政诉讼法》第六十九条之规定，判决如下：

驳回原告王某的诉讼请求。

案件受理费 50 元，由原告王某负担（已交纳）。

如不服本判决，可在判决书送达之日起十五日内提起上诉，向本院递交上诉状，并按对方当事人的人数递交上诉状副本，上诉于北京市高级人民法院。

审 判 长　陈良刚
审 判 员　孙永欣
审 判 员　程　娜
二〇一七年八月二十四日
法官助理　孙嘉琳
书 记 员　高晶晶

38

行政机关对业主就小区停车管理的举报投诉应予答复

——朱秀某诉北京市朝阳区人民政府行政复议案

【裁判要旨】行政机关接到公民、法人或者其他组织的投诉举报后，应当依法进行调查和处理，并应在法定期限内向投诉举报人作出答复。行政复议机关经复议认定被申请人未在法定期限内答复投诉举报人从而构成未全面履行法定职责的，应依法责令被申请人履行法定职责。

北京市第四中级人民法院

行政判决书

（2017）京04行初697号①

原告朱秀某，住北京市朝阳区。

被告北京市朝阳区人民政府，住所地北京市朝阳区。

法定代表人王灏，区长。

委托代理人李步幽，北京市朝阳区人民政府工作人员。

委托代理人刘浩波，北京市康达律师事务所律师。

原告朱秀某不服被告北京市朝阳区人民政府（以下简称朝阳区政府）作出的朝政决字〔2016〕391号《北京市朝阳区人民政府行政复议决定书》（以下简称《复议决定书》），向本院提起行政诉讼。本院于2017年7月5日受理后，向被告送达了起诉书副本及应诉通知书。本院依法组成合议庭，于2017年11月29日公开开庭审理了本案。原告朱秀某及被告之委托代理人李步幽、刘浩波到庭参加了诉讼。本案现已审理终结。

---

① 该案判决作出后，原告不服向北京市高级人民法院提起上诉，二审法院经审理，判决驳回上诉，维持一审判决，参见（2018）京行终905号行政判决书。

被告于2016年12月9日对被告作出《复议决定书》认为，《北京市机动车停车管理办法》第二十条第一款规定，停车场向社会开放并收费的，停车场管理单位应当依法办理工商登记、税务登记、价格核定、明码标价牌编号等手续，在工商登记后15日内到区、县停车管理部门办理备案。第三十二条规定，违反本办法第二十条第一款的规定，未依法办理工商登记擅自从事停车场经营活动的，由城市管理综合执法部门或者工商行政管理部门根据职责分工依照《无照经营查处取缔办法》予以处理。违反本办法第二十条第一款的规定，停车场管理单位未按照规定对停车泊位进行备案的，由城市管理综合执法部门处1万元罚款。根据上述规定，被申请人对向社会开放并收费的停车场未办理工商登记擅自从事经营活动，或未按规定对停车泊位进行备案的行为具有管理查处职责。本案中，被申请人提交的证据能够证明其在申请人来访后，对聚福苑小区地下停车场进行调查、取证的事实，本机关予以确认。但被申请人作出的《告知书》及《行政答复意见书》未向申请人有效送达，未尽到告知义务，本机关不予支持。综上，根据《中华人民共和国行政复议法》第二十八条第一款第（二）项的规定，本机关决定如下：责令被申请人北京市朝阳区城市管理综合执法监察局（以下简称朝阳城管监察局）在法定期限内对申请人朱秀某反映的事项履行相应的法定职责。

原告诉称，1. 被诉复议决定责令朝阳城管监察局履行相应的法定职责的具体内容、法定期限不明确。2. 朝阳城管监察局2016年7月23日作出的京朝城管行政访〔2016〕0071号《告知书》系原告阅卷时获取，与该局同年9月12日作出的相同编号的《行政答复意见书》内容不同。据此，原告认为被告采信的证据缺乏真实性、合法性。3. 朝阳城管监察局以原告所控告问题不属其职权管辖范围而出具的相应文件、合同，不具有合法性。故请求确认被告作出的被诉《复议决定》违法，要求被告责令朝阳城管监察局对违法收费行为予以查处并取缔。

原告在法定举证期限内向本院提交了以下证据：1. 朝建信息公开（2013）第144号不存告《政府信息不存在告知书》及登记回执，证明朝阳区三间房乡D区、C2区土地一级开发回迁安置房项目没有竣工验收，交付使用属于违法行为；2. 市规划委（2014）第884号不存《政府信息不存在告知书》及登记回执，证明朝阳区三间房乡D区、C2区土地一级开发回迁安置房项目没有建设工程规划许可证，是违法建设、违法施工；3. 朝政决字〔2015〕第62号《行政复议决定书》，证明该项目未取得合法手续，违法建设及施工事实存在；4. 市公安局（2015）第58号不存《政府信息不存在告知书》及登记回执，证明朝阳区三间房乡D区、C2区土地一级开发回迁安置房项目没有消防验收备案，存在违法行为；5. 三政开〔2015〕第25回，第25答，证明在乡政府没有委托情况下，北京诚信安顺停车管理有限公司非法收费；6. 停车场车位租用协议书、收据及北京增值税发票，证明北京诚信安顺停车管理有限公司合同违法欺骗原告，非法收费；7—11. 通话详单及录音（附光盘），证明违法收费事实存在；12. 朝阳区市政市容管理委员会《答复》及邮寄凭证，证明涉诉地下停车场没有办理停车备案手续，违法事实存在。

被告朝阳区政府辩称，根据《北京市机动车停车管理办法》的规定，朝阳城管监察局对向社会开放并收费的停车场未办理工商登记擅自从事经营活动，或未按规定对停车泊位进行备案的行为具有管理查处职责。因朝阳城管监察局未对《告知书》及《行政答复意见书》进行有效送达，被告作出被诉复议决定要求其在法定期限内履行相应的法定职责并无不当。原告要求被告责令朝阳城管监察局对违法设立的停车场收费行为予以查处并取缔，缺乏法律依据。故请求法院驳回原告的诉讼请求。

被告朝阳区政府在法定举证期限内向本院提交了以下证据：1. 行政复议申请书、相关材料及行政复议接待室接待笔录，证明 2016 年 9 月 28 日被告收到原告提交的行政复议申请书及相关材料；2. 限期补正通知书、送达回证、查询记录，证明 2016 年 10 月 10 日被告作出朝政复通字〔2015〕第 550 号限期补正通知书，同日向原告邮寄该通知书；3. 补正材料、照片，证明 2016 年 10 月 13 日被告收到原告提交补正的行政复议申请书及相关补正材料；4. 行政复议申请受理通知书、送达回证、查询记录，证明 2016 年 10 月 18 日被告作出朝政复受字〔2016〕第 550 号行政复议申请受理通知书，并于同日向复议当事人送达该决定书；5. 行政复议答复通知书、送达回证，证明 2016 年 10 月 18 日被告作出朝政复受字〔2016〕第 550 号行政复议答复通知书，并已送达朝阳城管监察局；6. 行政复议答复书及相关证据、法定代表人身份证明书、授权委托书、组织机构代码证，证明 2016 年 10 月 27 日朝阳城管监察局作出行政复议答复书；7. 阅卷告知书、送达回证、查询记录，证明 2016 年 11 月 28 日被告作出阅卷告知书，告知原告查阅复议答复材料的权利，并于同日邮寄给原告；8. 被诉复议决定书、送达回证、查询记录，邮寄信封，证明 2016 年 12 月 9 日，被告作出被诉复议决定书，并已向复议当事人送达。

经庭审质证，本院对上述证据认证如下：原告提交的证据 1—5 与本案原告要求被告责令朝阳城管监察局对违法收费行为予以查处并取缔的诉求缺少关联性，证据 12 的证明目的不达，本院均不予确认。证据 7—11 不符合《最高人民法院关于行政诉讼证据若干问题的规定》中声音资料应当附有该声音内容的文字记录的规定，本院不予采信。原告提交的证据 6 及被告提交的证据形式上符合最高人民法院《关于行政诉讼证据若干问题的规定》提供证据的要求，内容真实、合法，与本案具有关联性，可以作为认定本案事实的依据，本院予以采信。

根据上述合法有效证据及当事人无争议之陈述，本院认定如下事实：2016 年 9 月 28 日，原告向朝阳区政府提出行政复议申请，请求确认被申请人朝阳城管监察局对违法行为的投诉控告不立案、不处理、不查处的行为违法；责令被申请人履行其法定职责。经原告限期补正后，被告于 10 月 18 日分别向申请人朱秀某和被申请人朝阳城管监察局邮寄送达朝政复受字〔2016〕第 550 号《行政复议申请受理通知书》和《行政复议答复通知书》。10 月 27 日，朝阳城管监察局作出《行政复议答复书》，认为依据《北京市机动车停车管理办法》的相关规定，聚福苑地库停车场未向社会开放，被申请人无相应查处的法定职权。该局同时提交了针对原告朱秀某的信访事项所作调查、答复的相关证据材料。11 月 28 日被告作出阅卷告知书并邮寄送达给原告。12 月 9 日，被告作出被诉《复议决定书》，并于同日分别向原告及朝阳城管监察局送达。原告于 12 月 12 日收到该决定书。

2016 年 12 月 26 日，原告以朝阳城管监察局为被告，向北京市朝阳区人民法院提起诉讼，要求判令被告履行法定职责，予以查处并取缔非法停车场。经北京市朝阳区人民法院释明，原告同意以朝阳区政府为被告，变更诉讼请求为撤销本案涉诉复议决定书。2017 年 6 月 28 日该院作出（2017）京 0105 行初 5 号行政裁定书，将上述案件移送本院处理，形成本案诉讼。

另查明，2016 年 7 月 24 日原告作为乙方与甲方北京诚信安顺停车管理有限公司签订《停车场车位租用协议书》，明确原告因车辆停放需要，需租用甲方车位，停车位场地使用服务费为 1785 元/年。合同签订当日，原告向合同甲方缴纳了上述服务费。庭审中，被告主张该停车场并非面向社会开放，原告作为小区业主与停车场管理方签订了上述服务协议。原告亦认可其小区业主的身份。

本院认为，《中华人民共和国行政复议法》第十二条规定，对县级以上地方各级人民政府工作部门的具体行政行为不服的，由申请人选择，可以向该部门的本级人民政府申请行政复议，也可以向上一级主管部门申请行政复议。被告朝阳区政府有作出被诉《复议决定书》的法定职责。

依据《中华人民共和国行政复议法》第二十八条第一款第（二）项规定，被申请人不履行法定职责的，行政复议机关决定其在一定期限内履行。本案被告在查明朝阳城管监察局未向申请人有效送达答复意见，未尽到告知义务的情况下，责令该局在法定期限内履行相应职责正确。依据《北京市机动车停车管理办法》的相关规定，被申请人朝阳城管监察局对向社会开放并收费的停车场未办理工商登记擅自从事经营活动，或未按规定对停车泊位进行备案的行为具有管理查处职责。本案中，被告根据被申请人朝阳城管局提交的证据材料认定涉诉的聚福苑小区地下停车场未有向社会开放并收费的现象。现原告提交在案的证据亦无法证明涉案停车场向社会开放并收费的事实，故被诉复议决定书认定朝阳城管监察局对朱秀某提出的申请无相应查处法定职责并无不当。

被告朝阳区政府于2016年9月28日收到原告提出的《行政复议申请书》，经原告限期补正后，于10月18日分别向申请人朱秀某和被申请人朝阳城管监察局邮寄送达朝政复受字〔2016〕第550号《行政复议申请受理通知书》和《行政复议答复通知书》。10月27日，朝阳城管监察局作出《行政复议答复书》，同时提交了针对原告朱秀某的信访事项所作调查、答复的相关证据材料。11月28日被告作出阅卷告知书并邮寄送达给原告。12月9日，被告作出被诉《复议决定书》，并于同日分别向原告及朝阳城管监察局邮寄送达。以上复议程序符合《中华人民共和国行政复议法》第二十二条、第二十三条、第二十八条第一款第（二）项、第三十一条之规定。

综上，朝阳区政府作出的《复议决定书》正确，原告要求依法确认被告作出的被诉《复议决定书》违法，要求被告责令朝阳城管监察局对违法收费行为予以查处并取缔的诉讼请求缺乏事实和法律依据，本院不予支持。依照《中华人民共和国行政诉讼法》第六十九条之规定，判决如下：

驳回原告朱秀某的诉讼请求。

案件受理费五十元，由原告朱秀某负担（已交纳）。

如不服本判决，各方当事人可于本判决书送达之日起十五日内向本院提交上诉状，并按对方当事人的人数提出副本，上诉于北京市高级人民法院。

审　判　长　　王　斌
审　判　员　　张立鹏
人民陪审员　　张桂荣
二〇一七年十二月二十六日
法官助理　　关　珊
书　记　员　　高秀丽

39

行政机关依法履行村务公开监督职责的人民法院予以支持

——董金甲诉北京市大兴区人民政府不履行法定职责案

【裁判要旨】村民认为村民委员会不及时公布应当公布的事项或者公布的事项不真实的，有权向乡、民族乡、镇的人民政府或者县级人民政府及其有关主管部门反映。有关人民政府或者主管部门应当进行调查核实，认定村民委员会未及时公布应当公布的事项或者公布的事项不真实的，应当责令依法公开。

北京市第四中级人民法院

行政判决书

（2017）京04行初326号①

原告董金甲，住北京市大兴区。

委托代理人董金乙（原告之弟），住北京市大兴区。

被告北京市大兴区人民政府，住所地北京市大兴区。

法定代表人崔志成，区长。

委托代理人张慧文，北京市大兴区人民政府工作人员。

委托代理人张凤成，北京市三维律师事务所律师。

原告董金甲因认为被告北京市大兴区人民政府（以下简称大兴区政府）未履行法定职责，向本院提起行政诉讼。本院于2017年3月9日受理后，于2017年3月13日向被告大兴区政府送达了起诉书副本及应诉通知书。本院依法组成合议庭，于2017年7月13日公开开庭审理了本案。原告董金甲的委托代理人董金乙，被告大兴区政府的委托代理人张慧文、张凤成到庭参加诉讼。本案现已审理终结。

① 本案判决作出后，双方当事人均未上诉，判决已生效。

原告董金甲诉称，2016 年 3 月，被告大兴区政府授权北京市大兴区黄村镇实施狼垡地区纳入集体经营性建设用地土地入市试点项目。原告董金甲为北京市大兴区黄村镇狼垡二村（以下简称狼垡二村）村民，依据《中华人民共和国村民委员会组织法》（以下简称《村委会组织法》）的规定要求狼垡二村村民委员会公开：1. 村民代表同意入市地块的签字；2. 入市地块机耕地转换成经营性建设用地的政府批准文件；3. 入市地块的土地性质；4. 入市地块管理权转移给北京兴业利民公司村民代表的签字；5. 入市地块腾退及销售账目明细。狼垡二村村民委员会未予公开。原告董金甲于 2017 年 1 月 1 日向被告大兴区政府递交了《责令北京市大兴区黄村镇狼垡二村村委会履行法定义务申请书》，被告大兴区政府于 2017 年 1 月 3 日接到申请，至今未予答复。由于被告大兴区政府的不作为，使得狼垡二村村民委员会的错误没有得到改正，村务没有依法向原告董金甲公开，使其没有得到相应的答复，故请求法院依法判令被告大兴区政府对原告董金甲 2017 年 1 月 3 日提交的申请履行法定职责；诉讼费用由被告承担。

原告董金甲向本院提供了以下证据：1.《责令北京市大兴区黄村镇狼垡二村村委会履行法定义务申请书》；2. 圆通速递（详情单）及查询单；证据 1—2 证明原告董金甲向被告大兴区政府申请村务公开，被告大兴区政府未予公开。

被告大兴区政府辩称，被告大兴区政府在收到原告董金甲递交的《责令北京市大兴区黄村镇狼垡二村村委会履责法定义务申请书》后，责令有关部门对原告董金甲反映的问题及时进行了调查。并将调查结果及处理意见及时向原告董金甲进行了回复，并且亦已责令狼垡二村村民委员会对原告董金甲来信中要求村务公开实际存有的进行公开，不存在行政不作为的情形。原告董金甲以被告大兴区政府不作为而提起的行政诉讼，既无事实根据，也无法律依据，请求法院依法驳回原告董金甲的诉讼请求。

被告大兴区政府向本院提供了以下证据：1.《责令北京市大兴区黄村镇狼垡二村村委会履行法定义务申请书》及圆通速递（详情单），证明原告董金甲申请被告大兴区政府履行法定职责的主要内容；2.《关于董金甲来信的回复》及顺丰速运查询单，证明被告大兴区政府收到原告董金甲的申请后，已将其申请内容的查证情况及处理意见向原告董金甲进行了回复，而且董金甲已收到该回复，被告大兴区政府不存在行政不作为的情形；3.《关于黄村镇狼垡二村村民委员会（股份经济合作社）村务公开的通知》、顺丰速运单及查询单，证明被告大兴区政府已责令狼垡二村村民委员会（股份经济合作社）对原告董金甲来信中要求公开的村务中实际存有的进行公开，狼垡二村村民委员会已收到该通知，被告大兴区政府不存在行政不作为的情形。

经庭审质证，本院对当事人提交的证据材料作如下确认：原告董金甲及被告大兴区政府提交的证据符合最高人民法院《关于行政诉讼证据若干问题的规定》的规定，具备证据的真实性、合法性及与本案的关联性，可以作为认定相关事实的依据，本院予以采信。

经审理查明，2017年1月3日，原告董金甲向被告大兴区政府邮寄了《责令北京市大兴区黄村镇狼垡二村村委会履行法定义务申请书》，请求被告大兴区政府履行行政职责，依法责令狼垡二村村民委员会依法实行村务公开，公开：1. 村民代表同意入市地块的签字；2. 入市地块机耕地转换成经营性建设用地的政府批准文件；3. 入市地块的土地性质；4. 入市地块管理权转移给北京兴业利民公司村民代表的签字；5. 入市地块腾退及销售账目明细。2017年2月28日，被告大兴区政府作出《关于董金甲来信的回复》，答复其：经调查核实，关于狼垡地区规划范围内集体土地使用权入股加入北京兴业利民置业有限公司实行集体经营性建设用地统筹入市交易的决议，狼垡二村股份经济合作社严格按照民主程序召开了会议，通过了相关决议，通报了相关工作。但未在村务公开栏中对上述内容进行公开。根据《村委会组织法》第三十条、第三十一条等规定，大兴区政府将责令狼垡二村村民委员会（股份经济合作社）对原告董金甲要求公开的村务内容中实际存有的进行公开。原告董金甲于2017年3月1日收到该回复。2017年3月6日，被告大兴区政府作出《关于黄村镇狼垡二村村民委员会（股份经济合作社）村务公开的通知》，责令狼垡二村村民委员会（股份经济合作社）在收到该通知书之日起60日内依法对原告董金甲来信中要求村务公开内容中实际存有的进行公开。2017年3月9日，狼垡二村村民委员会收到该通知。同日，原告董金甲向本院提起行政诉讼。

本院认为，根据《村委会组织法》第三十条之规定，村民委员会实行村务公开制度。第三十一条规定，村民委员会不及时公布应当公布的事项或者公布的事项不真实的，村民有权向乡、民族乡、镇的人民政府或者县级人民政府及其有关主管部门反映，有关人民政府或者主管部门应当负责调查核实，责令依法公布；经查证确有违法行为的，有关人员应当依法承担责任。本案原告董金甲作为狼垡二村村民，有权向县级人民政府反映该村村民委员会村务公开的问题。被告大兴区政府作为县级人民政府，负有对村民反映的村民委员会村务公布事项进行调查核实，并在确认村民委员会存在不及时公布应当公布的事项或者公布的事项不真实的情况下责令其公开的职责。

根据《村委会组织法》第三十一条的规定，县级人民政府在接到村民反映村民委员会不及时进行村务公开后，应对村民委员会是否存在不及时公开的事项进行调查、核实，并根据其调查结果作出相应的处理。本案中，原告董金甲向被告大兴区政府提交了责令履责申请，要求被告大兴区政府履行责令狼垡二村村民委员会公开其提出的五项村务公开申请的职责，被告大兴区政府收到该申请后应对其申请的事项是否属于村务公开事项、狼垡二村村委会是否对原告董金甲申请的村务公开事项及时公开进行调查、核实，并根据其调查的情况作出处理。本案被告大兴区政府在收到原告董金甲提交的村务公开申请后，经调查核实，认为狼垡二村村民委员会未公开原告董金甲申请公开的村务内容，于2017年2月28日作出《关于董金甲来信的回复》，答复董金甲将责令狼垡二村村民委员会（股份经济合作社）对其要求村务公开内容中实际存有的进行公开，并于2017年3月6日作出《关于黄村镇狼垡二村村民委员会（股份经济合作社）村务公开的通知》，责令狼垡二村村民委员会（股份经济合作社）在收到该通知书之日起60日内依法对董金甲要求村务公开内容中实际存有的进行公开。原告董金甲于2017年3月9日向本院提起诉讼时，狼垡二村村民委员会（股份经济合作社）履责期限尚未到期，被告大兴区政府已经尽到了调查核实并责令公开的职责，不存在怠于履行职责的情形。综上，依照《中华人民共和国行政诉讼法》第六十九条之规定，判决如下：

驳回原告董金甲的诉讼请求。

案件受理费50元，由原告董金甲负担（已交纳）。

如不服本判决，可在判决书送达之日起十五日内，向本院递交上诉状，并按对方当事人人数提出副本，上诉于北京市高级人民法院。

审 判 长　程 娜
审 判 员　张 岩
人民陪审员　郭 羽
二〇一七年八月三十日
法官助理　秦 爽
书 记 员　张媛媛

40

土地权属经登记发证已得到确定后产生的争议不属于土地权属争议案件受理范围

——北京宝玉砖厂诉北京市大兴区人民政府土地行政裁决案

【裁判要旨】 1. 当事人因土地所有权或使用权的归属产生争议的，有权依法申请土地权属争议调查处理。但土地所有权或使用权的归属已经通过登记发证等法定程序得以确定的，该争议不属于土地权属争议案件的受理范围。2. 申请土地权属争议调查处理的当事人应当与争议的土地具有直接的利害关系，并应对此承担相应的举证责任。

北京市第四中级人民法院

行政判决书

（2018）京04行初517号 ①

原告北京宝玉砖厂，住所地北京市大兴区。

法定代表人张宝宽，厂长。

委托代理人毕凤英，北京兴开律师事务所律师。

被告北京市大兴区人民政府，住所地北京市大兴区。

法定代表人王有国，区长。

委托代理人刘建国，北京市规划和国土资源管理委员会大兴分局干部。

委托代理人林美锋，北京广丁律师事务所律师。

原告北京宝玉砖厂（以下简称宝玉砖厂）不服被告北京市大兴区人民政府（以下简称大兴区政府）作出的《土地权属争议案件不予受理决定书》，向本院提

① 该案判决作出后，原告不服向北京市高级人民法院提起上诉，二审法院经审理，判决驳回上诉，维持一审判决，参见（2018）京行终6399号行政判决书。

起行政诉讼。本院于 2018 年 3 月 26 日受理后，在法定期限内向被告大兴区政府送达了起诉状副本及应诉通知书。本院依法组成合议庭，于 2018 年 5 月 8 日公开开庭审理了本案，原告宝玉砖厂法定代表人张宝宽、委托代理人毕凤英，被告大兴区政府的委托代理人刘建国、林美锋到庭参加诉讼。本案现已审理终结。

被告大兴区政府于 2017 年 11 月 1 日作出《土地权属争议案件不予受理决定书》（以下简称被诉决定书），主要内容为：宝玉砖厂为集体所有制（股份合作），不是乡镇企业，股东张宝宽和李玉某不是庞各庄镇或西黑垡村的村民，宝玉砖厂亦未在北京市大兴区庞各庄镇西黑垡村委会南 200 米的工业用地（以下简称争议土地）建设乡（镇）村公共设施和公益事业。宝玉砖厂提交的证据无法证明其与争议土地的土地使用权具有直接利害关系。争议土地自 2004 年就停止生产，宝玉砖厂未在争议土地办公生产，也一直不占用、使用该争议土地。综上，争议土地已经确过权，发过证，其土地使用权人已经确定和明确。争议土地的《集体土地使用证》证载使用者不是宝玉砖厂改制前的“定福庄乡砖厂”、争议土地早已停止生产，宝玉砖厂就原“定福庄乡砖厂”的土地租赁纠纷已经经过法院判决，且争议土地已于 2012 年取得了《集体土地所有证》，宝玉砖厂与争议土地集体土地所有权人无任何关系。现有证据无法证明宝玉砖厂与争议土地存在直接利害关系，也无土地使用权争议存在的事实根据，根据《中华人民共和国土地管理法》第十六条第一款，《土地权属争议调查处理办法》（国土资源部令第 17 号）第十条第一款第（一）项、第（二）项及第十三条第一款、第三款，国土资源部《关于土地登记发证后提出的争议能否按权属争议处理问题的复函》（国土资厅函〔2007〕60 号）“土地登记发证后已经明确了土地的所有权和使用权、土地登记发证后提出的争议不属于土地权属争议”之规定，对宝玉砖厂请求确认其是经营地址北京市大兴区庞各庄镇西黑垡村委会南 200 米的工业用地的使用权人的申请事项，决定不予受理，特此通知。

原告宝玉砖厂诉称，根据大兴集用（籍）字第 × 号《中华人民共和国集体土地使用证》（以下简称第 × 号《集体土地使用证》），争议土地的使用权人为原北京市大兴县定福庄乡工业总公司（以下简称工业总公司）砖厂，使用期限为永久。工业总公司砖厂系原大兴县定福庄乡砖厂。2000 年 4 月 20 日，根据北京市大兴区庞各庄镇人民政府（以下简称庞各庄镇政府）批复同意，原大兴县定福庄乡砖厂将其使用的土地 288 亩（即争议土地）转给宝玉砖厂无偿使用期限为 30 年。2000 年 6 月 29 日，庞各庄镇政府批复原大兴县定福庄乡砖厂改制后的企业名称为宝玉砖厂。2012 年，北京市国土资源局大兴分局（以下简称大兴国土分局）就争议土地颁发集体土地所有权证的行为与庞各庄镇政府在 2000 年给予原告宝玉砖厂的批复相矛盾。2017 年 10 月 9 日，原告宝玉砖厂向被告大兴区政府提出确权申请，大兴国土分局同日收案，同年 10 月 16 日向被告大兴区政府报送了《不予受理决定书》（待拟稿），同年 11 月 1 日，被告大兴区政府以第三人提供了集体土地使用证为由，决定不予受理。但是，土地登记行政行为与土地权属确认行为是不同性质的行政行为，本案不属于《土地权属争议调查处理办法》第十四条规定的不作出争议案件受理的情形。故被告大兴区政府作出的被诉决定书主要证据不足，应予撤销。原告宝玉砖厂为维护自身合法权益，诉至法院，请求法院依法撤销被告大兴区政府于 2017 年 11 月 1 日作出的被诉决定书，并责令被告大兴区政府依法受理并在法定期限内对权属争议作出裁决，诉讼费由被告大兴区政府承担。

原告宝玉砖厂在指定期限内向本院提供了以下证据：

1.《关于定福庄公社建立砖厂的批复》、《工商企业营业证照》，证明 1976 年 7 月 15 日，定福庄人民公社经批复占用非耕地建立社办砖厂，1977 年 6 月 8 日，成立大兴县定福庄人民公社砖厂，地址为定福庄公社西黑垡村南，性质为“人民公社营”；

2. 资信证明书，证明定福庄人民公社为其下属的大兴县定福庄人民公社砖厂投资房屋场地人民币 19 万元；

3. 工商企业换发营业执照登记表、营业执照，证明 1986 年 8 月 4 日，大兴县定福庄人民政府批准大兴县定福庄人民公社砖厂改为“大兴县定福庄乡砖厂”，地址为西黑垡村，经济性质为集体所有制；

4. 资信证明书，证明大兴县定福庄乡工业公司为其下属的大兴县定福庄乡砖厂投资房屋场地人民币 12 万元；

5. 工商企字（1988）第 × 号企业申请变更登记注册书，证明原大兴县定福庄乡砖厂隶属于工业总公司，即工业总公司砖厂；1992 年 8 月 25 日，原大兴县定福庄乡砖厂经营场所面积为 200 亩；

6. 第 × 号《集体土地使用证》，证明争议土地范围；原大兴县人民政府批准工业总公司砖厂作为争议土地的使用权人，使用期限为永久，并且该集体土地使用证经北京市大兴区庞各庄镇合作经营联合社确认；

7. 租赁合同，证明工业总公司在原大兴县定福庄乡砖厂改制之前，将原大兴县定福庄乡砖厂的厂房、场地、部分设备等租赁给张宝宽使用；

8. 证明，证明原大兴县定福庄乡砖厂是工业总公司主办的集体所有制企业，由于近年来正业经营不景气，于 1999 年开始由张宝宽经营，在其经营期间，企业的流动资金和固定资产由张宝宽个人投入；

9. 定福庄乡砖厂财产、土地转让证明，证明 2000 年 4 月 20 日，庞各庄镇政府批复同意，原大兴县定福庄乡砖厂将其使用的土地288亩转给宝玉砖厂无偿使用期限为30年；

10.《关于大兴县定福庄乡砖厂改制的批复》、《北京宝玉砖厂章程》，证明2000年6月29日，庞各庄镇政府批准改制后企业名称为北京宝玉砖厂，并批准《北京宝玉砖厂章程》，同意北京宝玉砖厂在争议土地上经营30年；

11. 京兴集有（2012）第×1号《集体土地所有权证》（以下简称第×1号所有权证）及京兴集有（2012）第×2号《集体土地所有权证》（以下简称第×2号所有权证），证明涉案土地使用权存在争议；

12. 北京市国土资源局大兴分局（2015）第293号－答《政府信息答复告知书》，证明争议土地使用权人分别为大兴区庞各庄镇政府下属的北京市大兴区庞各庄镇合作经济联合社和大兴区庞各庄镇西黑垡村经济合作社。

被告大兴区政府辩称，其作出被诉决定书的行为程序合法，认定事实清楚。原告宝玉砖厂不是争议土地的使用权人，争议土地已经于1997年前后核发过《集体土地使用证》，证载土地使用者是工业总公司砖厂。2001年工业总公司被合并入庞各庄镇政府直属企业，该《集体土地使用证》由庞各庄镇合作经济联合社保存。张宝宽与工业总公司1999年1月1日签订的《租赁合同》是租赁厂房及部分设备，不涉及土地使用权的转让和租赁。原告宝玉砖厂所述2000年4月的批复，仅加盖了定福庄砖厂公章，未加盖工业总公司或庞各庄镇政府公章，故原告宝玉砖厂所述内容虚假。2012年，大兴区政府就争议土地向大兴区庞各庄镇合作经济联合社和大兴区庞各庄镇西黑垡村经济合作社核发了《集体土地所有证》。争议土地已经于1997年前后登记发证，原告宝玉砖厂对已经发证的土地提起权属争议不属于行政机关土地权属争议案件的受理范围，且原告申请将争议土地为其确权没有事实根据和法律依据。综上，被告大兴区政府作出的被诉决定书事实清楚、程序合法、适用法律法规正确，请求法院依法驳回原告宝玉砖厂的诉讼请求。

被告大兴区政府在法定举证期限内向本院提供了以下证据：

1.《土地使用权争议申请书》、《群众来信转办单》、京国土兴登〔2017〕253号《北京市国土资源局大兴分局关于办理群众来信工作中需由区政府下达土地权属争议处理决定的请示》及《土地权属争议案件不予受理决定书》（代拟稿）、被诉决定书及邮寄单，证明原告宝玉砖厂向被告大兴区政府提出争议申请，被告大兴区政府转大兴国土分局办理，大兴国土分局在收到申请后7个工作日提出办理意见，被告大兴区政府作出被诉决定书并送达原告宝玉砖厂，被告大兴区政府工作程序合法，符合法定时限；

2. 第×号《集体土地使用证》、《证明》、《租赁合同》，证明争议土地的土地使用权人是工业总公司而不是原定福庄乡砖厂；

3.《定福庄乡砖厂财产、土地转让证明》、《关于大兴县定福庄乡砖厂改制的批复》，证明原告宝玉砖厂所述因定福庄乡砖厂改制而要求确定土地使用权不符合事实；

4.（2006）大民初字第6769号《北京市大兴区人民法院民事判决书》、（2007）一中民终字第04347号《北京市第一中级人民法院民事判决书》、（2008）高民申字第03234号《北京市高级人民法院民事裁定书》、（2014）大民初字第737号《北京市大兴区人民法院民事裁定书》，证明原告宝玉砖厂与原定福庄乡砖厂的争议实质是民事纠纷，且已经法院判决并履行完毕；

5. 现场照片、国家企业信用信息公示系统截图，证明原告宝玉砖厂早已不在争议土地经营，登记信息显示为经营异常；

6. 营业执照、组织机构代码证、法定代表人身份证复印件、《北京宝玉砖厂章程》，证明原告宝玉砖厂不是乡镇企业，股东也不是争议土地所在的集体经济组织成员，申请确权不符合法律规定；

7. 京兴集有（2012）第×1号、第×2号《集体土地所有证》，证明争议土地的所有权人不是本案原告。

经庭审质证，原告宝玉砖厂对被告大兴区政府提交的证据2中第×号《集体土地使用证》的真实性及证明目的不认可，对证据2的其他证据、证据1、证据3、证据7的真实性认可，证明目的不认可，对证据4—6的真实性认可，关联性及证明目的不认可。被告大兴区政府对原告宝玉砖厂提交的证据1—5真实性认可，关联性及证明目的不认可，对证据6真实性及证明目的认可，关联性不认可，对证据7、证据12真实性认可，对证据8—11的真实性认可，证明目的不认可。

本院对上述证据认证如下：原告宝玉砖厂提供的证据1—5不属于本案对被诉决定书合法性审查的范围，本院对上述证据不予采信；对证据6—8、证据12的真实性及证明目的认可，证据9—11的真实性认可，证明目的不认可。被告大兴区政府提供的证据7的真实性认可，证明目的不认可，被告大兴区政府提供的其他证据形式上符合《最高人民法院关于行政诉讼证据若干问题的规定》的规定，内容真实、合法，与本案具有关联性，可以作为认定相关事实的依据，本院予以采信。

根据上述有效证据及各方当事人的陈述，本院认定以下事实：

2017年10月9日，原告宝玉砖厂以北京市大兴区庞各庄镇合作经济联合社、北京市大兴区庞各庄镇西黑垡村经济合作社为被申请人，向被告大兴区政府提交《土地使用权争议申请书》，请求事项为：确认申请人是其经营地址北京市大兴区庞各庄镇西黑垡村委会南200米的工业用地（168065平方米，该地块的四至为东至榆垡镇黄垡村地界，南至榆垡镇留土庄村地界，西至榆垡镇留土庄村地界，北至定福庄乡西黑垡村地界）的使用权人。被告大兴区政府收到后于同日将申请书转大兴国土分局办理，2017 年 10 月 16 日，大兴国土分局向被告大兴区政府提交京国土兴登〔2017〕253 号《北京市国土资源局大兴分局关于办理群众来信工作中需由区政府下达土地权属争议处理决定的请示》及《土地权属争议案件不予受理决定书》（代拟稿）。同年 11 月 1 日，被告大兴区政府作出被诉决定书，大兴国土分局于次日向原告宝玉砖厂邮寄。原告宝玉砖厂不服被诉决定书，向本院提起诉讼。

另查明，原大兴县人民政府曾颁发第 × 号《集体土地使用证》，该证记载：土地使用者工业总公司砖厂，土地坐落为大兴县定福庄乡西黑垡村南，土地使用权总面积 168065 平方米。2012 年 10 月，被告大兴区政府颁发第 ×1 号所有权证及第 ×2 号所有权证，其中第 ×1 号所有权证记载：土地所有权人北京市大兴区庞各庄镇西黑垡村经济合作社，土地总面积 277. 501884 公顷；第 ×2 号所有权证记载：土地所有权人北京市大兴区庞各庄镇合作经济联合社，土地总面积 13. 180778 公顷。庭审中，双方当事人均认可争议土地在上述两证登记范围内。

再查，1999 年 1 月 1 日，工业总公司与原告宝玉砖厂法定代表人张宝宽签订《租赁合同》，约定：工业总公司将原定福庄乡砖厂的厂房及部分设备、水、电等租赁给张宝宽使用，总占地面积 288 亩，租赁期限自 1999 年 1 月 1 日至 2001 年 12 月 31 日。2000 年 6 月，原大兴县定福庄乡砖厂改制为原告宝玉砖厂。2006 年，庞各庄镇政府将宝玉砖厂及案外人沈克某起诉至北京市大兴区人民法院（以下简称大兴区法院），大兴区法院于 2006 年 11 月 10 日作出（2006）大民初字第 6769 号民事判决书，判决宝玉砖厂返还财产并给付使用费。庞各庄镇政府不服该判决，上诉至北京市第一中级人民法院，北京市第一中级人民法院作出（2007）一中民终字第 04347 号民事判决书，在维持（2006）大民初字第 6769 号民事判决书第一、二项，撤销第三项的基础上，加判案外人沈克某将其从宝玉砖厂租赁并占用的 288 亩土地返还给庞各庄镇政府，宝玉砖厂负连带责任。宝玉砖厂不服上述判决，向北京市高级人民法院申请再审，北京市高级人民法院作出（2008）高民申字第 03234 号民事裁定书，驳回宝玉砖厂的再审申请。后宝玉砖厂因要求庞各庄镇政府返还已被执行的企业财产，起诉至大兴区法院，大兴区法院于 2014 年 1 月 6 日作出（2014）大民初字第 737 号民事裁定书，对宝玉砖厂的起诉不予受理。

本院认为，《中华人民共和国土地管理法》第十六条第一、二款规定，土地所有权和使用权争议，由当事人协商解决；协商不成的，由人民政府处理。单位之间的争议，由县级以上人民政府处理；个人之间、个人与单位之间的争议，由乡级人民政府或者县级以上人民政府处理。《土地权属争议调查处理办法》第四条第一款规定，县级以上国土资源行政主管部门负责土地权属争议案件的调查和调解工作，对需要依法作出处理决定的，拟定处理意见，报同级人民政府作出处理决定。第五条第一款规定，个人之间、个人与单位之间、单位与单位之间发生的争议案件，由争议土地所在地的县级国土资源行政主管部门调查处理。故大兴国土分局对个人之间发生的土地权属争议案件有受理、调查、调解及向同级人民政府上报拟定的处理意见的职责，被告大兴区政府作为同级人民政府负有作出处理决定的法定职权。

《土地权属争议调查处理办法》第十条规定，申请调查处理土地权属争议的，应当符合下列条件：（一）申请人与争议的土地有直接利害关系；（二）有明确的请求处理对象、具体的处理请求和事实根据。《北京市土地权属争议调查处理办法》第十条第（一）、（二）项亦作出相同规定。本案中，对于原告宝玉砖厂提出的土地使用权争议申请，被告大兴区政府作出被诉决定书认为，原告宝玉砖厂因不是乡镇企业，其股东不是庞各庄镇或西黑垡村村民，其也没有在争议土地建设乡镇村公共设施和公益事业，故认定原告宝玉砖厂要求确认其是争议土地的土地使用权人不符合法律规定。对此，本院认为，《土地权属争议调查处理办法》及《北京市土地权属争议调查处理办法》要求审查申请人与争议土地的利害关系问题，但本案被告大兴区政府仅以原告宝玉砖厂企业及股东身份问题认定原告宝玉砖厂要求确认其是争议土地的土地使用权人不符合法律规定，明显不当，本院依法予以指出。根据双方当事人提交的证据，第×号《集体土地使用证》登记的土地使用者为工业总公司砖厂，不是原定福庄乡砖厂，且原告宝玉砖厂提交的证据不能证明在原定福庄乡砖厂改制过程中，其取得了争议土地的使用权。结合工业总公司与张宝宽就争议土地签订的《租赁合同》及法院就该《租赁合同》引发的民事债权纠纷作出的生效判决情况，被告大兴区政府认定原告宝玉砖厂与争议土地使用权没有直接利害关系，具有事实根据和法律依据，本院予以支持。

《土地权属争议调查处理办法》第十四条规定，下列案件不作为争议案件受理：（一）土地侵权案件；（二）行政区域边界争议案件；（三）土地违法案件；（四）农村土地承包经营权争议案件；（五）其他不作为土地权属争议的案件。《北京市土地权属争议调查处理办法》第十四条第（五）项规定，已经区（县）以上人民政府确定土地权属或者取得土地权利证书的，不属于土地权属争议案件受理范围。本案中，原告宝玉砖厂提交《土地使用权争议申请书》，要求确认宝玉砖厂是其经营地址北京市大兴区庞各庄镇西黑垡村委会南 200 米的工业用地（168065 平方米，该地块的四至为东至榆垡镇黄垡村地界，南至榆垡镇留土庄村地界，西至榆垡镇留土庄村地界，北至定福庄乡西黑垡村地界）的使用权人，主要理由为原告宝玉砖厂为原定福庄乡砖厂改制后企业，故其应是争议土地的使用权人。庭审中，双方当事人均认可争议土地即为第×号《集体土地使用证》登记的土地，因该土地使用权证未被撤销仍属有效，故原告宝玉砖厂要求处理的事项不属于土地权属争议。被告大兴区政府根据调查核实的情况作出的原告宝玉砖厂提出的申请事项不属于土地权属争议案件受案范围的认定，并无不当。

《土地权属争议调查处理办法》第十三条第三款规定，国土资源行政主管部门认为不应当受理的，应当及时拟定不予受理建议书，报同级人民政府作出不予受理决定。《北京市土地权属争议调查处理办法》第十五条第三款规定，国土资源行政主管部门认为不应当受理的，应当在收到申请之日起7个工作日内拟定不予受理建议书，报同级人民政府作出不予受理决定。国土资源行政主管部门应当自接到人民政府下达的不予受理决定书之日起15日内送达申请人。本案中，大兴国土分局收到原告宝玉砖厂的申请后，依法履行了受理、调查、上报等程序。被告大兴区政府于2017年11月1日作出被诉决定书，并于同年11月2日邮寄给原告宝玉砖厂。故被告大兴区政府作出被诉决定书符合上述规定，程序合法。综上，被告大兴区政府作出的被诉决定书认定事实清楚、程序合法，适用法律、法规正确。原告宝玉砖厂要求撤销被诉决定书并责令被告大兴区政府依法受理在法定期限内对权属争议作出裁决的诉讼请求，没有事实根据和法律依据，本院不予支持。

综上，依照《中华人民共和国行政诉讼法》第六十九条之规定，判决如下：

驳回原告北京宝玉砖厂的诉讼请求。

案件受理费50元，由原告北京宝玉砖厂负担（已交纳）。

如不服本判决，各方当事人可于本判决书送达之日起十五日内向本院提交上诉状，并按对方当事人人数提交上诉状副本，预交上诉案件受理费五十元，上诉于北京市高级人民法院。上诉人在上诉期满七日内未预交上诉案件受理费，又不提出缓交申请的，按自动撤回上诉处理。

审 判 长　　武 楠
审 判 员　　李冬梅
人民陪审员　　明常红
二〇一八年九月十七日
法 官 助 理　　张丽同
书 记 员　　刘昊男

41

对合法规范的政府信息公开答复，人民法院应予支持

——李某诉北京市海淀区人民政府信息公开案

【裁判要旨】行政机关答复申请人政府信息不存在的，应当说明政府信息不存在的理由，并应提供证据证明其已尽到审慎查找和检索义务。行政机关依法明显不具有制作或获取该政府信息的法定职责的，一般可以推定行政机关作出的该政府信息不属于其公开范围或其不存在该政府信息的答复理由成立。

北京市第四中级人民法院
行政判决书

（2017）京04行初1462号①

原告李某，住北京市海淀区。

被告北京市海淀区人民政府，住所地北京市海淀区。

法定代表人戴彬彬，区长。

委托代理人赵振营，北京市海淀区人民政府办公室工作人员。

委托代理人陈美竹，北京嘉观律师事务所律师。

原告李某不服被告北京市海淀区人民政府（以下简称海淀区政府）作出的政府信息公开答复，向本院提起行政诉讼。本院于2017年11月29日受理后，在法定期限内向被告海淀区政府送达了起诉状副本及应诉通知书。本院依法组成合议庭，于2018年1月18日公开开庭审理了本案，原告李某，被告海淀区政府的委托代理人赵振营、陈美竹到庭参加诉讼。本案现已审理终结。

---

① 该案判决作出后，原告不服向北京市高级人民法院提起上诉，二审法院经审理，判决驳回上诉，维持一审判决，参见（2018）京行终1863号行政判决书。

被告海淀区政府于2017年11月17日作出海淀区（2017）第8893号《政府信息公开答复书》（以下简称被诉答复书），主要内容为：关于您的第1项申请内容，甘家口街道制作、获取了与您的描述相关的信息；本机关并无制作、获取安装隔离护栏相关文件的法定职责，在实际工作中亦未制作、获取和保存您申请获取的信息。现根据《中华人民共和国政府信息公开条例》①（以下简称《政府信息公开条例》）第二十一条第（三）项的规定向您告知，您申请获取的信息不属于本机关公开范围，建议您向甘家口街道提出申请。关于您的第2项申请内容，本机关并非该信息的制作主体，亦无制作、获取护栏安装批准文件的法定职责，且在实际工作中未获取和保存您申请获取的信息。现根据《政府信息公开条例》第二十一条第（三）项的规定向您告知，您申请获取的信息不属于本机关公开范围，建议您向北京市规划委员会提出申请。关于您的第3项申请内容，北京市现有政府机构中并无北京市道路交通管理局，且本机关在实际工作中未获取过其他机关批准安装护栏的批准文件。现根据《政府信息公开条例》第二十一条第（三）项的规定向您告知，您申请获取的信息不存在。

原告李某诉称，被告海淀区政府在辖区内三虎桥南路，一条不足6米宽的胡同两边安装了道路隔离护栏，给居民出行、商铺经营带来严重不便。原告李某请求北京市非紧急救护中心协调无果，遂请求被告海淀区政府公开安装该道路隔离护栏的有关政府信息。被告海淀区政府于2017年11月17日作出被诉答复书。原告李某认为被诉答复书不符合法律规定：1. 被告海淀区政府要求原告李某“向甘家口街道提出申请”，这完全违反了《政府信息公开条例》的规定。2. 被告海淀区政府要求原告李某向北京市审批机关提出申请，也不符合政府工作程序和档案管理规定。故原告李某认为被告海淀区政府作出的被诉答复书违反法律规定，请求法院依法判令：1. 判令被诉答复书违法并撤销；2. 责令被告海淀区政府对原告李某于2017年10月9日要求获取政府信息公开的申请内容予以明确答复（具体申请内容在海淀区（2017）第8893号－回）；3. 诉讼费用由被告海淀区政府承担。

原告李某在指定期限内向本院提供了以下证据：

1. 海淀区（2017）第8893号－回《登记回执》，证明原告李某向被告海淀区政府申请信息公开的内容；

2. 被诉答复书，证明被诉答复不合法。

被告海淀区政府辩称，被诉答复书认定事实清楚、结论正确、适用法律准确，不存在违反《政府信息公开条例》的情形。原告李某申请获取的“三虎桥南路南

---

① 此为2019年修改前的《政府信息公开条例》，本案下同。

边安装隔离护栏的所有有关政府文件”和“北京市规划委批准安装护栏的批准文件”不属于被告海淀区政府公开范围。被告海淀区政府并无制作、获取安装隔离护栏相关文件的法定职责，亦无获取北京市规划委对安装护栏的批准文件的法定职责。原告李某申请获取的“北京市道路交通管理局有关批准安装的文件”不存在。被告海淀区政府作出的被诉答复书的程序符合《政府信息公开条例》的规定，不存在不符合政府工作程序的情形。被告海淀区政府作出的被诉答复书认定事实清楚，适用法律正确，程序合法，请求法院依法驳回原告李某的诉讼请求。

被告海淀区政府在法定举证期限内向本院提供了以下证据：

1.《北京市海淀区政府信息公开申请表》；

2. 海淀区（2017）第 8893 号 - 回《登记回执》；

3.《海淀区政府信息公开延期答复审批表》；

4. 海淀区（2017）第 8893 号 - 延《政府信息延长答复期告知书》；

5. 被诉答复书；

被告海淀区政府以证据 1—5 证明 2017 年 10 月 9 日，被告海淀区政府收到并受理了原告李某的政府信息公开申请，作出延期答复告知后，在法定期限内向原告李某进行了答复；

6. 被告海淀区政府向北京市海淀区市政市容管理委员会（区交通委）（以下简称区市政市容委）、北京市规划委员会海淀分局（以下简称区规划分局）、北京市海淀区人民政府甘家口街道办事处（以下简称甘家口街道办）发出的《关于协助查找政府信息的函》；

7. 区市政市容委《北京市海淀区市政市容管理委员会关于协助查找政府信息函的回函》；

8. 区规划分局《关于协助查找政府信息的答复意见》；

9. 甘家口街道办《甘家口街道关于三虎桥南路安装隔离护栏申请信息公开的回复》；

10. 政府信息档案查询截图；

被告海淀区政府以证据 6—10 证明被告海淀区政府已充分履行信息查找义务，被告海淀区政府未制作、未获取和保存与原告李某描述相符的政府信息，案涉信息不属于被告海淀区政府公开范围或不存在，被告海淀区政府作出的被诉答复书并无不当。

经庭审质证，原告李某对被告海淀区政府提供的证据 1—4 真实性、合法性、关联性均认可；对证据 5 的真实性认可，合法性不认可；对证据 6—10 的真实性认可，合法性、证明目的不认可；被告海淀区政府对原告李某提供的证据 1、证据 2

的真实性、合法性、关联性均认可，对证据 1 的证明目的认可，对证据 2 的证明目的不认可。

本院对上述证据认证如下：原告李某提供的证据 2 的真实性、合法性、关联性均认可，对证明目的不认可。原告李某提供的证据 1、被告海淀区政府提供的全部证据形式上符合《最高人民法院关于行政诉讼证据若干问题的规定》的规定，内容真实、合法，与本案具有关联性，可以作为认定相关事实的依据，本院予以采信。

根据上述合法有效证据以及当事人之陈述，本院认定如下事实，2017 年 10 月 9 日，原告李某向被告海淀区政府提交《北京市海淀区政府信息公开申请表》，要求公开“1. 三虎桥南路南边安装隔离护栏的所有有关政府文件；2. 北京市规划委批准安装护栏的批准文件；3. 北京市道路交通管理局有关批准安装的文件”的相关信息。被告海淀区政府于当日受理并作出海淀区（2017）第 8893 号 – 回《登记回执》，告知原告李某其将于 2017 年 10 月 30 日前作出书面答复，原告李某当面领取该回执。2017 年 10 月 9 日，被告海淀区政府分别向区市政市容委、区规划分局、甘家口街道办发函进行查找，区市政市容委回函称隔离护栏属交通设施，其无此相关职能；区规划分局回函称其未制作相关信息；甘家口街道办回函称对于原告李某的第一项申请内容查找到十二条信息，对于第二、三项申请内容没有查到相关信息。2017 年 11 月 15 日，被告海淀区政府在本机关政务办公系统进行了查找，查找情况为未查找到符合申请内容的信息。2017 年 10 月 27 日，被告海淀区政府作出海淀区（2017）第 8893 号 – 延《政府信息延长答复期告知书》，告知原告李某信息公开事项延期至 2017 年 11 月 20 日前作出答复，原告李某于当日领取。2017 年 11 月 17 日，被告海淀区政府作出被诉答复书，并于当日向原告李某送达。原告李某不服，向本院提起行政诉讼。

本院认为，根据《政府信息公开条例》第四条第一款规定，各级人民政府及县级以上人民政府部门应当建立健全本行政机关的政府信息公开工作制度，并指定机构（以下统称政府信息公开工作机构）负责本行政机关政府信息公开的日常工作。故被告海淀区政府具有对辖区内政府信息公开申请作出答复的法定职责。

《政府信息公开条例》第十七条规定，行政机关制作的政府信息，由制作该政府信息的行政机关负责公开；行政机关从公民、法人或者其他组织获取的政府信息，由保存该政府信息的行政机关负责公开。法律、法规对政府信息公开的权限另有规定的，从其规定。该条例第二十一条第（三）项规定，依法不属于本行政机关公开或者该政府信息不存在的，应当告知申请人，对能够确定该政府信息公开机关的，应当告知申请人该行政机关的名称、联系方式。本案中，针对原告李某提交的三项政府信息公开申请内容，被告海淀区政府向区市政市容委、区规划分局、甘家口街道发函进行查找，区市政市容委与区规划分局均回函称未查找到相关信息，甘家口街道办回函称针对第一项申请内容查找到十二条相关信息，针对其他两项申请内容未查到相关信息，同时，被告海淀区政府以“三虎桥南路”、“安装隔离护栏”、“安装护栏”、“护栏”等关键词在本机关进行了查找，未查找到相关信息。本院认为，对于第一、二项信息内容，目前相关法律、法规及规章均未规定被告海淀区政府负有制作或获取上述信息的法定职责，且被告海淀区政府在本机关及向相关部门发函查找后，已履行了查找义务，故被告海淀区政府根据查找情况告知原告李某申请获取的第一、二项信息不属于本机关公开范围，并建议其向相关部门咨询并无不当。对于第三项申请内容，被告海淀区政府关于原告李某陈述的信息制作主体“北京市道路交通管理局”不存在，该主体批准安装护栏的文件不可能存在的意见，本院予以采纳。被告海淀区政府根据上述情况及信息查找情况，告知原告李某申请的第三项信息不存在，符合法律规定。

被告海淀区政府收到原告李某提出的政府信息公开申请后，履行了受理、查找、延期、告知、送达等程序，程序合法。综上，被告海淀区政府作出的被诉答复书具有事实根据，程序合法，适用法律正确，本院应予支持。原告李某要求确认被告海淀区政府作出的被诉答复书违法并撤销，并就申请内容予以明确答复的诉讼请求，缺乏事实根据和法律依据，本院不予支持。依照《中华人民共和国行政诉讼法》第六十九条、《最高人民法院关于审理政府信息公开行政案件若干问题的规定》第十二条第（一）项之规定，判决如下：

驳回原告李某的诉讼请求。

案件受理费50元，由原告李某负担（已交纳）。

如不服本判决，各方当事人可于判决书送达之日起十五日内向本院递交上诉状，并按对方当事人的人数提出上诉状副本，上诉于北京市高级人民法院。

审　判　长　　李冬梅
人民陪审员　　李东英
人民陪审员　　明常红
二〇一八年二月二十六日
法 官 助 理　　张丽同
书　记　员　　刘昊男

42

原告请求人民法院一并审查规范性文件应当符合法定条件

——孙凤某诉北京市朝阳区人民政府、北京市人民政府房屋行政征收补偿及行政复议案

【裁判要旨】公民、法人或者其他组织提起行政诉讼时请求人民法院一并审查的规范性文件不是被诉行政行为的依据的，该规范性文件依法不属于人民法院一并审查的范围。

公民、法人或者其他组织未在第一审开庭审理前提出规范性文件一并审查请求，而在法庭调查中才提出，又无正当理由的，人民法院对其请求不予支持。

北京市第四中级人民法院
行政判决书

（2018）京04行初141号[①]

原告孙凤某，住北京市朝阳区。

委托代理人郭子僮，河北昌德律师事务所律师。

委托代理人张友伶，北京京云律师事务所律师。

被告北京市朝阳区人民政府，住所地北京市朝阳区。

法定代表人王灏，区长。

委托代理人梁俊蒙，北京市朝阳区人民政府工作人员。

委托代理人孟丽娜，北京市康达律师事务所律师。

被告北京市人民政府，住所地北京市东城区。

① 一审判决作出后，原告不服向北京市高级人民法院提起上诉，二审法院经审理，判决驳回上诉，维持一审判决，参见（2018）京行终4050号行政判决书。

法定代表人陈吉宁，市长。

委托代理人刘彬，北京市人民政府法制办公室干部。

原告孙凤某不服被告北京市朝阳区人民政府（以下简称朝阳区政府）作出的朝政房征补字〔2017〕15号《北京市朝阳区人民政府房屋征收补偿决定书》（以下简称被诉征补决定）和北京市人民政府（以下简称北京市政府）作出的京政复字〔2017〕1047号《行政复议决定书》（以下简称被诉复议决定），向本院提起行政诉讼。本院于2018年1月17日受理后，于2018年1月18日向被告朝阳区政府和北京市政府送达了起诉书副本及应诉通知书。本院依法组成合议庭，于2018年4月17日公开开庭审理了本案。原告孙凤某的委托代理人郭子僮、张友伶，被告朝阳区政府的委托代理人梁俊蒙、孟丽娜，被告北京市政府的委托代理人刘彬到庭参加诉讼。本案现已审理终结。

被告朝阳区政府于2017年8月21日作出被诉征补决定，主要内容为：根据《国有土地上房屋征收与补偿条例》《北京市国有土地上房屋征收与补偿实施意见》《北京市旧城区改建房屋征收实施意见》《北京市关于国有土地上房屋征收与补偿有关事项的通知》的相关规定，为进行永安里旧城区改建项目（以下简称涉案项目）建设，被告朝阳区政府于2017年2月24日依法作出朝政房征字〔2017〕1号《北京市朝阳区人民政府房屋征收决定》（以下简称1号征收决定），对位于朝阳区永安里地区东至永安里东路，南至永安东里小区围墙，西至国泰饭店、北京铁路局、朝阳区教育委员会用地边界，北至建国门外大街（具体范围以规划意见及附图划定的范围为准）范围内的房屋及其附属物实施征收，国有土地使用权同时收回。1号征收决定于2017年2月24日在征收范围内进行了公告。《永安里旧城区改建项目住宅房屋征收补偿方案》（以下简称征补方案）已于2016年10月19日在征收范围内及北京市住房和城乡建设委员会（以下简称北京市住建委）网站公布。北京市朝阳区人民政府房屋征收办公室（以下简称朝阳区征收办）委托房屋征收实施单位北京市朝阳区房屋征收事务中心（以下简称朝阳区征收事务中心）承担涉案项目房屋征收与补偿的具体工作。涉案项目的补偿工作按照征补方案实施，项目正式签约期限自2017年2月25日9时至2017年3月26日中午12时止，正式签约期限为30天。原告孙凤某在北京市朝阳区永安东里×楼×单元×号（以下简称涉案房屋）有房屋一套，该房屋建筑面积41.32平方米，属于涉案项目征收范围。根据北京市北方房地产咨询评估有限责任公司（以下简称北方评估公司）于2016年10月26日出具的北方估预字（2016）001号3－020《北京市国有土地上住宅房屋征收预评估报告》（以下简称3－020号预评估报告），以预签征收补偿协议开始之日为价值时点的被征收房屋评估价值总额为2818258元。根据北方评估公司于2017年3

月16日出具的京朝房征估永安里－北方〔2017〕131号《北京市国有土地上住宅房屋征收评估报告》（以下简称131号评估报告），以1号征收决定公告之日为价值时点的标准房屋市场价格为：69139元/建筑平方米，标准房屋重置成新价为2220元/建筑平方米，被征收房屋评估价值总额为2851596元。北方评估公司已向原告孙凤某送达了上述两份评估报告。按照征补方案的规定，被征收人可以选择货币补偿，也可以选择房屋产权调换，不能同时选择两种方式。1. 选择货币补偿。按照征补方案的规定，依据131号评估报告，原告孙凤某可得货币补偿3915416.72元。其中：被征收房屋补偿费为2935888.80元，补助费为979527.92元。2. 选择房屋产权调换。按照征补方案的规定，依据3－020号预评估报告，原告孙凤某可用于购买产权调换房屋的金额不得超过3052550.80元。在上述金额内，原告孙凤某可在征补方案确定的产权调换房源中依据产权调换相关规定选择房屋进行产权调换，购买产权调换房屋购房款从征收补偿款中扣除。另给予原告孙凤某其他征收补偿、补助费3145673.80元。因朝阳区征收事务中心与原告孙凤某在1号征收决定公告的签约期限内达不成补偿协议，朝阳区征收办报请被告朝阳区政府作出征补决定。为保障涉案项目的顺利实施，维护被征收人的合法权益，根据《国有土地上房屋征收与补偿条例》及相关法规的规定，按照征补方案，被告朝阳区政府对原告孙凤某作出补偿决定：1. 货币补偿方式，原告孙凤某应得补偿款3915416.72元；2. 房屋产权调换补偿方式，在原告孙凤某可用于购买产权调换房屋的金额内，提供征补方案中弘善家园×号楼×号，建筑面积为119.57平方米的房屋作为产权调换房屋，原告孙凤某需支付购买上述产权调换房屋购房款1016345元，结算后应得补偿款2129328.80元；3. 临时安置补偿，按照被征收房屋建筑面积，给予被征收人一次性临时安置补偿，按照200元/平方米/月的标准发放，不足5000元/月的，补足至5000元/月发放，发放期限为4个月（该项补偿已包含在上述被征收人应得补偿款中）；4. 停产停业损失补偿，根据征补方案的规定，被征收人能够提供真实、有效的证明文件的，按规定的标准给予相应停产停业损失补偿；5. 搬迁费补偿，按照被征收房屋建筑面积给予被征收人搬迁费补偿，补偿标准为40元/平方米（该项补偿已包含在上述被征收人应得补偿款中）；6. 移机费用补偿，按以下标准给予被征收人移机费用补偿：电话移机费300元/台，有线电视移机费500元/户，空调移机费500元/台，热水器移机费400元/台，即插即热型厨宝移机费400元/台，宽带移机费400元/户，被征收人需提供购机发票或收、缴费单据的复印件；7. 无自建房或自行拆除自建房补助，根据征补方案的规定，原告孙凤某未签署《永安里旧城区改建项目自行拆除征收范围内自建房声明》，无该项补助；8. 特殊困难补助，根据征补方案的规定，被征收人能够提供真实、有效的证明文件的，按规定的标准给予相应特殊困难补助；9. 代扣售房款，朝阳区征收事务中心按照《购买公有住宅协议书》的约定，在原告孙凤某征收补偿中扣除被征收房屋的售房款7159元；原告孙凤某应在收到被诉征补决定之日起15日内，在货币补偿或房屋产权调换方式中确定一种补偿方式，同时与朝阳区征收事务中心办理搬迁补偿手续，结清相关费用并领取补偿款，原告孙凤某逾期未确定补偿方式的，视为选择房屋产权调换补偿方式，为原告孙凤某提供弘善家园×号楼×号，自搬入该房屋后发生的水、电、燃气、物业等费用，由原告孙凤某自行支付。原告孙凤某应在收到被诉征补决定之日起15日内，将涉案房屋腾空，包括自建房交朝阳区征收事务中心拆除，办理搬迁补偿手续后，搬入弘善家园×号楼×号房屋内。原告孙凤某不服被诉征补决定，于2017年10月18日向被告北京市政府申请行政复议，北京市政府于2017年12月4日作出被诉复议决定，维持了被诉征补决定。

原告孙凤某诉称，原告孙凤某系涉案房屋的合法所有权人，2017年2月被告朝阳区政府进行涉案项目建设，将原告房屋纳入征收范围内。原告与征收方未达成协议，通过其他途径方知被告朝阳区政府已作出被诉征补决定。被告朝阳区政府没有按照法律规定方式向原告孙凤某送达，故被诉征补决定程序上存在严重问题；且在补偿数额上明显过低，不符合《国有土地上房屋征收与补偿条例》第十九条之规定。被告北京市政府作出涉案行政复议决定过程中对相关事实没有详尽地查明，侵害了原告的合法权益，故请求法院：1. 判决撤销被诉征补决定；2. 判决撤销被诉复议决定。

原告孙凤某向本院提供了以下证据：1. 北京市公有住宅租赁合同；2. 购买公有住宅协议书；证据1—2证明原告的主体资格；3. 被诉征补决定；4. 被诉复议决定；证据3—4证明被诉行政行为。

被告朝阳区政府辩称，为进行涉案项目建设，被告朝阳区政府于2017年2月24日作出1号征收决定，并在房屋征收范围内及北京市住建委网站上公告。其中，项目正式签约期限自2017年2月25日9时起至2017年3月26日中午12时止。涉案房屋建筑面积41.32平方米，被列入涉案项目征收范围。北方评估公司于2016年10月26日出具3-020号预评估报告，于2017年3月16日出具131号评估报告。两份评估报告已送达原告孙凤某。因与原告孙凤某在签约期限内未达成补偿协议，朝阳区征收办于2017年8月21日报请被告朝阳区政府按照征补方案作出征收补偿决定。被告朝阳区政府于2017年8月21日作出被诉征补决定，已在房屋征收范围内予以公告并向原告孙凤某进行了送达。被告朝阳区政府认为，被诉征补决定适用法律法规正确，符合法定程序，请求法院依法判决驳回原告孙凤某的诉讼请求。

被告朝阳区政府在法定期限内向本院提供了以下证据：

证据1. 1号征收决定、北京市住建委网页及照片，证明2017年2月24日被告朝阳区政府作出1号征收决定并及时公告；

证据2. 朝阳区征收办京朝房征审〔2016〕115号《关于永安里旧城区改建项目预签征收补偿协议的通知》、征补方案、《永安里旧城区改建项目住房困难家庭补助办法》、北京市住建委网页及照片，证明2016年10月18日，朝阳区征收办作出《关于永安里旧城区改建项目预签征收补偿协议的通知》，征补方案、《永安里旧城区改建项目住房困难家庭补助办法》等作为附件；

证据3. 北京市第四中级人民法院（2017）京04行初414号《行政判决书》（以下简称414号行政判决），证明1号征收决定已被法院生效判决所支持；

证据4. 购买公有住宅协议书，证明原告孙凤某所有的涉案房屋建筑面积41.32平方米，被列入项目征收范围；

证据5.（1）3－020号预评估报告及附表、送达回证，（2）131号评估报告及附表、送达回证、录像、说明，（3）授权委托书、户口簿，（4）房地产估价机构资质证书、估价师执业证，（5）朝阳区征收办京朝房征审〔2017〕18号《关于永安里旧城区改建项目被征收住宅房屋分户初步评估结果的公示》及照片，（6）朝阳区征收办京朝房征审〔2017〕31号《关于对永安里旧城区改建项目被征收住宅房屋分户复核评估结果公示的通知》及照片，（7）永安里旧城区改建项目分户初步评估结果及分户复核评估结果公示位置说明，（8）北京市朝阳区永安里旧城区改建项目房屋征收与补偿住宅楼房勘查记录，（9）关于北京市朝阳区永安里旧城区改建项目住宅房屋标准房屋市场价格和标准房屋重置成新价的公示、照片及专家咨询意见书，（10）关于《北京市国有土地上住宅房屋征收评估报告》（编号：京朝房征估永安里－北方〔2017〕131号）申请复核的说明，（11）授权委托书，以上证据证明北方评估公司先后出具了3－020号预评估报告及131号评估报告并已送达给原告孙凤某，估价机构及估价师均具有估价资质，估价机构已进行实地查勘，分户初步评估结果及复核评估结果已在征收范围内向被征收人公示；

证据6. 被征收人或同住人家属对永安里旧城区改建项目征收意见、谈话记录、永安里旧城区改建项目同意自行拆除征收范围内自建房声明，证明房屋征收部门与原告孙凤某商谈补偿情况；

证据7. 补偿明细，证明依据征补方案对原告孙凤某的补偿情况；

证据8. 弘善家园项目房源介绍及户型图，证明为原告提供的弘善家园房源情况；

证据9. 征收补偿决定申请书，证明因与原告孙凤某在征补方案确定的签约期限内达不成补偿协议，朝阳区征收办于 2017 年 8 月 21 日报请被告朝阳区政府按照征补方案作出补偿决定；

证据 10. 被诉征补决定、照片、送达回证、录像及谈话笔录，证明被告朝阳区政府于 2017 年 8 月 21 日作出被诉征补决定，已在房屋征收范围内予以公告并向原告孙凤某进行了送达；

证据 11. 评估报告及被诉征补决定送达见证人身份证明，证明见证人为永安里社区工作人员；

证据 12. 光盘，证明评估报告和被诉征补决定送达录像。

被告北京市政府辩称，其根据《中华人民共和国行政复议法》规定的程序办理行政复议案件，作出的被诉复议决定事实清楚、证据确凿、适用法律正确、程序合法。请求人民法院驳回原告的诉讼请求。

被告北京市政府在法定举证期限内向本院提供了以下证据：1. 行政复议申请书；2. 邮寄信封及收文记录；证据 1—2 证明北京市政府收到原告行政复议申请的情况；3. 行政复议答复通知书及送达回证，证明北京市政府通知朝阳区政府答复；4. 行政复议答复书，证明朝阳区政府答复情况；5. 被诉复议决定及送达回证，证明北京市政府在法定期限内作出复议决定并向当事人送达。

经庭审质证，原告孙凤某、被告朝阳区政府及北京市政府提交的证据形式上符合最高人民法院《关于行政诉讼证据若干问题的规定》提供证据的要求，具备证据的真实性、合法性及与本案的关联性，能够证明被告朝阳区政府作出被诉征补决定的相关事实及背景情况，可以作为认定本案相关事实的依据，本院予以采信。

根据上述合法有效证据以及当事人无争议之陈述，本院认定如下事实：

因涉案项目建设需要，被告朝阳区政府于 2017 年 2 月 24 日作出 1 号征收决定，决定对涉案项目用地红线范围内的房屋及其附属物实施征收，国有土地使用权同时收回，房屋征收范围：东至永安里东路，南至永安东里小区围墙，西至国泰饭店、北京铁路局、朝阳区教育委员会用地边界，北至建国门外大街（具体范围以规划意见及附图划定的范围为准），并载明了补偿方案、房屋征收实施单位、评估机构、项目搬迁签约期限、行政复议和行政诉讼权利等内容。原告孙凤某位于北京市朝阳区永安东里 × 楼 × 单元 × 号房屋属于上述征收范围。2017 年 3 月 16 日，北方评估公司作出 131 号评估报告，评估结果：涉案房屋建筑面积 41. 32 平方米，在价值时点的征收价值总额为 2851596 元。131 号评估报告于 2017 年 5 月 11 日送达原告，原告孙凤某在收到该报告后未申请复核评估和鉴定。因双方未在征补方案确定的签约期限内达成补偿协议，2017 年 8 月 21 日，朝阳区征收办向被告朝阳区政府提出《征收补偿决定申请书》。2017 年 8 月 21 日，被告朝阳区政府作出被诉征补决定并于次日送达给原告孙凤某，亦在征收范围内予以公告。原告孙凤某不服，于2017年10月18日向被告北京市政府提出行政复议申请，同年12月4日，北京市政府作出维持被诉征收决定的被诉复议决定，原告孙凤某于同年12月12日收到被诉复议决定后仍不服，于2017年12月22日通过邮寄方式向本院提起行政诉讼。

本院认为，根据《国有土地上房屋征收与补偿条例》第四条之规定，市、县级人民政府负责本行政区域的房屋征收与补偿工作。市、县级人民政府确定的房屋征收部门组织实施本行政区域的房屋征收与补偿工作。被告朝阳区政府具有作出本案被诉征补决定的法定职权。根据《中华人民共和国行政复议法》第十三条第一款之规定，对地方各级人民政府的具体行政行为不服的，向上一级地方人民政府申请行政复议。北京市政府作为朝阳区政府的上一级人民政府，依法具有受理原告的行政复议申请、作出行政复议决定的法定职权。

《国有土地上房屋征收与补偿条例》第十七条、第十九条、第二十一条、第二十二条、第二十五条和第二十六条规定，补偿决定应当公平，并应包括补偿方式、补偿金额和支付期限、产权调换房屋、周转用房、停产停业损失、搬迁期限、过渡方式和过渡期限等事项。被征收人可以选择货币补偿，也可以选择房屋产权调换；被征收人选择房屋产权调换的，市、县级人民政府应当提供用于产权调换的房屋，并与被征收人计算、结清被征收房屋价值与用于产权调换房屋价值的差价。对被征收房屋价值的补偿，不得低于房屋征收决定公告之日被征收房屋类似房地产的市场价格。被征收房屋的价值，由具有相应资质的房地产价格评估机构按照房屋征收评估办法评估确定。选择房屋产权调换的，产权调换房屋交付前，房屋征收部门应当向被征收人支付临时安置费或者提供周转用房。房屋征收部门与被征收人在征收补偿方案确定的签约期限内达不成补偿协议，或者被征收房屋所有权人不明确的，由房屋征收部门报请作出房屋征收决定的市、县级人民政府依照本条例的规定，按照征收补偿方案作出补偿决定，并在房屋征收范围内予以公告。

本案中，关于被诉征补决定内容的合法性问题。第一，被诉征补决定所依据的征补方案符合法律规定。本院作出的414号行政判决已经对1号征收决定的合法性予以确认，本案所涉征补方案亦经过了合法性审查。因双方未能就补偿安置达成协议，被告朝阳区政府根据房屋征收部门的申请，依据征补方案对原告孙凤某作出被诉征补决定，具有相应的事实根据和法律依据。

第二，被诉征补决定所依据的评估报告符合法律规定。131号评估报告系由具有评估资质的评估机构和估价师出具的，具有合法性。《国有土地上房屋征收与补偿条例》第十九条第二款规定，对评估确定的被征收房屋价值有异议的，可以向房地产价格评估机构申请复核评估。对复核结果有异议的，可以向房地产价格评估专家委员会申请鉴定。《国有土地上房屋征收评估办法》第二十条第一款规定，被征收人或者房屋征收部门对评估结果有异议的，应当自收到评估报告之日起 10 日内，向房地产价格评估机构申请复核评估。第二十二条规定，被征收人或者房屋征收部门对原房地产评估机构的复核结果有异议的，应当自收到复核结果之日起 10 日内，向被征收房屋所在地评估专家委员会申请鉴定。被征收人对补偿仍有异议的，按照《国有土地上房屋征收与补偿条例》第二十六条规定处理。131 号评估报告中明确告知原告孙凤某有提出书面申请复核评估、向被征收房屋所在地评估专家委员会申请鉴定的权利及期限。北方评估公司作出 131 号评估报告后已送达原告孙凤某，上述程序均符合法律规定。现原告孙凤某在收到 131 号评估报告后未申请复核评估和鉴定，被告朝阳区政府将该评估报告作为被诉征补决定的依据符合相关法律法规规定。

第三，被诉征补决定已依法保障原告孙凤某对补偿方式的选择权及补偿权益。《国有土地上房屋征收与补偿条例》第二十一条第一款规定，被征收人可以选择货币补偿，也可以选择房屋产权调换。本案中，被诉征补决定明确表述为：货币补偿方式，原告孙凤某应得补偿款 3915416.72 元；房屋产权调换补偿方式，在原告孙凤某可用于购买产权调换房屋的金额内，提供征补方案中弘善家园×号楼×号，建筑面积为 119.57 平方米的房屋作为产权调换房屋，原告孙凤某需支付购买上述产权调换房屋购房款 1016345 元，结算后应得补偿款 2129328.8 元。同时，被诉征补决定详细载明了临时安置、停产停业损失、搬迁费、移机费、无自建房或自行拆除自建房补助、特殊困难补助等原告应当获取的各项补助费，同时也就办理结算和腾空被征收房屋事项予以明确。

原告孙凤某在本院庭审中主张，按照征补方案中的产权调换原则，原告可以选择不同房源的两套房屋，但被诉征补决定中仅为原告安置了一套房屋，该补偿方式显然违背了征补方案的规定。涉案征补方案产权调换原则：选择北花园和远洋一方房源的，被征收房屋建筑面积 35（含）—45（不含）平方米，最大可购买北花园任意户型房屋和两居室房屋各 1 套；选择弘善家园、北花园和远洋一方房源的，被征收房屋建筑面积 35（含）—45（不含）平方米的，最大可购买弘善家园任意户型房屋 1 套和北花园一居室房屋 1 套；选择世华泊郡、北花园和远洋一方房源的，被征收房屋建筑面积 35（含）—45（不含）平方米的，最大可购买世华泊郡 96 平方米以下任意户型房屋 1 套和北花园两居室房屋 1 套。涉案房屋建筑面积 41.32 平方米，原告可在 1 号征收决定规定的签约期内按照征补方案中的产权调换原则，与被征收人签订征收安置补偿协议。但在双方协商未果的情况下，被告朝阳区政府在被诉征补决定中提供征补方案中弘善家园建筑面积为 119.57 平方米的房屋作为产权调换房屋，保障原告孙凤某的住房需求，并无不妥。案件审理过程中，被告朝阳区政府称如果在法院强制执行被诉征收补偿决定前，原告孙凤某与朝阳区征收办签订安置补偿协议，原告仍可以按征补方案选择产权调换，对此本院不持异议。

原告孙凤某在本案法庭调查中请求一并对《北京市旧城区改建房屋征收实施意见》第四条第（八）项的合法性进行审查，称在庭审中才发现预签协议规定的违法直接导致被告朝阳区政府作出的1号征收决定和征补方案违法，从而导致被诉征补决定违法。《中华人民共和国行政诉讼法》第五十三条规定，当事人在对行政行为提起诉讼时，可以一并请求就该行政行为所依据的规范性文件进行附带性审查。《最高人民法院关于适用〈中华人民共和国行政诉讼法〉的解释》第一百四十六条规定，公民、法人或者其他组织请求人民法院一并审查行政诉讼法第五十三条规定的规范性文件，应当在第一审开庭审理前提出；有正当理由的，也可以在法庭调查中提出。原告孙凤某在法庭调查中提出该请求，并无正当理由，且《北京市旧城区改建房屋征收实施意见》第四条第（八）项并非系朝阳区政府作出被诉征补决定所依据的规范性文件，故对原告孙凤某的该项请求，本院不予支持。

根据《最高人民法院关于适用〈中华人民共和国行政诉讼法〉的解释》第一百三十六条第一款的规定，人民法院对原行政行为作出判决的同时，应当对复议决定一并作出相应判决。本案中，被告北京市政府收到原告的行政复议申请后，通知了朝阳区政府进行答复，并将朝阳区政府答复材料提供给原告，其在法定期限内作出被诉复议决定并送达当事人，复议决定符合法律规定。

综上，原告孙凤某要求撤销被诉征补决定及被诉复议决定的诉讼请求，没有事实根据和法律依据，本院不予支持。据此，依照《中华人民共和国行政诉讼法》第六十九条、第七十九条之规定，判决如下：

驳回原告孙凤某的诉讼请求。

案件受理费50元，由原告孙凤某负担（已交纳）。

如不服本判决，可在判决书送达之日起十五日内，向本院递交上诉状，并按对方当事人的人数提出副本，上诉于北京市高级人民法院。

审 判 长　　孙永欣
审 判 员　　阎　炜
人民陪审员　　仰　蓓
二〇一八年六月十一日
法官助理　　孙嘉琳
书 记 员　　严佳钰

43

行政机关应当及时、全面、充分履行法定职责

——王某诉北京市丰台区人民政府、北京市人民政府要求履行村务公布监督职责及行政复议案

【裁判要旨】 1. 村民向区县人民政府反映村民委员会不及时公布应当公布的事项或者公布的事项不真实的，区县人民政府应当负责调查核实。区县人民政府经调查核实认定村民委员会未及时公布应当公布的事项或者公布的事项不真实的，应当责令村民委员会依法公布，并应当为村民委员会公布相关事项限定合理期限。2. 行政机关对公民、法人或者其他组织提出的申请事项负有法定职责的，应当及时、全面、充分地履行。

北京市第四中级人民法院

行政判决书

（2018）京04行初1067号[①]

原告王某，住北京市丰台区。

被告北京市丰台区人民政府，住所地北京市丰台区。

法定代表人王力军，区长。

委托代理人周颖超，北京市丰台区花乡人民政府干部。

委托代理人常卫东，北京市常鸿律师事务所律师。

被告北京市人民政府，住所地北京市东城区。

法定代表人陈吉宁，市长。

委托代理人商思刚，北京市人民政府干部。

委托代理人孟庆亮，北京观韬中茂律师事务所律师。

---

① 本案判决作出之后，双方当事人均未上诉，判决已生效。

原告王某不服被告北京市丰台区人民政府（以下简称丰台区政府）作出的《关于王某〈再次要求丰台区政府责令村务公开申请书〉的答复》（以下简称被诉答复）和北京市人民政府（以下简称北京市政府）作出的京政复字〔2018〕329号《行政复议决定书》（以下简称被诉复议决定），向本院提起行政诉讼。本院于2018年8月23日受理后，向被告丰台区政府和北京市政府送达了起诉书副本及应诉通知书，本院依法组成合议庭，于2018年10月25日和同年11月15日两次公开开庭审理了本案。原告王某，被告丰台区政府的委托代理人周颖超、常卫东到庭参加诉讼。2018年10月25日，被告北京市政府的委托代理人刘彬、孟庆亮到庭参加诉讼，后因被告北京市政府申请变更委托代理人，2018年11月15日，其变更后的委托代理人商思刚、孟庆亮到庭参加诉讼。本案现已审理终结。

2018年5月17日，被告丰台区政府向原告作出被诉答复，主要内容为：关于原告申请再次责令北京市丰台区花乡纪家庙村村民委员会（以下称纪家庙村村委会）依据《中华人民共和国村民委员会组织法》（以下简称《村民委员会组织法》）等相关法律法规的规定向原告公开北京市丰台区花乡纪家庙村（以下简称纪家庙村）村集体土地征用情况等村务信息的申请，经核实，2017年10月23日，原告曾以EMS形式向丰台区政府邮寄了《要求丰台区政府责令村务公开申请书》，该申请书中申请村务公开的内容与本次原告向丰台区政府申请的有关村务公开的内容一致。经过调查核实，2017年12月21日，丰台区政府依据《村民委员会组织法》第三十一条之规定作出《丰台区人民政府关于责令纪家庙村村民委员会村务公开的决定》，要求纪家庙村依据《村民委员会组织法》的有关规定履行村务公开义务，并将该决定向纪家庙村村委会有效送达。同时，丰台区政府派出工作小组至纪家庙村，就村务公开情况进行督促检查；纪家庙村按丰台区政府决定书要求履行村务公开义务，与原告多次联系对接，接受原告的问询，提供村务公开相关材料，并在村务公开栏对村集体土地征收情况进行了公开。若原告还需了解相关村务信息，可以直接向纪家庙村提出申请，并查阅相关村务信息。根据《北京市实施〈中华人民共和国村民委员会组织法〉的若干规定》第二十八条、第二十九条的规定，原告可以通过村民会议或者村民代表会议监督村民委员会的村务公开工作，也可以就村务公开工作直接向村民委员会提出质询，向村务监督委员会投诉。此外，可以依据《村民委员会组织法》第十六条的规定行使原告的选民权利。关于原告的其他申请，依据《中华人民共和国治安处罚法》等相关法律法规的规定，不属于丰台区政府的法定职责，建议原告直接向有关机关提出申请。原告王某不服被诉答复，向被告北京市政府申请行政复议，被告北京市政府于2018年8月9日作出被诉复议决定，决定维持被诉答复。

原告王某诉称，因纪家庙村村委会自建村32年来，从未依法进行村务公开。村务混乱，账务不清，部分年代无账可查。村集体经济资产资金长期处于不受监督的状况。故2017年10月12日，原告以EMS方式向纪家庙村村委会发出《村务公开申请书》，要求公开纪家庙村村集体土地征用情况等57项村务信息。纪家庙村村委会接收后不予回复。同年10月23日原告以EMS方式向被告丰台区政府发出《要求丰台区政府责令村务公开申请书》。被告丰台区政府接收后，于2017年12月21日作出《责令村务公开申请书》，其中载明"本机关经调查核实，你村就村集体土地征收征用情况等村务信息方面存在不及时履行村务公开义务的情形"。纪家庙村接收后仍拒不公开。2018年1月12日，纪家庙村村委会召开村民代表大会和北京市祥润通投资管理公司股东大会，纪家庙村村委会为达到不予公开村务的目的，阻止原告进入会场旁听，并且事先与北京市丰台区玉泉营派出所民警合谋，将原告非法拘禁至玉泉营派出所12小时，待会议结束后释放，侵害了原告的人身权利和民主权利。据此原告于2018年3月14日以EMS方式向被告丰台区政府发出《再次要求丰台区政府责令村务公开申请书》，要求公开村集体土地征用情况等57项村务信息以及对原告因村务公开遭受人身权利、民主权利侵害进行查证处理。原告于2018年5月19日收到被诉答复，称"纪家庙村按我机关决定书要求履行村务公开义务，与您多次联系对接，接受您的问询，提供村务公开相关材料，并在村务公开栏对村集体土地征收情况进行了公开。若您还需了解相关村务信息，可以直接向纪家庙村村委会提出申请，并查阅相关村务信息等"，对于原告因村务公开受到人身权利和民主权利侵害的情况不予处理。而实际上，纪家庙村村委会并未主动联系原告公开任何村务，在原告多次催促下才将部分无关重要的十余年前建设小产权房屋的规划图等张贴于布告栏，负责接待的村务人员在20余分钟的接待时间里未提及任何村务信息。原告要求公示的57项村务，尤其是集体土地建设的小产权房屋的分配和使用情况，原告仍无法得知。原告认为，依据《村民委员会组织法》，被告丰台区政府有责令、监督纪家庙村村委会全面履行、公开相关村务之义务，经查证确有违法行为的，有关人员应依法承担责任。被告丰台区政府并未积极调查、核实和处理，被告丰台区政府的行为系行政不作为。被告北京市政府作出的行政复议决定书未能查明事实。故原告请求人民法院：1. 撤销被诉答复；2. 撤销被诉复议决定；3. 诉讼费用由被告承担。

原告王某在法定举证期限内向本院提交以下证据：1.（2015）丰民初字第09261号民事判决书、起诉书，证明村属企业负责人、股东代表绳美某借管理村属企业便利承包管理企业集体土地获利；2. 起诉书，证明纪家庙村主任刘玉甲兄弟刘玉乙、刘玉丙等享受特殊二次拆迁政策，获得五套回迁房屋；3. 起诉书，证明纪家庙村村委会将属于集体资产的两套回迁房屋安置给丰台公安分局樊家村派出所原副所长张某和警长彭文某；4.（2016）京0106民初8509号民事判决书，证明纪家庙村失职造成集体资产损失；证据1—4证明原告申请村务公开的必要性，丰台区政府未查明纪家庙村集体存在严重违法行为的事实；5.（2017）京0106民初17382号民事判决书、申请执行书，证明原告起诉案件诉求属于村务公开范围，原告申请执行后，纪家庙村拒不履行；6. 政府信息答复告知书、两份批复，证明原告以政府信息公开方式获取纪家庙村村委会未予公开的集体土地征用征收情况的村务信息，也是被告丰台区政府在第一次答复中责令纪家庙村村务公开的内容；7. 照片、录像光盘，证明纪家庙村阻止原告及村民了解村务信息；8. 照片，证明纪家庙村村委会没有对原告要求的村务信息进行公开；证据5—8证明丰台区政府未依法调查，作出的行政行为没有拘束力，没有被执行。

原告在第一次庭审期间向本院提出调取证据申请，申请本院调取2018年3月20日上午9点至11点在纪家庙村居民委员会社区院内和一楼接待室的监控视频影像记录，证明纪家庙村村委会约谈原告并带其观看公告栏的情况。被告亦认可存在该影像记录，本院对原告的申请依法予以准许。被告丰台区政府向本院提交了2018年3月20日纪家庙村村委会工作人员在纪家庙村居民委员会社区院内和一楼接待室接待原告时的影像记录。

被告丰台区政府辩称，丰台区政府在收到原告的申请后立即进行调查，根据调查结果作出处理并将处理结果送达原告，已经依法履行了调查、答复、送达的行政程序。被诉答复事实清楚，证据确凿，适用法律正确，故请求法院依法驳回原告的诉讼请求。

被告丰台区政府在法定举证期限内向法院提交以下证据：1.《再次要求丰台区政府责令村务公开申请书》、邮寄单据和告知单，证明丰台区政府收到原告于2018年3月14日提出的申请并告知原告；2.《要求丰台区政府责令村务公开申请书》、邮寄单据和告知单，证明原告于2017年10月23日向丰台区政府提出了申请，申请内容与本次申请中第一项申请内容一致；3.《丰台区人民政府关于责令纪家庙村村民委员会村务公开的决定》，证明丰台区政府就原告2017年10月23日提出的申请作出了处理并分别告知了纪家庙村村委会和原告；4. 照片11张，证明纪家庙村村委会按照丰台区政府要求，履行了村务公开义务；5. 村务公开栏内容复印件、工作笔录，证明丰台区政府就纪家庙村村委会履行村务公开义务的情况进行监督检查；6. 被诉答复及送达凭证，证明丰台区政府作出答复并向原告送达；7. 被诉复议决定，证明原告申请行政复议，北京市政府作出维持被诉答复的行政复议决定。

被告北京市政府辩称，被告北京市政府作出被诉复议决定，事实清楚、证据确凿、适用依据正确、程序合法，请求人民法院依法驳回原告的诉讼请求。

被告北京市政府在法定举证期限内向法院提交以下证据：1. 行政复议申请书、北京市政府信访办公室转办记录及收文记录，证明北京市政府于2018年6月7日收到原告的复议申请材料；2. 行政复议申请材料补正通知及邮单，原告补正材料及邮单、收文记录，证明北京市政府向原告告知补正，并于2018年6月19日收到原告的补正材料；3. 行政复议答复通知书及送达回证，证明北京市政府于2018年6月19日向丰台区政府发送原告的复议申请材料副本；4. 行政复议答复书及证据依据，证明丰台区政府书面答复及证据依据；5. 阅卷材料送达回证和邮单，证明北京市政府向原告邮寄阅卷材料；6. 被诉复议决定、送达回证，证明原告、丰台区政府分别于2018年8月15日和8月22日签收被诉复议决定。

经庭审质证，原告王某对被告丰台区政府提交的证据1—3予以认可，对证据4—7的证明目的均不认可，认为不能证明被告丰台区政府已依法履行村务公开监督职责；对被告北京市政府提交证据的证明目的均不予以认可，认为北京市政府没有依法履行复议审查职责；对法院调取的接待录像的真实性予以认可，认为该证据证明纪家庙村村委会未对其村务公开申请进行全面公开，被告丰台区政府也未尽到村务公开的监督职责。被告丰台区政府对原告王某提交证据的关联性和证明目的均不予以认可，认为与本案无关；对法院调取的接待录像予以认可，认为该证据证明纪家庙村村委会已向原告王某积极履行了村务公开工作。被告北京市政府只对原告王某提交的证据1、4、5、6的真实性予以认可，合法性、关联性和证明目的均不予认可，对证据2、3、7、8均不予认可；对法院调取的接待录像予以认可。

经审查，本院对当事人提交的证据作如下确认：原告提交的证据1—7与本案不具有关联性，本院不予采信。原告提交的其他证据、被告丰台区政府和被告北京市政府提交的证据及本院调取的证据，形式上符合《最高人民法院关于行政诉讼证据若干问题的规定》提供证据的要求，具备证据的真实性、合法性及与本案的关联性，可以作为认定本案相关事实的依据，本院予以采信。但被告丰台区政府提交的证据不能证明其已经履行法定职责以及被诉答复合法的证明目的。

经审理查明，2018年3月14日，原告王某以“冀岩区长”为收件人，向丰台区政府邮寄《再次要求丰台区政府责令村务公开申请书》，申请事项为：一、再次责令纪家庙村村委会依据《村民委员会组织法》等相关法律法规的规定向原告公开纪家庙村村集体土地征用情况等57项村务信息；二、请求责令纪家庙村村委会改正侵害原告民主权利的违法行为，依职权查处玉泉营派出所非法拘禁原告的违法行为。被告丰台区政府收到《再次要求丰台区政府责令村务公开申请书》后，于2018年3月21日出具《告知单》，告知原告就其提出的第一项请求，丰台区政府将进行调查核实，并将在60天内作出答复；第二项请求请原告向北京市公安局丰台分局提出申请，并送达原告王某。2018年5月17日，丰台区政府作出被诉答复，并依法送达原告。

原告不服被诉答复，于2018年5月25日以“陈吉某”为收件人向被告北京市政府邮寄行政复议申请书，北京市政府法制办公室于2018年6月7日收到北京市政府信访办公室转交的原告的申请材料后，于同年6月12日告知原告进行补正。2018年6月19日被告北京市政府收到原告的补正材料，并于同日向丰台区政府作出行政复议答复通知书并送达。2018年6月27日，丰台区政府向北京市政府提交行政复议答复书及相关证据材料。2018年8月9日，北京市政府作出被诉复议决定，根据《中华人民共和国行政复议法》第二十八条第一款第（一）项的规定，决定维持被诉答复。原告王某于2018年8月15日收到被诉复议决定后不服，于2018年8月23日向本院提起行政诉讼。

另查，2017年10月23日，原告向丰台区政府邮寄了《要求丰台区政府责令村务公开申请书》，以纪家庙村村委会主任为被申请人，要求向其公开纪家庙村自1984年1月1日至2017年10月1日期间村集体土地征用情况、征地补偿费的使用和分配方案等57项信息，该57项信息的具体内容与本次《再次要求丰台区政府责令村务公开申请书》中第一项请求要求公开的信息内容一致。丰台区政府经过调查核实，于2017年12月21日作出《丰台区人民政府关于责令纪家庙村村民委员会村务公开的决定》，认为纪家庙村就村集体土地征收征用情况等村务信息方面存在不及时履行村务公开义务的情形，依据《村民委员会组织法》第三十一条之规定，同时考虑到原告申请的事项内容较为繁复、时间跨度长，故责令纪家庙村自接到该决定之日起三十日内，依据《村民委员会组织法》的相关规定履行村务公开义务；同时与原告直接取得联系，告知原告如需了解更详细的村务信息，可直接到纪家庙村的村务公开地点查阅。丰台区政府将该决定向纪家庙村村委会送达。同日，丰台区政府作出《关于王某〈要求丰台区政府责令村务公开申请书〉的答复》，告知原告已作出《关于责令纪家庙村村民委员会村务公开的决定》并向纪家庙村村委会送达，为了方便原告了解情况，告知原告纪家庙村负责人的联系方式。

本院认为，依据《村民委员会组织法》第三十一条之规定，村民委员会不及时公布应当公布的事项或者公布的事项不真实的，村民有权向乡、民族乡、镇的人民政府或者县级人民政府及其有关主管部门反映，有关人民政府或者主管部门应当负责调查核实，责令依法公布；经查证确有违法行为的，有关人员应当依法承担责任。因此，丰台区政府具有依原告的申请对其反映的事项进行调查核实以及在查明纪家庙村村委会存在不及时公布应当公布的事项或者公布的事项不真实的情况下，依法责令纪家庙村村委会公布相关村务的法定职责。根据《中华人民共和国行政复议法》第十三条第一款之规定，对地方各级人民政府的具体行政行为不服的，向上一级地方人民政府申请行政复议。北京市政府作为丰台区政府的上一级人民政府，依法具有受理原告的行政复议申请、作出行政复议决定的法定职权。

针对原告王某再次要求被告责令纪家庙村村委会进行村务公开的申请，被诉答复称，“经过调查核实，2017 年 12 月 21 日，丰台区政府依据《村民委员会组织法》第三十一条之规定作出《丰台区人民政府关于责令纪家庙村村民委员会村务公开的决定》，要求纪家庙村依据《村民委员会组织法》的有关规定履行村务公开义务，并将该决定向纪家庙村村委会有效送达。同时，丰台区政府派出工作小组至纪家庙村，就村务公开情况进行督促检查；纪家庙村按丰台区政府决定书要求履行村务公开义务，与原告多次联系对接，接受原告的问询，提供村务公开相关材料，并在村务公开栏对村集体土地征收情况进行了公开。若原告还需了解相关村务信息，可以直接向纪家庙村提出申请，并查阅相关村务信息”。原告认为，被告丰台区政府并未依据《村民委员会组织法》的规定责令、监督纪家庙村村委会全面公开相关村务信息。被告丰台区政府认为，其已委托丰台区花乡人民政府（以下简称花乡政府）对纪家庙村村务公开情况进行调查核实，且花乡政府于 2018 年 4 月 17 日派出工作小组至纪家庙村就村务公开情况进行督促检查，后花乡政府向其口头反馈调查核实情况，已属履行了相应职责，被诉答复内容合法、证据确凿。对此，本院认为，根据《村民委员会组织法》第三十一条的规定，县级人民政府在接到村民反映村民委员会不及时进行村务公开后，应对村民委员会是否存在不及时公布的事项进行调查、核实，并根据其调查结果作出相应的处理。该条款已明确规定接到村民反映的县级人民政府负有调查核实的法定职责，调查核实的范围包括村民委员会是否及时公布应当公布的事项以及公布的事项是否真实。本案中，被告丰台区政府虽于 2017 年 12 月 21 日对纪家庙村村委会作出了《丰台区人民政府关于责令纪家庙村村民委员会村务公开的决定》，责令纪家庙村自接到决定之日起三十日内依据《村民委员会组织法》的相关规定履行村务公开义务，但丰台区政府提交的工作笔录显示，其委托花乡政府成立的工作小组直至原告王某邮寄《再次要求丰台区政府责令村务公开申请书》后方到纪家庙村村委会对其村务公开一事进行调查核实，工作小组听取了纪家庙村村委会的情况介绍，并到公开栏现场进行了查看，但在案证据不能证明工作小组针对纪家庙村村委会对原告王某提出的57项申请是否属于公布范围及已公布情况进行了全面的调查、核实，亦不能证明丰台区政府对花乡政府的调查情况是否准确全面进行了进一步的核实。且纪家庙村村委会向原告王某公开村务信息的现场录像也无法证明纪家庙村村委会已根据丰台区政府作出的《丰台区人民政府关于责令纪家庙村村民委员会村务公开的决定》，向原告王某公开了相关村务信息。故被告丰台区政府虽已向纪家庙村村委会作出责令公开村务信息的决定，但未对公布范围、方式作出限定，亦未对纪家庙村村委会执行决定情况进行有效核实，被告丰台区政府的履责行为未达到法律规定的“责令”程度，缺乏约束力和执行力。原告再次向被告丰台区政府提出本案申请，其实质是要求被告丰台区政府继续履行法定职责。被告丰台区政府作出的答复仅是概述了其收到原告申请后开展工作的情况，不能证明其已依法履行相应职责。综上，被告丰台区政府关于被诉回复内容合法、证据确凿的主张没有事实依据和法律依据，本院不予支持。本院同时认为，因被告丰台区政府在收到原告的再次申请后已经开展部分工作，故由被告丰台区政府依法对原告关于纪家庙村村务公开事项的再次申请继续进行调查核实并作出进一步处理更有利于实现原告诉讼目的，也更有利于对村务公开事项依法进行实质性监督。

根据《最高人民法院关于适用〈中华人民共和国行政诉讼法〉的解释》第一百三十六条第一款之规定，人民法院对原行政行为作出判决的同时，应当对复议决定一并作出相应判决。第四款规定，人民法院判决作出原行政行为的行政机关履行法定职责或者给付义务的，应当同时判决撤销复议决定。本案中，因被诉答复依法应予撤销，故被诉复议决定亦应一并撤销。

综上，依据《中华人民共和国行政诉讼法》第七十条第（一）项、第七十二条、第七十九条，《最高人民法院关于适用〈中华人民共和国行政诉讼法〉的解释》第九十一条、第一百三十六条第一款和第四款之规定，判决如下：

一、撤销被告北京市丰台区人民政府于二〇一八年五月十七日作出的《关于王某〈再次要求丰台区政府责令村务公开申请书〉的答复》。

二、判令被告北京市丰台区人民政府在本判决生效之日起六十日内对原告王某关于北京市丰台区花乡纪家庙村村民委员会村务公开事项的申请继续进行调查核实并作出处理。

三、撤销被告北京市人民政府作出的京政复字〔2018〕329号《行政复议决定书》。

案件受理费50元，由被告北京市丰台区人民政府和被告北京市人民政府共同负担（于本判决生效后7日内交纳）。

如不服本判决，可在判决书送达之日起十五日内，向本院递交上诉状，并按对方当事人人数递交上诉状副本，上诉于北京市高级人民法院。

审　判　长　　武　楠
审　判　员　　孙永欣
人民陪审员　　仰　蓓
二〇一八年十二月十日
法 官 助 理　　孙嘉琳
书　记　员　　严佳钰

44

对于仅存在程序轻微违法情形且对原告权利不产生实际影响的行政行为应当确认违法

——陶福某诉北京市密云区人民政府土地行政裁决案

【裁判要旨】行政机关作出行政行为违反法定程序或正当法律程序原则，但综合考虑所违反的程序的重要性、违反的程度以及产生的影响，可以认定行政程序违法情形轻微的，且对当事人权益未产生实际影响的，人民法院应当判决确认该行政行为违法，但不撤销该行政行为。

北京市第四中级人民法院

行政判决书

（2018）京04行初830号[1]

原告陶福某，住北京市密云区。

委托代理人张朝辉，北京昊京律师事务所律师。

委托代理人陈五争，北京昊京律师事务所实习律师。

被告北京市密云区人民政府，住所地北京市密云区。

法定代表人潘临珠，区长。

委托代理人徐建国，北京市密云区人民政府干部。

委托代理人孙志峰，北京罗杰律师事务所律师。

原告陶福某不服被告北京市密云区人民政府（以下简称密云区政府）作出的《土地权属争议案件不予受理决定书》（以下简称《不予受理决定书》），向本院提起行政诉讼。本院于2018年6月6日受理后，向被告送达了起诉书副本及应诉通知书。本院依法组成合议庭，于2018年8月2日公开开庭审理了本案。原告陶福

① 本案判决作出之后，双方当事人均未上诉，判决已生效。

某及其委托代理人张朝辉、陈五争，被告密云区政府的委托代理人徐建国、孙志峰到庭参加诉讼。本案现已审理终结。

2018年5月28日，密云区政府作出《不予受理决定书》，主要内容为，您提出的土地权属争议调查处理申请一案，经审查，因属于十里堡镇王各庄棚户区改造项目实施过程中，宅基地拆迁面积认定争议，不属于土地所有权或者使用权争议。不属于《北京市土地权属争议调查处理办法》第二条规定之土地权属争议。据此，依据《北京市土地权属争议调查处理办法》第十四条第（七）项的规定，决定不予受理，特此通知。如不服本决定，可在收到本决定之日起60日内向上一级人民政府依法申请行政复议或在30日内向人民法院提起行政诉讼。

原告陶福某诉称，1970年原告陶福某和张德某（原告陶福某之夫）经批准取得十里堡镇王各庄村溢通路×号（以下简称溢通路×号）集体土地建设用地使用权，并建造房屋四间。1989年张德某去世，未留遗嘱。1998年由于王各庄村村委会扩建道路，原告陶福某和张德某所建的四间房屋改建成三间。2011年，北京市第二中级人民法院作出（2011）二中民终字第12265号民事判决书，判决在溢通路×号宅基地上的三间房屋由原告陶福某、张玉甲、张玉乙、张玉丙、张玉丁及张玉戊共同所有。2017年，在密云区十里堡镇王各庄棚户区改造项目中，十里堡镇王各庄村宅基地认定小组并未认定溢通路×号宅基地使用权由原告陶福某、张玉甲、张玉乙、张玉丙、张玉丁及张玉戊共同所有，原告等人遂与北京市密云区十里堡镇王各庄社区居民委员会（以下简称王各庄居委会）就溢通路×号宅基地使用权属发生争议。2017年12月13日，原告陶福某向原北京市国土资源局密云分局（以下简称原密云国土分局）通过EMS邮寄了土地权属争议调查申请书及相关证明材料。次日，原密云国土分局签收此快递。2018年5月31日被告向原告陶福某送达了《不予受理决定书》。原告认为王各庄居委会公布的宅基地认定结果公示文件显示溢通路×号宅基地使用面积为0，否定了原告对溢通路×号宅基地的使用权，即实质上是原告陶福某与王各庄居委会就溢通路×号宅基地使用权归属发生了争议，系明显的宅基地使用权争议，而非被告认为的宅基地拆迁面积认定纠纷，故被告适用《北京市土地权属争议调查处理办法》第十四条第（七）项属于适用法律错误。综上，原告请求人民法院判决：1. 撤销《不予受理决定书》，并责令被告重新作出行政行为；2. 本案诉讼费用由被告承担。

原告陶福某在法定举证期限内向本院提交了以下证据：1.《土地权属争议调查处理申请书》及附件材料复印件，证明原告向被告提出过土地权属争议调查处理申请，以及原告依法享有溢通路×号宅基地使用权。2.（2011）二中民终字第12265号民事判决书，证明原告与张玉甲系近亲属关系，原告是溢通路×号宅基地上房屋的共有权人。3. 原告陶福某户口本复印件，证明其在溢通路×号房屋内居住。

被告密云区政府辩称，2017 年 12 月 14 日，原密云国土分局收到原告寄送的《土地权属争议调查处理申请书》。同年 12 月 22 日，原密云国土分局依法向被告提交《关于上报〈田荣某、陶福某及张玉甲土地权属争议调查处理申请书不予受理决定〉的请示》。经研究，被告作出《不予受理决定书》。原告与他人共有农村房屋所有权已经法院生效裁判，原告诉称的与王各庄居委会之间的土地争议，实际上是对宅基地拆迁面积争议，不属于土地所有权或使用权归属争议。原告可以依据《北京市集体土地房屋拆迁管理办法》获取救济。故被告依据《北京市土地权属争议调查处理办法》第十四条第（七）项规定作出的《不予受理决定书》程序合法，内容无误，适用法律正确，请求法院判决驳回原告的诉讼请求。

被告密云区政府在法定举证期限内向本院提交以下证据：1.《土地权属争议调查处理申请书》；2.《关于上报〈田荣某、陶福某及张玉甲土地权属争议调查处理申请书不予受理决定〉的请示》；3.《关于对国土分局土地权属争议调查处理申请书审议的意见》；4.《不予受理决定书》；5. 土地权属争议案件文书送达回证。以上证据证明被告作出的《不予受理决定书》内容无误，程序合法，法律适用正确。

经审查，本院对当事人提交的证据作如下确认：原告陶福某、被告密云区政府提供的全部证据形式上符合《最高人民法院关于行政诉讼证据若干问题的规定》规定的提供证据的要求，具备证据的真实性、合法性和与本案的关联性，可以作为认定本案相关事实的依据，本院予以采信。

根据上述合法有效证据以及当事人无争议之陈述，本院认定如下事实，2017 年 12 月 14 日，原密云国土分局收到原告寄送的《土地权属争议调查处理申请书》及相关证据材料，以王各庄居委会为被申请人，要求“1. 对位于王各庄村溢通路×号的集体土地建设用地使用权权属争议进行调查和调解；2. 需要依法作出处理决定的，拟定以陶福某为使用权人，张玉甲、张玉乙、张玉丙、张玉丁及张玉戊为共有权人的处理意见，报密云区政府作出处理决定”。同年 12 月 22 日，原密云国土分局作出京国土密〔2017〕335 号《关于上报〈田荣某、陶福某及张玉甲土地权属争议调查处理申请书不予受理决定〉的请示》并于同日上报至被告密云区政府。2018 年 5 月 28 日，被告密云区政府作出《不予受理决定书》，决定对原告陶福某提出的土地权属争议申请不予受理。2018 年 5 月 31 日，原告陶福某收到了《不予受理决定书》。原告陶福某不服，于 2018 年 6 月 6 日向本院提起行政诉讼。

本院认为，《中华人民共和国土地管理法》第十六条第一款规定，土地所有权和使用权争议，由当事人协商解决；协商不成的，由人民政府处理。第二款规定，单位之间的争议，由县级以上人民政府处理；个人之间、个人与单位之间的争议，由乡级人民政府或者县级以上人民政府处理。《土地权属争议调查处理办法》第四条第一款规定，县级以上国土资源行政主管部门负责土地权属争议案件的调查和调解工作，对需要依法作出处理决定的，拟定处理意见，报同级人民政府作出处理决定。第五条第一款规定，个人之间、个人与单位之间、单位与单位之间发生的争议案件，由争议土地所在地的县级国土资源行政主管部门调查处理。故原密云国土分局对当事人之间发生的土地权属争议案件有受理、调查、调解及向同级人民政府上报拟定的处理意见的职责，被告密云区政府作为同级人民政府负有作出处理决定的法定职权。

《土地权属争议调查处理办法》第二条规定，本办法所称土地权属争议，是指土地所有权或者使用权归属争议。第十四条规定，下列案件不作为争议案件受理：（一）土地侵权案件；（二）行政区域边界争议案件；（三）土地违法案件；（四）农村土地承包经营权争议案件；（五）其他不作为土地权属争议的案件。《北京市土地权属争议调查处理办法》第十四条规定，下列情况不属于土地权属争议案件受理范围：（一）行政区域边界争议案件；（二）土地违法案件；（三）土地侵权案件；（四）农村土地承包经营权争议案件；（五）已经区（县）以上人民政府确定土地权属或者取得土地权利证书的；（六）司法机关正在处理的；（七）其他依法不作为土地权属争议的案件。本案中，原告陶福某以王各庄居委会为被申请人向原国土密云分局提交申请，要求原国土密云分局对溢通路×号的集体土地建设用地使用权属争议进行调查和调解，实际上是对王各庄居委会在十里堡镇王各庄棚户区改造项目中公示的溢通路×号的宅基地认定面积提出异议，而并非是与他人之间存在土地所有权和使用权争议，不属于土地权属争议的事项。被告密云区政府根据《北京市土地权属争议调查处理办法》第十四条第（七）项的规定作出不予受理的决定，并无不当。

根据《中华人民共和国行政诉讼法》第六条的规定，人民法院审理行政案件，对行政行为是否合法进行审查。合法性的审查应当包括对行政机关作出行政行为的事实依据、法律依据，以及作出的程序是否符合法律和法规的规定进行审查。《中华人民共和国行政诉讼法》第四十七条第一款规定，公民、法人或者其他组织申请行政机关履行保护其人身权、财产权等合法权益的法定职责，行政机关在接到申请之日起两个月内不履行的，公民、法人或者其他组织可以向人民法院提起诉讼。法律、法规对行政机关履行职责的期限另有规定的，从其规定。本案中，被告于2017年12月22日收到原密云国土分局拟定的处理意见，2018年5月28日作出《不予受理决定书》，历时五个月，相关法律法规对被告的履行职责期限并无特殊规定，且被告亦未提供因为案件复杂而进行调查核实的证据，故其超期作出决定，属于程序违法。鉴于被告的上述违法之处并未对原告的合法权益造成实际损害，本院依法确认《不予受理决定书》违法，但对原告撤销该决定书并判决被告重新作出行政行为的诉讼请求，本院不予支持。

综上，依照《中华人民共和国行政诉讼法》第七十四条第一款第（二）项之规定，判决如下：

确认被告北京市密云区人民政府于二〇一八年五月二十八日对原告陶福某作出的《土地权属争议案件不予受理决定书》违法。

案件受理费50元，由被告北京市密云区人民政府负担（自本判决生效之日起七日内缴纳）。

如不服本判决，可在判决书送达之日起十五日内，向本院递交上诉状，并按对方当事人人数递交上诉状副本，上诉于北京市高级人民法院。

审 判 长　武　楠
审 判 员　孙永欣
人民陪审员　仰　蓓
二〇一八年九月二十七日
法官助理　孙嘉琳
法官助理　王同鑫
书 记 员　严佳钰

45

缺乏事实依据、送达程序违法的评估报告不能作为征收补偿决定的有效依据

——谢某强等人诉北京市门头沟区人民政府房屋行政征收补偿案

【裁判要旨】 1. 对被征收房屋价值的分户评估报告是人民政府作出征收补偿决定的重要依据。分户评估报告应当依法送达，当事人依法享有的申请复核等权利应当得到保障。未依法送达、无法保障当事人申请复核权利的分户评估报告不应作为人民政府作出房屋征收补偿决定的有效依据。2. 对分户评估报告的送达不应直接采取公告送达方式，而应先采取直接送达、邮寄送达、留置送达等其他送达方式。

北京市第四中级人民法院

行政判决书

（2018）京04行初1022号①

原告谢某强，住北京市门头沟区。

原告谢某梅，住北京市门头沟区。

原告谢某歧，住北京市门头沟区。

原告谢某敏，住北京市门头沟区。

原告谢某忠，住北京市门头沟区。

五原告委托代理人张兴科，北京市盈科律师事务所律师。

五原告委托代理人郭红杏，北京市盈科律师事务所实习律师。

被告北京市门头沟区人民政府，住所地北京市门头沟区。

① 该案判决作出后，被告不服向北京市高级人民法院提起上诉，二审法院经审理，判决驳回上诉，维持一审判决，参见（2019）京行终696号行政判决书。

法定代表人付兆庚，区长。

委托代理人王雷，北京市区门头沟人民政府工作人员。

委托代理人杨珅，北京市区门头沟人民政府工作人员。

原告谢某强、谢某梅、谢某岐、谢某敏、谢某忠（以下简称五原告）不服被告北京市门头沟区人民政府（以下简称门头沟区政府）作出的门政征补决〔2018〕19号《房屋征收补偿决定书》（以下简称《征补决定》），于2018年8月10日向本院提起行政诉讼。本院受理后，向被告门头沟区政府送达了起诉状副本及应诉通知书。本院依法组成合议庭，于2018年11月6日公开开庭审理了本案，原告谢某强、谢某梅、谢某敏及五原告委托代理人张兴科、郭红杏，被告门头沟区政府的委托代理人王雷、杨珅到庭参加诉讼。本案现已审理终结。

2018年2月13日，被告门头沟区政府作出《征补决定》，主要内容为：被征收人为谢某珍（已故）。被征收房屋为门头沟区矿后街×号。权利人郭某亭、谢某强、谢某甲（应为谢某梅）、谢某岐（应为谢某歧）、谢某敏、谢某忠。就被征收人谢某珍所有的房屋作出补偿决定如下：1. 被征收人谢某珍的相关权利人自本决定书送达之日起15日内，选择征收补偿方式。（1）产权置换方式。房屋认定建筑面积152.80平方米，应安置房屋面积223.22平方米，安置方案为三居室3套；平房重置成新及装修附属物补偿价为181159元，搬家费2292元，各项移机费3805元，残疾补助16000元，周转费7200元（四个月），补偿款合计210456元，扣除应缴房款75510元，最终补偿款总计为134946元。安置房地址为石泉B1地块×号楼×单元×室（80.57平方米），石泉B1地块×号楼×单元×室（80.72平方米），石泉B1地块×号楼×单元×室（80.50平方米）。（2）货币补偿方式。房屋征收货币补偿价款为2544109元，搬家费2292元，各项移机费3805元，残疾补助16000元，周转费7200元（四个月），征收补偿款总计为2573406元。2. 被征收人谢某珍的相关权利人自该决定书送达之日起15日内以书面方式选定征收补偿方式的，按照选定的征收补偿方式与门头沟区房屋征收事务中心办理征收补偿手续；相关权利人未按期选定征收补偿方式的，视为选择产权置换方式。3. 被征收人谢某珍的相关权利人自该决定书送达之日起15日内，完成门头沟区矿后街×号房屋的腾房、交房工作。

五原告诉称，被告作出的《征补决定》未查明被征收房屋基础事实，且没有事实依据和法律依据，严重侵害原告的合法权益。故五原告诉至法院，请求法院依法判决撤销被告门头沟区政府作出的《征补决定》，诉讼费由被告承担。

五原告在法定期限内向法庭提交如下证据：1. 五原告身份证复印件，证明五原告身份信息。2. 北京市公安局东辛房派出所（2018年）门公东辛房所字0125号证明信，内容为五原告系被征收人谢某珍之子女。3. 北京市公安局东辛房派出所（2018 年）门公东辛房所字 259 号证明信，证明五原告之母郭某亭于五原告提起诉讼前死亡。4.《房产转移协议书》，证明 1986 年谢某珍与门头沟煤矿签订房产转移协议书购买涉案房屋。5.《门头沟居民翻建、扩建、新建房屋申请批示表》，证明 1986 年 6 月 4 日，谢某珍翻建北边房屋申请获得居委会及北京市门头沟区东辛房街道办事处批准。6.《门头沟区居民翻建、扩建、新建房屋申请批示表》，证明 1986 年 10 月 31 日，谢某珍翻建南边房屋申请获得居委会及门头沟区东辛房街道办事处批准。7. 被诉《征补决定》。证据 1—7 证明五原告诉讼主体地位适格；谢某珍已于 1986 年与原房屋产权单位签订房产转移协议书，且在此后翻建过程中取得批准，涉案房屋系五原告所有。8.《北京市房屋征收估价结果通知单》，证明北京中地联合房地产评估有限公司（以下简称中地公司）于 2012 年 5 月 28 日对涉案房屋作出评估报告，证明被告据以作出《征补决定》的评估报告不合法。

被告门头沟区政府辩称，被告具有作出《征补决定》的法定职权；被告作出的《征补决定》事实清楚、程序合法、适用依据正确。故被告请求依法驳回五原告的诉讼请求。

被告在法定举证期限内向本院提供了以下证据：1. 门政征字〔2012〕3 号《房屋征收决定》（以下简称《征收决定》）、《门头沟区采空棚户区住宅房屋征收补偿安置方案》（以下简称《补偿方案》），证明区政府作出《征补决定》依据的《征收决定》合法有效，被征收人的房屋位于征收范围内，以及对包含涉案平房范围内的棚户区房屋征收的具体补偿安置方案；2.（2013）高行终字 1665 号《行政判决书》，证明《征收决定》评估机构选定合法有效，已由北京市高级人民法院司法判决书确认；3.《致采空棚户区房屋整体征收项目尚未腾退住户的一封信》，证明征收部门再次启动收尾阶段地块的腾退工作，规定了最后的搬迁奖励期限，办法；4.《门头沟区采空棚户区房屋整体征收项目公开选择房地产评估机构公告》《被征收人协商选定房地产价格评估机构的通知》《房地产价格评估机构协商选定结果公告》《评估机构协议选聘确认单》、公开选择评估机构公示及房地产评估机构选定结果公示的照片，证明涉案征收项目已组织被征收人在规定的期限内协商选定房地产价格评估机构，根据多数被征收人意见确定房地产价格评估机构并依法公告；5. 整体征收项目征收评估基准价格公示，证明整体征收项目的评估基准价格在发布征收决定时予以确定；6. 评估机构的资质证书、评估机构营业执照、评估师执业许可证，证明评估机构及评估师具备合法的从业资格；7.《门头沟区政府关于征地拆迁范围内禁止抢搭强建、突击装潢以及暂停办理相关手续的通告》（门政发〔2010〕

18号),《门头沟区政府关于重点建设地区禁止抢搭强建、突击装潢以及暂停办理相关手续的通告》(门政发〔2011〕10号),《门头沟区政府关于重点建设地区禁止抢搭强建、突击装潢以及暂停办理相关手续的通告》(门政发〔2012〕8号),证明在2010年拆迁范围确定后区政府连年发通知禁止抢搭强建等活动,在此活动中新产生的构建物、附着物等不予认可和补偿;8. 矿后街×号卫片影像对比报告问题的说明及附件,测绘公司于2010年与2012年对出具的《门头沟采空棚户区房屋整体征收项目涉嫌大面积抢建院落时相卫片影像对比情况报告》,证明矿后街90号地址存在抢搭强建房屋,据此对被征收人抢搭强建的面积不予认定,卫片对比报告中的变化面积为44.99平方米;9.《房产转移协议书》《关于被征收人谢某珍(已故)产权单位调档的情况说明》《房屋调查登记表》《拆迁(房屋、土地)测绘示意图》《北京市城市住宅房屋征收评估结果报告》(以下简称《评估报告》),公告,被征收房屋认定面积公示照片,证明原产权单位对《房产转移协议书》不予认定,《评估报告》依法作出并依法公告送达,五原告一直未提出异议;10.《门头沟区政府房屋征收办公室关于上报孙晓平等10户房屋征收补偿决定的请示》《门头沟区政府公文批办单》,证明征收单位在签约期限内未与被征收人达成征收补偿安置协议,征收部门依法报送区政府对被征收人作出征收补偿决定的程序及内容;11.《征补决定》及送达回证,证明由于五原告自身的原因,超过期限未与征收部门签约,区政府依法作出了征收补偿决定,并按照法律规定进行了送达;12. 证明、关于被征收人名字的情况说明、授权委托书,证明谢某真与谢某珍为一人,五原告为谢某珍之子女,谢某珍之妻及五子女分别委托谢爽为代理人办理房屋征收安置事宜;13. 光盘文件说明及光盘,证明《征补决定》在被征收房屋处张贴公告及被告将《征补决定》送达至被征收房屋权利人。

经庭审质证,本院对上述证据认证如下:原告提供的证据1—6能够证明五原告身份情况及涉案房屋建设情况;证据7系被诉行政行为,能够证明原告起诉符合法定起诉期限;证据8不能证明被诉行为违法,本院不予采纳。被告提供的证据8、9能够证明其对涉案房屋权属、建筑面积进行审查的情况,但不能证明《征补决定》相关事实认定准确;被告提交的其他证据形式上符合《最高人民法院关于行政诉讼证据若干问题的规定》的规定,内容真实、合法,与本案具有关联性,可以作为认定相关事实的依据,本院予以采信。

根据上述合法有效证据以及当事人无争议之陈述,本院认定如下事实:因门头沟区采空棚户区房屋整体征收项目(以下简称涉案项目)建设的需要,门头沟区政府于2012年5月28日作出《征收决定》,决定对北至九龙路,东至城子大街,南至山脚,西至圈门地区范围内的房屋实施征收,征收实施单位是北京市门头沟区房屋征收事务中心（以下简称门头沟区征收事务中心）、北京市门头沟区龙泉镇人民政府；该项目的签约期限自2012年6月1日起至2012年6月30日止。该项目的征收补偿安置方案即《补偿方案》与《征收决定》一并在征收范围内公布。此前，北京市门头沟区房屋征收办公室（以下简称门头沟区房屋征收办）于2012年4月29日在拟征收范围内发布《涉案项目公开选择房地产评估机构公告》，针对本案征收涉案项目公开选择房地产评估机构。2012年5月4日，门头沟区房屋征收办发布《涉案项目范围被征收人协商选定房地产价格评估机构的通知》，通知被征收人可协商选定房地产价格评估机构。之后，门头沟区房屋征收办委托门头沟区征收事务中心和属地街道办事处组织被征收人选定房地产价格评估机构。根据多数被征收人意见，门头沟区房屋征收办于2012年5月9日发布《涉案项目（第1—22标段）房地产价格评估机构协商选定结果公告》，公布了被征收人选定的房地产价格评估机构。2012年5月24日，中地公司等被选定的房地产价格评估机构公布了涉案项目房屋征收评估基准价格。

坐落于北京市门头沟区矿后街×号房屋位于本案征收项目范围内。该处房屋没有进行权属登记，有谢某珍与门头沟煤矿于1986年5月21日签订的《房产转移协议书》一份，约定将北京市门头沟区矿后街×号四间由公有转为私有。另制作于1986年的《门头沟区居民翻建、扩建、新建房屋批示表》记载，申请人为谢某真（应为珍），经居委会、办事处审批同意申请人翻建北房四间，面积为13米×5.6米；小南房一间，面积为5.3米×4.5米。又，谢某珍与郭某亭系夫妻关系，二人育有子女谢某强、谢某梅、谢某歧、谢某敏、谢某忠。谢某珍于1999年4月29日死亡注销户口，郭某亭于2018年7月26日死亡注销户口。

中地公司出具《关于被征收人谢某珍（已故）产权单位调档的情况说明》，说明对关于被征收人谢某珍家属提供的《房屋转移协议》，京煤集团无任何档案留存记录，故产权单位对此《房屋转移协议》不予认可。2015年3月28日，中地公司针对涉案地址处房屋出具《评估报告》，载明被征收人谢某真（应为谢某珍，已故），该房屋建筑面积为152.80平方米，货币补偿方式房屋征收评估价款为2544109元，房屋置换评估价款为181159元，估价时点为2012年5月28日。该评估报告于2017年1月1日在《法制日报》上进行公告。2017年4月22日，门头沟区征收事务中心将被征收房屋认定面积在征收范围内公示。因门头沟区房屋征收办未能就房屋征收补偿事宜与被征收人达成补偿协议，其于2018年2月5日报请门头沟区政府作出房屋征收补偿决定。2018年2月13日，门头沟区政府根据《国有土地上房屋征收与补偿条例》（以下简称《征补条例》）第二十六条规定对被征收人谢某珍（已故）作出《征补决定》，将郭某亭、谢某强、谢某甲

（应为谢某梅）、谢某岐（应为谢某歧）、谢某敏、谢某忠列为权利人，并于2018年2月23日进行送达，由谢某歧签收。门头沟区政府另将该决定书在征收范围内予以公告。

再查：北京市华东电子技术研究所不服门头沟区政府作出的《征收决定》，于2012年9月27日向北京市第一中级人民法院提起行政诉讼。经审理，该院于2013年7月1日作出（2013）一中行初字第849号《行政判决书》，判决驳回北京市华东电子技术研究所的诉讼请求。该研究所仍不服，上诉于北京市高级人民法院。2013年12月20日，北京市高级人民法院作出（2013）高行终字第1665号《行政判决书》，判决撤销一审判决，确认《征收决定》涉及住宅房屋征收补偿的部分合法，涉及非住宅房屋征收补偿的部分违法，并由门头沟区政府采取相应的补救措施。

本院认为，《征补条例》第四条规定，市、县级人民政府负责本行政区域的房屋征收与补偿工作。该条例第二十六条规定，房屋征收部门与被征收人在征收补偿方案确定的签约期限内达不成补偿协议，或者被征收房屋所有权人不明确的，由房屋征收部门报请作出房屋征收决定的市、县级人民政府按照本条例的规定，按照征收补偿方案作出补偿决定，并在房屋征收范围内予以公告。根据上述规定，对在签约期限内未达成补偿协议的，门头沟区政府有权按照《征补条例》的规定和公布的补偿方案作出补偿决定。

《征补条例》第二条规定，为了公共利益的需要，征收国有土地上单位、个人的房屋，应当对被征收房屋所有权人给予公平补偿。依据上述规定，国有土地上房屋征收项目的被征收人应为被征收房屋的所有权人。本案中，涉案房屋未进行权属登记，被告迳行将已故的谢某珍确定为被征收人缺乏法律依据和事实依据，且未明确被征收房屋性质，即作出《征补决定》属于事实认定不清。

《征补条例》第十五条规定，房屋征收部门应当对房屋征收范围内房屋的权属、区位、用途、建筑面积等情况组织调查登记，被征收人应当予以配合。调查结果应当在房屋征收范围内向被征收人公布。第二十四条第二款规定，市、县级人民政府作出房屋征收决定前，应当组织有关部门依法对征收范围内未经登记的建筑进行调查、认定和处理；对认定为合法建筑和未超过批准期限的临时建筑的，应当给予补偿；对认定为违法建筑和超过批准期限的临时建筑的，不予补偿。中华人民共和国住房和城乡建设部印发的建房〔2011〕77号《国有土地上房屋征收评估办法》第九条规定，房屋征收评估前，房屋征收部门应当组织有关单位对被征收房屋情况进行调查，明确评估对象；房屋征收部门应当向受托的房地产价格评估机构提供征收范围内房屋情况，包括已经登记的房屋情况和未经登记建筑的认定、处理结果情况；调查结果应当在房屋征收范围内向被征收人公布；对于已经登记的房屋，其性质、用途和建筑面积，一般以房屋权属证书和房屋登记簿的记载为准；房屋权属证书与房屋登记簿的记载不一致的，除有证据证明房屋登记簿确有错误外，以房屋登记簿为准；对于未经登记的建筑，应当按照市、县级人民政府的认定、处理结果进行评估。本案中，门头沟区政府未向本院提交涉案房屋征收评估前组织有关部门对被征收房屋情况进行调查、处理和认定的证据材料，对于北京三友宇天测绘有限公司出具的测绘示意图、中国四维测绘技术有限公司出具的涉嫌大面积抢建院落时相卫片影像对比情况报告以及中地公司出具的《评估报告》中认定被征收的涉案房屋建筑面积的变化既未说明理由，亦未提供充分的事实依据和法律依据，同时也未提供充分证据否定五原告提交的《房产转移协议书》及《城镇个人住公房需建临时房审批表》的合法性，属于事实认定不清、证据不足。

《征补条例》第十九条第二款规定，对评估确定的被征收房屋价值有异议的，可以向房地产价格评估机构申请复核评估。对复核结果有异议的，可以向房地产价格评估专家委员会申请鉴定。《国有土地上房屋征收评估办法》第二十条第一款规定，被征收人或者房屋征收部门对评估结果有异议的，应当自收到评估报告之日起10日内，向房地产价格评估机构申请复核评估。第二十二条规定，被征收人或者房屋征收部门对原房地产评估机构的复核结果有异议的，应当自收到复核结果之日起10日内，向被征收房屋所在地评估专家委员会申请鉴定。本案所涉的《评估报告》将已故的谢某珍确定为被征收人，未履行直接送达、邮寄送达等程序，直接将《评估报告》进行公告送达。《评估报告》确定被征收人的方式及送达方式剥夺了涉案房屋实际权利人获得该报告及提出异议的权利，属于违反法定程序，已侵害五原告合法权益。故被告门头沟区政府将《评估报告》作为《征补决定》的依据不符合法规规定。

综上，本院认为，被诉《征补决定》认定事实不清，主要证据不足，违反法定程序，本院依法应予撤销。依照《中华人民共和国行政诉讼法》第七十条第（一）、（三）项之规定，判决如下：

撤销被告北京市门头沟区人民政府作出的门政征补决〔2018〕19号《房屋征收补偿决定书》。

案件受理费50元，由被告北京市门头沟区人民政府负担（于本判决生效后7日内交纳）。

如不服本判决，各方当事人可于本判决书送达之日起15日内向本院提交上诉状，并按对方当事人人数提交上诉状副本，预交二审案件受理费50元，上诉于北京市高级人民法院。上诉人在上诉期满后七日内未预交上诉费，又不提出缓交申请的，按自动撤回上诉处理。

审　判　长　　武　楠
审　判　员　　李冬梅
人民陪审员　　王　强
二〇一八年十一月二十九日
法官助理　　苏美夏
书　记　员　　高秀丽
书　记　员　　王　硕

46

收养关系在公房承租人变更审查中可认定为家庭成员关系

——李某诉北京市东城区人民政府行政答复案

【裁判要旨】 自收养关系成立之日起，养父母与养子女间的权利义务关系，适用法律关于父母子女关系的规定。根据《北京市公有住宅租赁合同》第七条的规定，租赁期限内原承租人外迁或死亡的，原承租人的养子女或养父母提出承租申请，且符合与原承租人同一户籍共同居住两年以上，又无其他住房等条件，其他家庭成员又无异议的，可以办理更名手续。

北京市第四中级人民法院

行政判决书

（2017）京04行初1515号[①]

原告李某，住北京市东城区。

委托代理人马玉珍，北京市隆安律师事务所律师。

被告北京市东城区人民政府，住所地北京市东城区。

法定代表人李先忠，区长。

委托代理人韩喆，北京市东城区人民政府工作人员。

委托代理人李双领，北京市安园律师事务所律师。

原告李某因公房承租人变更一案，于2017年12月8日向本院提起行政诉讼。本院于当日立案后，于12月13日向被告送达了起诉状副本及应诉通知书。本院依法组成合议庭，于2018年2月28日公开开庭审理了本案。李某及其委托代理人马玉珍，北京市东城区人民政府之委托代理人韩喆、李双领到庭参加诉讼。本案现已审理终结。

---

① 本案判决作出之后，双方当事人均未上诉，判决已生效。

2017 年 12 月 5 日，北京市东城区房屋土地经营管理二中心永外分中心（以下简称永外分中心）作出《答复书》，主要内容为“根据《北京市公有住宅租赁合同》中第七条‘租赁期限内，乙方外迁或死亡，乙方同一户籍共同居住两年以上又无其他住房的家庭成员愿意继续履行原合同，其他家庭成员又无异议的，可以办理更名手续’。该条强调的申请人主体系家庭成员或其他家庭成员，根据北京市房屋土地管理局关于对《北京市公有住宅租赁合同》中部分条款及有关问题的说明，强调合同第七条：‘新的承租人原则上为原承租人直系亲属’。上述规定和说明的目的是保护原承租人直系亲属优先承租权和发挥公有房屋使用功能。根据（2009）崇民初字第 161 号和（2009）二中民终字第 12660 号民事判决的判决内容，您已不是原承租人家庭成员，也非原承租人其他家庭成员，故北京市东城区房屋土地经营管理二中心永外分中心认为您不具备申请承租人变更的主体资格，对您的公房承租人变更申请不予变更”。

原告李某诉称，原告与李学某、刘素某为养子女和养父母关系。刘素某生前承租位于北京市东城区郭庄二条 × 号公房。原告自被收养之日起至今一直居住在涉案房屋内。2008 年 10 月 23 日刘素某去世。2015 年 3 月李学某去世。同户籍其他人均同意将该房屋承租人变更为原告。原告完全符合变更承租人的条件。原告向永外分中心申请将涉诉房屋承租人变更为原告，2017 年 12 月 5 日被告作出答复书，认为原告不具备申请承租人变更的主体资格，不予变更。原告不服，诉至法院，要求依法撤销被告针对原告提出的北京市东城区郭庄二条 × 号公房的承租人变更申请所作出的《答复书》，责令被告重新作出书面答复。

原告李某于法定期限内提供了如下证据材料：1. 答复书，证明原告具备变更承租人主体资格是诉讼基础，被告作出书面答复，不符合事实；2. 户口本复印件，证明原告户籍在涉案房屋中及同一户籍另两人的身份；3. 北京市公有住宅租赁合同，证明原承租人是刘素某，原告与原承租人是收养关系，户籍在也涉案房屋内；4. 房屋租金收据复印件及工商银行凭证，证明原告在涉案房屋中居住，缴纳相关的费用；5.（2009）崇民初字第 161 号、（2009）二中民终字第 12660 号民事判决书，证明原告与原承租人系收养关系，在刘素某去世前一直和其居住生活；6. 证明信复印件，证明原告和原承租人的收养关系及刘素某和李学某去世；7. 同意书复印件，证明涉案房屋同一户籍的其他成员同意变更原告为该房屋的承租人；8. 电力公司发票复印件，证明原告在涉案房屋居住；9. 照片复印件，证明原告结婚的时候在涉案房屋内和刘素某共同居住生活。

被告北京市东城区人民政府（以下简称东城区政府）辩称，答辩人具有依法管理本辖区直管公房的行政职权，原告不具有申请承租人变更的主体资格。被告依据北京市公有住宅承租人变更的法规政策审核原告申请材料后所作书面答复，认定事实清楚、程序合法、证据确凿，请求法院依法驳回原告的起诉。

被告东城区政府于法定期限内提供了如下证据材料：1. 2000 年 4 月 1 日永外分中心与刘素某签订的北京市公有住宅租赁合同，证明房屋系永外分中心直管公房，房屋原承租人系刘素某；2. （2009）崇民初字第 161 号和（2009）二中民终字第 12660 号民事判决书、2017 年 9 月 1 日原告提交的更名申请材料、2017 年 12 月 5 日书面答复书，证明原告与原承租人非亲属关系，原告不具备承租人变更申请的主体资格。

经庭审质证，本院对上述证据认证如下：原告提交的证据 7 因无法核对“李素菊”书写的真实性，且被告对此不予认可，对该证据的真实性本院不予确认；原告提交的其他证据以及被告提交的证据，形式上符合《最高人民法院关于行政诉讼证据若干问题的规定》提供证据的要求，内容真实、合法，与本案被诉答复具有关联性，可以作为认定本案相关事实的依据。

经审理查明，北京市东城区郭庄二条 × 号房屋系永外分中心直管公房。2000 年 4 月 1 日，与刘素某签订公有住宅租赁合同。

李学某与其妻刘素某于 1979 年 4 月收养原告李某为养女，并将其抚养成人。2008 年 10 月 23 日刘素某去世，后李学某与李某因生活琐事常发生矛盾。2008 年 11 月，李学某诉至法院要求解除与李某的收养关系。该案经北京市第二中级人民法院于 2009 年 7 月 16 日作出（2009）二中民终字第 12660 号民事判决，解除李学某与李某的收养关系。2015 年 3 月李学某去世。

2017 年 9 月 1 日，原告李某向永外分中心提出《变更房屋承租人申请》，永外分中心于同年 12 月 5 日作出被诉《答复书》。

本院认为，永外分中心是被授权经营、管理直管公房的事业单位所属房屋管理分部，因其不具备行政诉讼被告的主体资格，对事业单位所属房屋管理分部的行为不服，人民法院作为行政案件受理的，应由设立该机构的东城区政府为被告。

《北京市公有住宅租赁合同》第七条规定“租赁期限内，乙方外迁或死亡，乙方同一户籍共同居住两年以上又无其他住房的家庭成员愿意继续履行原合同，其他家庭成员又无异议的，可以办理更名手续”。《北京市公有住宅租赁合同中部分条款及有关问题的说明》第三条规定“合同第七条中规定的有关问题……新的承租人原则上须为原承租人的直系亲属”。上述规定将公房管理机关对承租人资格审查的时点作了一定限制，说明政府对公房的管理不仅要基于承租人对公有房屋居住使用的现实需要，还需综合房屋的历史利用状况考量更趋合理。根据《中华人民共和国收养法》第十条第二款规定“有配偶者收养子女，须夫妻共同收养”。该规定明确养子女与养父母同时建立家庭成员关系。第二十六条规定“收养人在被收养人成年以前，不得解除收养关系，但收养人、送养人双方协议解除的除外，养子女年满十周岁以上的，应当征得本人同意。收养人不履行抚养义务，有虐待、遗弃等侵害未成年养子女合法权益行为的，送养人有权要求解除养父母与养子女间的收养关系。送养人、收养人不能达成解除收养关系协议的，可以向人民法院起诉”。第二十七条规定“养父母与成年养子女关系恶化、无法共同生活的，可以协议解除收养关系。不能达成协议的，可以向人民法院起诉”。以上规定明确了解除收养关系的法律途径。被告依据2009年原告与其养父解除收养关系的民事判决，作出被诉答复。因收养关系的解除是指依法终止原有的亲属关系以及权利义务关系，其中涉及解除相应的人身关系和财产关系。本案中，考虑原告自小被原承租人夫妻收养，2008年原承租人去世，次年原告与其养父通过诉讼方式解除收养关系。对原告是否满足原承租人“家庭成员”条件的审查应结合《北京市公有住宅租赁合同》第七条的规定适当放宽，以保障其相应权利。故被诉答复以原告非原承租人家庭成员为由对其公房承租人变更申请不予变更失当，该答复应予撤销。综上，依据《中华人民共和国行政诉讼法》第七十条第一款第一项之规定，判决如下：

一、撤销被告北京市东城区人民政府于2017年12月5日作出的《答复书》；

二、责令被告北京市东城区人民政府在本判决生效后的六十日内针对李某变更北京市东城区郭庄二条×号房屋承租人的申请重新作出行政行为。

案件受理费50元，由被告北京市东城区人民政府负担，于本判决生效之日起七日内缴纳。

如不服本判决，各方当事人可以在判决书送达之日起十五日内向本院递交上诉状，并按对方当事人的人数提出副本，预交上诉案件受理费人民币50元，上诉于北京市高级人民法院。上诉人在上诉期限内未预交上诉案件受理费，又不提出缓交申请的，按自动撤回上诉处理。

审 判 长　　王 斌
审 判 员　　张立鹏
人民陪审员　　张桂荣
二〇一八年四月十六日
法官助理　　关 珊
法官助理　　张 玮
书 记 员　　高秀丽

47

复议机关应当对拆除违法建设引发的赔偿请求进行全面审查和处理

——王瑞某诉北京市平谷区人民政府行政复议案

【裁判要旨】违法建设本身不属于合法的财产权益，公民、法人或者其他组织提起行政诉讼要求行政机关赔偿违法建设损失的，人民法院不应支持。拆除违法建设过程中存在可回收再利用的建筑材料的，行政机关应当给予当事人自行清理建筑残值的机会。如果行政机关实施的强制拆除行为违法，且因未尽到审慎注意义务等原因造成当事人的合法财产受到毁损的，应当根据建筑材料的合理价值、违法强制拆除行为造成的合理损失等因素承担相应的赔偿责任。

在行政赔偿、补偿的案件中，原告应当对行政行为造成的损害提供证据。因被告的原因导致原告无法举证的，由被告承担举证责任。

北京市第四中级人民法院

行政判决书

（2017）京04行赔初22号①

原告王瑞某，住北京市平谷区。

委托代理人王鑫塬，北京卓浩律师事务所律师。

委托代理人刘某某（原告之儿媳），住北京市平谷区。

被告北京市平谷区人民政府，住所地北京市平谷区。

法定代表人汪明浩，区长。

委托代理人刘学立，北京市平谷区人民政府法制办公室工作人员。

---

① 本案判决作出之后，双方当事人均未上诉，判决已生效。

委托代理人高欢，北京市平谷区人民政府法制办公室工作人员。

原告王瑞某因与被告北京市平谷区人民政府（以下简称平谷区政府）行政复议决定一案，于2017年9月11日向本院提起行政诉讼。本院于2017年9月11日立案后，于2017年9月14日向被告送达了起诉状副本及应诉通知书。本院依法组成合议庭，于2017年12月18日公开开庭审理了本案。原告的委托代理人王鑫塬、刘某某，被告平谷区政府的委托代理人刘学立、高欢到庭参加诉讼。本案现已审理终结。

2017年7月7日，被告平谷区政府作出京平政复字〔2016〕22号－补《行政复议决定书》（以下简称被诉复议决定），认定原告王瑞某（复议申请人）无相应证据证明其建设的建筑物取得了规划审批手续，涉案建筑物应当被认定为违法建设，故原告主张的2007年的两段墙体（约42500砖）、被破坏的供水、排水管道和2012—2013年期间所建的地基（约380方石头/90元/方）、墙体等合法建筑造成的损失18万元；2015年所有建筑损失68万元，不属于受法律保护的合法权益，被告平谷区政府不予支持。原告王瑞某主张的屋顶丢失的全新粗钢筋16根、石棉瓦19片，丢失的鹅蛋和鹅料损失1658元，没有事实根据。原告王瑞某主张的网店预期损失5万元为预期收益并非直接损失，不属于行政赔偿范围。原告要求人身伤害医药费、精神损失费、后续症治疗费20.054767万元、全家精神抚慰金5万元，控制人身自由损害赔偿1万元，因现有证据不足以证明复议被申请人北京市平谷区金海湖镇人民政府（以下简称金海湖镇政府）的工作人员对原告及其家人实施了殴打行为，原告的此项主张被告不予支持。

原告王瑞某起诉称，原告于2008年9月1日与北京市平谷区金海湖镇海子村村民委员会签订《租赁合同》，由原告承租海子村西的石河滩，租赁期限为50年。2015年12月14日，金海湖镇政府以未取得建设工程规划许可证、临建证及选址意见书为由，向原告作出京平金镇限拆字〔2015〕第120号《限期拆除决定书》（以下简称《限期拆除决定书》），要求原告5日内拆除。在原告与金海湖镇政府就《限期拆除决定书》沟通未果的情况下，2015年12月30日金海湖镇政府又向原告作出京平金镇催字〔2015〕第37号《催告通知书》（以下简称《催告通知书》）。原告接到该通知书后开始着手自行拆除，并将拆除下来的材料和尚未使用的物品一并放置于屋内，大型设备如搅拌机等放置于屋外。2016年1月13日金海湖镇政府向原告作出京平金镇强拆字〔2016〕第1号《强制拆除决定书》（以下简称《强制拆除决定书》），并于2016年1月14日上午对原告两栋地基为500.45平方米的建筑及硬化地面面积517平方米（包含地基200平方米）进行了强制拆除，将双层垫层强制挖成废墟。原告对金海湖镇政府作出的《限期拆除决定书》、《强制拆除决定书》和强制拆除行为不服，分别于2016年1月11日和2016年3月11日向被告平谷区政府申请行政复议，被告平谷区政府分别作出京平政复字〔2016〕3号《行政复议决定书》和京平政复字〔2016〕22号《行政复议决定书》（以下简称第22号复议决定），确认金海湖镇政府作出的《限期拆除决定书》、《强制拆除决定书》和强制拆除行为违法，但却不予赔偿。后原告对此提起诉讼，北京市第四中级人民法院作出了（2016）京04行初2785号行政判决（以下简称2785号行政判决），撤销了第22号复议决定的第三项。该判决生效后，被告于2017年7月7日对原告的赔偿请求作出了被诉复议决定，不予支持原告提出的行政赔偿请求。原告不服，诉至法院请求撤销被诉复议决定；判令被告重新作出由金海湖镇政府赔偿原告损失117.220567万元的决定。

原告王瑞某在法定期限内向本院提交了以下证据：

1. 2785号行政判决，证明人民法院认定强拆行为违法，第22号复议决定没有查明原告合法财产的损失情况；

2. 第22号复议决定，证明金海湖镇政府并没有在复议期限内提交物品清单；

3. 被诉复议决定，证明原告对被诉复议决定不服，提出本案诉讼；

4. 照片9张，证明原告的房屋状况及部分物品的现实情况；

5. 张樱某的书面证言；

6. 倪百某的书面证言；

证据5、6证明原告的财产损失和财物的合法来源，以及未能搬出的物品状况；

7. 《个人承包工程协议书》；

8. 《大津电线电缆平谷总经销销货清单》及收据1张；

9. 运输单；

10. 《建材超市购物单》9张；

11. 《销货清单》1张；

12. 《收据》12张；

13. 《2016年王瑞某被强拆造成的损失清单》；

证据7—13证明原告的损失明细；

14. 光盘1张，证明拆除现场有大量原告物品没有交付原告，拆除清单签字人员并不在场，原告在拆除现场也未体现。

另，原告王瑞某在法定期限内申请证人倪百某、张樱某出庭作证，用以证明实施强拆行为时现场遗留的物品。

被告平谷区政府辩称，2017年6月5日被告平谷区政府向原告王瑞某邮寄《行政复议举证通知书》，6月6日向被申请人金海湖镇政府直接送达《行政复议补充答复通知书》。原告王瑞某提交了证据材料，金海湖镇政府于6月13日提交了答复书及证据材料。7月7日，被告平谷区政府作出被诉复议决定并于当日送达金海湖镇政府，次日向原告邮寄送达，故被告作出的被诉复议决定程序合法。因原地上建筑物属违法建设，不属于受法律保护的合法权益，且原告提供的证据不足以证明建筑形成的时间及其价值，原告在2016年3月复议期间提交的证据与本次提交的证据材料有明显冲突，故原告要求对原地上建筑物的赔偿不属于国家赔偿法所保护的合法权益。因原告对强制拆除过程中丢失的物品没有提供相应的证据材料，没有证据证明金海湖镇政府工作人员对原告及其家人实施了殴打行为，故对原告的赔偿请求未予支持。因原告要求的网店预期损失不属于原告的直接损失，故该损失不属于行政赔偿范围。

被告平谷区政府在法定期限内向本院提交了以下证据：

第一组证据，作出复议决定相关程序材料。

1. 《行政复议举证通知书》及送达回证、《行政复议补充答复通知书》及送达回证，证明被告及时向原告及金海湖镇政府发送了举证通知及补充答复通知；

2. 被诉复议决定及送达回证，证明被告依法定程序作出复议决定，并及时送达。

第二组证据，作出复议决定的依据。

3. 原告向被告提供的证据材料，包括2016年3月原告提起行政复议期间提交的材料以及被告作出被诉复议决定期间原告提交的证据材料，证明被告审查了原告提交的相关证据材料；

4. 金海湖镇政府向被告提交答复书及证据材料，证明金海湖镇政府在法定期限内提交行政复议补充答复及证据材料。

经庭审质证，原告王瑞某对被告平谷区政府提交的拆除物品清单的真实性、合法性、关联性不认可，原告认为在第22号复议决定审查过程中金海湖镇政府并未提交拆除物品清单，且该物品清单作出的程序不符合法律规定；原告对被告提交的其他证据真实性没有异议。

被告平谷区政府对原告王瑞某提交的证据1、2、3的真实性认可，对其关联性和证明目的不予认可；对证据4的真实性、与本案的关联性及证明目的不认可，该照片不清晰，不能显示照片拍摄的日期和拍摄内容，且照片来源不明；对证据5、6的真实性和证明目的不认可；对证据7的真实性不认可；对证据8—12的真实性及证明目的不认可；对证据13、14的证明目的不认可。

经庭审质证，本院对上述证据认证如下：对原告王瑞某提交的证据1、2、3、4、5、6、8、9、10、11、12、13、14以及被告平谷区政府提交的证据1、2、3以及证据4中除《拆除物品清单》之外的其他证据均符合《最高人民法院关于行政诉讼证据若干问题的规定》，具备证据真实性、合法性及关联性的要求，可以作为认定本案相关事实的依据，本院予以采信。因原告提交的证据7与其在复议程序中提交的《个人承包工程协议书》签订日期不一致，故本院对其真实性不予认可；对证据8—13的证明目的不予认可，该证据不能证明原告在金海湖政府强拆行为中的实际损失情况。对原告申请证人倪百某、张樱某出庭所做的证人证言的真实性、合法性及关联性予以认可，认可原告的证明目的。对被告提交的《拆除物品清单》，本院认为，该清单作出程序不符合法律规定，故对该证据的真实性、合法性本院不予认可。

经审理查明，2015年12月14日，金海湖镇政府对原告王瑞某于2015年5月16日在海子村西石河滩建设的砖混结构违法建设作出《限期拆除决定书》，责令原告王瑞某于5日内拆除上述建设，并接受复查，逾期不拆除上述建设，将依法实施强制拆除。同年12月30日，金海湖镇政府作出《催告通知书》。2016年1月13日，金海湖镇政府作出《强制拆除决定书》。2016年1月14日，金海湖镇政府强制拆除原告王瑞某在海子村西石河滩所建房屋。2016年3月11日，原告王瑞某以金海湖镇政府为复议被申请人，向被告平谷区政府提出行政复议申请，请求认定《强制拆除决定书》和2016年1月14日金海湖镇政府的强制拆除行为属于违法行为，并责令金海湖镇政府赔偿原告王瑞某经济损失共计117.220567万元。其中赔偿内容包括：在有预谋的强拆的过程中，抢夺手机，控制人身自由严重侵害受害人的合法权利，暴力执法使受害人造成脑震荡并留下后遗症，耳鸣，使受害人整夜失眠，精神恍惚。人身伤害医药费，精神损失费，后遗症治疗费20.054767万元；2007年的两段墙体（约42500砖）、被破坏的供水、排水管道和2012—2013年期间所建的地基（约380方石头/90元/方）、墙体等合法建筑造成的损失18万元；2015年所有建筑损失68万元；屋顶丢失的全新粗钢筋16根、石棉瓦19片，丢失的鹅蛋和鹅料损失1658元；全家精神抚慰金5万元；网店损失的误工费两个月5万元；控制人身自由损害赔偿1万元；共计117.220567万元。2016年5月10日，被告平谷区政府作出第22号复议决定：一、确认《强制拆除决定书》违法；二、确认被申请人强制拆除申请人在海子村西石河滩所建房屋的行为违法；三、对强拆行为所造成的损失赔偿117.220567万元不予支持。原告王瑞某针对该复议决定中的第三项内容向本院提起行政诉讼，本院依法作出第2785号行政判决，判决撤销被告平谷区政府作出的第22号复议决定第三项决定；责令被告平谷区政府针对原告提出的赔偿请求重新作出处理决定等。被告平谷区政府根据本院作出的上述生效判决，对原告王瑞某提出的赔偿请求作出本案被诉复议决定。

2017 年 6 月 5 日，被告平谷区政府向原告王瑞某送达《行政复议举证通知书》，同日向被申请人金海湖镇政府送达《行政复议补充答复通知书》。2017 年 6 月 13 日，金海湖镇政府提交了《行政复议答复书》及相关证据材料。2017 年 7 月 7 日被告平谷区政府作出本案被诉复议决定，并送达原告及被申请人金海湖镇政府。

本院认为，根据《中华人民共和国行政复议法》第十三条第一款规定，对地方各级人民政府的具体行政行为不服的，向上一级地方人民政府申请行政复议。本案中，被告平谷区政府作为金海湖镇政府的上一级人民政府，依法具有应原告王瑞某所提行政复议申请作出行政复议决定的法定职权。

《中华人民共和国国家赔偿法》（以下简称《国家赔偿法》）第二条第一款规定，国家机关和国家机关工作人员行使职权，有本法规定的侵犯公民、法人和其他组织合法权益的情形，造成损害的，受害人有依照本法取得国家赔偿的权利。据此，公民取得国家赔偿，应以其合法权益受到国家机关和国家机关工作人员行使职权行为的侵害为前提条件。本案中，关于原告王瑞某主张 2007 年的两段墙体（约 42500 砖）、被破坏的供水、排水管道和 2012—2013 年期间所建的地基（约 380 方石头/90 元/方）、墙体等合法建筑的损失 18 万元，以及 2015 年所有建筑损失 68 万元，原告虽未能向法庭提交上述墙体、供水、排水管道、地基属于合法建筑的相关证据，但平谷区政府作为复议机关在确认拆除行为违法后，仍应审查金海湖镇政府在拆除前是否依法给予原告自行拆除机会，金海湖镇政府是否尽到审慎拆除义务，是否给予原告自行清理建筑残值机会等事实，并据此判断金海湖镇政府是否应当承担相应的赔偿责任。平谷区政府仅以原告所建涉案建筑物属于违法建设为由对其损失不予赔偿，属于认定事实不清。关于原告提出的人身伤害医药费，精神损失费，后遗症治疗费 20.054767 万元，全家精神抚慰金 5 万元，以及控制人身自由损害赔偿 1 万元的主张，因原告王瑞某未能提供相关证据证明其人身权益遭受损害且相关行为已被确认违法的事实，故被告平谷区政府未对该项损失予以支持并无不当。关于原告提出的网店误工费损失，不属于《国家赔偿法》规定可给予赔偿的直接损失的范畴，故被告认定不属于行政赔偿范围并无不当。关于原告提出的屋顶丢失的全新粗钢筋 16 根、石棉瓦 19 片，丢失的鹅蛋和鹅料损失 1658 元的主张，本院认为，原告王瑞某在第 22 号复议决定的复议程序中提交了证人张樱某的书面证言，用以证明正房房顶留存有钢筋、石棉瓦等物品，而被告平谷区政府认定现场仅有《拆除物品清单》中载明的物品，且该物品已经在城管部门的见证下移至院外。但被告不能证明金海湖镇政府在实施强制拆除行为时依法制作了《拆除物品清单》。且根据《北京市禁止违法建设若干规定》第十七条第二款规定，实施强制拆除的行政机关应当通知当事人清理有关物品，当事人拒不清理的，应当制作财物清单并由当事人签字确认。当事人不签字的，可以由违法建设所在地居民委员会、村民委员会确认。实施强制拆除的行政机关应当将财物运送到指定场所，交还当事人，当事人拒绝接收的，依法办理提存。据此，本案中金海湖镇政府对拆除现场物品的清理程序亦违反上述规定。故本案被告认定原告主张屋顶钢筋、石棉瓦、鹅蛋和鹅料损失没有事实根据属于主要证据不足，认定事实不清。

综上，本院认为，被告作出的被诉复议决定主要证据不足，依法应予撤销。被告作为复议机关，需对原告的赔偿请求进行审查认定并重新作出处理决定。另关于原告请求法院判令被告直接作出由金海湖镇政府赔偿原告损失 117.220567 万元的决定的主张，没有法律根据，本院不予支持。依照《中华人民共和国行政诉讼法》第七十条第（一）项之规定，判决如下：

一、撤销被告北京市平谷区人民政府京平政复字〔2016〕22 号 - 补《行政复议决定书》；

二、责令被告北京市平谷区人民政府于本判决生效之日起六十日内针对原告王瑞某提出的因强制拆除行为造成损失的赔偿请求重新作出处理决定。

三、驳回原告王瑞某的其他诉讼请求。

如不服本判决，可在判决书送达之日起十五日内向本院递交上诉状，并按对方当事人的人数提出副本，上诉于北京市高级人民法院。

审 判 长　　武　楠
审 判 员　　吴　薇
人民陪审员　　王　强
二〇一八年三月九日
法 官 助 理　　王同鑫
书 记 员　　王　硕

48

行政处罚决定是否构成明显不当的认定和处理

——天津市虎威化工涂料有限公司诉天津市北辰区环境保护局环保行政处罚上诉案

【裁判要旨】实施行政处罚应当与违法行为的事实、性质、情节以及社会危害程度相当。两个或两个以上同类违法行为的具体情节、社会危害程度等存在差异的，行政机关在确定行政处罚种类和幅度时应当考虑这种差异性。被处罚人仅以行政机关对同类违法行为作出的行政处罚更轻为由主张对其所作的行政处罚明显不当，但并无证据证明违法行为的具体情节和社会危害程度等相同或相当的，人民法院一般不予支持。

北京市第四中级人民法院

行政判决书

（2018）京04行终1号①

上诉人（一审原告）天津市虎威化工涂料有限公司，住所地天津市北辰区。

法定代表人王桂福，总经理。

委托代理人郭宗华，天津耀达律师事务所律师。

被上诉人（一审被告）天津市北辰区环境保护局，住所地天津市北辰区。

法定代表人张振海，局长。

委托代理人席培楠，天津市北辰区环境保护局科长。

委托代理人刘彦正，天津三冠律师事务所律师。

上诉人天津市虎威化工涂料有限公司（以下简称虎威涂料公司）因环保行政处罚一案，不服天津铁路运输法院（以下简称一审法院）作出的（2018）津8601

① 本判决为终审判决，判决已生效。

行初4号行政判决，向本院提起上诉。本院受理后依法组成合议庭，于2018年12月11日公开开庭审理了本案。上诉人虎威涂料公司法定代表人王桂福及委托代理人郭宗华，被上诉人天津市北辰区环境保护局（以下简称北辰区环保局）的法定代表人张振海作为行政机关负责人出庭应诉，北辰区环保局的委托代理人席培楠、刘彦正到庭参加诉讼，本案现已审理终结。

北辰区环保局于2017年8月29日对虎威涂料公司作出津辰环罚字（2017）ZD2017052102号《行政处罚决定书》（以下简称《处罚决定书》），主要内容为：我局于2017年5月21日对你单位进行了现场检查，发现你单位实施了以下环境违法行为：产生含挥发性有机物废气的生产经营活动，未在密闭空间或者设备中进行。你单位的上述行为违反了《天津市大气污染防治条例》第五十三条的规定，依据《天津市大气污染防治条例》[①] 第八十五条第一款规定，罚款四万元。

虎威涂料不服，诉至一审法院，请求变更《处罚决定书》，将罚款四万元变更为罚款二万元。

一审法院经审理查明，虎威涂料公司成立于1998年4月1日，经营范围是醇酸油漆、有机硅漆、聚氨酯漆、丙烯酸漆、环氧漆、水性内外墙涂料制造、销售。2017年5月21日，北辰区环保局对虎威涂料公司进行执法检查，发现其从事醇酸油漆加工生产，工艺为混配、研磨。混配、研磨过程产生挥发性有机废气直排，未按规定建有废气治理设施。检查时存在生产迹象，最后一日生产时间为2017年5月20日。北辰区环保局于2017年5月27日作出津辰环听告字（2017）ZH2017052102号《行政处罚听证告知书》，告知虎威涂料公司，依照《天津市大气污染防治条例》第八十五条第一款规定，拟对其作出处二万元以上二十万元以下罚款。同日，北辰区环保局作出津辰环改字（2017）ZH2017052102号《责令改正违法行为决定书》，告知虎威涂料公司，依据《天津市大气污染防治条例》第八十五条第一款规定，责令其立即停止未在密闭空间或者设备中进行产生含挥发性有机物废气的生产经营活动，限于接到责令改正决定书之日起1日内改正违法行为。次日，北辰区环保局将《责令改正违法行为决定书》和《行政处罚听证告知书》送达虎威涂料公司。虎威涂料公司逾期未进行陈述、申辩，也未提出听证申请。2017年8月29日，北辰区环保局作出津辰环罚字（2017）ZD2017052102号《行政处罚决定书》，认定虎威涂料公司实施产生含挥发性有机物废气的生产经营活动，未在密闭空间或者设备中进行的环境违法行为，违反《天津市大气污染防治条例》第五

---

① 行为发生时间为2017年5月21日，适用的为2015年1月30日通过，2015年3月1日施行的《天津市大气污染防治条例》。该条例后于2017年、2018年经历了两次修改，本案下同。

十三条的规定，依据《天津市大气污染防治条例》第八十五条第一款的规定，罚款四万元。次日，北辰区环保局将该处罚决定书送达虎威涂料公司。虎威涂料公司不服，向一审法院提起行政诉讼。

一审法院经审理认为，《中华人民共和国环境保护法》第十条第一款规定，县级以上地方人民政府环境保护主管部门，对本行政区域环境保护工作实施统一监督管理。北辰区环保局作为辖区内的环境保护主管部门，具有对辖区内的环境保护工作实施监管的行政职权，其对辖区内的环境违法行为进行查处，是应尽的法定职责。被诉行政处罚决定认定虎威涂料公司实施了产生含挥发性有机物废气的生产经营活动，未在密闭空间或者设备中进行，有北辰区环保局提供的现场检查（勘验）笔录、照片等证据证实，事实清楚，证据充分。虎威涂料公司的行为违反了《天津市大气污染防治条例》第五十三条的规定，产生含挥发性有机物废气的生产经营活动，应当在密闭空间或者设备中进行，并按照规定安装、使用污染防治设施。《天津市大气污染防治条例》第八十五条第一款规定，违反本条例挥发性有机物污染防治规定，产生含挥发性有机物废气的生产经营活动，未在密闭空间、设备中进行，由环境保护行政主管部门责令停止违法行为，限期改正，并处二万元以上二十万元以下罚款。虎威涂料公司违法行为与《天津市大气污染防治条例》第八十五条第一款规定的前提相符，北辰区环保局适用该规定对虎威涂料公司作出罚款四万元的行政处罚决定，适用法律正确。北辰区环保局履行了立案、调查、听证告知等程序，执法程序并无不当。本案的争议焦点是：北辰区环保局于 2017 年 8 月 29 日对虎威涂料公司作出的津辰环罚字（2017）ZD2017052102 号行政处罚决定是否存在明显不当，虎威涂料公司的诉讼请求应否得到支持。

北辰区环保局对虎威涂料公司罚款四万元的处罚决定系根据虎威涂料公司的具体违法情节在法定的处罚幅度内作出。虎威涂料公司提交的案外企业行政处罚决定书及注册资金情况，虽然可以证明北辰区环保局对实施同样违法行为的案外企业处罚金额与虎威涂料公司存在差异，但违法情节在行政处罚决定书中并无具体体现，虎威涂料公司与案外企业的处罚金额不具有可比性。虎威涂料公司关于被诉行政行为明显不当的主张依据不足，故对其变更处罚金额的诉讼请求不予支持。依照《中华人民共和国行政诉讼法》第六十九条的规定，判决驳回虎威涂料公司的诉讼请求。

虎威涂料公司不服一审判决，向本院提起上诉，请求二审法院撤销一审判决，依法改判支持其诉讼请求。主要事实及理由为：其与案外企业存在同样违法情节的违法行为，但北辰区环保局对虎威涂料公司的罚款数额多出一倍，北辰区环保局没有证据证明虎威涂料公司违法情节比较严重，作出被诉处罚决定违反了公正、公开的原则。综上，一审判决认定事实不清、适用法律错误，依法应予撤销。

北辰区环保局答辩认为，其进行执法检查时，虎威涂料公司存在拒不开门等拒绝配合检查的行为，故在作出被诉处罚决定时考虑到违法行为的情节，社会危害性等，对其作出罚款四万元的决定，虽然是对其他企业罚款数额的两倍，但属于法定罚款数额二万元至二十万元的下限，没有达到明显不当的程度。综上，被诉处罚决定认定事实清楚，适用依据正确，符合法定程序，虎威涂料公司的上诉请求不能成立，请求二审法院驳回上诉，维持原判。

本案一审法定期限内，各方当事人分别向一审法院提交了如下证据：

一、虎威涂料公司提交的证据：北辰区环保局《关于开展取缔“小散乱污”企业专项行动的通告》复印件、津辰环罚字（2017）ZD2017052102 号《行政处罚决定书》、津辰环罚字（2017）ZD2017052101 号《行政处罚决定书》、津辰环罚字（2017）ZH2017052104 号《行政处罚决定书》、津辰环罚字（2017）ST2017052002 号《行政处罚决定书》、津辰环罚字（2017）ZD2017110401 号《行政处罚决定书》、天津市国华化工涂料有限公司、天津市恒源伟业化工有限公司、天津市金龙胜佳特种涂料化工有限公司、天津市北辰区利华顺德化工有限公司的注册资本信息。

二、北辰区环保局提交的证据：《统一社会信用代码证书》、《环境违法行为立案审批表》、《案件调查报告》、《责令改正违法行为决定书》、《行政处罚听证告知书》及送达回证、《案件审议笔录》和《环境违法案件审核审查表》、津辰环罚字（2017）ZD2017052102 号《行政处罚决定书》、EMS 特快专递单及快递查询情况、《现场检查（勘查）笔录》及现场照片、虎威涂料公司的营业执照、授权委托书及法定代表人和代理人身份证复印件。

对于上述证据，一审法院经审查认为，虎威涂料公司、北辰区环保局提交的证据具有真实性、合法性，且与本案相关联，予以认定。

上述证据均已随案移送至本院。经审查，一审法院对各方提交证据的认证意见正确。根据上述有效证据，本院对一审法院认定的事实予以确认。

本院经审理查明的事实与原审判决认定的事实一致，本院予以确认。

本院认为，关于北辰区环保局对于辖区内环境违法行为具有进行查处并作出处罚决定法定职权，符合法定程序，本院同意一审法院认定意见。

《天津市大气污染防治条例》第五十三条的规定，产生含挥发性有机物废气的生产经营活动，应当在密闭空间或者设备中进行，并按照规定安装、使用污染防治设施。《天津市大气污染防治条例》第八十五条第一项规定，违反本条例挥发性有机物污染防治规定，产生含挥发性有机物废气的生产经营活动，未在密闭空间、设备中进行，由环境保护行政主管部门责令停止违法行为，限期改正，并处二万元以上二十万元以下罚款。本案中，北辰区环保局提交的现场检查笔录、现场照片、调查询问笔录能够证明虎威涂料公司未在密闭空间或者设备中，进行产生含挥发性有机物废气的生产经营活动，已经构成违反《天津市大气污染防治条例》第五十三条的行为，属于该条例第八十五条第一项规定的应予处罚的情形。故北辰区环保局对虎威涂料公司进行处罚事实清楚。

关于被诉处罚决定的处罚幅度是否适当问题，《中华人民共和国行政处罚法》规定行政处罚遵循公正、公开的原则，设定和实施行政处罚必须以事实为依据，与违法行为的事实、性质、情节以及社会危害程度相当。《天津市大气污染防治条例》第八十五条第一项规定，违反本条例挥发性有机物污染防治规定，产生含挥发性有机物废气的生产经营活动，未在密闭空间、设备中进行，由环境保护行政主管部门责令停止违法行为，限期改正，并处二万元以上二十万元以下罚款。北辰区环保局针对虎威涂料公司的违法行为决定罚款四万元，在二万元以上二十万元以下的法定罚款幅度内，属于幅度较低的处罚。针对虎威涂料公司提出北辰区环保局对于同类违法行为作出明显不当处罚的主张，北辰区环保局主张虎威涂料公司有不配合执法的情形，但在法定期限内未提供相应证据加以证明，被诉处罚决定确有不当。但北辰区环保局对虎威涂料公司罚款 4 万元，仅比法定最低金额高 2 万元，4 万元的罚款金额与虎威涂料公司的违法行为不存在不相称的情形，不足以认定被诉处罚决定构成明显不当。且现有证据也不能证明虎威涂料公司与其他同类违法行为的事实、性质、情节以及社会危害程度相当，故其主张缺乏事实及法律依据，本院不予采纳。

综上，一审判决驳回虎威涂料公司诉讼请求正确，本院予以维持。虎威涂料公司的上诉理由不能成立，其上诉请求本院不予支持。依照《中华人民共和国行政诉讼法》第八十九条第一款第（一）项之规定，判决如下：

驳回上诉，维持一审判决。

二审案件受理费人民币 50 元，由上诉人天津市虎威化工涂料有限公司负担（已交纳）。

本判决为终审判决。

审 判 长　程 琥
审 判 员　陈良刚
审 判 员　张 岩
二〇一八年十二月十九日
法官助理　张 伟
法官助理　李振凡
书 记 员　高晶晶

49

行政复议案件中申请人与原行政行为是否存在利害关系的认定标准

——王德某诉北京市东城区人民政府行政复议案

【裁判要旨】 在国有土地上房屋征收过程中，被征收人与发改委对企业提交的项目投资任务书（项目申请报告）的批复行为不存在法律上的利害关系，其不具有针对该批复行为提出行政复议申请的主体资格。

行政复议申请人应当与其申请复议所针对的原行政行为具有利害关系。当申请人并非原行政行为的直接相对人时，行政复议机关在判断利害关系是否存在时，应当考虑原行政行为所依据的实体法律规范所规定的应予考虑和保护的权益范围。当申请人所主张的权益不属于该实体法律规范所规定的应予考虑和保护的权益时，一般可认定该申请人与原行政行为不具有利害关系。

北京市第四中级人民法院

行政判决书

（2017）京04行初1397号①

原告王德某，住北京市东城区。

委托代理人张丽某（原告王德某之妻），住北京市东城区。

委托代理人王维雪，北京京平律师事务所律师。

被告北京市东城区人民政府，住所地北京市东城区。

法定代表人金晖，代理区长。

委托代理人胡耀彬，北京市东城区人民政府工作人员。

① 本案判决作出之后，双方当事人均未上诉，判决已生效。

委托代理人孟庆亮，北京观韬中茂律师事务所律师。

原告王德某不服被告北京市东城区人民政府（以下简称东城区政府）作出的东政复字〔2017〕87 号《驳回行政复议申请决定书》（以下简称被诉复议决定），向本院提起行政诉讼。本院于 2017 年 11 月 27 日受理后，于 2017 年 11 月 30 日向被告东城区政府送达了起诉书副本及应诉通知书。本院依法组成合议庭，于 2018 年 3 月 6 日公开开庭审理了本案。原告王德某及其委托代理人张丽某、王维雪，被告东城区政府的委托代理人胡耀彬、孟庆亮到庭参加诉讼。本案现已审理终结。

被告东城区政府于 2017 年 11 月 12 日作出被诉复议决定，主要内容为：根据《中华人民共和国行政复议法》（以下简称行政复议法）第九条第一款、《中华人民共和国行政复议法实施条例》（以下简称复议法实施条例）第二十七条和第二十八条第（二）项的规定，公民、法人或者其他组织认为行政机关的行政行为侵犯其合法权益提出行政复议申请，应当符合与行政行为有利害关系的法定受理条件。根据《国务院关于投资体制改革的决定》（国发〔2014〕20 号）、《中央预算内直接投资项目管理办法》、《政府核准投资项目管理办法》等规定，发展改革部门对政府投资项目的审批和对企业投资项目的核准，主要是从拟建项目是否维护经济安全、合理开发利用资源、保护生态环境、优化重大布局、保障公共利益、防止出现垄断等方面进行审查，并不涉及项目的征地拆迁、安置补偿等与相对人具体权利义务相关的内容。申请人以项目建设影响其房屋权益为由，行政复议被申请人对投资项目审批、核准行为的，其与项目审批、核准行为不具有利害关系，不符合行政复议受理条件。综上，根据复议法实施条例第四十八条第一款第（二）项规定，驳回原告王德某的行政复议申请。

原告王德某诉称，其在北京市东城区琉璃井路×号拥有合法房屋一套，性质为私产。2016 年 7 月 5 日，北京市东城区发展和改革委员会（以下简称东城区发改委）作出东发改发〔2016〕48 号《关于东城区望坛棚户区改造项目投资任务书的批复》（以下简称 48 号批复），对原告的房屋权益产生重大影响，与原告具有利害关系。2017 年 8 月 16 日，原告王德某向被告东城区政府提出行政复议申请，要求依法确认 48 号批复违法并予以撤销。2017 年 11 月 12 日，被告东城区政府作出被诉复议决定，驳回了原告王德某的复议请求。原告王德某认为，被诉复议决定认定事实不清，适用法律错误，侵害了原告王德某的合法权益，请求法院依法撤销被诉复议决定，并责令被告东城区政府限期受理原告王德某的行政复议申请；诉讼费用由被告东城区政府负担。

原告王德某向本院提供了以下证据：1. 身份证复印件、证明信、房产证复印件，证明原告的身份；2. 48 号批复、《行政复议申请书》、被诉复议决定，证明被诉行政行为。

被告东城区政府辩称，原告王德某不服东城区发改委对北京城建兴瑞置业开发有限公司作出的投资任务书批复，向被告东城区政府提出行政复议申请，不符合与所复议行为有利害关系的法定条件，被告东城区政府作出的被诉复议决定符合法定职权和程序，证据确凿、适用法律依据正确，并无不当，请求法院驳回原告王德某的诉讼请求。

被告东城区政府向本院提供了以下证据：1. 原告王德某提交的行政复议申请书及附件材料、EMS邮政特快专递复印件，证明原告王德某提交的行政复议申请及其请求和理由，原告王德某与所复议行为不具有法律上利害关系；2. 行政复议申请材料处理单，证明2017年8月21日，被告东城区政府法制机构收到原告王德某的复议申请；3. 东政复字〔2017〕87号《行政复议答复通知书》及送达回证，证明2017年8月25日，被告东城区政府将原告王德某的行政复议申请材料副本送达东城区发改委；4.《行政复议答复意见》、证据目录、国发〔2004〕20号《国务院关于投资体制改革的决定》、京政发〔2005〕11号《国务院关于投资体制改革决定的意见》、东文〔2012〕26号《中共东城区委 东城区人民政府关于印发区政府部门主要职责内设机构和人员编制规定的通知》、京政办发〔2016〕6号《北京市人民政府办公厅关于印发〈北京市2016年棚户区改造和环境整治任务〉的通知》、京国土东预〔2016〕03号《北京市国土资源局建设项目用地预审意见》、规东函〔2016〕13号《北京市规划委员会东城分局关于东城区望坛棚户区改造项目有关意见的复函》、授权委托书、统一社会信用代码证书、法定代表人身份证明书、身份证复印件、东城区望坛棚户区改造项目申请报告（投资任务书），证明2017年8月29日，东城区发改委提交的行政复议答复材料，原告王德某与所复议行为不具有法律上利害关系；5. 东政复字〔2017〕87号《行政复议延期通知书》、送达回证、EMS特快专递复印件及邮单查询结果，证明被告东城区政府2017年10月16日作出延期通知书并送达原告王德某和东城区发改委，原告王德某于2017年10月19日签收；6. 被诉复议决定、送达回证、EMS特快专递复印件及邮单查询结果，证明2017年11月17日，被告东城区政府将被诉复议决定送达原告王德某和东城区发改委，原告王德某于2017年11月19日签收。

经庭审质证，原告王德某及被告东城区政府提交的证据符合最高人民法院《关于行政诉讼证据若干问题的规定》的规定，具备证据的真实性、合法性及与本案的关联性，可以作为认定相关事实的依据，本院予以采信。

经审理查明，2017年8月21日，被告东城区政府收到原告王德某提出的行政复议申请，请求确认48号批复违法并依法予以撤销。被告东城区政府于2017年8

月25日作出东政复字〔2017〕87号《行政复议答复通知书》，要求东城区发改委自收到行政复议申请书副本之日起10日内向被告东城区政府提出书面答复，并提交有关证据、依据和其他材料。东城区发改委于2017年8月29日作出行政复议答复意见，答复被告东城区政府原告王德某与项目审批行为不具有利害关系。2017年10月16日，被告东城区政府作出东政复字〔2017〕87号《行政复议延期通知书》并送达原告王德某和东城区发改委。2017年11月12日，被告东城区政府作出被诉复议决定并送达原告王德某和东城区发改委。原告王德某不服被诉复议决定，向本院提起行政诉讼。

另查，2016年7月5日，东城区发改委针对北京城建兴瑞置业开发有限公司城建兴瑞文〔2016〕5号《关于申请办理东城区望坛棚户区改造项目投资任务书的请示》作出48号批复，其内容涉及项目实施单位、建设地点、建设内容、总投资及资金来源等内容。

本院认为，行政复议法第十二条规定，对县级以上地方各级人民政府工作部门的具体行政行为不服的，由申请人选择，可以向该部门的本级人民政府申请行政复议，也可以向上一级主管部门申请行政复议。被告东城区政府作为东城区发改委的本级人民政府，具有对申请人针对东城区发改委的行政复议申请进行处理的法定职权。

本案中，被告东城区政府受理原告王德某的行政复议申请后，依法向被申请人东城区发改委送达了《行政复议答复通知书》及相关材料，在东城区发改委提交答复及相关证据后，对复议案件事实进行审查并在法定期限内做出被诉复议决定，审理程序符合法律规定。

复议法实施条例第二十八条第（二）项规定，行政机关受理行政复议申请的条件之一是，申请人与具体行政行为有利害关系。第四十八条第一款第（二）项规定，受理行政复议申请后，发现该行政复议申请不符合行政复议法和本条例规定的受理条件的，行政复议机关应当决定驳回行政复议申请。《国务院关于投资体制改革的决定》规定，区县政府对企业提交的项目申请报告，主要从维护公共安全、合理开发利用资源、保护生态环境、优化产业布局、保障公共利益、控制交通流量、防止出现垄断等方面进行核准。《政府核准投资项目管理办法》第四条规定，项目核准机关对企业提交的项目申请报告，应当主要从维护经济安全、合理开发利用资源、保护生态环境、优化重大布局、保障公共利益、防止出现垄断等方面依法进行审查，作出是否予以核准的决定，并加强监督管理。参照上述规定，发展改革部门对企业提交的项目申请报告的批复并不直接涉及征地拆迁、拆迁补偿安置等事宜。本案中，原告王德某针对48号批复向被告东城区政府申请行政复议，但其并非48

号批复的相对人，且原告王德某主张的房屋权益并不在东城区发改委作出48号批复时应考量和保护的范围之内。因此，原告王德某与48号批复之间不具有法律上的利害关系，其向被告东城区政府提出的行政复议申请不符合法定受理条件。综上，被告东城区政府作出的被诉复议决定认定事实清楚，适用法律、法规正确，符合法定程序。原告王德某的诉讼理由缺乏事实根据及法律依据，本院不予支持。依照《中华人民共和国行政诉讼法》第六十九条之规定，判决如下：

驳回原告王德某的诉讼请求。

案件受理费50元，由原告王德某负担（已交纳）。

如不服本判决，可以在判决书送达之日起十五日内向本院递交上诉状，并按对方当事人的人数提出副本，上诉于北京市高级人民法院。

审 判 长　　程　娜
审 判 员　　张　岩
人民陪审员　　张桂荣
二〇一八年四月二十五日
法官助理　　秦　爽
法官助理　　程　曼
书 记 员　　张媛媛

50

申请人撤回复议申请后再次提出复议申请的应说明正当理由

——中谋投资有限公司不服北京市丰台区人民政府行政复议案

【裁判要旨】 行政复议决定作出前，申请人要求撤回行政复议申请的，经说明理由，可以撤回；撤回行政复议申请的，行政复议终止。申请人撤回行政复议之后，以同样的事实和理由重新提出行政复议，需要说明正当理由，无正当理由的，行政复议机关不再受理。

北京市第四中级人民法院

行政判决书

（2016）京04行初2640号①

原告中谋投资有限公司，住所地北京市东城区。

法定代表人吴立胜，董事长。

委托代理人郭晓轩，北京市开创律师事务所律师。

被告北京市丰台区人民政府，住所地北京市丰台区。

法定代表人冀岩，区长。

委托代理人李国栋，北京市丰台区人民政府法制办公室复议应诉科科长。

委托代理人何海妍，女，北京市丰台区人民政府法制办公室复议应诉科科员。

原告中谋投资有限公司（以下简称中谋公司）因认为被告北京市丰台区人民政府（以下简称丰台区政府）不履行复议职责，于2016年9月18日向本院提起行政诉讼。本院于2016年9月18日立案后，于2016年9月20日向被告送达了起诉状副本及应诉通知书。本院依法组成合议庭，于2016年10月28日公开开庭审理

① 该案判决作出后，原告不服向北京市高级人民法院提起上诉，二审法院经审理，判决驳回上诉，维持一审判决，参见（2017）京行终906号行政判决书。

了本案。原告中谋公司委托代理人郭晓轩，被告丰台区政府委托代理人李国栋到庭参加诉讼。本案现已审理终结。

原告中谋公司诉称，原告自2015年11月聘请孙宏某、王战某负责北京京辉混泥土有限公司（以下简称京辉公司）各关联企业的清算工作，居住在北京市丰台区马家堡西路×号院×号楼×室。2016年2月18日孙宏某发现该房屋门锁被破坏，室内全部物品不知去向。2月19日，中谋公司报警，北京市公安局丰台分局马家堡派出所（以下简称马家堡派出所）接警后未出警现场调查也未依法立案处理。原告对于该派出所的不作为向被告丰台区政府提出行政复议。复议过程中，孙宏某称因受到威胁对授权委托书进行涂改伪造，以虚假授权委托书撤回了复议申请，被告也以事实终止复议的方式搁置了复议案件，而未作出书面的终止复议文件。原告认为孙宏某伪造授权撤回行政复议的行为无效，曾要求被告对复议程序予以恢复，但被告拒绝。故请求法院判决被告对原告2016年2月27日对北京市公安局丰台分局（以下简称丰台分局）提起的行政复议履行复议职责。庭审中，原告明确诉讼请求为：请求法院判决被告对原告2016年2月25日对丰台分局提起的行政复议履行复议职责。

原告中谋公司向本院提交了以下证据：1.《行政复议申请书》，证明原告提出行政复议的事实。2.《马家堡派出所110接处警记录》，证明原告遭受非法侵入住宅及被盗的事实。3.《行政复议答复书》，证明丰台分局不作为的事实。4.《撤销行政复议申请书》，证明撤回复议是其员工孙宏某个人行为，原告并不知情。5.《授权委托书》，证明撤回复议委托书系伪造，原告对撤回复议申请不知情。6.丰政复字〔2016〕91号《行政复议申请材料补正通知书》（以下简称第91号补正通知书），证明被告不作为。7.京政复告字〔2016〕223号《北京市人民政府行政复议申请不予受理决定书》，证明北京市人民政府未处理此事。原告当庭向法庭提交证据。8.顺丰快递单（快递单号为933293811367），证明原告向被告补充了相应证据材料，被告拒收。

被告丰台区政府辩称，被告于2016年2月25日收到原告提交的行政复议申请书及其他相关材料，于2月26日向原告邮寄送达了丰政复字〔2016〕25号《行政复议申请材料补正通知书》（以下简称第25号补正通知书），2月29日被告收到原告补正材料。被告受理原告申请后，于2月29日向丰台分局发送了行政复议申请书副本及行政复议答复通知书，丰台分局于3月9日提交了书面答复以及履行法定职责的证据、依据和其他有关材料。因案情复杂，被告于2016年4月19日作出丰政复字〔2016〕25号《延期审理通知书》（以下简称第25号延期通知书），并于4月21日向原告送达。行政复议期间，原告于2016年5月23日提出撤回行政复议申请，被告于5月24日作出了丰政复字〔2016〕25号《行政复议终止通知书》（以下简称第25号终止通知书），并向原告进行了送达。2016年8月3日，被告收到原告提交的行政复议申请书及其他相关材料，称“丰政复字〔2016〕25号”复议案件的撤回复议申请未经公司授权，请求恢复复议程序。被告于8月4日作出第91号补正通知书，通知原告“请于收到该补正通知书后10个工作日进行补正。无正当理由逾期不补正的，视为放弃行政复议申请”。并于2016年8月4日向原告邮寄送达。截至2016年9月8日，被告未收到原告的补正材料。被告已于2016年9月8日将该案作放弃行政复议申请的案件处理。综上，被告作出的“丰政复字〔2016〕25号”和“丰政复字〔2016〕91号”案件，事实清楚、证据确凿、适用法律正确、符合法定程序。请求法院依法驳回原告的诉讼请求。

被告丰台区政府向本院提交了以下几组证据：1. 行政复议申请及相关材料（丰政复字〔2016〕25号），证明被告收到原告的复议申请。2. 第25号补正通知书及送达回证，证明被告依法通知原告补正复议材料。3.《答复通知书》及送达回证，证明被告受理原告的复议申请，并要求被申请人作出答复并提交证据。4. 丰台分局提交的行政复议答复书及相关材料，证明丰台分局按照法律规定，对原告提出的行政复议申请进行答复并提交相关证据材料。5. 第25号延期通知书及送达回证，证明被告依法延期，并对原告、被申请人分别进行了送达。6.《撤销行政复议申请书》，证明原告撤回行政复议申请。7. 第25号终止通知书及送达回证，证明被告依法终止，并对原告进行了送达。8. 原告提交的行政复议申请及相关材料（丰政复字〔2016〕91号），证明被告收到原告的行政复议申请。9. 第91号补正通知书及送达回证，证明被告依法通知补正，并对原告进行了送达。10.《工作说明》，证明被告对申请人补正未回作出处理。

经庭审质证，原告对被告提交的第1、2、3组证据的真实性认可；对第4组证据的真实性认可，对证明目的不予认可，通话记录单、失信被执行人信息登记与本案不具有关联性；对第5组证据中顺丰公司快递单据的真实性、合法性不认可；对第6组证据的真实性不予认可，原告未在撤销行政复议申请书中加盖公章；对第7组证据的真实性、合法性、关联性均不认可，原告并未主动撤回行政复议申请，且顺丰公司快递单据没有加盖顺丰公司公章，不具备合法证据的形式要件；对第8组证据中授权委托书不予认可，委托书中“撤回复议申请”的委托权限是孙宏某个人添加，并非我公司授权或追认；对第9组证据的真实性、合法性、关联性不予认可，对顺丰公司快递单据的质证意见同上；对第10组证据的真实性、合法性、关联性不予认可。

被告对原告提供的证据1真实性无异议；对证据2的真实性无异议，对原告的证明目的不予认可；对证据3的证明目的不认可；对证据4、5的真实性、合法性、关联性予以认可；对证据6、7的证明目的不予认可；对证据8快递单据的真实性不予认可。

本院对上述证据认证如下：依照《最高人民法院关于行政诉讼证据若干问题的规定》（以下简称《行政诉讼证据规定》）第五十四条的规定，本院对经过庭审质证的证据进行评议后认为，被告提交的第1—3、5—10组证据以及原告提交的证据1、2形式上符合《行政诉讼证据规定》中规定的提供证据的要求，与本案被诉的行政行为具有关联性，本院予以采信。对原告提交的证据3、4、5、6、7的真实性、合法性、关联性予以认可，对其证明目的不予认可；对证据8的真实性不予认可。对被告提交的第4组证据的真实性、关联性予以认可，能够证明丰台分局对原告提出的复议申请进行了答复并提交了相关证据材料。

经审理查明，2016年2月24日，原告以邮寄的方式向被告提出复议申请，申请事项为：请求复议认定被申请人丰台分局虚构接警出警记录以民事纠纷为由拒绝依法立案查处报案事项的决定违法并指令立案查处并赔偿该不作为造成损失10亿元。2016年2月25日被告作出第25号补正通知书，2月29日被告向丰台分局送达行政复议申请书副本及行政复议答复通知书。因案情复杂，被告于2016年4月19日作出第25号延期通知书，并于4月21日向原告及丰台分局送达。2016年5月23日，原告的委托代理人孙宏某向被告提交了《撤销行政复议申请书》，该申请书的内容为：申请人因不服被申请人拒绝依法立案查处报案事项行政行为向丰台区政府提及行政复议，因被申请人已为申请人找回丢失物品，依据《行政复议法》第二十五条规定，现申请撤回行政复议申请。2016年5月24日被告作出第25号终止通知书，终止中谋公司的行政复议，该通知书于当日向原告进行了送达。2016年8月3日原告向被告提交《恢复复议申请书》及相关材料，要求被告恢复对丰台分局的行政复议程序。8月4日被告作出第91号补正通知书，要求原告依据《行政复议法实施条例》第三十八条第二款规定，补充提交能够证明撤回行政复议申请违背其真实意思表示的相关证据材料。该通知书于8月4日向原告邮寄送达，原告未补交相应材料。2016年9月8日，被告对原告提出要求恢复复议程序的申请，根据《复议法实施条例》第二十九条的规定，按原告放弃行政复议申请处理。

另查，原告在复议程序中，提交了该公司营业执照副本、组织机构代码证、法定代表人身份证明书、法定代表人吴立胜港澳居民来往内地通行证、授权委托书、委托代理人孙宏某的身份证复印件。授权委托书中委托权限为：代为签发、修改、补充复议申请、递交复议证据，申请参加复议听证、阅卷、质证、签收复议文件等。授权委托书中委托权限的最后一项为“撤回复议申请”。授权委托书中委托单位由中谋投资有限公司盖章，同时有中谋公司法定代表人吴立胜签字。孙宏某身份证复议件上盖有中谋公司盖章。孙宏某在代理行政复议案件期间为中谋公司员工。

又查，《撤销行政复议申请书》落款为申请人中谋投资有限公司、委托代理人孙宏某，落款日期为 2016 年 5 月 23 日，中谋投资有限公司处未加盖原告公司印章。

本院认为，《行政复议法》第十二条规定，对县级以上地方各级人民政府工作部门的具体行政行为不服的，由申请人选择，可以向该部门的本级人民政府申请行政复议，也可以向上一级主管部门申请行政复议。丰台区政府作为丰台分局所属的同级人民政府，具有对本案行政复议申请进行审查的法定职权。

根据《行政复议法》第二十五条规定，行政复议决定作出前，申请人要求撤回行政复议申请的，经说明理由，可以撤回；撤回行政复议申请的，行政复议终止。本案中，原告在申请行政复议时向被告出具授权委托书，委托其员工孙宏某代为签发、修改、补充复议申请、递交复议证据，申请参加复议听证、阅卷、质证、签收复议文件、撤回复议申请。授权委托书中有中谋公司公章及法定代表人吴立胜签字。因此被告依据原告提交的授权委托书，足以认定其员工在原告授权范围内提出的撤回行政复议申请系原告的真实意思表示。另，2016 年 8 月 3 日原告向被告提出恢复对丰台分局的行政复议程序，被告作出补正通知，要求原告补充提交撤回复议申请违背其真实意思表示的相关证据，而直至本案诉讼，原告也并未提交上述证明材料。因此，被告丰台区政府对原告的授权委托及撤回复议行为已尽到必要的注意义务，据此作出的终止复议决定并无不当。原告提出授权委托书中“撤回复议申请”为孙宏某自己添加，中谋公司对撤回复议申请不予认可的主张，系原告与其代理人之间的民事争议，可通过其他途径解决。故被告针对原告 2016 年 2 月 25 日提出的行政复议申请，已经履行了复议职责。原告现主张履行复议职责的诉讼请求，无事实及法律依据，应当予以驳回。综上，根据《中华人民共和国行政诉讼法》第六十九条之规定，判决如下：

驳回原告中谋投资有限公司的诉讼请求。

案件受理费 50 元，由原告中谋投资有限公司负担（已交纳）。

如不服本判决，可在判决书送达之日起 15 日内向本院递交上诉状，并按对方当事人的人数提出副本，上诉于北京市高级人民法院。

审　判　长　　武　楠
审　判　员　　吴　薇
人民陪审员　　王　强
二〇一六年十一月二十四日
法 官 助 理　　杨靖雅
书　记　员　　王　硕

51

复议申请超过法定复议申请期限的应予驳回

——吕淑某诉北京市门头沟区人民政府驳回复议决定案

【裁判要旨】 公民、法人或者其他组织认为具体行政行为侵犯其合法权益的，可以自知道该具体行政行为之日起六十日内提出行政复议申请；但是法律规定的申请期限超过六十日的除外。申请人超出法定期限提出行政复议申请的，行政复议机关应当决定驳回行政复议申请。

北京市第四中级人民法院

行政判决书

（2016）京04行初2830号①

原告吕淑某，住北京市门头沟区。

委托代理人白某（吕淑某之儿媳），住北京市门头沟区。

被告北京市门头沟区人民政府，住所地北京市门头沟区。

法定代表人付兆庚，区长。

委托代理人王雷，北京市门头沟区人民政府工作人员。

委托代理人王蓓，北京市门头沟区人民政府工作人员。

原告吕淑某不服被告北京市门头沟区人民政府（以下简称门头沟区政府）作出的门政复字〔2016〕53号《驳回行政复议决定书》，向本院提起行政诉讼。本院于2016年12月1日受理后，向被告送达了起诉书副本及应诉通知书。本院依法组成合议庭，于2017年5月9日公开开庭审理了本案。原告之委托代理人白某，被告之委托代理人王雷、王蓓到庭参加了诉讼。本案现已审理终结。

被告于2016年11月23日对原告作出被诉决定：认定被申请人在核发拆迁许

① 本案判决作出之后，双方当事人均未上诉，判决已生效。

可证后即发布了北京市城市房屋拆迁公告。据此，应当认定申请人已经知道该具体行政行为。《中华人民共和国行政复议法》第九条第一款规定，公民、法人或者其他组织认为具体行政行为侵犯其合法权益的，可以自知道该具体行政行为之日起六十日内提出行政复议申请。申请人于 2016 年 8 月向本机关申请行政复议，已经超过法定的行政复议申请期限，不符合《中华人民共和国行政复议法实施条例》第二十八条第（四）项规定的在法定申请期限内提出的受理条件，且申请人已签订城市房屋安置补偿协议，与该行政许可行为不再具有利害关系。北京市门头沟区人民法院已判决被申请人核发的京建门拆许字〔2007〕第 248 号房屋拆迁许可证违法，申请人复议申请事项已为人民法院生效判决所羁束。根据《中华人民共和国行政复议法实施条例》第四十八条第一款第（二）项的规定，本机关决定如下：驳回申请人的行政复议申请。

原告吕淑某诉称，北京市门头沟区住房和城乡建设委员会（以下简称门头沟区住建委）作出的〔2007〕第 248 号《北京市房屋拆迁许可证》的行政许可行为违法，应予撤销。但被告未依法查明该事实并撤销错误的行政许可行为，所作出的《驳回行政复议决定书》没有法律依据，属于违法。故请求：撤销被告作出的门政复字〔2016〕53 号《驳回行政复议申请决定书》，责令被告依法重新作出复议决定。

原告吕淑某在法定举证期限内向本院提交如下证据：证据一，政府信息答复告知书，证明原告 2016 年 6 月 7 日经申请才知道被诉拆迁许可证及相关资料内容违法，符合法律规定的起诉要求；证据二，京建门拆许字〔2007〕第 248 号《北京市房屋拆迁许可证》，证明该许可证的发证时间为 2007 年 8 月 26 日，属于违法许可；证据三，2010 规（门）地字 × 号、2010 规（门）地字 × 号《建设用地规划许可证》，证明涉拆迁地块下发北京市房屋拆迁许可证时尚未获得建设用地规划许可证违法；证据四，京政地字（2012）101、102 号北京市人民政府关于门头沟区 2012 年度批次建设用地的批复，证明涉拆迁地块下发北京市房屋拆迁许可证时尚未获得用地批转文件违法；证据五，门头沟采空棚户区改造房屋拆迁安置补偿协议，证明原告合法权益被被告违法行为侵害，原告有权依法起诉并对因被告违法行为造成的损失获得赔偿；证据六，驳回行政复议决定书，证明被诉行政行为。

被告门头沟区政府辩称，答辩人作出的门政复字〔2016〕53 号《驳回行政复议决定书》认定事实清楚，证据充分，依据正确，程序合法。请求法院驳回被答辩人的起诉。

被告门头沟区政府在法定举证期限内向本院提交了以下证据：证据一，行政复议申请书及有关材料、门政复字〔2016〕53 号行政复议申请材料补正通知书，证明答辩人对被答辩人的复议申请审查后依法通知被答辩人补正；证据二，行政复议申请书及有关材料、门政复字〔2016〕53号行政复议申请受理通知书及送达回证，证明答辩人对被答辩人的复议申请依法予以立案受理；证据三，门政复字〔2016〕53号行政复议答复通知书及送达回证，证明答辩人在立案受理被答辩人行政复议申请后在法定期限内向门头沟区住建委送达行政复议答复通知书；证据四，行政复议答复书及证据材料，证明门头沟区住建委在法定期限内提交书面答复及证据材料；证据五，门政复字〔2016〕53号延期审理通知书及送达回证，证明答辩人依法向被答辩人及门头沟区住建委送达行政复议延期审理通知书；证据六，门政复字〔2016〕53号行政复议决定书及送达回证，证明答辩人在法定期限内审结行政复议案件并依法送达被答辩人和门头沟区住建委。

双方对对方所提交证据的真实性、关联性、合法性均无异议，本院对上述证据亦予以确认。

经审理查明，2016年8月29日，原告吕淑某以门头沟区住建委作为被申请人，向门头沟区政府邮寄补正后的《行政复议申请书》，请求撤销该委作出的京建门拆许字〔2007〕第248号《北京市房屋拆迁许可证》的行政许可行为。

门头沟区政府于同年9月1日向吕淑某送达门政复字〔2016〕53号《行政复议申请受理通知书》。9月7日，门头沟区政府向门头沟区住建委送达《行政复议答复通知书》，要求该委自收到行政复议申请书副本之日起10日内提出书面答复，并提交作出该具体行政行为的证据、依据和其他有关材料。9月14日，门头沟区住建委作出《行政复议答复书》，同时递交了（2009）门行初字第16号行政判决书等相关材料。10月26日，门头沟区政府向吕淑某寄送了《行政复议延期审理通知书》，明确告知本案案情复杂，不能在规定期限内作出行政复议决定，延期30日作出。2016年11月23日，门头沟区政府作出门政复字〔2016〕53号《驳回行政复议决定书》，并于次日寄送给原告吕淑某。

另查，2009年3月27日吕淑某作为被拆迁人就其所有的位于北京市门头沟区东龙门×××－2号宅基地与拆迁人北京市门头沟区市政管理委员会签订《北京市门头沟区城市房屋拆迁安置补偿协议》。该协议第一条载明项目基本情况“建设项目名称增北路道路改造工程，《拆迁许可证》文号京建门拆许字〔2007〕第248号”。

北京市门头沟区人民法院曾就原告李兰某不服被告门头沟区住建委作出的京建门拆许字〔2007〕第248号《北京市房屋拆迁许可证》一案，于2010年11月2日作出（2009）门行初字第16号行政判决书。判决查明，2007年9月3日北京市门头沟区市政市容管理委员会（以下简称门头沟市政市容委）向门头沟区住建委申请核发房屋拆迁许可证并提交相应材料。门头沟区住建委认为门头沟市政市容委申请拆迁许可证所提交的文件符合核发拆迁许可证的条件，遂核发了京建门拆许字〔2007〕第248号《北京市房屋拆迁许可证》。同日，在拆迁范围内发布了〔2007〕第10号《北京市城市房屋拆迁公告》。判决认为，被告门头沟区住建委在第三人门头沟市政市容委未提交国有土地使用权批准文件、办理存款业务的金融机构出具的拆迁补偿安置资金证明的情况下，向第三人核发被诉房屋拆迁许可证，属于作出的具体行政行为主要证据不足，本应予以撤销。但鉴于增北路改建工程业已完成，撤销特为该工程核发的房屋拆迁许可证将会给国家利益造成重大损失，故判决：被告门头沟区住建委向第三人颁发的京建门拆许字〔2007〕第248号《北京市房屋拆迁许可证》违法，责令门头沟区住建委采取补救措施。

本院认为，《中华人民共和国行政复议法》（以下简称《行政复议法》）第十二条规定，对县级以上地方各级人民政府工作部门的具体行政行为不服的，由申请人选择，可以向该部门的本级人民政府申请行政复议，也可以向上一级主管部门申请行政复议。被告门头沟区政府有作出被诉《驳回行政复议决定书》的法定职责。

本案中，原告吕淑某向门头沟区政府申请撤销门头沟区住建委作出的京建门拆许字〔2007〕第248号《北京市房屋拆迁许可证》的行政许可行为。经另案查明，被诉房屋拆迁许可证于2007年核发，并经公告。《行政复议法》第九条规定，公民、法人或者其他组织认为具体行政行为侵犯其合法权益的，可以自知道该具体行政行为之日起六十日内提出行政复议申请。原告吕淑某于2016年8月向门头沟区住建委递交行政复议申请，已经超过行政复议申请期限。经查明，2009年3月原告吕淑某与北京市门头沟区市政管理委员会签订《北京市门头沟区城市房屋拆迁安置补偿协议》，因该协议载明拆迁项目名称、《拆迁许可证》文号等基本情况，原告亦已明确知晓行政机关核发《拆迁许可证》的事实，故原告关于其于2016年6月申请政府信息公开时才知道具体行政行为的主张，本院不予采信。《中华人民共和国行政复议法实施条例》第四十八条第一款规定“有下列情形之一的，行政复议机关应当决定驳回行政复议申请……（二）受理行政复议申请后，发现该行政复议申请不符合行政复议法和本条例规定的受理条件的”。就行政复议受理条件，该条例第二十八条第一款第四项规定为“在法定申请期限内提出”。门头沟区政府据此驳回吕淑某的行政复议申请正确。

本案中，门头沟区政府在收到原告提交的行政复议申请书后，向门头沟区住建委送达《行政复议答复通知书》，由于情况复杂，门头沟区政府不能在规定期限内作出行政复议决定，将复议期间适当延长，并告知申请人和被申请人。2016年11月23日，门头沟区政府作出门政复字〔2016〕53号《驳回行政复议决定书》，并于次日寄送给原告吕淑某。以上复议程序符合《行政复议法》第二十二条、第二十三条、第三十一条之规定。

综上，门头沟区政府作出的门政复字〔2016〕53号《驳回行政复议决定书》正确，原告吕淑某要求撤销该决定的诉讼请求缺乏事实和法律依据，本院不予采信。依照《中华人民共和国行政诉讼法》第六十九条之规定，判决如下：

驳回原告吕淑某的诉讼请求。

案件受理费五十元，由原告吕淑某负担（已交纳）。

如不服本判决，各方当事人可于本判决书送达之日起十五日内向本院提交上诉状，并按对方当事人的人数提出副本，上诉于北京市高级人民法院。

审 判 长　王 斌
审 判 员　张立鹏
人民陪审员　张桂荣
二〇一七年五月十七日
法官助理　关 珊
书 记 员　高秀丽

52

行政机关尽到适当检索义务作出政府信息不存在答复的应予支持

——陈某、李有某诉北京市朝阳区人民政府信息公开案

【裁判要旨】行政机关答复申请人政府信息不存在的，应当说明政府信息不存在的理由，并应提供证据证明其已经尽到审慎查找和检索义务。行政机关尽到适当检索的义务，告知申请人政府信息不存在的，人民法院应予支持。

北京市第四中级人民法院

行政判决书

（2016）京04行初276号[①]

原告陈某，住北京市朝阳区。

原告李有某，住北京市朝阳区。

被告北京市朝阳区人民政府，住所地北京市朝阳区日坛北街33号。

法定代表人王灏，区长。

委托代理人叶易棠，北京市朝阳区人民政府工作人员。

委托代理人李军军，北京市瀚翔律师事务所律师。

原告陈某、李有某因不服被告北京市朝阳区人民政府（以下简称朝阳区政府）政府信息公开一案，向本院提起行政诉讼。本院于2016年2月29日受理后，于2016年3月2日向被告送达了起诉状副本及应诉通知书。本院依法组成合议庭，于2016年4月19日公开开庭审理了本案。原告陈某、李有某，被告朝阳区政府的委

① 该案判决作出后，原告不服向北京市高级人民法院提起上诉，二审法院经审理，判决驳回上诉，维持一审判决，参见（2016）京行终4032号行政判决书。

托代理人叶易棠、李军军到庭参加了诉讼。本案现已审理终结。

2016 年 2 月 4 日，被告朝阳区政府作出朝信息公开（2015）第 269 号《政府信息公开申请答复告知书》（以下简称被诉告知书），主要内容为：经查，未找到您申请的征地补偿安置方案书。根据《中华人民共和国政府信息公开条例》[①]（以下简称《政府信息公开条例》）第二十一条第（三）项和《北京市政府信息公开规定》第二十八条第（六）项的规定，告知您申请的“2004. 12. 20 京政地（2004）第 121 号批复第三项：你区政府应依法组织落实征地补偿安置事宜、安排好被征地单位群众的生产生活，现申请公开征地补偿安置方案书不存在”。

原告陈某、李有某诉称，原告于 2015 年 12 月 28 日向被告朝阳区政府申请公开“2004 年 12 月 20 日京政地（2004）第 121 号批复第三项：你区政府应依法组织落实征地补偿安置事宜、安排好被征地单位的征地补偿安置方案书”。原告认为，根据上述批复应当存在原告所请求的政府信息，现被告答复原告政府信息不存在，不符合法律规定。综上，请求撤销被诉告知书。

原告陈某、李有某于开庭审理前向本院提交了以下证据：

1. 被诉告知书，证明原告请求撤销的答复告知书；2. 京政地〔2004〕第 121 号《北京市人民政府关于朝阳区 2004 年度城市分批次建设用地征地的批复》（以下简称第 121 号征地批复），证明原告申请公开的信息，被告应当有但未向其公开。

被告朝阳区政府辩称，2015 年 12 月 28 日，原告陈某、李有某以及鲍淑某 3 人向朝阳区政府申请公开第 121 号征地批复“第三项：你区政府应依法组织落实征地补偿安置事宜、安排好被征地单位群众的生产生活，现申请公开征地补偿安置方案书”。被告当场受理该申请。2016 年 1 月 4 日，被告查询了区政府电子档案和纸质档案，未找到原告申请公开的信息内容。2016 年 1 月 7 日，被告分别致函北京市朝阳区管庄乡政府（以下简称管庄乡政府）和北京市国土资源局朝阳分局（以下简称国土朝阳分局）要求查找申请内容。2016 年 1 月 12 日，管庄乡政府复函称“经乡规划科、档案管理员查询，均未找到所述信息”。2016 年 1 月 27 日，国土朝阳分局复函称：“经查询京政地（2004）第 121 号的历史存档档案，未找到‘征地补偿安置方案书’……”2016 年 1 月 18 日，被告作出延期告知并当面向原告送达，告知将延期 15 个工作日作出答复。2016 年 2 月 4 日，被告作出被诉告知书，答复原告申请公开的政府信息不存在，于 2016 年 2 月 5 日向原告当面送达。综上，被诉告知书证据确凿、适用法律法规正确、符合法定程序，请求法院依法驳回原告的诉讼请求。

---

① 此处指 2019 年修订前的《政府信息公开条例》，本案下同。

被告朝阳区政府在法定举证期限内向本院提交了以下证据：1. 政府信息公开申请表和申请人身份证复印件；2.《登记回执》（朝信息公开〔2015〕第282号-回），证据1、2证明被告受理了原告的政府信息公开申请以及原告的申请事项；3. 政府信息公开签批单、《政府信息延长答复期告知书》（朝信息公开〔2015〕第151号-延）和送达回证，证明被告延期答复原告的申请且原告当面领取了延长答复期告知书；4. 被诉告知书和送达回证，证明被告对原告的申请作出答复；5. 朝阳区政府信息公开查阅档案登记单；6.《北京市朝阳区人民政府关于征用通惠上河嘉园项目土地的函》、第121号征地批复；7. 向管庄乡政府、国土朝阳分局和区园林绿化局的函及其复函，证据5—7证明原告请求公开的林地四至信息不存在，未找到原告请求公开的信息。另外，被告朝阳区政府于庭后提交了其向国土朝阳分局调取的案涉第121号征地批复原始档案，即"项目名称：通惠上河嘉园一期。用地地点：管庄乡塔营村"的征地档案，由原告李有某查阅，以证明没有原告所请求公开的"征地补偿安置方案书"。

经庭审质证，原告陈某、李有某对被告朝阳区政府提交全部证据的真实性、合法性和关联性均不认可。被告朝阳区政府认为原告提交证据1是被诉行为，不予质证。对证据2的真实性、合法性和关联性予以认可，但不认可原告的证明目的。

经审查，本院认为，被告朝阳区政府于庭后交由原告李有某查阅的案涉征地档案不作为证据接纳。原告陈某、李有某、被告朝阳区政府提交的全部证据，形式上符合最高人民法院《关于行政诉讼证据若干问题的规定》提供证据的要求，内容真实、合法，与本案具有关联性，可以作为认定本案相关事实的依据，本院予以采信。

根据上述合法有效证据以及当事人无争议之陈述，本院认定如下事实：

2015年12月28日，原告陈某、李有某以及鲍淑某3人向被告朝阳区政府申请公开第121号征地批复中"第三项：你区政府应依法组织落实征地补偿安置事宜、安排好被征地单位生产生活的征地补偿安置方案书"政府信息。被告当场受理该申请后，经查询区政府电子档案和纸质档案，未找到原告申请公开的信息。2016年1月7日，被告分别致函管庄乡政府、国土朝阳分局要求查找申请案涉信息。2016年1月12日，管庄乡政府复函称"经乡规划科、档案管理员查询，均未找到所述信息"。2016年1月27日，国土朝阳分局复函称："经查询京政地（2004）第121号的历史存档档案，未找到'征地补偿安置方案书'。"2016年1月18日，被告作出延期并当面向原告送达，告知将延期15个工作日作出答复。2016年2月4日，被告作出被诉告知书，答复原告申请公开的政府信息不存在。于2016年2月5日向原告当面送达。原告不服，于2016年2月29日向本院提起行政诉讼。

本院认为，依据《政府信息公开条例》第四条及第十三条之规定，被告朝阳区政府作为地方人民政府，依法具有应申请人的政府信息公开申请作出政府信息公开告知书的法定职权。

根据《政府信息公开条例》第十三条的规定，除本条例第九条、第十条、第十一条、第十二条规定的行政机关主动公开的政府信息外，公民、法人或者其他组织还可以根据自身生产、生活、科研等特殊需要，向国务院部门、地方各级人民政府及县级以上地方人民政府部门申请获取相关政府信息。政府信息公开机构收到公开政府信息的申请后，应当进行审查，根据不同的情况，按照《政府信息公开条例》第二十一条的规定进行处理并答复申请人。依据《政府信息公开条例》第二十一条第（三）项之规定，依法不属于本行政机关公开或者该政府信息不存在的，应当告知申请人。

本案中，原告申请公开第121号征地批复中“第三项：你区政府应依法组织落实征地补偿安置事宜、安排好被征地单位生产生活的征地补偿安置方案书”的政府信息。被告朝阳区政府依法受理原告的政府信息公开申请后，对政府信息档案进行了检索查找，并分别致函管庄乡政府和国土朝阳分局要求查找，均未查找到案涉信息。《征用土地公告办法》①（中华人民共和国国土资源部令第10号，自2002年1月1日起施行）第三条规定，征用农民集体所有土地的，征用土地方案和征地补偿、安置方案应当在被征用土地所在地的村、组内以书面形式公告。其中，征用乡（镇）农民集体所有土地的，在乡（镇）人民政府所在地进行公告。该办法第四条规定，被征用土地所在地的市、县人民政府应当在收到征用土地方案批准文件之日起10个工作日内进行征用土地公告，该市、县人民政府土地行政主管部门负责具体实施。

根据上述规定，被告朝阳区政府虽具有征地公告的法定职责，其在履行职责的过程中也应当获取原告申请公开的信息，但在案证据尚不足以证明被告朝阳区政府根据第121号征地批复的要求，组织落实了征地补偿安置事宜并制作了征地补偿安置方案书，亦不能证实被告朝阳区政府在履行职责过程中，实际上制作、获取并保存了案涉信息。另外被告朝阳区政府于庭后也提交了案涉第121号征地批复原始档案供原告李有某查阅，确实不存在原告所请求公开的“征地补偿安置方案书”。因本案审查的是被告朝阳区政府目前是否保存有案涉信息而不予公开，故被告朝阳区政府即使依法应当进行征地公告而未进行公告，从而导致征地补偿安置方案书自始不存在的，也并不会导致本案信息公开答复违法。被告朝阳区政府针对原告的申

① 已被2010年《国土资源部关于修改部分规章的决定》修改。

请，经检索本机关档案并发函协助查找后，答复原告申请公开的政府信息不存在，是对信息查找后客观情况的表述并无明显不合常理之处，故可以认定被告已经履行了法定告知义务。被告朝阳区政府于 2015 年 12 月 28 日受理原告的政府信息公开申请，经依法延期后于 2016 年 2 月 4 日作出被诉告知书并送达给原告，其行政程序未违反法律规定。综上，原告请求撤销被诉告知书的诉讼请求没有事实根据和法律依据，本院不予支持。

据此，依照《最高人民法院关于审理政府信息公开行政案件若干问题的规定》第十二条第（一）项之规定，判决如下：

驳回原告陈某、李有某的诉讼请求。

案件受理费 50 元，由原告陈某、李有某负担（已交纳）。

如不服本判决，可在判决书送达之日起十五日内，向本院递交上诉状，并按对方当事人的人数提出副本，预交上诉案件受理费 50 元，上诉于北京市高级人民法院。上诉人在上诉期限内未预交上诉案件受理费，又不提出缓交申请的，按自动撤回上诉处理。

审　判　长　　向绪武
人民陪审员　　张桂荣
人民陪审员　　董建华
二〇一六年六月十七日
书　记　员　　高秀丽

53

派生秘密属于法定不予公开的国家秘密

——道正天元（北京）科贸有限公司诉北京市海淀区人民政府信息公开、北京市人民政府行政复议案

【裁判要旨】 国家秘密因关系国家安全和利益，属于法定不予公开的情形。依据国家秘密所产生的派生秘密也关系国家安全和利益，依法也应属于法定不予公开的情形。

北京市第四中级人民法院

行政判决书

（2016）京04行初2560号①

原告道正天元（北京）科贸有限公司，住所地北京市海淀区。

法定代表人张羽，总经理。

委托代理人赵健，北京京平律师事务所律师。

委托代理人贾振华，北京京平律师事务所律师。

被告北京市海淀区人民政府，住所地北京市海淀区。

法定代表人于军，区长。

委托代理人吴计亮，北京市海淀区人民政府工作人员。

委托代理人刘秀荣，北京市海淀区人民政府工作人员。

被告北京市人民政府，住所地北京市东城区。

法定代理人蔡奇，代市长。

委托代理人刘彬，北京市人民政府工作人员。

---

① 该案判决作出后，原告不服向北京市高级人民法院提起上诉，二审法院经审理，判决驳回上诉，维持一审判决，参见（2017）京行终1178号行政判决书。

原告道正天元（北京）科贸有限公司（以下简称道正天元公司）诉被告北京市海淀区人民政府（以下简称被告海淀区政府）政府信息公开及被告北京市人民政府（以下简称被告北京市政府）行政复议决定一案，向本院提起行政诉讼。本院于2016年8月19日受理后，于同年8月24日分别向被告海淀区政府、北京市政府送达了起诉状副本及应诉通知书，本院依法组成合议庭，于2016年12月6日公开开庭审理了本案。原告道正天元公司的委托代理人赵健、贾振华，被告海淀区政府的法定代表人于军及委托代理人吴计亮、刘秀荣，被告北京市政府的委托代理人刘彬到庭参加了诉讼。本案现已审理终结。

2016年7月8日，被告海淀区政府作出海淀区政府（2016）第166号《政府信息公开答复书》（以下简称被诉告知书），主要内容为：经查，您申请获取的《海淀区有形市场调整疏解工作方案》（以下简称《疏解方案》）被定为秘密级国家秘密。根据《中华人民共和国政府信息公开条例》[①]（以下简称《政府信息公开条例》）第十四条及第二十一条第（二）项的规定，您所申请获取的信息系国家秘密，属于不予公开的范围。原告不服，向被告北京市政府申请行政复议。2016年8月15日，被告北京市政府作出京政复字〔2016〕612号《行政复议决定书》（以下简称被诉复议决定），维持被诉告知书。

原告道正天元公司诉称，原告与北京实创科技园经营服务有限公司（以下简称实创公司）签订了北京市海淀区上地东里五区地下人防工程场地租赁协议进行经营商场，2006年至今原告在此合法经营。2015年7月，实创公司依据《疏解方案》关停了原告经营的商场。为了解相关内容，原告于2016年5月30日向被告海淀区政府申请公开《疏解方案》，但其未予公开。原告不服，向北京市政府申请行政复议，被诉复议决定维持了被诉告知书。综上，原告认为被诉告知书及被诉复议决定均不符合法律规定，请求法院依法撤销被诉告知书和被诉复议决定。

原告道正天元公司于开庭审理前向本院提交以下证据：证据1. 营业执照，证明原告的法人资格；证据2. 法定代表人身份证明、身份证复印件，证明张羽是原告的法定代表人；证据3. 原告向被告海淀区政府邮寄的政府信息公开申请表（《疏解方案》）及EMS快递单、邮局官网妥投记录，证明原告向被告海淀区政府申请信息公开且其已经签收；证据4. 被诉告知书、证据5. 被诉复议决定，证据4、5证明本案被诉行为存在；证据6.《京津冀协同发展规划纲要》、证据7.《中共北京市委北京市人民政府关于贯彻〈京津冀协同发展规划纲要〉的意见》、证据8. 北京市东城区人民政府《关于印发东城区疏解非首都功能工作方案的通知》，证据6—8

---

① 此处指2019年修订前的《政府信息公开条例》，本案下同。

证明疏解非首都功能、市场调整疏解方案的上位文件、其他地区的类似文件以及其他内容已经公开，案涉《疏解方案》不属国家秘密。

被告海淀区政府辩称，原告道正天元公司申请公开的《疏解方案》经查找政府信息档案，系依据京海办发〔2014〕24 号《关于印发〈海淀区增强核心功能调控人口规模工作方案〉的通知》（以下简称第 24 号通知）制定的，而第 24 号通知属于国家秘密，因此《疏解方案》属于派生定密，故原告申请公开的信息涉及国家秘密，属法定不予公开范畴。综上，被诉告知书认定事实清楚，适用法律正确，请求依法驳回原告道正天元公司的诉讼请求。

在法定举证期限内，被告海淀区政府向本院提交了以下证据：证据 1. EMS 快递详情单、证据 2. 政府信息公开申请表、证据 3. 被诉告知书的登记回执、证据 4. 国内挂号信函收据（编号 XA28××××38511）、证据 5. 被诉告知书的延期答复审批表、证据 6. 政府信息延长答复期告知书、证据 7. 国内挂号信函收据（编号 XA25××××62211）、证据 8. 被诉告知书、证据 9. 国内挂号信函收据（编号：XA25××××19011），证据 1—9 证明 2016 年 6 月 1 日，被告海淀区政府收到并受理原告的信息公开申请，并在法定期限内向其进行了答复；证据 10. 海淀区人民政府办公室区密第 017 号《北京市海淀区人民政府公文批办单》、证据 11.《国家秘密确定审批单》、证据 12. 京海办发（2014）24 号《中共北京市海淀区委办公室海淀区人民政府办公室联合发文审批单》，证据 10—12 证明原告申请获取的信息涉及国家秘密，属于法定不予公开范畴。

被告北京市政府辩称，北京市政府严格按照《中华人民共和国行政复议法》（以下简称《行政复议法》）及《中华人民共和国行政复议法实施条例》（以下简称《复议法实施条例》）办理行政复议案件，根据被告海淀区政府提交的行政复议答复书和证据，依法作出的被诉复议决定书认定事实清楚，证据充分，程序合法，请求依法驳回原告道正天元公司的诉讼请求。

在法定举证期限内，北京市政府向本院提交了以下证据：证据 1. 行政复议申请书、证据 2. 邮寄信封及收文登记，证据 1、2 证明被告北京市政府收到原告的行政复议申请有关情况；证据 3. 行政复议答复通知书及送达回证，证明被告北京市政府依法通知被告海淀区政府答复；证据 4. 行政复议答复书及证据目录，证明被告海淀区政府的答复情况；证据 5. 被诉复议决定及送达回证，证明被告北京市政府在 2016 年 8 月 15 日作出复议决定并依法送达。

经庭审质证，原告对被告海淀区政府提交证据 1—7、证据 9 的合法性不予认可，对证据 10—12 的证明目的不予认可，认为原告申请的信息不属于国家秘密；对证据 10 的真实性不持异议，合法性不予认可；对证据 11 的真实性、合法性不予认可，认为文件上没有定秘单位的名称、保密期限、范围和公章；对证据12的对合法性不予认可，认为被告仅凭审批单，无法确定密级。原告对被告北京市政府提交的证据1—4不持异议，对证据4答复书的合法性不予认可；对证据5被诉复议决定的合法性不予认可，认为不属于国家秘密。被告海淀区政府对原告提交证据1—5的真实性、合法性和关联性不持异议；认为证据6—8与本案无关，不认可证明目的。被告北京市政府对原告提交证据的质证意见同被告海淀区政府。

经审查，本院认为，原告提交的证据4、5，被告海淀区政府提交的证据8，被告北京市政府提交的证据5中的被诉复议决定均为本案被诉行政行为，本院不作为证据接纳；原告提交的证据6—8与本案被诉告知书的合法性审查无关，本院不予采信；原告道正天元公司对被告海淀区政府提交的证据1—7、证据9、证据10—12质证认为《疏解方案》不属于国家秘密的主张，因其不能合理说明理由并提交相应证据予以支持，其主观意见不影响被告海淀区政府上述证据的证明力。原告道正天元公司、被告海淀区政府和被告北京市政府提交的其他证据，形式上符合最高人民法院《关于行政诉讼证据若干问题的规定》提供证据的要求，具有证据的真实性、合法性，且与本案被诉行政行为的合法性审查相关，可以作为认定本案相关事实的依据，本院予以采信。

根据上述合法有效的证据以及当事人无争议之陈述，本院认定如下事实：

2016年5月31日，原告道正天元公司通过邮寄方式向被告海淀区政府申请政府信息公开，主要内容为"书面公开对申请人经营的上地地下商城（位于北京市海淀区上地东里五区地下人防）进行关停所依据的海淀区有形市场调整疏解工作方案"。2016年6月1日，被告海淀区政府收到上述申请，并于当日作出《登记回执》。因不能在法定期限内作出答复，2016年6月20日，被告海淀区政府作出《政府信息延长答复期告知书》。2016年7月8日，被告海淀区政府作出被诉告知书并向原告邮寄送达。原告不服向被告北京市政府申请行政复议，2016年7月15日，被告北京市政府收到行政复议申请及相关材料后，被告北京市政府于2016年7月21日向被告海淀区政府发送了《行政复议答复通知书》，被告海淀区政府于2016年8月3日作出《行政复议答复书》，并提交了证据。2016年8月15日，被告北京市政府作出被诉复议决定并依法向原告送达。原告仍不服，于2016年8月19日向本院提起行政诉讼。

另查，第24号通知为秘密级国家秘密，《疏解方案》系根据第24号通知制定。

本院认为，依据《政府信息公开条例》第四条及第十三条之规定，被告海淀区政府作为地方人民政府，依法具有应申请人的政府信息公开申请作出政府信息公开告知书的法定职权。

《政府信息公开条例》第十三条规定，除本条例第九条、第十条、第十一条、第十二条规定的行政机关主动公开的政府信息外，公民、法人或者其他组织还可以根据自身生产、生活、科研等特殊需要，向国务院部门、地方各级人民政府及县级以上地方人民政府部门申请获取相关政府信息。《政府信息公开条例》第十四条第四款规定，行政机关不得公开涉及国家秘密、商业秘密、个人隐私的政府信息。但是，经权利人同意公开或者行政机关认为不公开可能对公共利益造成重大影响的涉及商业秘密、个人隐私的政府信息，可以予以公开。该条例第二十一条第（二）项规定，属于不予公开范围的，应当告知申请人并说明理由。《中华人民共和国保守国家秘密法》第二条、第三条规定，国家秘密是关系国家安全和利益、依照法定程序确定，在一定时间内只限一定范围的人员知悉的事项；国家秘密受法律保护；一切国家机关、武装力量、政党、社会团体、企业事业单位和公民都有保守国家秘密的义务。《最高人民法院关于审理政府信息公开行政案件若干问题的规定》第八条第一款规定，政府信息涉及国家秘密、商业秘密、个人隐私的，人民法院应当认定属于不予公开范围。本案中，道正天元公司申请获取的《疏解方案》系依据第24号通知制定，而第24号通知属于国家秘密，故《疏解方案》应当属于派生定密，故原告申请公开的信息涉及国家秘密而依法属于法定不予公开的范围。被告海淀区政府在受理原告道正天元公司的申请后经依法延期，于法定期限内作出被诉告知书并向原告送达，行政程序符合法律规定。故原告道正天元公司请求撤销被诉告知书的诉讼请求缺乏事实根据及法律依据，本院不予支持。

关于行政复议的程序问题。《行政复议法》第十七条第一款规定，行政复议机关在收到行政复议申请后，应当在五日内进行审查。该法第二十三条第一款规定，行政复议机关负责法制工作的机构应当自行政复议申请受理之日起七日内，将行政复议申请书副本或者行政复议申请笔录复印件发送被申请人。该法第二十八条第一款第（一）项规定，具体行政行为认定事实清楚，证据确凿，适用依据正确，程序合法，内容适当的，决定维持。该法第三十一条第一款规定，行政复议机关应当自受理申请之日起六十日内作出行政复议决定；但是法律规定的行政复议期限少于六十日的除外。情况复杂，不能在规定期限内作出行政复议决定的，经行政复议机关的负责人批准，可以适当延长，并告知申请人和被申请人；但是延长期限最多不超过三十日。本案中，被告北京市政府于2016年7月15日收到原告的行政复议申请后，根据《行政复议法》及《行政复议法实施条例》的规定，履行了受理、答复通知、复议审查等法定程序义务，于2016年8月15日作出被诉复议决定并依法送达原告，行政复议程序符合法律规定。故原告请求撤销被诉复议决定的诉讼请求亦没有事实根据和法律依据，本院不予支持。

据此，依照《中华人民共和国行政诉讼法》第六十九条、第七十九条，最高人民法院《关于适用〈中华人民共和国行政诉讼法〉若干问题的解释》① 第十条第一款、《最高人民法院关于审理政府信息公开行政案件若干问题的规定》第十二条第（一）项之规定，判决如下：

驳回原告道正天元（北京）科贸有限公司的诉讼请求。

案件受理费50元，由原告道正天元（北京）科贸有限公司负担（已交纳）。

如不服本判决，可在判决书送达之日起十五日内，向本院递交上诉状，并按对方当事人的人数提出副本，预交上诉案件受理费50元，上诉于北京市高级人民法院。上诉人在上诉期满后七日内未预交上诉费，又不提出缓交申请的，按自动撤回上诉处理。

审 判 长　　程　琥
审 判 员　　向绪武
审 判 员　　孙永欣
二〇一六年十二月二十六日
法官助理　　李世邦
书 记 员　　刘子杰

① 已被《最高人民法院关于适用〈中华人民共和国行政诉讼法〉的解释》废止。

54

处于上报处理中的过程性信息不属于应当公开的政府信息

——马春某不服北京市门头沟区人民政府信息公开案

【裁判要旨】 当事人申请公开的政府信息属于行政机关在日常工作中制作或者获取的内部管理信息或者处于行政机关讨论、研究或者审查中的过程性信息，一般不属于应当公开的政府信息。处于上报处理中的过程性信息，行政机关进行查找并履行了法定告知义务的，人民法院应予支持。

北京市第四中级人民法院

行政判决书

（2017）京04行初52号[①]

原告马春某，住北京市石景山区。

被告北京市门头沟区人民政府，住所地北京市门头沟区。

法定代表人付兆庚，区长。

委托代理人王雷，北京市门头沟区人民政府工作人员。

委托代理人李雪冬，北京市当代律师事务所律师。

原告马春某诉被告北京市门头沟区人民政府（以下简称门头沟区政府）信息公开一案，向本院提起行政诉讼。本院于2017年1月6日受理后，于同年1月10日向被告送达了起诉书副本及应诉通知书。本院依法组成合议庭，于2017年3月16日公开开庭审理了本案，原告马春某，被告门头沟区政府的委托代理人王雷、李雪冬到庭参加诉讼。本案现已审理终结。

2016年7月27日，被告门头沟区政府作出门头沟区（2016）第60号－不存告《政府信息不存在申请答复告知书》（以下简称被诉告知书），主要内容为“经检

① 本案判决作出之后，双方当事人均未上诉，判决已生效。

索、确认，关于您申请获取的门头沟区水担路改造工程‘一书四方案’（以下简称案涉信息）的政府信息，本机关初审后上报，目前处于上报审查过程中，未曾制作、获取和保存。根据《中华人民共和国政府信息公开条例》①（以下简称《政府信息公开条例》）（国务院令第492号）第二条、《国务院办公厅关于做好政府信息依申请公开工作的意见》（国办发〔2010〕5号）第二条、《北京市政府信息公开规定》（北京市人民政府令第257号）第二十八条第（五）项、《中华人民共和国土地管理法实施条例》（以下简称《土地管理法实施条例》）第二十三条、《北京市国土资源局关于征地及农转用管理等有关问题的通知》（京国土征〔2013〕649号）规定，现告知您申请的该信息在我机关不存在，当前为处于审查中的过程性信息，不属于应当公开的政府信息”。

原告马春某诉称，原告祖籍系北京市门头沟区龙泉镇龙泉务村河庄×号独院城镇居民户，拥有合法的土地使用权和房屋居住权。2005年，门头沟区政府重点工程“水担路改造拓宽工程”的建设单位门头沟区市政市容管理委员会（以下简称门头沟区市政市容委）在未取得《房屋拆迁许可证》的情况下对原告房屋进行非法拆迁，侵害了原告的房屋所有权和宅基地使用权。门头沟区市政市容委承诺给原告的四间房屋补偿23000元，并安置两套住房，未履行承诺，导致原告居无住所。2005年年底拆迁完毕，2006年门头沟区建委核发《国有土地房屋拆迁许可证》，公路通车建成已十年。根据行政许可事项和办理规则，集体土地征收前期工作办理时限是30个工作日，办理结果包括《建设用地项目呈报说明书》、《农用地转用方案》、《补充耕地方案》、《征收土地方案》、《供地方案》，被告既然改变土地用途性质，就应当有案涉信息。故请求人民法院依法撤销被诉告知书，并判令被告按照原告的政府信息公开申请重新作出答复。

原告马春某在法定举证期限内向本院提供下列证据：1.《登记回执》、《政府信息延长答复期告知书》，证明被告收到了原告的信息公开申请并延长答复期；2. 被诉告知书，证明被告没有公开原告申请的政府信息；并提交了国土资厅发〔2014〕29号《国土资源部办公厅关于进一步做好市县征地信息公开工作有关问题的通知》，作为被告应该向其公开案涉信息的依据。

被告门头沟区政府辩称，依据《北京市门头沟区人民政府关于门头沟区水担路改造工程项目征收集体土地的函》（门政函〔2016〕68号），该征收集体土地的行为还处于行政机关讨论、审查的过程中，没有形成最终意见，案涉信息为该征收集体土地审批过程中形成的材料，属于过程性信息，依法不属于政府应当公开的信

① 此处指2019年修订前的《政府信息公开条例》，本案下同。

息。2016年6月15日，原告向被告提交了信息公开申请表，同日被告向原告出具了《登记回执》，后因情况较为复杂，被告向原告发送了《政府信息延长答复期告知书》。2016年7月27日，被告向原告依法作出了被诉告知书。综上，被告作出的行政行为证据确实充分，适用法律法规正确，符合法定程序，请求人民法院依法驳回原告的诉讼请求。

被告门头沟区政府在法定举证期限内向法院提供以下证据：1. 政府信息公开申请表，证明原告于2016年6月15日向被告申请公开案涉信息；2.《登记回执》，证明被告受理了原告的申请；3.《关于协助查找相关资料的函》，证明被告向北京市国土资源局门头沟区分局（以下简称门头沟区国土分局）收集信息，依法履行了原告要求案涉信息的查找义务；4.《北京市国土资源局门头沟分局关于协助查找相关资料的复函》，证明门头沟区国土分局向被告复函，土地征收工作正在申请办理中，案涉信息属于正在研究的过程性信息，待市政府批复后才能公开；5.《门头沟区政府信息公开延期答复审批表》，证明被告信息公开部门主管负责人依法审批了延期答复的申请；6.《政府信息延长答复期告知书》，证明被告在法定期限内向原告作出了延长答复期告知；7.《依申请信息公开审批表》，证明被诉告知书是经信息公开主管部门负责人依法批准的；8. 被诉告知书，证明被告向原告作出了答复，并告知原告案涉信息属于依法不公开的过程性信息；9.《北京市门头沟区人民政府关于门头沟区水担路改造工程项目征收集体土地的函》，证明被告于2016年6月1日向北京市国土资源局申请征收集体土地，该征收行为目前还在有关部门研究和商议中。

经庭审质证，原告马春某对被告门头沟区政府提交的证据1、2、5、6的真实性、合法性、关联性和证明目的均不持异议；对证据3—4、7—9的真实性、合法性、关联性和证明目的均不认可。被告门头沟区政府对原告提交的证据1、2的真实性、合法性、关联性和证明目的均认可，但认为已按法律规定给予原告答复。

经审查，本院对当事人提交的证据作如下确认：原告马春某和被告门头沟区政府提交的证据，形式上符合最高人民法院《关于行政诉讼证据若干问题的规定》提供证据的要求，具有证据的真实性、合法性且与本案具有关联性，可以作为认定本案相关事实的依据，本院予以采信。

经审理查明，2016年6月15日，原告马春某向被告门头沟区政府提交了信息公开申请表，申请公开案涉信息，被告门头沟区政府向原告出具了登记回执。同年6月16日被告门头沟区政府向门头沟区国土分局发送《关于协助查找相关资料的函》，2016年6月20日，门头沟区国土分局向被告门头沟区政府作出复函，主要内容为“因该项目正在申请办理集体土地征收工作，‘一书四方案’尚未得到市政府批复，该申请内容尚在办理过程中，待市政府批复后方可公开”。2016 年 7 月 6 日被告向原告发送了《政府信息延长答复期告知书》，告知原告对其申请延期至同年 7 月 27 日前作出答复。2016 年 7 月 27 日，被告向原告依法作出被诉告知书，主要内容为“经检索、确认，关于您申请获取的门头沟区水担路改造工程‘一书四方案’的政府信息，本机关初审后上报，目前处于上报审查过程中，未曾制作、获取和保存”、“现告知您申请的该信息在我机关不存在，当前为处于审查中的过程性信息，不属于应当公开的政府信息”。原告马春某对被诉告知书不服，于 2017 年 1 月 6 日向本院提起行政诉讼。

本院认为，依据《政府信息公开条例》第四条及第十三条之规定，门头沟区政府作为地方人民政府，依法具有应申请人的政府信息公开申请作出政府信息公开告知书的法定职权。

《政府信息公开条例》第二条规定，本条例所称政府信息，是指行政机关在履行职责过程中制作或者获取的，以一定形式记录、保存的信息。第十七条规定，行政机关制作的政府信息，由制作该政府信息的行政机关负责公开；行政机关从公民、法人或者其他组织获取的政府信息，由保存该政府信息的行政机关负责公开。第二十一条第（二）项规定，对申请公开的信息，属于不予公开范围的，应当告知申请人并说明理由。《北京市政府信息公开规定》第二十八条第（五）项规定，申请公开的政府信息属于行政机关在日常工作中制作或者获取的内部管理信息或者处于行政机关讨论、研究或者审查中的过程性信息，行政机关应当作出书面答复，告知申请人不属于应当公开的政府信息。

本案中，被告门头沟区政府受理原告马春某要求公开的信息公开申请后，因该信息系被告初审后上报的信息，未曾制作和保存，被告门头沟区政府向相关部门门头沟区国土分局发函要求协助查找，门头沟区国土分局回复称门头沟区水担路改造工程项目正在申请办理集体土地征收工作，原告马春某要求公开的信息尚未得到市政府批复，待市政府批复后方可公开。针对以上调查情况，被告门头沟区政府在法定期限内作出被诉告知书，告知原告申请获取的信息当前为处于审查中的过程性信息，不属于应当公开的政府信息，并向原告送达，可以认定其已经履行了告知义务。被告所作被诉告知书认定事实清楚，适用法律正确，程序合法。原告的诉讼请求缺乏事实根据及法律依据，本院不予支持。

综上，依照《中华人民共和国行政诉讼法》第六十九条、《最高人民法院关于审理政府信息公开行政案件若干问题的规定》第十二条第（一）项之规定，判决如下：

驳回原告马春某的诉讼请求。

案件受理费50元，由原告马春某负担（已交纳）。

如不服本判决，可在判决书送达之日起十五日内，向本院递交上诉状，并按对方当事人人数递交上诉状副本，上诉于北京市高级人民法院。

审　判　长　　孙永欣
审　判　员　　张　岩
人民陪审员　　仰　蓓
二〇一七年六月九日
法 官 助 理　　李京娜
书　记　员　　高晶晶

55

行政机关以会议纪要属于内部管理信息不予公开的应当说明理由

——张仟某不服北京市房山区人民政府信息公开案

【裁判要旨】 申请公开的政府信息属于行政机关在日常工作中制作或者获取的内部管理信息或者处于行政机关讨论、研究或者审查中的过程性信息，应当告知申请人不属于应当公开的政府信息，并提供相关证据证明。行政机关以会议纪要属于内部管理信息不予公开的未说明理由的，人民法院不予支持。

北京市第四中级人民法院
行政判决书

（2016）京04行初2738号①

原告张仟某，住北京市房山区。

委托代理人吴涛，北京京云律师事务所律师。

被告北京市房山区人民政府，住所地北京市房山区。

法定代表人陈清，代区长。

委托代理人张红杰，北京市房山区人民政府干部。

委托代理人王炳明，北京市智远律师事务所律师。

被告北京市人民政府，住所地北京市东城区。

法定代表人蔡奇，代市长。

委托代理人郝一蔚，北京市人民政府法制办公室干部。

---

① 该案判决作出后，被告不服向北京市高级人民法院提起上诉，二审法院经审理，判决驳回上诉，维持一审判决，参见（2017）京行终1373号行政判决书。

委托代理人任佳慧，北京高文律师事务所律师。

原告张仟某（以下简称原告）不服被告北京市房山区人民政府（以下简称房山区政府）作出的信息公开答复及北京市人民政府（以下简称北京市政府）作出的行政复议决定，向本院提起行政诉讼。本院于2016年10月31日受理后，于同年11月1日向被告送达了起诉书副本及应诉通知书，本院依法组成合议庭，于2016年11月25日公开开庭审理了本案。原告张仟某及其代理人吴涛，被告房山区政府委托代理人张红杰、王炳明，被告北京市政府委托代理人郝一蔚、任佳慧到庭参加诉讼。本案现已审理终结。

被告房山区政府于2016年8月9日作出房山区（2016）第58号－告《答复告知书》（以下简称被诉告知书），主要内容为：根据《北京市政府信息公开规定》（以下简称《信息公开规定》）第二十八条第（五）项的规定，您申请获取的"房山区人民政府会议纪要2013年第56期，日期2013.10.29"信息，不属于政府信息公开范围。原告不服，向被告北京市政府申请行政复议，被告北京市政府于2016年10月21日作出京政复字〔2016〕708号《行政复议决定书》（以下简称被诉复议决定），决定维持被诉告知书。

原告诉称，原告及妻子赵书某合法经营的北京顺文艺珑石材经销部，位于北京市房山区韩村河镇五侯村南800米岳李东路，建设单位于2013年在房山区韩村河镇进行风景石专项整治项目建设，原告使用的所有房屋位于拆迁范围内。2016年7月28日，原告向房山区政府申请公开"房山区人民政府会议纪要2013第56期，日期2013.10.29"政府信息。同年8月9日，被告房山区政府以该信息不属于政府信息公开范围为由，答复原告不予公开。2016年8月26日，原告向被告北京市政府提出行政复议申请，请求撤销房山区政府向原告作出的被诉告知书，被告北京市政府于同年10月21日作出被诉复议决定，驳回了原告的复议申请。原告申请公开的会议纪要已于2014年4月23日前传达到韩村河镇政府，韩村河镇政府受该纪要授权，于同年4月23日对原告与妻子经营的北京顺文艺珑石材经销部实施了强制拆除行为，依据《国家机关公文处理办法》[①] 第九条第（十三）项的规定，原告申请的信息是房山区政府的议定事项，因已传达实施，不是谈论、研究或者审查中的过程性信息，是关系到原告切身利益的法定公文，依据《中华人民共和国信息公开条例》[②]（以下简称《信息公开条例》）第二条、第十三条、第十七条之规定，应由被告房山区政府公开。综上，请求：1. 依法撤销被诉复议决定；2. 责令房山区政

① 已被2012年《党政机关公文处理工作条例》废止。

② 此处指2019年修订前的《政府信息公开条例》，本案下同。

府对原告申请的政府信息重新作出答复。

原告在法定举证期限内向本院提供下列证据：1. 房山区（2016）第58号－回《登记回执》，证明原告依法向被告房山区政府提出信息公开申请；2. 被诉告知书，证明被告房山区政府具体行政行为违法事实存在；3. 被诉复议决定，证明被告北京市政府具体行政行为违法事实存在；4. 北京市公安局房山分局（以下简称房山公安分局）京公房刑不立字〔2015〕000003号不予立案通知书；5. 房山公安分局京公房刑复字〔2015〕000002号刑事复议决定书；6. 北京市公安局京公刑侦核字〔2015〕000016号复核决定书；7. 北京市房山区人民检察院京房检侦查不立审〔2015〕3号不立案理由审查意见通知书，证据4—7证明原告申请公开内容已于2014年4月23日由房山区韩村河镇政府实施，给原告造成了事实损害，且该信息不是在讨论、研究或者审查中的过程性信息，是作为法定公文下行到下级行政机关，并被下级机关以行政行为决定的方式给予了实施；8. 1983年2月21日国务院办公厅转发全国妇幼卫生工作会议纪要的通知；9. （2008）杭行初字第60号行政判决书；10. （2016）京01行终632号行政判决书；11. 民主与法治网中刊载的题为《会议纪要，应否公开?》的文章；证据8—11证明会议纪要应当公开；12. （2015）四中行初字第612号行政裁定书，证明原告起诉被告房山区政府违法行政，因没有证据被驳回。

被告房山区政府辩称，2016年7月28日，被告房山区政府办公室收到原告申请公开“房山区人民政府会议纪要2013年第56期，日期2013. 10. 29”信息，并依法受理。针对原告申请公开信息的特征描述，根据《北京市党政机关公文处理办法》（京办发〔2014〕23号）规定，“纪要”适用于记载会议主要情况和议定事项。根据《信息公开规定》第二十八条第（五）项的相关规定，“会议纪要”属于“行政机关在日常工作中制作或者获取的内部管理信息或者处于行政机关讨论、研究或者审查中的过程性信息，不属于应当公开的政府信息”，被告房山区政府于2016年8月9日对原告作出了被诉告知书。综上，被告房山区政府作出的被诉告知书程序合法，事实清楚，适用依据正确，且认真履行了法定职责，故请求法院依法驳回原告的诉讼请求。

被告房山区政府在法定举证期限内向本院提供以下证据：1. 《北京市政府信息公开申请表》（申请人：张仟某），证明原告要求获取的信息名称和特征描述；2. 房山区（2016）第58号－回《登记回执》，证明被告房山区政府依法告知原告收到信息公开申请；3. 被诉复议决定，证明北京市政府复议机关维持被告房山区政府所做的答复告知。

被告北京市政府辩称：2016年8月26日，被告北京市政府收到原告以邮寄方式提交的行政复议申请及相关材料，经审查，被告北京市政府依法受理该复议申请。按照《中华人民共和国行政复议法》（以下简称《行政复议法》）第二十二条的规定，被告北京市政府于同年8月30日向房山区政府发送了行政复议申请书副本及行政复议答复通知书，房山区政府按照上述条款的规定于收到申请书副本之日起10日内提出了书面答复，并提交了作出具体行政行为的证据、依据和其他有关材料。被告北京市政府于2016年10月21日根据《行政复议法》第二十八条第一款第（一）项的规定作出了被诉复议决定，并依法送达当事人。综上，答辩人作出的被诉复议决定事实清楚、证据确凿、适用法律依据正确、程序合法。故请求依法驳回原告的诉讼请求。

被告北京市政府在法定举证期限内向法院提供以下证据：1.《行政复议申请书》；2. 邮寄信封及收文记录，证据1—2证明被告北京市政府收到被答辩人的行政复议申请的情况；3.《行政复议答复通知书》及送达回证，证明被告北京市政府通知房山区政府答复；4.《行政复议答复书》及证据材料清单，证明房山区政府答复情况；5. 被诉复议决定及送达回证，证明北京市政府在法定期限内作出被诉复议决定并向原告送达。

经庭审质证，原告对被告房山区政府提供证据的真实性认可，合法性、关联性及证明目的不认可。对被告北京市政府提交证据的真实性认可，涉及复议程序内容的证据的合法性、关联性和证明目的认可，涉及复议实体内容的证据的合法性、关联性和证明目的不认可。

被告房山区政府对原告提供的证据1的真实性、合法性、关联性及证明目的认可；认为证据2—3不能作为证据使用，不认可；对证据4—10真实性、合法性、关联性和证明目的均不认可；对证据11的真实性、合法性和关联性认可，证明目的不认可。

被告北京市政府对原告提供的证据的质证意见与被告房山区政府一致。

经审查，本院对以下证据作如下确认：原告提供的证据1—3、12具备真实性、合法性及与本案的关联性，本院予以采信；原告提供的证据4—11与本案没有关联性，本院不予采信；被告北京市政府和房山区政府提供的证据具备真实性、合法性及与本案的关联性，本院予以采信。

根据上述合法有效证据以及当事人无争议之陈述，本院认定如下事实：2016年7月28日，原告向被告房山区政府申请公开“房山区政府会议纪要2013年第56期，日期2013.10.29”的政府信息，被告房山区政府于同日作出房山区（2016）第58号－回《登记回执》，告知原告将于同年8月18日前作出书面答复。如需延长答复期限，将另行告知。2016年8月9日，被告房山区政府作出被诉告知书，告知原告“根据《信息公开规定》第二十八条第（五）项的规定，您申请获取的‘房山区人民政府会议纪要2013年第56期，日期2013.10.29’信息，不属于政府信息公开范围”。

原告不服被诉告知书，于2016年8月24日通过邮寄的方式向被告北京市政府申请行政复议，被告北京市政府于同年8月26日收到上述申请并依法受理。2016年8月30日，被告北京市政府向被告房山区政府送达《行政复议答复通知书》，被告房山区政府于同年9月5日收到后，于同年9月8日作出《行政复议答复书》，并提交了作出被诉告知书的证据和依据。2016年10月21日，被告北京市政府作出被诉复议决定，并于同年10月24日送达原告。原告不服，于2016年10月31日向本院提起行政诉讼。

本院认为：依据《信息公开条例》第四条及第十三条之规定，房山区政府作为地方人民政府，依法具有应申请人的政府信息公开申请作出政府信息公开告知书的法定职权。

依据《信息公开条例》第二十一条第（二）项之规定，对申请公开的政府信息，属于不予公开范围的，应当告知申请人并说明理由。本案中，被告房山区政府在被诉告知书中仅载明根据《信息公开规定》第二十八条第（五）项的规定，原告申请获取的会议纪要不属于政府信息公开范围，但没有具体说明不予公开的理由。《信息公开规定》第二十八条第（五）项规定“申请公开的政府信息属于行政机关在日常工作中制作或者获取的内部管理信息或者处于行政机关讨论、研究或者审查中的过程性信息，应当告知申请人不属于应当公开的政府信息”，但被告房山区政府在庭审中也没有提供相关证据证明原告申请公开的会议纪要属于内部管理信息或者处于行政机关讨论、研究或者审查中的过程性信息。据此，房山区政府对于其制作的会议纪要，以属于内部管理信息和过程性信息为由不予公开，证据不足，依法应予撤销。

根据《最高人民法院关于适用〈中华人民共和国行政诉讼法〉若干问题的解释》[①] 第十条第一款之规定，人民法院对原行政行为作出判决的同时，应当对复议决定一并作出相应判决。本案中，因被诉告知书依法应予撤销，故被诉行政复议决定亦应一并撤销。

综上，依照《中华人民共和国行政诉讼法》第七十条第（一）项、《最高人民法院关于适用〈中华人民共和国行政诉讼法〉若干问题的解释》[②] 第十条第一款、

---

① 已被《最高人民法院关于适用〈中华人民共和国行政诉讼法〉的解释》废止。

② 已被《最高人民法院关于适用〈中华人民共和国行政诉讼法〉的解释》废止。

第二款之规定，判决如下：

一、撤销被告北京市房山区人民政府作出的房山区（2016）第58号－告《答复告知书》；

二、被告北京市房山区人民政府于本判决生效之日起在法定期限内对原告的政府信息公开申请重新作出答复；

三、撤销被告北京市人民政府作出的京政复字〔2016〕708号《行政复议决定书》。

案件受理费50元，由被告北京市房山区人民政府和被告北京市人民政府共同负担（于本判决生效后7日内交纳）。

如不服本判决，可在判决书送达之日起十五日内，向本院递交上诉状，并按对方当事人人数递交上诉状副本，上诉于北京市高级人民法院。

审　判　长　　孙永欣
审　判　员　　向绪武
人民陪审员　　仰　蓓
二〇一六年十二月二十三日
法 官 助 理　　李京娜
书　记　员　　赵　悦

56

申请人未按复议机关要求及时补正的视为放弃复议申请

——黄加某诉北京市石景山区人民政府履行行政复议法定职责案

【裁判要旨】申请人与行政行为有利害关系是行政复议机关受理行政复议申请的必要条件，行政复议申请材料不齐全或者表述不清楚的，行政复议机构可以自收到该行政复议申请之日起5日内书面通知申请人补正，补正通知应当载明需要补正的事项和合理的补正期限。无正当理由逾期不补正的，视为申请人放弃行政复议申请。

北京市第四中级人民法院

行政判决书

（2015）四中行初字第628号[①]

原告黄加某。

被告北京市石景山区人民政府，住所地北京市石景山区。

法定代表人夏林茂，区长。

委托代理人韩卉。

委托代理人赖芸。

原告黄加某因认为被告北京市石景山区人民政府（以下简称石景山区政府）未履行行政复议法定职责，向本院提起行政诉讼。本院立案后，向被告送达了起诉状副本及应诉通知书。本院依法组成合议庭，公开开庭审理了本案。原告黄加某及被告的委托代理人韩卉、赖芸到庭参加诉讼。本案现已审理终结。

原告黄加某诉称，石景山八宝山街道办事处（以下简称八宝山办事处）与北京市安之洁物资回收有限公司（以下简称物资公司）签订《关于安排社区残疾人回

① 本案判决作出之后，双方当事人均未上诉，判决已生效。

收废品的协议书》（以下简称《协议书》），八宝山办事处越权审批、授权物资公司收取回收人员管理费，属于违法行为。原告于2015年5月6日向石景山区政府提出行政复议申请，要求依法撤销《协议书》、退回向原告非法收取的管理费一万元。石景山区政府未在法定期限内作出行政复议决定书，现请求法院判决石景山区政府依法对黄加某提出的行政复议申请履行处理的法定职责。

原告黄加某为证明上述事实向本院提交以下证据：

1.《协议书》，证明八宝山办事处行政行为违法，残疾人不能回收废品；2.企业法人营业执照；3.残疾人证；4.收据，证据2、3、4证明八宝山办事处授权物资公司在八宝山地区回收废品，八宝山办事处安排残疾人刘文某回收废品，黄加某系回收人员，并向物资公司交纳了管理费；5.《北京市石景山区人民政府行政复议接待室行政复议申请收据》（以下简称《行政复议申请收据》），证明被告收到行政复议申请；6.《北京市石景山区人民政府行政复议申请材料补正通知书》（以下简称《补正通知书》），证明被告向原告作出补正通知；7.《北京市公安局石景山分局刑事复议决定书》，证明因有八宝山办事处授权，公安机关认定物资公司行为合法；8.光盘一张，12345热线给原告的回复，证明八宝山办事处为安排残疾人就业与物资公司签订了协议，刘文某是物资公司的员工，其收取管理费的行为不属于诈骗，所以公安机关不予立案。

被告石景山区政府辩称，2015年5月6日，原告就《协议书》申请行政复议。因原告未提交证明其与被复议的行政行为之间存在利害关系的相关证据，被告当场向原告出具了《补正通知书》，通知原告于5个工作日内补正，无正当理由逾期不补正的，视为放弃行政复议申请。被告依法履行了行政复议职责，认定事实清楚、适用法律正确，请求驳回原告的诉讼请求。

被告在法定期限内向本院提交如下证据：1.行政复议申请书、《行政复议申请收据》及《接待笔录》；2.原告提交的三份复议证据材料即《协议书》、《收据》和刘文某的残疾人证件；3.《补正通知书》及送达回证。证据1、2、3证明被告收到原告行政复议申请，经审查，履行了接待、补充证据告知等职责，原告逾期未补正，应视为其放弃行政复议申请。

同时，被告向本院提交了《中华人民共和国行政复议法》第十七条第一款、《中华人民共和国行政复议法实施条例》（以下简称《复议法实施条例》）第二十八条第二项、第二十九条作为法律依据。

经庭审质证，本院对以下证据作如下确认：被告石景山区政府提交的全部证据及原告提交的证据1、3、4、5、6符合法定的证据形式要求，与本案具有关联性，具备真实性、合法性，能够证明被告收到原告申请后履行了审查及告知职责，本院予以采信；原告提交的证据2、7、8，因原告未在行政复议受理程序中向被告提交，与本案待证事实无关联，故本院不予采信。

根据已采信之证据及当事人无争议之陈述，本院认定如下事实：2015年5月6日，原告向被告石景山区政府申请行政复议，被申请人为八宝山办事处，复议请求撤销八宝山办事处和物资公司签订的《协议书》。原告提交了《协议书》、《收据》和刘文某残疾人证件。被告制作了《行政复议申请收据》及《接待笔录》。当日被告向原告作出《补正通知书》并送达，《补正通知书》的主要内容为，该行政复议申请材料欠缺或表达不清，根据《复议法实施条例》第二十九条规定，请申请人于收到本通知之日起5个工作日内补正，无正当理由不补正的，视为放弃行政复议申请，补正申请材料所用时间不计入行政复议案件审理期限。补正内容：申请人与被复议的行政行为之间存在利害关系的证据。此后原告未向被告提交材料。2015年7月29日，原告向本院提起诉讼，要求被告依法对其提出的行政复议申请履行处理的法定职责。

本院认为：根据《复议法实施条例》第二十八条、第二十九条的规定，申请人与具体行政行为有利害关系是行政复议机关受理行政复议申请的必要条件，行政复议申请材料不齐全或者表述不清楚的，行政复议机构可以自收到该行政复议申请之日起5日内书面通知申请人补正，补正通知应当载明需要补正的事项和合理的补正期限。无正当理由逾期不补正的，视为申请人放弃行政复议申请。补正申请材料所用时间不计入行政复议审理期限。本案中，原告向被告提交了《协议书》、刘文某的残疾人证、收款人刘文某的收条，被告询问原告其与被复议《协议书》有何利害关系，原告答复称其认为刘文某收管理费属于欺诈。被告根据上述情况认定原告表述不清、需要补充申请人与被复议的行政行为之间存在利害关系的证据，作出补正通知的行为依据充分，符合上述法律规定。原告收到《补正通知书》后，未在规定期间向被告提交任何材料，该行为应视为其放弃行政复议申请。现原告要求被告依法对其提出的行政复议申请履行处理的法定职责，缺乏事实及法律依据，本院不予支持。综上，依据《中华人民共和国行政诉讼法》第六十九条之规定，判决如下：

驳回原告黄加某的诉讼请求。

案件受理费五十元，由原告黄加某负担（已交纳）。

如不服本判决，各方当事人可于本判决书送达之日起十五日内向本院提交上诉状，并按对方当事人人数提交上诉状副本，预交二审案件受理费五十元，上诉于北京市高级人民法院。上诉人在上诉期满后七日内未预交上诉费，又不提出缓交申请的，按自动撤回上诉处理。

审 判 长　张 岩
审 判 员　张立鹏
审 判 员　向绪武
二〇一五年十月三十日
法官助理　张鸿浩
书 记 员　赵迎争

57

未履行正当程序的房屋征收补偿决定应予撤销

——赵某诉北京市西城区人民政府撤销行政补偿决定及北京市人民政府行政复议决定案

【裁判要旨】 被征收房屋的价值，由具有相应资质的房地产价格评估机构按照《国有土地上房屋征收评估办法》评估确定。对被征收房屋价值的评估报告应当依法送达被征收人，并应依法保障被征收人申请复核的权利。行政机关依据未经合法送达的评估报告作出房屋征收补偿决定的，人民法院不予支持。

北京市第四中级人民法院

行政判决书

（2016）京04行初69号[①]

原告暨第三人南某的委托代理人赵某，住北京市西城区。

被告北京市西城区人民政府，住所地北京市西城区。

法定代表人王少峰，区长。

委托代理人周梓岩，北京市西城区人民政府房屋征收办公室工作人员。

委托代理人王主，北京市西城区房屋管理局工作人员。

被告北京市人民政府，住所地北京市东城区。

法定代表人蔡奇，代理市长。

委托代理人郝一蔚，北京市人民政府法制办公室干部。

委托代理人闫洪烨，北京市人民政府法制办公室干部。

第三人北京市西城区房屋土地经营管理中心，住所地北京市西城区。

---

① 该案判决作出后，被告不服向北京市高级人民法院提起上诉，二审法院经审理，判决驳回上诉，维持一审判决，参见（2017）京行终464号行政判决书。

法定代表人郭月，主任。

委托代理人孙国英，北京市西城区房屋土地经营管理中心展览路房管所干部。

委托代理人胡烁，北京市西城区房屋土地经营管理中心展览路房管所干部。

第三人南某，住北京市西城区。

原告赵某不服被告北京市西城区人民政府（以下简称西城区政府）作出的西政房征补字（2014）第121号《房屋征收补偿决定书》（以下简称《征补决定》）及被告北京市人民政府（以下简称北京市政府）作出的京政复字〔2015〕515号《行政复议决定书》（以下简称《复议决定》），向本院提起行政诉讼。本院于2016年1月13日受理后，向被告西城区政府、北京市政府送达了起诉状副本及应诉通知书。因南某、北京市西城区房屋土地经营管理中心（以下简称西城区房管中心）与本案具有利害关系，本院通知其作为第三人参加诉讼。本院依法组成合议庭，于2016年6月6日公开开庭审理了本案，原告暨第三人南某的委托代理人赵某，被告西城区政府的委托代理人周梓岩，被告北京市政府的委托代理人闫洪烨，第三人西城区房管中心的委托代理人孙国英、胡烁到庭参加诉讼。本案现已审理终结。

被告西城区政府于2015年3月27日作出《征补决定》，主要内容为：西城区政府因西城区百万庄北里居民住房改善项目建设需要房屋征收，该项目立项主体是北京天恒房地产股份有限公司。西城区政府于2014年1月17日作出了西政房征字〔2014〕第1号《北京市西城区人民政府房屋征收决定》（以下简称《征收决定》），并在征收范围内进行了公告（《百万庄北里居民住房改善旧城改建房屋征收补偿方案》已于2013年12月16日在征收范围内公布）。房屋征收范围如下：北至车公庄大街，南至百万庄南街，东至百万庄居住区，西至三里河路。具体门牌号为百万庄南里1—9号楼、甲9号、南里地科院西平房6号、南里2号楼平房1—4号、南里4号楼南侧住总宿舍平房、黄瓜园平房1、2号；三里河路36号楼、三里河路甲36号楼；百万庄北里1—13号楼、甲9号、甲10号；车公庄大街18号、20号楼，签约期为2014年1月17日至2014年2月16日。北京市西城区百万庄北里×楼×门×号系被征收人西城区房管中心直管公房，现场房屋1间，建筑面积23.73平方米，承租人赵某。现场户籍1户5人，即户主南某、之子赵某威、之子赵某龙、之父亲南永某、之母亲王玉某。经北京盛华翔伦房地产土地评估有限责任公司（以下简称盛华翔伦评估公司）评估，该处房屋评估价值为1330031元，其中房屋重置成新评估价款为14367元，评估报告已送达。被征收人及赵某在房屋征收补偿方案确定的签约期限内未签订补偿协议。西城区政府根据《国有土地上房屋征收与补偿条例》第四条、第二十二条、第二十五条、第二十六条、第二十七条、第二十八条，并参照京建法〔2012〕19号《关于国有土地上房屋征收与补偿中有关事项的通知》

之规定，决定如下：一、给付西城区房管中心房屋重置成新价款14367元。二、赵某可以选择货币补偿或房屋安置。1. 选择房屋安置，自补偿决定书送达之日起六十日内提出书面申请，按照《百万庄北里居民住房改善旧城改建房屋征收补偿方案》回购一居室一套，同时领取其他各项补助费用。逾期未提出申请的，予以货币补偿。2. 选择货币补偿，给付赵某被征收房屋扣除重置成新价款后的补偿价值1315664元，其他各项补助费按《百万庄北里居民住房改善旧城改建房屋征收补偿方案》确定。三、西城区房管中心及赵某、南某一家自本决定书送达之日起十五日内完成搬迁，将北京市西城区百万庄北里×楼×门×号房屋腾空，交西城区政府拆除，未经登记的建筑一并拆除。赵某、南某一家应搬至北京市房山区阎村镇百合路×号院×楼×单元×号二居室一套、北京市房山区阎村镇百合路×号院×楼×单元×号二居室一套内临时周转。

原告赵某不服西城区政府作出的《征补决定》，向被告北京市政府申请行政复议。被告北京市政府于2015年11月26日作出《复议决定》，认定西城区政府作出的《征补决定》事实清楚、证据充分，适用依据正确，程序合法，内容适当，符合《国有土地上房屋征收与补偿条例》的规定；根据《中华人民共和国行政复议法》第二十八条第一款第（一）项的规定，决定维持西城区政府作出的《征补决定》。

原告赵某诉称：1. 西城区政府所作《征补决定》记载的内容不真实，引用了其他内容不合法材料中的结论；北京市政府所作《复议决定》审理的内容不完整不真实。2. 西城区政府所作《征收决定》和《征补决定》均非为了公共利益的需要。3. 西城区政府所作《征收决定》并不具备法定要件，导致其作出的《征补决定》不合法。4. 西城区政府及相关部门在申请和审批百万庄北里居民住房改善项目旧城改建房屋征收项目过程中集体行政违法，导致该项目审批不具有合法性，该项目实施中对原告作出的征收决定和补偿决定亦不具有合法性。5. 百万庄北里居民住房改善项目从启动到征收，一次次剥夺了居民的权利，一层层克扣了居民的利益。6. 北京市政府所作《复议决定》违反了《中华人民共和国行政复议法》和《中华人民共和国行政复议法实施条例》的规定，剥夺了复议申请人的权利。7.《北京市人民政府行政复议恢复审理通知书》剥夺了复议申请人及行政复议第三人的权利。综上，西城区政府所作《征收决定》违法，根据该《征收决定》对原告作出的《征补决定》违法，请求撤销西城区政府所作《征补决定》和北京市政府所作《复议决定》，诉讼费用由被告负担。

原告赵某在法定期限内向本院提供了下列证据：

1. 西城区政府作出的《征收决定》；

2. 西城区政府作出的《征补决定》；

3.《听证申请书一（可行性报告）》；

4.《听证申请书二（棚改立项）》；

5.《听证申请书三（安置房源价格）》；

6. 京政复字〔2015〕515 号《北京市人民政府行政复议中止通知书》；

7. 京政复字〔2015〕515 号《北京市人民政府行政复议恢复审理通知书》；

8. 西城区政府向复议机关提交的《行政复议答复意见书》；

9. 西城区政府向复议机关提交的证据目录；

10. 赵某针对西城区政府提交的《行政复议答复意见书》所提交的书面材料；

11. 北京市政府作出的《复议决定》；

12. 西城区人民政府办公室（2015）第 18 号－答《政府信息答复告知书》；

13. 盛房征估字〔2013〕第 055 号－1－1－09－1《北京市国有土地上住宅房屋征收评估报告》；

14. 赵某提交的《复议申请评估报告》；

15. 北京盛华翔伦房地产土地评估有限责任公司出具的《关于赵某提出复核申请评估的回复》；

16. 盛房征估字〔2013〕第 055 号－1－1－09－2《北京市国有土地上住宅房屋征收评估报告》；

17. “盛房征估字〔2013〕第 055 号－1－1－09－2 分户报告”的《送达回执》；

18.《北京市西城区人民政府关于调整百万庄北区、南区居民住房改善项目用地规划的函》；

19.《北京市规划委员会关于百万庄北里居民住房改善项目规划意见的函》；

20.《北京市规划委员会西城分局关于百万庄北里居民住房改善项目规划意见的函》；

21.《北京市西城区发展和改革委员会关于百万庄北里居民住房改善项目核准的批复》；

22.《关于西城区百万庄北里居民住房改善项目立项核准的请示》；

23.《西城区政府信息公开申请表》；

24. 西发改（2015）第 11 号－回《登记回执》；

25. 西发改（2015）第 2 号－征《政府信息征求第三方意见书》；

26. 西发改（2015）第 2 号《政府信息公开答复告知书》；

27. 西城发改委（2015）第 14 号－回《登记回执》；

28. 西发改（2015）第 3 号《政府信息公开答复告知书》；

29. 西政法复〔2015〕第130号《行政复议申请受理通知书》;

30. 西政法复〔2015〕第130号《行政复议决定书》;

31. 西发改（2015）第17号–回《登记回执》;

32. 西政法复〔2015〕第131号《行政复议申请受理通知书》;

33. 西政法复〔2015〕第131号《行政复议决定书》;

34. 西建文〔2013〕104号《北京市西城区住房和城市建设委员会关于确认百万庄北里住房改善项目实施单位的请示》;

35. 西政函〔2013〕139号《北京市西城区人民政府关于百万庄北里居民住房改善项目实施单位的批复》;

36. 西城区住房和城市建设委员会（2015）第30号–回《登记回执》;

37. 北京市西城区住房和城市建设委员会于2015年10月14日作出的《政府信息公开答复告知书》;

38. 《关于研究百万庄棚户区改造项目等工作的会议纪要》;

39. 《异议意见书》;

40. 《关于西城区百万庄北里居民住房改善项目B地块划拨公示的答复意见》;

41. 京国土西预〔2013〕18号《关于北京天恒房地产股份有限公司西城区百万庄北里居民住房改善建设项目用地预审意见》;

42. 《关于北京西城区百万庄居民住房改善项目用地预审的请示》;

43. 《中心城区棚户区改造和环境整治项目册》;

44. 京重大办〔2013〕95号《关于下达2013年中心城区棚户区改造和环境整治项目任务的通知》;

45. 《政府信息公开申请表》3份;

46. 《关于〈百万庄北里居民住房改善项目〉有关信息》;

47. 2015年9月17日的《行政复议申请书（北京市人民政府重大项目建设指挥办公室)》;

48. 京政复字〔2015〕777号《行政复议决定书》;

49. 《市重大项目办关于西城区百万庄北里项目有关信息回复》;

50. 西重大办（2015）第2号–回《登记回执》;

51. 西重大办（2015）第3号–回《登记回执》;

52. 西重大办（2015）第4号–回《登记回执》;

53. 2015年7月9日的《答复书》;

54. 2015年9月17日的《行政复议申请书（西城区人民政府重大项目建设指挥办公室)》;

55. 京政复字〔2015〕778 号《行政复议决定书》；

56.《集体申请政府信息公开》；

57.《关于百万庄北区、南区居民住房改善项目信息》；

58.《关于百万庄北里居民住房改善项目现状房屋实施房屋征收的申请》；

59.《百万庄北里居民住房改善项目房屋征收补偿方案》；

60.《百万庄北里居民住房改善旧城改建房屋征收补偿方案》；

61.《购买征收范围内公有住宅协议书》；

62. 西城区人民政府办公室（2015）第 90 号 – 回《登记回执》；

63. 西城区人民政府办公室（2015）第 99 号 – 答《政府信息答复告知书》；

64.《百万庄北里居民住房改善工程旧城改建房屋征收项目评估委托合同》3 份；

65.《关于百万庄北里居民住房改善旧城改建房屋征收预签征收补偿协议结果的公告》；

66.《关于百万庄北里居民住房改善项目进行旧城改建房屋征收预签协议工作有关事宜的通知》；

67.《居住证明》；

68.《关于百万庄北里拆迁征收过程中，工作人员暗箱操作，违规签约的申诉》；

69.《北京市西城区房屋管理局信访事项答复意见书》；

70. 信封照片 2 张；

71.《北京市住房和城乡建设委员会信访事项复查、复核受理告知单》；

72. 西城区房屋征收办公室（2015）第 43 号 – 回《登记回执》；

73. 西房征字〔2015〕第 12 号 – 延期《北京市西城区房屋征收办公室政府信息公开申请告知书》；

74. 西房征字〔2015〕第 19 号 – 征询《北京市西城区房屋征收办公室政府信息公开申请告知书》；

75. 西房征字〔2015〕第 43 号 – 非本《北京市西城区房屋征收办公室政府信息公开申请答复书》；

76. 西房征字〔2015〕第 83 号 – 不予《北京市西城区房屋征收办公室政府信息公开申请答复书》；

77. 西房征字〔2015〕第 39 号 – 延期《北京市西城区房屋征收办公室政府信息公开申请告知书》；

78. 西城区房屋征收办公室（2015）第 95 号 – 回《登记回执》；

79. 西房征字〔2015〕第95号－答复《北京市西城区房屋征收办公室政府信息公开申请答复书》；

80. 西城区房屋征收办公室（2015）第96号－回《登记回执》；

81. 西房征字〔2015〕第96号－答复《北京市西城区房屋征收办公室政府信息公开申请答复书》；

82. 西城区房屋征收办公室（2015）第97号－回《登记回执》；

83. 西房征字〔2015〕第97号－答复《北京市西城区房屋征收办公室政府信息公开申请答复书》；

84. 西城区房屋征收办公室（2015）第98号－回《登记回执》；

85. 西房征字〔2015〕第98号－答复《北京市西城区房屋征收办公室政府信息公开申请答复书》；

86. 西城区房屋征收办公室（2015）第100号－回《登记回执》；

87. 西房征字〔2015〕第100号－答复《北京市西城区房屋征收办公室政府信息公开申请答复书》；

88. 西城区房屋征收办公室（2015）第101号－回《登记回执》；

89. 西房征字〔2015〕第101号－答复《北京市西城区房屋征收办公室政府信息公开申请答复书》；

90. 《百万庄居民住房改善意向调查表》；

91. 《西城区百万庄北里居民住房改善项目指挥部分组情况及联系方式》；

92. 《协商谈话记录》3份；

93. 《谈话记录》2份；

94. 《房屋征收补偿决定申请书》；

95. 《北京市西城区房屋管理局房屋征收补偿决定会签审批表》；

96. 《北京市西城区人民政府房屋征收补偿决定会签审批表》；

97. 《伤情诊断证明信》与北京大学人民医院诊断证明；

98. 医疗费票据；

99. 《人体损伤程度司法鉴定意见书》；

100. 《准考证》；

101. 北京晚报刊载的《把老百姓的托付当大事办》的文章；

102. 《北京市公安局立案公开工作权利义务告知书》；

103. 《受案回执》；

104. 京公西（展）不罚决字〔2015〕000001号《不予行政处罚决定书》；

105. 京公西（展）不罚决字〔2015〕000002号《不予行政处罚决定书》；

106. 京公西（展）不罚决字〔2015〕000003 号《不予行政处罚决定书》；
107. 京公西（展）不罚决字〔2015〕000004 号《不予行政处罚决定书》；
108. 京公西（展）不罚决字〔2015〕000005 号《不予行政处罚决定书》；
109. 京公西（展）不罚决字〔2015〕000006 号《不予行政处罚决定书》；
110. 京公西（展）不罚决字〔2015〕000007 号《不予行政处罚决定书》；
111. 西政法复〔2015〕第 289 号《行政复议申请受理通知书》；
112. 西政法复〔2015〕第 290 号《行政复议申请受理通知书》；
113. 西政法复〔2015〕第 291 号《行政复议申请受理通知书》；
114. 西政法复〔2015〕第 292 号《行政复议申请受理通知书》；
115. 西政法复〔2015〕第 293 号《行政复议申请受理通知书》；
116. 西政法复〔2015〕第 294 号《行政复议申请受理通知书》；
117. 西政法复〔2015〕第 295 号《行政复议申请受理通知书》；
118. 记载有“派出所 8 月 3 日”等字样的手写材料；
119. 照片与录像；
120. “局长信箱为您服务”的截图；
121. 国内挂号信函收据；
122. 《被暴力非法拘押调查内容答复申请书》；
123. 西城公安分局（2015）第 2692 号 - 回《登记回执》、西公（2015）第 15 号 - 延《政府信息延长答复期限告知书》和西公（2015）第 254 号 - 答复告《政府信息答复告知书》；
124. 西政法复〔2015〕第 298 号《行政复议申请受理通知书》；
125. 题为《北京 23 万户今年棚改 统一补偿标准》的文章；
126. 题为《中心城拆迁户均成本 300 万》的文章；
127. EMS 单据；
128. 《房屋征收补偿协议》；
129. 《北京市公共汽车公司同期车祸致瘫伤员的安排对比》；
130. 《北京市公安局交通五中队解案书》；
131. 《关于海淀法院宣布“八点”加夜班护理协商解决的决定》；
132. 《关于黄佩某车祸出院后的协商决定（抄自海淀法院底档）》；
133. 《关于黄佩某车祸判决书（抄自海淀法院底档）》；
134. 吴炳某致马某的函；
135. 张甫某致马某的函；
136. （72）军申字第 3 号裁定书；

137. （72）军申字第3号民事调解书；

138. 劳动保险问题解答；

139. （1988）中民字第1107号民事调解书；

140. 孙云某、贾淑某、李甲、杨某、李乙、张德某分别出具的证明材料；

141. 北京市宣武区教育委员会致黄佩某的函2份；

142. 黄佩某致“李区长、董部长”的函；

143. “北京市教育局人事处”致黄佩某的函；

144. 黄佩某致“陶局长”的函；

145. 黄佩某致“市总工会劳保部负责同志”的函；

146. 北京一四六中学出具的《黄佩某因车祸受伤后误工工资损失情况》；

147. 黄佩某的退休证；

148. 北京市宣武区教育局于1985年11月25日致“区信访办公室”的函；

149. 《北京市事业单位参加工伤保险18问》；

150. 黄佩某的残疾人证复印件；

151. 黄佩某的身份证复印件；

152. 黄佩某的《北京市死亡医学证明书》；

153. 题为《上下班出车祸算工伤》的文章；

154. （1996）海民初字第2259号民事裁定书；

155. （1996）一中民终字第1311号民事裁定书；

156. 北京市高级人民法院于1998年4月14日作出的《驳回再审申请通知书》；

157. 京一分检民申字（2012）第0194号《民事检察不立案通知书》；

158. 京一分检民申字（2012）第0194号《民事案件协助调查通知》；

159. 黄佩某致“区委、区政府各位领导”的函；

160. 《关于长达四十三年的工伤错案未能得到公正解决的申诉》；

161. 《关于长达四十七年的车祸致残民事赔偿与工伤待遇处理错案长期未能得到公正解决的申诉》；

162. 黄佩某致“北京市教工委书记、市教委主任、市教育局领导”的函；

163. 《申诉书》；

164. 《民事申诉书》；

165. 2015年11月23日的《行政起诉状》；

166. 《证明信》。

被告西城区政府及被告北京市政府辩称，本案被诉的《征补决定》和《复议决定》认定事实清楚，证据确凿充分，适用依据正确，程序合法，原告的诉讼理由缺乏事实和法律依据，请求驳回原告的诉讼请求。

被告西城区政府在法定期限内向本院提供了下列证据：

1.《征收决定》及公示材料；

2.《北京市西城区关于百万庄北里居民住房改善旧城改建房屋征收项目公开选择房地产评估机构的报名通知》及公告的网站截图和照片；

3.《关于百万庄北里居民住房改善旧城改建房屋征收项目公开选定房地产价格评估机构相关事宜的通知》及公告的网站截图和照片；

4.《关于百万庄北里居民住房改善工程旧城改建房屋征收项目公开选定房地产价格评估机构协商结果及投票相关事宜的通知》及公告的网站截图和照片；

5.《关于百万庄北里居民住房改善工程旧城改建房屋征收项目公开选定房地产价格评估机构投票结果及摇号相关事宜的通知》及公告的网站截图和照片；

6.《关于百万庄北里住房改善项目公开选定房地产价格评估机构结果的公告》及公告的网站截图和照片；

7. 北京市国立公证处出具的（2013）京国立内证字第11759号公证书；

8.《百万庄北里居民住房改善旧城改建房屋征收补偿方案》及公告的网站截图和照片；

9.（2014）二中行初字第590号行政判决书和（2014）高行终字第3183号行政判决书；

10. 北京盛华翔伦房地产土地评估有限责任公司的营业证照和资质证书；

11.《北京市公有住宅租赁合同》；

12. 身份证明材料、户口簿、身份证复印件及结婚证；

13. 盛房征估字〔2013〕第055号－1－1－09－1《北京市国有土地上住宅房屋征收评估报告》、附表《百万庄北里居民住房改善旧城改建房屋征收评估结果通知单》及《评估报告送达回执》；

14. 盛房征估字〔2013〕第055号－1－1－09－2《北京市国有土地上住宅房屋征收评估报告》、附表《百万庄北里居民住房改善旧城改建房屋征收评估结果通知单》及《评估报告送达回执》；

15.《协商谈话记录》3份；

16.《谈话笔录》2份；

17.《房屋征收补偿决定申请书》；

18.《北京市西城区房屋管理局房屋征收补偿决定会签审批表》和《北京市西城区人民政府房屋征收补偿决定会签审批表》；

19.《关于天恒乐活城项目部分房源用于西城区百万庄北里居民住房改善项目

裁决房有关情况的说明》及房屋权属证明材料；

20.《征补决定》及公示的照片；

21.《房屋征收文件送达回执》4 份；

22.《复议决定》。

被告北京市人民政府在法定期限内提供了下列证据：

1.《行政复议申请书》及信封；

2.《行政复议答复通知书》及送达回证；

3.《行政复议答复意见书》；

4.《北京同城速递业务详情单》；

5.《行政复议中止通知书》及送达凭证；

6.《第三人参加行政复议通知书》及送达凭证；

7.《行政复议恢复审理通知书》、《复议决定》及送达凭证。

第三人西城区房管中心述称，其同意被告西城区政府的答辩意见。第三人西城区房管中心未向本院提供证据。

第三人南某述称，其同意原告赵某的起诉意见。第三人南某未向本院提供证据。

经庭审质证，本院认为：被告西城区政府提供的证据 15 系 3 份《协商谈话记录》，该 3 份书面记录上“谈话人”一栏空白，无从确定谈话人的身份，不符合笔录类证据材料的形式要件，对其真实性无法确认，故对该证据不予采信。被告西城区政府提供的其他证据具备证据的真实性、合法性以及与本案的关联性，予以采纳。被告北京市政府提交的证据具备证据的真实性、合法性及与本案的关联性，予以采纳。原告赵某提交的部分证据与被告西城区政府和被告北京市政府提交的部分证据一致，本院对该部分证据的认证意见与上述认证意见相同。当然，原告赵某提交该部分证据的目的在于证明被诉行政行为不具有合法性，而被告西城区政府和被告北京市政府提交证据的目的在于证明被诉行政行为具有合法性，至于被诉行政行为是否具有合法性，系本案合法性审查的对象，在此不予评判。原告赵某提交的证据 3、4、5 系其在申请行政复议过程中提交的听证申请材料，与行政复议程序的合法性具有关联性，且被告对该 3 份证据的真实性、合法性未提出异议，本院对该 3 份证据予以采信。原告赵某提交的其他证据与本案不具有关联性，本院不予采纳。

本院根据上述合法有效的证据以及当事人的相关陈述，查明如下事实：

被告西城区政府为进行北京市西城区百万庄北里居民住房改善工程建设，于 2014 年 1 月 17 日作出《征收决定》，决定对“北至车公庄大街，南至百万庄南街，东至百万庄居住区，西至三里河路”范围内的房屋及其附属物实施征收。该决定在征收范围内进行了公告。对该《征收决定》，杨甲曾于2014年向北京市第二中级人民法院提起行政诉讼，请求撤销该《征收决定》。北京市第二中级人民法院经审理，于2014年8月26日作出（2014）二中行初字第590号行政判决，判决驳回杨甲要求撤销该《征收决定》的诉讼请求。杨甲不服该一审判决，上诉至北京市高级人民法院。北京市高级人民法院经审理，认定该《征收决定》合法有据，一审判决正确，故作出（2014）高行终字第3183号行政判决，驳回上诉，维持（2014）二中行初字第590号行政判决。

北京市西城区人民政府房屋征收办公室（以下简称西城区政府房屋征收办公室）于2013年10月16日发布《北京市西城区关于百万庄北里居民住房改善旧城改建房屋征收项目公开选择房地产评估机构的报名通知》。2013年10月22日，西城区政府房屋征收办公室发布《关于百万庄北里居民住房改善旧城改建房屋征收项目公开选定房地产价格评估机构相关事宜的通知》。由于未能通过协商方式选定评估机构，2013年10月25日，西城区政府房屋征收办公室发布《关于百万庄北里居民住房改善工程旧城改建房屋征收项目公开选定房地产价格评估机构协商结果及投票相关事宜的通知》，决定通过投票方式选定评估机构。由于未能通过投票方式选定评估机构，2013年10月28日，西城区政府房屋征收办公室发布《关于百万庄北里居民住房改善工程旧城改建房屋征收项目公开选定房地产价格评估机构投票结果及摇号相关事宜的通知》，通知被征收人代表参加公开摇号选定评估机构。2013年10月30日，西城区政府房屋征收办公室发布《关于百万庄北里居民住房改善项目公开选定房地产价格评估机构结果的公告》，公告通过公开摇号的方式，确定由盛华翔伦评估公司等3家房地产价格评估机构承担涉案项目评估工作。盛华翔伦评估公司具有《中华人民共和国房地产价格评估机构资质证书》，资质等级为一级。

本案涉及的北京市西城区百万庄北里×楼×门×号房屋系第三人西城区房管中心的直管公房，由原告赵某承租。据《北京市公有住宅租赁合同》记载，该房屋的“总使用面积为17.8平方米，其中居室1间13.4平方米”。该房屋位于上述征收范围内。该址户籍状况为1户5人，户主为原告赵某的妻子南某。原告赵某的户籍不在该房屋内。2014年2月20日，盛华翔伦评估公司就涉案房屋出具盛房征估字〔2013〕第055号－1－1－09－1《北京市国有土地上住宅房屋征收评估报告》及附表《百万庄北里居民住房改善旧城改建房屋征收评估结果通知单》，并于2014年3月20日送达第三人西城区房管中心。2014年2月20日，盛华翔伦评估公司就涉案房屋出具盛房征估字〔2013〕第055号－1－1－09－2《北京市国有土地上住宅房屋征收评估报告》及附表《百万庄北里居民住房改善旧城改建房屋征收评估结果通知单》。上述两份《北京市国有土地上住宅房屋征收评估报告》均记载：涉案房屋建筑面积为23.73平方米，用途为住宅，被征收人（房屋所有权人）为西城区房管中心，公房承租人为赵某，价值时点为2014年1月17日；估价对象在价值时点的评估价款总额为1330031元，其中被征收房屋重置成新评估价款为14367元，被征收房屋扣除重置成新价款后的补偿价值为1315664元。据被告西城区政府提交的《评估报告送达回执》记载，上述盛房征估字〔2013〕第055号-1-1-09-2《北京市国有土地上住宅房屋征收评估报告》已于2014年3月24日向原告赵某送达，送达地点为西城区百万庄北里×号楼×单元×号。但该《评估报告送达回执》“受送达人（签字）”一栏为空白。在庭审中，原告赵某对该《评估报告送达回执》提出异议，称其未收到盛房征估字〔2013〕第055号-1-1-09-2《北京市国有土地上住宅房屋征收评估报告》。另据被告西城区政府提交的《谈话笔录》记载，西城区政府房屋征收办公室工作人员先后于2014年6月12日和同年10月28日组织谈话，赵某在第一次谈话过程中明确表示其未收到盛房征估字〔2013〕第055号-1-1-09-2《北京市国有土地上住宅房屋征收评估报告》，在第二次谈话过程中表示其收到了评估报告。在本案诉讼期间，原告赵某对该两份《谈话笔录》记载的内容不予认可。

2015年1月4日，西城区政府房屋征收办公室向西城区政府提交《房屋征收补偿决定申请书》。2015年3月27日，西城区政府作出《征补决定》并向赵某送达。2015年3月29日，西城区政府将《征补决定》送达西城区房管中心。

原告赵某因不服《征补决定》，于2015年5月28日向被告北京市政府申请行政复议，请求撤销《征补决定》并责令西城区政府重新作出决定。2015年6月，赵某提交听证申请书。在行政复议期间，北京市政府认为，被申请人西城区政府仅向西城区房管中心和赵某送达了《征补决定》，而未向南某送达《征补决定》，该《征补决定》未生效，而案件审理需以《征补决定》生效为前提，故依据《中华人民共和国行政复议法实施条例》第四十一条第一款第（八）项的规定，于2015年7月22日作出《行政复议中止通知书》，决定自2015年7月22日起中止行政复议，待《征补决定》生效后恢复审理。2015年9月8日，北京市政府作出《第三人参加行政复议通知书》，通知西城区房管中心作为第三人参加行政复议。2015年9月10日，北京市政府作出《第三人参加行政复议通知书》，通知南某作为第三人参加行政复议。2015年11月25日，北京市政府作出《行政复议恢复审理通知书》，决定恢复行政复议案件的审理。2015年11月26日，北京市政府作出《复议决定》。

本院认为：《国有土地上房屋征收与补偿条例》第二十六条规定，房屋征收部门与被征收人在征收补偿方案确定的签约期限内达不成补偿协议的，由房屋征收部门报请作出房屋征收决定的市、县级人民政府依照本条例的规定，按照征收补偿方案作出补偿决定，并在房屋征收范围内予以公告。据此，被告西城区政府具有作出被诉《征补决定》的法定职权。

《国有土地上房屋征收与补偿条例》第二十条第一款规定，房地产价格评估机构由被征收人协商选定；协商不成的，通过多数决定、随机决定等方式确定，具体办法由省、自治区、直辖市制定。据此，北京市政府制定了《北京市国有土地上房屋征收与补偿实施意见》，该意见第五条规定，房屋征收部门发布暂停公告后，可以委托房屋征收实施单位或属地街道办事处（乡镇人民政府）组织被征收人在规定期限内协商选定房地产价格评估机构；协商不成的，根据多数被征收人意见确定；若无法形成多数意见，则由房屋征收部门通过公开摇号的方式随机选定，结果应当在征收范围内公布。北京市住房和城乡建设委员会依据上述规定制定了更为详细的《北京市国有土地上房屋征收房地产价格评估机构选定办法》，作为本市国有土地上房屋征收房地产价格评估机构选定工作的适用依据。本案中，通过公开摇号方式选定了评估机构，选定结果亦在征收范围内公布，房屋征收房地产价格评估机构选定程序符合上述规定。

根据《国有土地上房屋征收与补偿条例》第十九条第一款和第二款的规定，对被征收房屋价值的补偿，不得低于房屋征收决定公告之日被征收房屋类似房地产的市场价格；被征收房屋的价值，由具有相应资质的房地产价格评估机构按照房屋征收评估办法评估确定；对评估确定的被征收房屋价值有异议的，可以向房地产价格评估机构申请复核评估；对复核结果有异议的，可以向房地产价格评估专家委员会申请鉴定。本案中，被告西城区政府提交的证据能够证明盛华翔伦评估公司对原告赵某承租的涉案被征收房屋进行了评估并出具了盛房征估字〔2013〕第055号－1－1－09－2《北京市国有土地上住宅房屋征收评估报告》，被告西城区政府在诉讼中亦主张该评估报告已在其作出被诉《征补决定》之前送达原告赵某。根据《中华人民共和国行政诉讼法》第三十四条的规定，被告西城区政府应当在法定举证期限内提供证据证明该评估报告送达原告赵某的事实。为证明该事实，被告西城区政府提交了相应的《评估报告送达回执》作为证据，但该《评估报告送达回执》“受送达人（签字）”一栏为空白，且原告赵某在诉讼中对该《评估报告送达回执》提出异议，称其未收到盛房征估字〔2013〕第055号－1－1－09－2《北京市国有土地上住宅房屋征收评估报告》。同时，据被告西城区政府提交的《谈话笔录》记载，在西城区政府房屋征收办公室工作人员组织谈话过程中，赵某亦曾表示其未收到盛房征估字〔2013〕第055号－1－1－09－2《北京市国有土地上住宅房屋征收评估报告》。基于上述情况，被告西城区政府在作出被诉《征补决定》之前理应对涉案被征收房屋的评估报告是否已实际送达赵某以及赵某是否在规定期限内申请复核评估等情况予以核实。被告西城区政府未经进一步调查核实即认定评估报告已送达赵某并将评估报告作为作出《征补决定》的依据，尚缺乏充分确凿的证据支持，对该《征补决定》，依法应予撤销。

根据《中华人民共和国行政诉讼法》第七十九条的规定，复议机关与作出原行政行为的行政机关为共同被告的案件，人民法院应当对复议决定和原行政行为一并作出裁判。本案中，因对西城区政府作出的《征补决定》依法应予撤销，故对北京市政府作出的《复议决定》亦应一并予以撤销。

综上，对于原告赵某提出的要求撤销西城区政府所作《征补决定》和北京市政府所作《复议决定》的诉讼请求，本院依法予以支持。依照《中华人民共和国行政诉讼法》第七十条第（一）项、第七十九条之规定，判决如下：

一、撤销北京市西城区人民政府于二零一五年三月二十七日作出的西政房征补字（2014）第121号《房屋征收补偿决定书》；

二、撤销北京市人民政府于二零一五年十一月二十六日作出的京政复字〔2015〕515号《行政复议决定书》。

案件受理费50元，由被告北京市西城区人民政府和北京市人民政府共同负担（于本判决生效后7日内交纳）。

如不服本判决，各方当事人可于本判决书送达之日起十五日内向本院提交上诉状，并按对方当事人人数提交上诉状副本，上诉于北京市高级人民法院。

审 判 长　　陈良刚
审 判 员　　张立鹏
审 判 员　　张　岩
二〇一六年十一月二十三日
法官助理　　苏美夏
书 记 员　　高晶晶

58

公平补偿标准在房屋征收补偿案件中的应用

——姜爱某不服北京市西城区人民政府征收补偿决定案

【裁判要旨】房屋征收补偿决定关涉被征收人的重大财产利益，对于房屋征收补偿决定的合法性，人民法院应当坚持全面的合法性审查原则。征收补偿方案对被征收人的房屋情况应结合实际情况充分考虑被征收人的权益。对于行政机关依照相关法律规范，保障了被征收人的合法权益的，人民法院依法应予支持。

北京市第四中级人民法院

行政判决书

（2015）四中行初字第304号[①]

原告姜爱某，住北京市西城区。

委托代理人郭广平，北京市华泰律师事务所律师。

委托代理人郭春平，北京市盈科律师事务所律师。

被告北京市西城区人民政府，住所地北京市西城区。

法定代表人王少峰，区长。

委托代理人申玉柱，北京市西城区房屋管理局干部。

委托代理人高洁馨，北京市西城区人民政府干部。

第三人中国工商银行股份有限公司北京南礼士路支行，住所地北京市西城区。

法定代表人谢一平，行长。

委托代理人李嘉，住北京市西城区。

---

① 该案判决作出后，原告不服向北京市高级人民法院提起上诉，二审法院经审理，判决驳回上诉，维持一审判决，参见（2015）高行终字第3302号行政判决书。

委托代理人窦海昆，住北京市西城区。

原告姜爱某不服被告北京市西城区人民政府（以下简称西城区政府）作出的西政房征补字（2014）第115号《北京市西城区人民政府房屋征收补偿决定书》（以下简称被诉征补决定），向本院提起行政诉讼。本院于2015年4月21日受理后，于2015年4月23日向被告送达了起诉状副本及应诉通知书，并依法通知中国工商银行股份有限公司北京南礼士路支行作为本案第三人参加诉讼。本院依法组成合议庭，于2015年5月18日、7月16日公开开庭审理了本案。原告委托代理人郭广平、郭春平，被告委托代理人申玉柱、高洁馨，第三人委托代理人李嘉、窦海昆到庭参加诉讼。本案现已审理终结。

被告于2014年11月21日作出被诉征补决定，主要内容为：西城区政府因百万庄北里居民住房改善项目建设需要房屋征收，该项目立项主体是北京天恒房地产股份有限公司。西城区政府于2014年1月17日作出了《北京市西城区人民政府房屋征收决定》（西政房征字〔2014〕第1号），并在征收范围内进行了公告。房屋征收范围如下：北至车公庄大街，南至百万庄南街，东至百万庄居住区，西至三里河路，具体门牌号为百万庄南里1—9号楼、甲9号、南里地科院西平房6号、南里2号楼平房1—4号、南里4号楼南侧住总宿舍平房、黄瓜园平房1、2号；三里河路36号楼、三里河路甲36号楼；百万庄北里1—13号楼、甲9号、甲10号；车公庄大街18号、20号楼，签约日期为2014年1月17日至2014年2月16日。第三人姜爱某在征收范围内北京市西城区三里河路×号×单元×号承租被征收人中国工商银行股份有限公司北京南礼士路支行自管成套公房2居，建筑面积52.16平方米。现场户籍情况：1户2人，即户主姜爱某、之夫王某。经北京宝孚房地产评估事务所有限公司评估，该处房屋市场评估价款为人民币2261542元，其中重置成新评估价款为41363元，评估报告已送达。被征收人及第三人在房屋征收决定确定的签约期限内并未达成补偿协议，西城区政府根据《国有土地上房屋征收与补偿条例》第四条、第二十一条、第二十二条、第二十五条、第二十六条、第二十七条、第二十八条，并参照《关于国有土地上房屋征收与补偿中有关事项的通知》（京建法〔2012〕19号）之规定，决定：一、给付被征收人中国工商银行股份有限公司北京南礼士路支行房屋重置成新价款41363元。二、第三人姜爱某可以选择货币补偿或者房屋安置。1. 选择房屋安置，自补偿决定书送达之日起六十日内提出书面申请，按照《百万庄北里居民住房改善项目房屋征收补偿方案》回购三居室一套，同时领取其他各项补助费用。逾期未提出申请，予以货币补偿。2. 选择货币补偿的，给付第三人姜爱某被征收房屋扣除重置成新价款后的补偿价值2220179元，其他各项补助费按照《百万庄北里居民住房改善项目房屋征收补偿方案》确定。征收补偿费用专户存储、专款专用。三、被征收人中国工商银行股份有限公司北京南礼士路支行及第三人姜爱某一家自本决定书送达之日起十五日内完成搬迁，将北京市西城区三里河路×号楼×单元×号房屋腾空，交西城区政府拆除，未经登记的建筑一并拆除。第三人姜爱某一家应搬至房山区阎村镇百合路×号院×楼×单元×号两居室一套内临时周转。

被告在法定期限内向本院提交如下证据：

1. 北京市西城区发展和改革委员会关于百万庄北里居民住房改善项目核准的批复；2. 北京市规划委员会西城分局关于百万庄北里居民住房改善项目规划意见的函；3. 关于北京天恒房地产股份有限公司西城区百万庄北里居民住房改善建设项目用地的预审意见；4. 西政房征字〔2014〕第1号《北京市西城区人民政府房屋征收决定》及公示；5. 百万庄北里居民住房改善项目房屋征收补偿方案，证据1—5证明征收决定和补偿的合法性；6. 北京市西城区关于百万庄北里居民住房改善旧城改建房屋征收项目公开选择房地产评估机构的报名通知及公示；7. 关于百万庄北里居民住房改善旧城改建房屋征收项目公开选定房地产价格评估机构相关事宜的通知及公示；8. 关于百万庄北里居民住房改善工程旧城改建房屋征收项目公开选定房地产价格评估机构协商结果及投票相关事宜的通知及公示；9. 关于百万庄北里居民住房改善工程旧城改建房屋征收项目公开选定房地产价格评估机构投票结果及摇号相关事宜的通知及公示；10. 关于百万庄北里居民住房改善项目公开选定房地产价格评估机构结果的公告及公示；11. 北京宝孚房地产评估事务所有限公司企业法人营业执照、资质证书及房地产估价师资格证书，证据6—11证明房屋征收评估机构选定过程的合法性；12. 资金证明，证明项目的征收补偿款已到位，可以用于该项目的征收补偿工作；13. 西城区定向安置房调拨单（周转用房），证明定向安置房周转情况；14. 住户户籍情况及情况说明；15. 房屋所有权证及租赁协议；16. 北京市国有土地上住宅房屋征收评估报告及送达回执，证据14—16证明被征收人事实情况；17. 协商谈话记录；18. 房屋征收谈话通知单、谈话笔录；19. 房屋征收补偿申请书；20. 征收补偿安置方案；21. 被诉征补决定及送达回证；22. 更正说明及送达回证；23. 关于天恒乐活城项目部分房源用于西城区百万庄北里居民住房改善项目裁决房有关情况的说明，证据17—23证明被诉征补决定作出过程的合法性；24. 京政复字〔2015〕258号《北京市人民政府行政复议决定书》，证明复议维持了本案被诉征补决定。

原告诉称：被诉征补决定第二项内容违法，对原告选择补偿方式进行了时间上的限制，侵害了原告合法权益；产权调换房屋价值没有确定，仅说明回购三居室一套，房屋面积、价值等均未确定，也无法结算差价，违反《国有土地上房屋征收与补偿条例》的相关规定；被诉征补决定依据的评估报告违法，被告对涉案房屋的装修、设备及附属物评估价值的确定违法，涉案房屋评估结果严重背离市场价值。综上，请求依法撤销被诉征补决定。

原告向本院提交如下证据：1. 被诉征补决定，证明本案被诉行政行为；2. 京政复字〔2015〕258 号《行政复议决定书》，证明被诉征补决定经复议后维持；3. 人民银行百万庄分理处与原告签订的房屋置换协议，证明原告对被征收房屋具有合法使用权；4. 宿舍住房证明 508 号，证明原告对被征收房屋具有合法使用权；5.《北京市国有土地上住宅房屋征收评估报告》，证明对原告房屋的评估情况；6. 同城速递业务详情单及查询单，证明 2015 年 4 月 7 日签收复议决定，同年 4 月 21 日起诉符合法律规定。

被告辩称，其在作出被诉征补决定过程中充分保护了被征收人及第三人合法权益，认定事实清楚，程序合法，适用法律法规正确，请求法院予以维持。

第三人对被诉征补决定无异议，未向本院提交证据材料。

经庭审质证，本院对当事人提交的证据作如下确认：原告提供的证据，被告提供的证据 1—16、21—24 具备真实性、合法性及与本案的关联性，本院予以采信；被告提供的证据 17—20 不具有合法性，本院不予采信。

经审理查明：被告于 2014 年 1 月 17 日作出西政房征字〔2014〕第 1 号《北京市西城区人民政府房屋征收决定》，决定对东至百万庄居住区，西至三里河路，南至百万庄南街，北至车公庄大街范围内的房屋及其附属物实施征收，该决定在征收范围内进行了公告。

西城区政府房屋征收办公室于 2013 年 10 月 16 日发布《北京市西城区关于百万庄北里居民住房改善旧城改建房屋征收项目公开选择房地产评估机构的报名通知》。2013 年 10 月 22 日，西城区政府房屋征收办公室发布《关于百万庄北里居民住房改善旧城改建房屋征收项目公开选定房地产价格评估机构相关事宜的通知》。由于未能通过协商方式选定评估机构，2013 年 10 月 25 日，西城区政府房屋征收办公室发布《关于百万庄北里居民住房改善工程旧城改建房屋征收项目公开选定房地产价格评估机构协商结果及投票相关事宜的通知》，决定通过投票方式选定评估机构。由于未能通过投票方式选定评估机构，2013 年 10 月 28 日，西城区政府房屋征收办公室发布《关于百万庄北里居民住房改善工程旧城改建房屋征收项目公开选定房地产价格评估机构投票结果及摇号相关事宜的通知》，通知被征收人代表参加公开摇号选定评估机构。2013 年 10 月 30 日，西城区政府房屋征收办公室发布《关于百万庄北里居民住房改善项目公开选定房地产价格评估机构结果的公告》，公告通过公开摇号的方式，确定由北京盛华翔伦房地产土地评估有限责任公司、北京宝孚房地产评估事务所有限公司、北京华信房地产评估有限公司承担涉案项目评估工作。对涉案房屋进行评估的北京宝孚房地产评估事务所有限公司具有《中华人民共和国房地产价格评估机构资质证书》，资质等级为一级。

坐落于北京市西城区三里河路×号楼×单元×号房屋，所有权人为中国工商银行股份有限公司北京南礼士路支行，建筑面积52.16平方米，该房屋位于征收范围内，原告系该房屋承租人。2014年1月18日，北京宝孚房地产评估事务所有限公司对被征收房屋作出北京宝孚〔2013〕估（征）字第003号－02－040《北京市国有土地上住宅房屋征收评估报告》（以下简称《评估报告》），并于2014年3月17日向原告送达。2014年11月21日，被告作出被诉征补决定并于2014年12月15日向原告留置送达。2015年3月24日，被告针对被诉征补决定作出更正说明，并于同年3月29日向原告留置送达。原告不服，向北京市人民政府申请行政复议，北京市人民政府于2015年3月31日作出京政复字〔2015〕258号《行政复议决定书》，维持了本案被诉征补决定。

本院认为：《国有土地上房屋征收与补偿条例》第二十六条规定，房屋征收部门与被征收人在征收补偿方案确定的签约期限内达不成补偿协议的，由房屋征收部门报请作出房屋征收决定的市、县级人民政府依照本条例的规定，按照征收补偿方案作出补偿决定，并在房屋征收范围内予以公告。据此，被告具有作出被诉征补决定的法定职权。

《国有土地上房屋征收与补偿条例》第二十条第一款规定，房地产价格评估机构由被征收人协商选定；协商不成的，通过多数决定、随机决定等方式确定，具体办法由省、自治区、直辖市制定。据此，北京市人民政府制定了《北京市国有土地上房屋征收与补偿实施意见》，该意见第五条规定，房屋征收部门发布暂停公告后，可以委托房屋征收实施单位或属地街道办事处（乡镇人民政府）组织被征收人在规定期限内协商选定房地产价格评估机构；协商不成的，根据多数被征收人意见确定；若无法形成多数意见，则由房屋征收部门通过公开摇号的方式随机选定，结果应当在征收范围内公布。北京市住房和城乡建设委员会依据上述规定制定了更为详细的《北京市国有土地上房屋征收房地产价格评估机构选定办法》，作为本市国有土地上房屋征收房地产价格评估机构选定工作的适用依据。本案中，通过公开摇号方式选定了评估机构，选定结果亦在征收范围内公布，房屋征收房地产价格评估机构选定程序符合上述规定。

《国有土地上房屋征收与补偿条例》第十九条第二款规定，对评估确定的被征收房屋价值有异议的，可以向房地产价格评估机构申请复核评估。对复核结果有异议的，可以向房地产价格评估专家委员会申请鉴定。《国有土地上房屋征收评估办法》第二十条规定，被征收人或者房屋征收部门对评估结果有异议的，应当自收到评估报告之日起10日内，向房地产价格评估机构申请复核评估。第二十二条规定，被征收人或者房屋征收部门对原房地产价格评估机构的复核结果有异议的，应当自收到复核结果之日起10日内，向被征收房屋所在地评估专家委员会申请鉴定。本案中，原告收到评估报告后，于法定期限内并未向房地产价格评估机构申请复核评估。被征收房屋评估报告系具有房地产价格评估资质的评估机构出具并有专业估价师签字，评估时点与房屋征收决定公告之日一致，评估过程并不违反相关规定。该评估报告可以作为被诉征补决定的依据。

《国有土地上房屋征收与补偿条例》第二十六条规定，补偿决定应当公平，包括补偿方式、补偿金额和支付期限、用于产权调换房屋的地点和面积、搬迁费、临时安置费或者周转用房、停产停业损失、搬迁期限、过渡方式和过渡期限等事项。该条例第二十一条规定，被征收人可以选择货币补偿，也可以选择房屋产权调换。被征收人选择房屋产权调换的，市、县级人民政府应当提供用于产权调换的房屋，并与被征收人计算、结清被征收房屋价值与用于产权调换房屋价值的差价。第二十二条规定，因征收房屋造成搬迁的，房屋征收部门应当向被征收人支付搬迁费；选择房屋产权调换的，产权调换房屋交付前，房屋征收部门应当向被征收人支付临时安置费或者提供周转用房。《北京市住房和城乡建设委员会关于国有土地上房屋征收与补偿中有关事项的通知》第七条规定，公房承租人在房屋征收决定公告发布之日起20日内未能按照房改政策购买所承租公房且与房屋所有权人未协商一致的，区、县房屋征收部门对房屋所有权人按照重置成新价款进行补偿，对公房承租人按照征收补偿方案确定的房屋价值补偿总额扣除房屋重置成新价款后的部分进行补偿，由区、县房屋征收部门分别与房屋所有权人和公房承租人签订补偿协议；公房承租人也可以按照征收补偿方案选择房屋安置，取得的补偿款与房屋安置的购房款之间的差额由公房承租人承担。在征收补偿方案确定的签约期限内，公房承租人未达成协议的，区、县房屋征收部门报请区、县人民政府作出补偿决定。该通知第二十八条规定，补偿决定应当包括征收人、被征收人或者公房承租人的基本情况、房屋征收补偿方式、补偿金额和支付期限、用于产权调换或者定向安置房屋的地点和面积、搬迁费、临时安置费或者周转用房、停产停业损失补偿费、搬迁期限、过渡方式和过渡期限及行政复议、行政诉讼权利等内容。本案中，因作为公房承租人的原告未能按照房改政策购买所承租的公房，且与作为被征收房屋产权人的本案第三人未协商一致，被告在被征收人、承租人、房屋征收部门达不成补偿协议的情况下，作出被诉征补决定，对被征收人按照房屋重置成新价款进行补偿，对原告按照房屋价值补偿总额扣除房屋重置成新价款后的部分进行货币补偿，并明确了各项补助费按征收补偿方案确定，同时给予原告根据征收补偿方案选择房屋安置的权利，并提供临时周转用房。被诉征补决定的内容与作出程序并不违反《国有土地上房屋征收与补偿条例》及相关规定。

本案中，北京市房屋登记表记载显示，原告承租房屋用途为办公用房，被告根据原告承租房屋实际用于居住的事实，按照征补方案规定的住宅类型成套房屋标准确定原告回迁安置房屋的选择区间，保障了原告房屋安置的合法权益，本院不持异议。因用于回迁安置的住房尚未建成，且征补方案提供了按“先签先选”原则签约选房的区间，故被诉征补决定将房屋安置的具体内容指向征补方案中与被征收房屋建筑面积区间相对应的回迁房屋选房面积区间，并无不当。原告要求按照非成套房屋回迁安置选房标准予以安置，缺乏事实及法律依据，本院不予支持。

综上，本案被诉征补决定认定事实清楚，适用法规正确，符合法定程序。原告请求判令撤销被诉征补决定的诉讼请求本院不予支持。依照《中华人民共和国行政诉讼法》第六十九条之规定，判决如下：

驳回原告姜爱某请求撤销被告北京市西城区人民政府所作西政房征补字（2014）第115号《北京市西城区人民政府房屋征收补偿决定书》的诉讼请求。

案件受理费50元，由原告姜爱某负担（已交纳）。

如不服本判决，可在判决书送达之日起十五日内，向本院递交上诉状，并按对方当事人人数递交上诉状副本，上诉于北京市高级人民法院。

审 判 长　霍振宇
审 判 员　武　楠
审 判 员　贾　毅
二〇一五年七月十七日
法官助理　戴　蕾
书 记 员　张媛媛

59

被征收房屋建筑面积的认定应按照房屋所有权证记载的建筑面积确定

——范来某诉北京市西城区人民政府行政答复案

【裁判要旨】征收补偿方案关涉被征收人的重大财产权益，对被征收人征收房屋的面积，依据《北京市关于国有土地上房屋征收与补偿中有关事项的通知》第一条第（二）项规定，被征收房屋建筑面积的认定，按照房屋所有权证记载的建筑面积确定。对不具有不动产登记职责的机构出具的房屋所有权证，不具有否定房屋权属证书的效力，人民法院不予支持。

北京市第四中级人民法院

行政判决书

（2016）京04行初590号①

原告范来某，住北京市西城区。

委托代理人薄纯清，北京市盛廷律师事务所律师。

被告北京市西城区人民政府，住所地北京市西城区。

法定代表人王少峰，区长。

委托代理人廉玮，北京市西城区菜园街及枣林南里棚户区改造项目指挥部工作人员。

委托代理人于婧思，北京康达律师事务所律师。

原告范来某不服被告北京市西城区人民政府（以下简称西城区政府）《关于白纸坊中里×号楼×单元×室面积问题的处理意见》（以下简称《处理意见》），于2016年4月21日向本院提起行政诉讼。本院于2016年5月3日立案后，于2016年

① 本案判决作出之后，双方当事人均未上诉，判决已生效。

5 月 5 日向被告送达了起诉状副本及应诉通知书。本院依法组成合议庭，于 2016 年 6 月 15 日公开开庭审理了本案，原告范来某及委托代理人薄纯清，被告西城区政府的委托代理人廉玮、于婧思到庭参加诉讼。本案现已审理终结。

菜园街及枣林南里棚户区改造指挥部（以下简称指挥部）于 2016 年 1 月 11 日作出《处理意见》，内容为：白纸坊中里 × 号楼 × 单元 × 室，该房屋所有权证标明的建筑面积为 58.1 平方米，其中含阳台建筑面积 4.55 平方米。经现场核查，该房屋阳台属自行搭建，非本楼原有结构，故对于该房屋的“阳台建筑面积 4.55 平方米”指挥部不予认可。

原告范来某诉称，原告系北京市宣武区白纸坊中里 × 号楼 × 单元 × 号的居民，被告西城区政府于 2016 年 3 月 19 日作出了编号为西政房征字〔2016〕第 2 号《北京市西城区人民政府房屋征收决定》（以下简称《征收决定》），对原告范来某所有的房屋实施征收，并由其成立指挥部负责房屋征收和补偿的具体实施工作。2016 年 1 月 11 日，指挥部作出的《处理意见》，对原告范来某京房权证优宣私字第 × 号《房屋所有权证》（以下简称《房屋所有权证》）载明的阳台面积（4.55 平方米）不予认可。《处理意见》违反了相关法律，严重侵犯原告范来某的合法权益，请求法院依法撤销指挥部 2016 年 1 月 11 日作出的《处理意见》，并承担本案诉讼费。

原告范来某在指定期限内向本院提供了以下证据：

1.《处理意见》，证明本案争议行政行为的存在；2.《房屋所有权证》，证明原告对该房屋拥有产权及房屋的面积；3.《征收决定》，证明被告对原告房屋实施征收；4.《菜园街及枣林南里棚户区改造项目房屋征收补偿方案》（以下简称《补偿方案》），证明该方案对房屋面积的认定是以《房屋所有权证》记载的建筑面积确定。

被告西城区政府辩称，指挥部出具的《处理意见》并非具体行政行为，亦并未对原告的合法权益产生实际影响，依法应当予以驳回。指挥部 2016 年 1 月 11 日作出的《处理意见》事实清楚、依据确实充分，并无不当。请求人民法院在查明事实的基础上，依法裁定驳回原告的起诉。

被告西城区政府在法定举证期限内向本院提交了以下证据：

1.《关于白纸坊中里 × 号楼 × 单元 × 室房屋的测绘面积核查函》，证明为核实原告房屋面积的情况，指挥部向房屋测绘机构发出面积核查函，核查正确房屋面积；2.《情况说明》；3.《房屋登记表》；4.《房产平面图》。证据 2—4 证明：第一，2016 年 1 月 8 日北京市西城区房地产测绘二所出具更正的《房屋登记表》及《房产平面图》，载明位于西城区白纸坊中里 × 号楼 × 单元 × 室的建筑面积为 53.55 平方米；第二，2016 年 1 月 8 日，北京市西城区房地产测绘二所出具的《情况说明》明确“涉案房屋登记的建筑面积58.1平方米，其中含阳台建筑面积4.55平方米，但该阳台为自行搭建，非该楼原有结构，故该4.55平方米的阳台面积不应计入有证房屋面积，该房屋建筑面积应为53.55平方米”。

经庭审质证，原告范来某对被告西城区政府提供证据的真实性和证明目的均不予认可，认为被告在征收补偿过程中没有向房屋测绘机构发出面积核查函这种权利，北京市西城区房地产测绘二所没有更正房屋面积职责和权利，该更正的权利并未送达原告，也没有与原告所拥有的产权证有任何关系，不能证明被告所陈述的内容。被告西城区政府对原告范来某提交的证据1、3、4的真实性、合法性、关联性均认可，对证据2的真实性认可，对证明目的不认可，认为该房产证是由房屋登记部门核发，但是对房屋测绘面积有证据证明测绘表登记面积有错误。

本院对上述证据认证如下：原告范来某提供的全部证据形式上符合最高人民法院《关于行政诉讼证据若干问题的规定》的规定，内容真实、合法，与本案具有关联性，可以作为认定相关事实的依据，本院予以采信。被告西城区政府提供的证据2—4与《房屋所有权证》登记内容不一致，本院不予采信。

经审理查明，原告是北京市西城区白纸坊中里×号楼×单元×号房屋的所有权人，证号京房权证优宣私字第×号，产别为私产，标明建筑面积58.10平方米，含阳台面积4.55平方米。负责菜园街及枣林南里棚户区改造项目的指挥部向北京市西城区房地产测绘二所发出《关于白纸坊中里×号楼×单元×室房屋的测绘面积核查函》，称在改造工程中多次接到居民反映原告所有的房屋建筑面积与同结构、同户型房屋的建筑面积差异较大，要求予以核查。北京市西城区房地产测绘二所于2016年1月8日对指挥部作出《情况说明》，称该房屋4.55平方米的阳台面积为自行搭建，不应计入房屋面积，该房屋建筑面积应为53.55平方米，并附更正后的《房屋登记表》和《房产平面图》。2016年1月11日，指挥部作出《处理意见》：经现场核查，该房屋阳台属自行搭建，非本楼原有结构，故对于该房屋的“阳台建筑面积4.55平方米”指挥部不予认可，并于同日在征收范围内张贴。原告范来某认为《处理意见》侵犯其合法权益，于2016年4月21日向本院提起行政诉讼。

另查，被告西城区政府于2016年3月19日作出《征收决定》，原告所有的房屋位于该项目征收范围内。

本院认为，关于《处理意见》是否属于行政诉讼受案范围的问题。《处理意见》将原告范来某房屋阳台认定为自行搭建，非本楼原有结构，并对阳台建筑面积4.55平方米不予认可，将其房屋补偿面积从58.1平方米变更为53.55平方米。这表明被告西城区政府将按照变更后的建筑面积与原告范来某签订房屋补偿协议或作出房屋补偿决定，对原告范来某按照《房屋所有权证》标明的面积获得征收补偿的权利造成了实际影响，故指挥部作出的《处理意见》属于行政诉讼受案范围。

关于本案适格被告的问题。被告西城区政府成立了指挥部，决定由指挥部负责房屋征收与补偿的具体实施工作，故指挥部以自己的名义作出的《处理意见》，应由被告西城区政府对外承担责任，同时本案双方当事人对此均无异议，故西城区政府系本案适格被告。

关于《处理意见》是否符合法律规定的问题。《北京市关于国有土地上房屋征收与补偿中有关事项的通知》第一条第（二）项明确“被征收房屋建筑面积的认定，按照房屋所有权证记载的建筑面积确定”。依据《不动产登记暂行条例》第七条的规定，不动产登记由不动产所在地的县级人民政府不动产登记机构办理；直辖市、设区的市人民政府可以确定本级不动产登记机构统一办理所属各区的不动产登记。北京市在《关于整合本市不动产登记职责的通知》中将北京市国土资源局确定为本市不动产登记机构，市、区县相关部门承担的土地、房屋、林地等不动产登记职责统一交由市国土局承担。本案中，北京市西城区白纸坊中里×号楼×单元×室房屋所有权证已标明的建筑面积为58.1平方米，其中含阳台建筑面积4.55平方米。根据指挥部的要求，北京市西城区房地产测绘二所于2016年1月8日出具了更正的《房屋登记表》、《房产平面图》以及《情况说明》，明确了“涉案房屋登记的建筑面积58.1平方米，其中含阳台建筑面积4.55平方米，但该阳台为自行搭建，非该楼原有结构，故该4.55平方米的阳台面积不应计入有证房屋面积，该房屋建筑面积应为53.55平方米”，指挥部即据此作出了认定该房屋阳台属自行搭建，非本楼原有结构，对于该房屋的“阳台建筑面积4.55平方米”不予认可的《处理意见》。但房屋权属证书是房产权利的有效证件，在涉案房屋权属证书登记内容未依法变更的情况下，北京市西城区房地产测绘二所出具的《房屋登记表》、《房产平面图》以及《情况说明》显然并不具有否定房屋权属证书的效力。故，指挥部作出的《处理意见》缺乏事实根据，亦与法律规定相悖，应予撤销。原告范来某要求撤销《处理意见》的诉讼请求，本院应予支持。

综上，依照《中华人民共和国行政诉讼法》第七十条第（一）项之规定，判决如下：

撤销被告北京市西城区人民政府菜园街及枣林南里棚户区改造指挥部二一六年一月十一日作出的《关于白纸坊中里×号楼×单元×室面积问题的处理意见》。

案件受理费50元，由被告北京市西城区人民政府负担（于本判决生效之日起七日内交纳）。

如不服本判决，可在判决书送达之日起十五日内提起上诉，向本院递交上诉状，并按对方当事人的人数递交上诉状副本，上诉于北京市高级人民法院。

审　判　长　　张立鹏
人民陪审员　　张桂荣
人民陪审员　　明常红
二〇一六年十月二十七日
法官助理　　李冬梅
书　记　员　　牛　然

60

公房承租变更案件中“在外无住房”时限的认定

——周美某不服北京市东城区人民政府作出的公房行政答复案

【裁判要旨】《北京市公有住宅租赁合同》第七条规定，租赁期限内，乙方外迁或死亡，乙方同一户籍共同居住两年以上，又无其他住房的家庭成员愿意继续履行原合同，其他家庭成员又无异议的，可以办理更名手续。一般而言，有资格提出异议的“其他家庭成员”也应符合与原承租人同一户籍、共同居住两年以上、无其他住房等条件。如果其他家庭成员在申请人提出变更承租人申请时有其他住房，而在公房管理机构因审查该申请需要征求其意见时通过协议离婚方式对住房予以处置并形成无房状态的，通常不应认可该家庭成员对变更承租人申请提出异议的资格。

北京市第四中级人民法院
行政判决书

（2017）京04行初354号①

原告周美某，住北京市东城区。

委托代理人钟细彬，天津瀚洋律师事务所北京分所律师。

被告北京市东城区人民政府，住所地北京市东城区。

法定代表人李先忠，区长。

委托代理人李磊，北京市东城区房屋土地经营管理一中心东四分中心工作人员。

委托代理人田雨，北京市东城区房屋土地经营管理一中心东四分中心管理所长。

① 本案判决作出之后，双方当事人均未上诉，判决已生效。

第三人段其某，住北京市东城区。

委托代理人单正宏，北京市邦盛律师事务所律师。

原告周美某（以下简称原告）因不服被告北京市东城区人民政府（以下简称被告）下属的北京市东城区房屋土地经营管理一中心东四分中心（以下简称东四分中心）作出的公房行政答复，向本院提起行政诉讼。本院于 2017 年 3 月 21 日立案后向被告送达了起诉状副本及应诉通知书。本院依法组成合议庭，于 2017 年 4 月 26 日公开开庭审理了本案。原告的委托代理人钟细彬，被告的委托代理人李磊、田雨，第三人段其某（以下简称段其某）及其委托代理人单正宏到庭参加诉讼。本案现已审理终结。

被告于 2017 年 3 月 9 日作出《关于周美某申请变更承租人的答复》（以下简称被诉答复），针对原告提出申请将北京市东城区东四铁营南巷 × 号 ×1、×2 号北房变更承租人申请，作出如下答复：经我单位工作人员调查核实，与原承租人同一户籍共有两人，原承租人之妻周美某，原承租人之子段其某，您与段其某先后分别向我分中心提出更名申请，并分别提供院内相邻住户证人证言都证明各自在原承租人段世某去世之前与原承租人共同居住两年以上，经我单位工作人员下户核实，院内相邻住户均表示证明材料内所写内容为真实意思表示，且双方无房证明也显示双方他处均无其他住房。因家庭成员之间存在异议，不符合《北京市公有住宅租赁合同》第七条“其他家庭成员无异议的，可以办理更名手续”之规定，故不能为您办理变更承租人的手续，待双方达成意见共识之后再行办理。

原告诉称：原告与段士某于 1988 年结婚，段士某（曾用名段世某）与东四分中心签订《公有住宅租赁合同》，约定由段士某作为北京市东城区铁营南巷 × 号房屋的承租人。夫妻俩的户口落到该房处，一直居住至今。2015 年 8 月 11 日，段士某去世，原告作为其唯一的共同居住人，又无其他住所，所以在 2015 年 12 月多次向被告申请变更北京市东城区铁营南巷 × 号房屋承租人为原告，但是被告以原告的继子段其某不同意变更为理由不予批准。但是经调查得知，段其某在朝阳区有私房 2 套，且其未在涉诉公房处长期居住。综上，被告的答复严重损害了原告的合法权益。故请求法院依法撤销东四分中心于 2017 年 3 月 9 日作出的被诉答复，判令被告重新作出答复。

原告在法定期限内提交如下证据：

1. 录音，用以证明在 2015 年 12 月 21 日，原告在被告处当场申请变更承租人，被告不同意。

2. 邮寄回执单及接收情况，用以证明原告撤诉后，在 2016 年 2 月 4 日申请变更申请人。

3. 离婚证、离婚协议、房本，用以证明被告在接收原告口头和书面申请后，找到段其某，问其意见，其不同意变更承租人，并在2016年3月1日假离婚，将夫妻共有财产都转移到妻子李俊某名下，而被告在明知道段其某有其他住房的情形下，依旧不同意变更承租人。

4. 证人证言，用以证明被告调查了4个邻居，证人都证明原告在涉诉房屋居住几十年。

5. 东四街道社区保障事务所证明，用以证明原告为无社会保障人员，经济困难。

6.（2016）京04行初822号行政判决书，用以证明北京市第四中级人民法院已经撤销被告不予变更承租人的答复，并要求被告重新作出答复。

7. 被诉答复、结案通知书，用以证明被告逾期重新作出答复，原告通过北京市第四中级人民法院强制执行，被告才作出答复，属违法行为。

8. 东四派出所证明信，用以证明原告与段士某系夫妻关系，户口也在涉案房屋中，有权成为房屋承租人。

被告辩称：对于原告提出的更名申请，经核实，原承租人段士某之子即同一户籍共居人段其某表示不同意将涉案公房变更到其继母周美某的名下，提交了书面不同意更名情况说明，并提供了相关证据材料，周美某和段其某提交的院内证人证言显示双方均与原承租人长期居住在涉案房屋内。因段其某作为符合条件的其他家成员有异议，所以东四分中心不能为原告办理更名手续。东四分中心作出的答复适用依据正确，符合法律规定，故请求法院依法驳回原告的诉讼请求。

被告在法定期限内向本院提交如下证据：

1. 北京市公有住宅租赁合同，用以证明段士某承租的铁营南巷×号房屋是被告直管公房。

2. 原承租人户口本，用以证明同一户籍家庭成员关系。

3. 原承租人死亡证明，用以证明段士某去世的时点。

4. 共居人身份证复印件，用以证明段其某身份。

5. 共居人不同意变更人承租人情况说明，用以证明段其某向东四分中心提交关于周美某变更承租人的意见。

6. 段其某更名申请，用以证明段其某向东四分中心申请变更涉案房屋承租权。

7. 共居人长期居住证明，用以证明段其某长期在院内居住。

8. 段其某院内居民证人证言及东四分中心工作人员调查询问笔录，用以证明对段其某居住涉案公房时点的补充证明。

9. 共居人无房证明，用以证明段其某没有享受过单位的福利分房。

10. 段其某离婚证复印件，用以证明段其某已经离异。

11. 段其某离婚协议，用以证明段其某在离婚的时点对其夫妻名下的财产分割情况。

12. 段其某前妻房产证复印件，用以证明离婚协议中提及房产证明。

13. 被诉答复，用以证明被告已经对原告的申请重新作出答复。

14. 关于段其某申请变更承租人的答复，用以证明被告也对段其某的更名申请作出了答复。

第三人段其某述称，支持被告作出的被诉答复，请求法院驳回原告的诉讼请求。

段其某向本院提交如下证据：

1. 北京市公有住宅租赁合同，用以证明2000年4月11日段其某的父亲与北京市东城区房屋土地管理局签订租赁合同，根据合同第七条的规定，原告的变更申请需经过段其某同意，段其某不同意变更，被告未办理变更符合法律规定和合同约定。

2. 段其某的户口本，用以证明段其某的户口在东城区铁营南巷×号，与原告为同一户籍。

3. 北京市隆福医院患者授权委托书，用以证明段其某父亲住院期间是由段其某办理住院、出院手续，由段其某照顾期间的生活起居。

4. 证人证言，用以证明段其某自2012年一直同父亲在东城区铁营南巷×号居住，父亲去世后，同原告居住，照顾生活起居。

5. 电费、电话费、水费、卫生费、租金等收据和发票，用以证明段其某的父亲去世后，一直由段其某履行租赁合同的义务，缴纳租金和各种费用，原告没有经济收入，没有履行合同的能力。

6. 现场照片，用以证明段其某的父亲去世前里屋放两张床，外屋放一张床，段其某在里屋居住，照顾父亲。

庭审中，对于被告提交的证据材料，原告对证据1—4、10、13、14无异议，对证据8、11、12的真实性不予认可，对证据5、6的合法性不予认可，对证据9的关联性不予认可，对证据7的证明目的不予认可；段其某无异议；对于原告提交的证据材料，被告无异议；段其某对证据3的证明目的不予认可，其他证据无异议；对于段其某提交的证据材料，被告无异议；原告对证据6的真实性、证明目的不予认可，其他证据无异议。

经庭审质证，本院对当事人提交的证据材料作如下确认：被告提交的证据6、14与本案不具有关联性；对原告提交的证据3欲证明段其某假离婚这一情节不予认可；段其某提交的证据6不能证实其欲证明的事实。本院不予采信。被告、原告、段其某提交的其他证据，均符合证据的法定条件，具有真实性、合法性、关联性，本院予以采信。

经审理查明，北京市东城区东四铁营南巷×号院的×1、×2号（原×3、×4号）房屋，使用面积20.6平方米，系东四分中心管理的直管公房，原承租人为原告的丈夫段士某（曾用名段世某），其于2015年8月死亡。原告与段其某均与原承租人为同一户籍。原告于2016年2月3日向东四分中心邮寄了《公租房变更承租人申请表》，东四分中心于2016年5月23日作出《关于周美某申请变更承租人的答复》。原告不服，向本院提起诉讼。本院经过审理，于2016年10月14日作出撤销被告下属的东四分中心作出的《关于周美某申请变更承租人的答复》，并在判决生效之日起六十日内对原告周美某的更名申请重新作出处理的判决。判决生效后，东四分中心对原告的申请重新进行调查核实工作，其间，段其某向东四分中心提交了离婚协议、离婚证、前妻房产证复印件等证据，证实2016年3月11日段其某与其妻子离婚，段其某名下有一处房产，离婚后归其前妻所有。2017年3月9日，东四分中心依据补充调查的内容作出因作为其他家庭成员的段其某有异议，不予变更原告为承租人的答复。原告对该答复不服，向本院提起诉讼。

本院认为，根据直管公房管理的相关规定及我市机构改革的现状，东城区房屋土地经营管理一中心及其各分中心接受北京市东城区人民政府的委托，依法履行对辖区内直管公房进行管理的法定职责，包括对直管公房承租人变更申请进行审查，对申请人是否具备更名条件作出认定。

《北京市公有住宅租赁合同》（2000年版）第七条规定，租赁期限内，乙方外迁或死亡，乙方同一户籍共同居住两年以上，又无其他住房的家庭成员愿意继续履行原合同，其他家庭成员又无异议的，可以办理更名手续。此规定是公房管理部门审核申请人是否符合更名条件的依据。根据公房管理的原则和精神，征求其他家庭成员对变更承租人的意见，系保护与公有住宅原承租人形成共居关系的且在外无其他住房的家庭成员的居住权和承租权，故在前引规定中需征求其意见的“家庭成员”与符合承租条件的“家庭成员”具有同一性的概念，即只有符合与原承租人同一户籍、共同居住两年以上、无其他住房的条件的家庭成员，才是需要征求其意见的家庭成员。

段其某是否符合其他家庭成员的条件是本案的争议焦点。对于段其某有无住房问题，东四分中心依据其单位开出的证明和其离婚协议等证据，认定段其某没有享受过福利分房，其所有的一套房屋已经在离婚时以财产分割的方式让与女方，故其名下应属无房。本院认为，无论是申请变更的“家庭成员”还是需要征求意见的

“家庭成员”，就是否享有其他住房这一条件认定的时间节点根据不同情况，至迟应为一方提出变更承租人的申请时。东四分中心在庭审中亦认可这一标准。结合本案的具体案情，原告于2016年2月3日向东四分中心提出变更承租人的申请，东四分中心收到后即启动原告是否符合《北京市公有住宅租赁合同》第七条规定的四项条件的调查工作，段其某于2016年2月22日书写了一份不同意原告变更申请的情况说明，说明其此时已经知晓原告要变更的情况。而段其某于2016年3月11日在离婚协议中才将自己名下的房屋让与其前妻。综上，段其某在原告申请变更时名下有房，甚至其在提交有异议的情况说明时还属于享有其他住房的情况。故段其某之后对房屋的处理行为不影响认定其享有其他住房。因此，东四分中心认定段其某没有其他住房，继而结合其他三项条件认定段其某符合《北京市公有住宅租赁合同》第七条的要求，应为需要征求意见的其他家庭成员，属于认定事实不清，主要证据不足，所作的被诉答复应予撤销。对原告提出的诉讼请求，本院予以支持。

综上，依据《中华人民共和国行政诉讼法》第七十条第（一）项的规定，判决如下：

一、撤销被告北京市东城区人民政府下属北京市东城区房屋土地经营管理一中心东四分中心于二〇一七年三月九日对原告周美某作出的《关于周美某申请变更承租人的答复》。

二、被告北京市东城区人民政府下属北京市东城区房屋土地经营管理一中心东四分中心在本判决生效之日起六十日对原告周美某的更名申请重新作出处理。

案件受理费50元，由被告北京市东城区人民政府负担（于本判决生效之日起7日内交纳）。

如不服本判决，可在本判决书送达之日起十五日内提起上诉，向本院递交上诉状，并按对方当事人人数提出副本，上诉于北京市高级人民法院。

审 判 长　贾 毅
审 判 员　邢 军
人民陪审员　李东英
二〇一七年八月二十五日
法官助理　胡 荣
书 记 员　赵迎争

61

公房承租人变更案件中“有无其他住房”的认定

——李国某诉北京市东城区人民政府履行法定职责案

【裁判要旨】《北京市公有住宅租赁合同》第七条规定，租赁期限内，乙方外迁或死亡，乙方同一户籍共同居住两年以上，又无其他住房的家庭成员愿意继续履行原合同，其他家庭成员又无异议的，可以办理更名手续。其中“无其他住房”既是指在本市没有具有所有权的房屋，也是指没有享有政策保障的房屋如廉租房、公租房以及经法院判决享有的居住使用权。如果申请人提出变更承租人申请时有其他住房，通常不应认可变更承租人申请的要求。

北京市第四中级人民法院

行政判决书

（2016）京04行初2586号①

原告李国某，住北京市东城区。

委托代理人杨殿芳，北京市诺恒律师事务所律师。

被告北京市东城区人民政府，住所地北京市东城区。

法定代表人李先忠，区长。

委托代理人赵鹏，北京市东城区人民政府工作人员。

委托代理人李双领，北京市安园律师事务所律师。

第三人王某，住北京市东城区。

委托代理人赵兰某（第三人王某之母），住北京市东城区。

---

① 该案判决作出后，原告不服向北京市高级人民法院提起上诉，二审法院经审理，判决驳回上诉，维持一审判决，参见（2017）京行终2146号行政判决书。

原告李国某因不服被告北京市东城区人民政府（以下简称东城区政府）其他行政行为一案，向本院提起行政诉讼。本院于 2016 年 8 月 24 日受理后，于同年 8 月 29 日向被告送达了起诉状副本及应诉通知书。因王某与本案存在法律上的利害关系，本院依法通知其作为第三人参加诉讼。本院依法组成合议庭，于 2016 年 11 月 14 日公开开庭审理了本案。原告李国某及其委托代理人杨殿芳，被告东城区政府的委托代理人赵鹏、李双领，第三人王某的委托代理人赵兰某到庭参加了诉讼。本案现已审理终结。

2016 年 7 月 11 日，北京市东城区房屋土地经营管理二中心体育馆路分中心（以下简称体育馆路分中心）作出《关于对李国某申请承租人变更的书面答复》（以下简称被诉答复），主要内容为，经体育馆路分中心核查，原告至今未提供其与原承租人赵书某 2009 年 1 月 17 日去世前共同生活两年的居住证明。原告对丰台区马家堡小区 × 楼 × 门 × 房屋（以下简称马家堡小区 × 号房屋）具有占有和使用权。原承租人赵书某与其外孙王某的户口所在地均为北京市东城区体育馆路营房西街 × 号 × 单元 × 室（以下简称案涉房屋），且王某在案涉房屋长期居住在本市且无其他住房，属于同一户籍之情形。故原告在具有住房条件且未征得王某同意的情况下，其提出的变更承租人申请不符合变更条件，不予批准。

原告诉称，原告与案涉房屋的原承租人赵书某于 2000 年 8 月 11 日在北京市崇文区登记结婚。2009 年 1 月 17 日，赵书某死亡后该房屋一直由原告独自居住。原告向体育馆路分中心提出申请，要求依法将该房屋的承租人变更为原告。就原告提出的变更申请，体育馆路分中心先后以家庭成员赵兰某、王某有异议为理由，作出不予变更的书面答复，原告多次就答复提起行政诉讼，法院撤销了相关的答复，并判令体育馆路分中心对原告的更名申请重新作出处理。其中，原告针对被告 2015 年 7 月 28 日作出的《关于李国某申请变更承租人的答复》（以下简称《答复》）提出起诉，本院作出的（2015）四中行初字第 689 号行政判决书（以下简称第 689 号行政判决）撤销了该《答复》并责令被告重新作出答复。现被告作出的被诉答复以原告在他处有住房及第三人王某不同意变更为由不予批准公房承租人变更。原告认为被告所述的马家堡小区 × 号房屋属于公租房，该房屋的承租人是原告的前夫，二人离婚后原告未在该房屋居住。另外，生效裁判认定第三人王某与案涉房屋的承租人赵书某不属于同一户籍，且第三人也未在此居住。综上，请求依法撤销被诉答复并责令被告重新作出答复。

原告李国某于开庭审理前向本院提交了以下证据：证据 1. 北京市公有住房租赁合同，证明案涉房屋的原承租人为赵书某；证据 2. 结婚证，证明原告与赵书某系夫妻关系，双方于 2000 年 8 月 11 日登记结婚；证据 3. 户口本，证明原告于

2001 年 7 月 12 日从河北省肃宁县师素镇中王村迁入案涉房屋；证据 4. 法华南里社区居委会证明，证明原告一直住在案涉房屋；证据 5. 北京市死亡医学证明书，证明赵书某于 2009 年 1 月 17 日去世；证据 6. 北京市东城区人民法院（以下简称东城区法院）（2014）东行初字第 485 号行政判决书（以下简称第 485 号行政判决）、北京市第二中级人民法院（2014）二中行终字第 1457 号行政判决书、东城区法院（2014）东行初字第 819 号行政判决书（以下简称第 819 号行政判决）、东城区法院（2015）东行初字第 336 号行政判决书（以下简称第 336 号行政判决）、第 689 号行政判决，证明涉及房屋承租人更名事宜的户籍、居住、住房等相关事实的查明和认定，涉案房屋承租人更名事宜的案涉情况；证据 7. 快递单及快递材料（解释说明、补充说明、居住证明、第 485 号行政判决）、查询单，证明原告依法提交了相关的材料和证明；证据 8. 被诉答复，证明对原告更名申请作出答复的客观事实和答复内容。

被告东城区政府辩称，被告具有依法管理本辖区直管公房的行政职权。体育馆路分中心受被告委托具体管理案涉公房。《北京市公有住宅租赁合同》第七条规定，租赁期限内，承租人外迁或死亡，承租人同一户籍共同居住两年以上又无其他住房的家庭成员愿意继续履行原合同，其他家庭成员又无异议的，可以办理更名手续。本案中，原告在本市有其他住房，且同户籍的第三人王某不同意原告的变更申请，故体育馆路分中心作出被诉答复符合法律规定。综上，被诉答复认定事实清楚、程序合法，请求依法驳回原告李国某的诉讼请求。

被告东城区政府在法定举证期限内向本院提交了以下证据：证据 1.《北京市公有住宅租赁合同》、证据 2. 赵书某死亡医学证明书，证据 1、2 证明体育馆路分中心管理案涉房屋且原承租人赵书某已经死亡。证据 3. 第 689 号行政判决、证据 4. 2016 年 5 月 13 日的书面答复、证据 5. 2016 年 6 月 13 日向李国某提供的书面说明材料、证据 6. 共居人王某不同意承租人变更的证明材料、证据 7. 被诉答复和 EMS 快递单据、证据 8. 本院（2016）京 04 行初 1376 号行政裁定书（以下简称第 1376 号行政裁定），证据 3—8 证明一是原告不服体育馆路分中心于 2016 年 6 月 13 日作出的答复诉至本院，被依法裁定驳回起诉；二是原告李国某未提供与原承租人赵书某共同生活居住两年以上（含两年）的证明，且共居人王某也不同意将案涉房屋承租人变更为李国某；三是被诉答复认定事实清楚，证据确凿。

第三人王某未向本院提交书面答辩意见，当庭答辩认为被诉答复认定的事实清楚，适用法律正确。认为案涉房屋原告一直可以居住，但不同意将承租人变更为原告。综上，请求驳回原告的诉讼请求。

第三人王某于开庭审理前向本院提交了以下证据：证据 1. 收据，证明第三人一直交给原告房租；证据 2. 北京市丰台区人民法院（以下简称丰台区法院）（1999）丰民初字第 7215 号民事判决书（以下简称第 7215 号民事判决），证明不能将原告变更为承租人的理由；证据 3. 北京市丰台区人民法院证明书，证明第 7215 号民事判决已经生效；证据 4. 法华南里社区人民调解委员会调解卷宗，证明街道主任和司法人员对第三人母亲赵兰某和原告进行调解及结果；证据 5. 证明信，证明第三人母亲赵兰某是本址出生，是合法安置人；证据 6. 分户房屋租赁记录，证明第三人王某全家 5 人于 1994 年 6 月回迁入住；证据 7. 发票两张，证明了第三人王某和原承租人赵书某共同搬到案涉房屋居住。

经庭审质证，原告李国某对被告东城区政府提交的证据 1 的真实性、合法性和关联性不持异议，认可其证明目的；对证据 3 第 689 号行政判决不持异议，不认可被告第一项的证明目的；对证据 4 的真实性、合法性和关联性不持异议，不认可证明目的；对证据 5 中原告提交的书面说明材料不持异议，不认可证明目的的第二项；对于证据 6 的真实性不认可，合法性、关联性不发表意见；认为证据 7 属于被诉行为，不予质证；对证据 8 第 1376 号行政裁定的真实性、合法性和关联性不持异议，但不认可证明目的第三项。关于第三人王某不同意变更材料的真实性不认可，没有证据证明第三人和赵书某共同居住两年。原告李国某对第三人王某提交的证据 1 的真实性认可，认为与本案无关；对证据 2、3 的真实性、合法性和关联性均不持异议；对证据 4 的真实性认可，认为原告虽然签字但没有看见具体内容且该证据与本案无关；认为证据 5—7 与本案无关，另外证据 6、7 的真实性无法核实。

被告东城区政府对原告李国某提交证据 1—3、5—8 的真实性、合法性和关联性均不持异议；对证据 4 的真实性认可，关联性不予认可；对证据 4、6 的证明目的不予认可。

第三人王某对原告李国某提交证据的质证意见同于被告东城区政府的质证意见。

经本院准许，第三人王某的证人钱秀某、金永某、李某出庭作证，证明第三人属于拆迁安置对象且王某在案涉房屋居住。经当庭质证，原告方对上述证言未明确发表意见。

经审查，本院认为原告李国某提交的证据 8 与被告东城区政府提交的证据 7 均为本案被诉行为，不作为证据接纳；第三人提交证据 1、5、7 与本案无关，本院不予采信。被告东城区政府，原告李国某，第三人王某提交的其他证据及证人钱秀某、金永某、李某的证言，形式上符合最高人民法院《关于行政诉讼证据若干问题的规定》提供证据的要求，具有证据的真实性、合法性且与本案具有关联性，可以作为认定本案相关事实的依据，本院予以采信。

根据上述有效证据及各方当事人的陈述，本院认定以下事实：

北京市东城区体育馆路营房西街×楼×单元×号房屋属于体育馆路分中心管理的直管公房，居室2间，面积44.5平方米，该房的原承租人为赵书某。原告李国某与赵书某于2000年结婚。案涉房屋有两个户口簿，赵书某、李国某登记在一个户口簿，案外人赵兰某与第三人王某登记在另一个户口簿。现居住情况为小屋由案外人赵兰某和第三人王某居住，大屋由原告李国某居住。2009年1月17日，赵书某死亡。原告向体育馆路分中心提出申请，要求依法将案涉房屋的承租人变更为原告。2016年7月11日，体育馆路分中心作出被诉答复，认为原告在本市有其他住房且未征得同一户籍的第三人王某同意的情况下，其提出的变更承租人申请不符合承租人变更条件，仍未同意原告的变更请求。原告李国某不服，于2016年8月24日向本院提起行政诉讼。

另查，原告向体育馆路分中心提出申请，要求依法将案涉房屋的承租人变更为原告先后经历多次诉讼，分别是：2014年4月8日，体育馆路分中心对原告作出答复，不同意原告的变更请求。原告不服提出起诉，东城区法院作出已生效的第485号行政判决撤销该答复，认为"赵兰某确在此居住"，但不需要征求其意见，判决撤销该答复并责令被告重新作出处理。赵兰某不服提出上诉被驳回。2014年8月8日，体育馆路分中心作出《关于李国某要求更名的答复》，不同意原告的变更请求。原告不服提出起诉，东城区法院作出已生效的第819号行政判决撤销该答复，认为"第三人王某的户口确在涉案房屋内，但与房屋原承租人赵书某分属两个独立的户口本，不符合与原承租人同一户籍条件"，不需要征求其意见，判决撤销该答复并责令被告重新作出答复。2015年3月30日，体育馆路分中心作出《关于李国某申请变更承租人的答复》，不同意原告的变更请求。原告不服提出起诉，东城区法院作出已生效的第336号行政判决，认为体育馆路分中心没有按照第819号行政判决的要求，"仍以王某有异议为由对原告李国某的变更承租人申请作出相同的处理"，撤销该答复并责令被告重新作出答复。2015年7月28日，体育馆路分中心作出《关于李国某申请变更承租人的答复》，不同意原告的变更请求。原告不服提出起诉，本院作出第689号行政判决，认为"被告仅依据（1999）丰民初字第7215号《民事判决书》即认定原告在本市享有其他住房，并未听取原告的意见，故被告作出的《答复》主要证据不足"，判决撤销并责令被告重新作出答复。

再查，1999年11月30日，丰台区法院作出第7215号民事判决，判决主文表述为坐落于丰台区马家堡小区×楼×门×号二居室公房，原告、梁建某依法有平等的居住权。小间由原告居住，大间及阳台由梁建某居住，厨房、客厅、门厅、厕所由原告、梁建某共同使用。

本院认为，体育馆路分中心是被委托管理直管公房的单位，因其不具备行政诉讼被告主体资格，行政相对人对该单位的行为不服，人民法院作为行政案件受理的，应由设立该机构的区政府为被告。

被告东城区政府作为辖区内公有住宅管理机关，在审查原公有住宅承租人死亡，申请人向其申请办理承租人变更手续之时，应依据北京市公有住宅相关政策规定进行审查。目前公房管理部门在公有住宅原承租人死亡后，履行公房承租人变更职责过程中所遵循的规范性文件主要是《北京市公有住宅租赁合同》。该合同第七条规定，租赁期限内，承租人外迁或死亡，承租人同一户籍共同居住两年以上又无其他住房的家庭成员愿意继续履行原合同，其他家庭成员又无异议的，可以办理更名手续。根据上述规定，原承租人死亡后，原承租人的家庭成员如果想继续承租公房应同时具备以下四项条件：1. 在原承租人死亡时与原承租人同一户籍；2. 在原承租人去世前与原承租人在诉争公房处共同并连续居住两年以上；3. 无其他住房；4. 其他家庭成员无异议。

根据各方当事人的诉辩意见，本案的主要争议焦点在于原告在本市是否具有住房。根据本院查明的事实，第 7215 号民事判决确认原告对丰台区马家堡小区 × 楼 × 门 × 号二居室公房与其前夫梁建某依法有平等的居住权。“小间由原告居住，大间及阳台由梁建某居住，厨房、客厅、门厅、厕所由原告、梁建某共同使用。”从房屋结构来看，上述房屋具备独立居住功能，且第 7215 号民事判决确认并未对原告设定居住期限，目前原告方也未丧失该房屋的居住权。结合公房管理系保障与公有住宅原承租人形成共居关系且在外无其他住房的家庭成员的居住权和承租权的原则和精神，原告李国某的居住问题经第 7215 号民事判决确认后，其居住权益已经有一定程度的保障。故体育馆路分中心综合考虑上述情况后，认为原告李国某具有住房而不同意原告的公房承租人变更申请，并无明显不当之处。需要说明的是，体育馆路分中心不同意原告李国某公房承租人变更申请，并不会影响到原告与案涉房屋的原承租人赵书某基于婚姻关系而享有的居住权利。

综上，原告李国某请求撤销被诉答复并判令被告重新答复的诉讼请求不能成立，本院不予支持。据此，依照《中华人民共和国行政诉讼法》第六十九条之规定，判决如下：

驳回原告李国某请求撤销北京东城区房屋土地经营管理二中心体育馆路分中心于 2016 年 7 月 11 日作出《关于对李国某申请承租人变更的书面答复》的诉讼请求。

案件受理费 50 元，由原告李国某负担（已交纳）。

如不服本判决，可在判决书送达之日起十五日内，向本院递交上诉状，并按对方当事人的人数提出副本，预交上诉案件受理费人民币 50 元，上诉于北京市高级人民法院。上诉人在上诉期限内未预交上诉案件受理费，又不提出缓交申请的，按自动撤回上诉处理。

审　判　长　　向绪武
审　判　员　　孙永欣
人民陪审员　　冯建秋
二〇一七年二月七日
法 官 助 理　　李世邦
书　记　员　　刘子杰

62

公房承租变更案件中“同一户籍”的认定

——王某诉北京市西城区人民政府行政答复案

【裁判要旨】《北京市公有住宅租赁合同》第七条规定，租赁期限内，乙方外迁或死亡，乙方同一户籍共同居住两年以上，又无其他住房的家庭成员愿意继续履行原合同，其他家庭成员又无异议的，可以办理更名手续。其中“同一户籍”是指“同一户籍地址”，而非“同一户口本”，同一户籍地址中存在多个户口本的亦属同一户籍。

北京市第四中级人民法院

行政判决书

（2016）京04行初270号[①]

原告王某，住北京市西城区。

委托代理人梁雪某（原告之母），住北京市西城区。

被告北京市西城区人民政府，住所地北京市西城区。

法定代表人王少峰，区长。

委托代理人李红霞，北京市西城区房屋土地经营管理中心副主任。

委托代理人王健，北京市西城区人民政府干部。

第三人梁月某，住北京市西城区。

原告王某不服被告北京市西城区人民政府下属北京市西城区房屋土地经营管理中心新街口管理所（以下简称新街口房管所）于2016年1月28日作出的《关于王某申请变更宏大中楼×号承租人一事的答复》（以下简称被诉答复），向本院提起行政诉讼。本院于2016年2月26日受理后，于2016年3月1日向被告送达了起诉

① 本案判决作出之后，双方当事人均未上诉，判决已生效。

书副本及应诉通知书。并依法通知梁月某作为本案第三人参加诉讼。本院依法组成合议庭，于2016年3月23日、6月22日公开开庭审理了本案。原告及其委托代理人梁雪某，被告的委托代理人李红霞、王健，第三人梁月某到庭参加诉讼。本案现已审理终结。

2016年1月28日，新街口房管所对原告作出被诉答复，主要内容为：根据《北京市公有住宅租赁合同》第七条之规定，因您家庭成员梁月某，于2015年9月24日也向房管所提出申请要求继续承租该房。目前没有证据证明其中一个申请人不符合继续承租资格，故在申请人未能达成一致意见下，无法办理更名手续。

原告诉称：本市西城区宏大胡同中楼×号系直管公房，原承租人张玉某系原告之外祖母，原承租人于2013年11月28日死亡。原告与母亲梁雪某的户口自2001年就迁入原承租人的户籍下，与原承租人共同居住15年之久。梁月某单独立户，不符合变更公房承租人条件，无需征求其意见。被诉答复没有事实和法律依据，故诉请撤销被诉答复，并责令被告重新处理。

原告向本院提交了下列证据：1. 户口本、身份证、公有住宅租赁合同复印件，证明原告与原承租人关系及户籍情况；2. 变更承租人申请及家庭情况简介，证明原告向公房管理机关申请变更承租人并说明家庭情况；3. 被诉答复，证明房管所作出答复；4. 家庭成员同意书，证明其他家庭成员同意变更承租人为原告；5. 共同居住证明，证明共居关系成立；6. 原承租人死亡证明，证明原承租人已死亡；7. 粮油证明，证明梁某英、梁雪某同原承租人户口在一起；8. 房屋租金收据，证明梁雪某一直交房费；9. 危房通知，证明涉案房屋系危房，马上要拆迁；10. 荣誉证书，证明梁雪某长期伺候老人；11. 民事调解书，证明梁雪某离婚；12. 梁某英、梁雪某、王某户籍证明，证明三人与原承租人同一户籍。

被告辩称，被诉答复认定事实清楚、适用依据适当、程序合法，请求法院判决驳回原告诉讼请求。

被告在法定举证期限内向本院提交了下列证据：1. 被诉答复，证明作出答复及送达程序；2. 原告的申请及附件，包括：申请书、原告自己的同意书、身份证复印件、梁雪某同意书、梁秋某、梁梦某、梁某英同意书、陆春某、李绍某的证明两份、梁梦某的户口本复印件，证明原告提出变更承租人申请并提交有关材料；3. 公有住宅租赁合同复印件，证明原承租人及住房情况；4. 户籍复印件；5. 死亡证明，证明原承租人已经死亡及现场户籍情况；6. 居委会的证明及梁月某户籍，证明现场还有梁月某和梁某的户籍；7. 梁月某不服变更承租人答复案的行政起诉状；8. 梁月某变更承租人的申请及答复，证明梁月某也提出了变更承租人申请并经过了诉讼，现未判决。

第三人认为原告不具备变更公房承租人条件，同意被告答辩意见。

第三人向本院提交了下列证据：1. 新街口房管所对其作出的答复，证明新街口房管所对其申请所做的答复内容；2. 2015 年 9 月 24 日第三人向新街口房管所提交变更承租人申请书，证明第三人向房管所提出变更承租人申请；3. 2016 年 1 月 4 日第三人再次向房管所提交变更户名申请书，证明第三人应房管所多次答复，提供大量证据再次提交更名申请；4. 情况说明，证明原告另有住房；5. 公有住房租赁合同，证明原承租人是张玉某；6. 2014 年 8 月 14 日北顺居委会证明，证明第三人在涉案房屋长期居住；7. 2015 年 9 月 24 日北顺居委会证明，证明第三人现居住地户籍情况；8. 2014 年 8 月 14 日北顺居委会证明，证明第三人儿子梁某在涉案房屋长期居住；9. 2015 年 10 月 8 日宏大简易楼长期居住邻居证明，证明第三人儿子梁某在涉案房屋长期居住；10. 2015 年 12 月 15 日宏大简易楼长期居住邻居证明，证明只有第三人和儿子梁某在涉案房屋长期居住；11. 2015 年 12 月 31 日新街口房管所证明，证明原承租合同丢失，不在第三人手里；12. 2015 年 12 月 31 日西城区福绥境派出所出具亲属关系证明，证明第三人与原承租人系母女关系；13. 原告续交 2015 年房租收据，证明房管所管理员杜某收费凭证；14. 2004 年、2007 年缴费凭证，证明因原承租人生前无工作，房费一直由第三人代缴；15. 2015 年 12 月 10 日新街口办事处住保科证明，证明第三人未申请保障房；16. 第三人单位证明，证明单位没有给第三人分过房；17. 第三人户口本，证明第三人户口在涉案公房；18. 第三人之子梁某户口本，证明梁某户口在涉案公房；19. 梁某同意变更承租人为第三人的申请，证明梁某同意变更承租人；20. 空挂户其他成员户籍，证明空挂户其他成员关系。

经庭审质证，本院对以下证据作如下确认：原告提供的证据 1—6、12，被告提供的全部证据及第三人提供的证据 5、6、7、12、15、16、17、18 具备真实性、合法性及与本案的关联性，本院予以采信；原告提供的证据 7—11 及第三人提供的其他证据与本案不具有关联性，本院不予采信。

经审理查明：本市西城区宏大胡同中楼 × 号公房承租人为张玉某，张玉某于 2013 年 11 月 28 日死亡。张玉某系原告外祖母，同一户口簿，同一户口簿人员还有张玉某之女梁某英、梁雪某及张玉某之外孙梁某。上述住址存在另一户口簿，户主为梁月某。2016 年 1 月 16 日，原告向新街口房管所提出变更承租人申请，申请将上述公房承租人变更为原告。2016 年 1 月 28 日，新街口房管所作出被诉答复并送达原告。

另查明，梁月某于 2016 年 1 月 4 日向新街口房管所提出变更承租人申请，申请将上述公房承租人变更为其。2016 年 1 月 18 日，新街口房管所作出《关于梁月某申请变更宏大中楼×号承租人一事的答复》，主要内容为：因您家庭成员王某，于2016年1月16日也向房管所提出申请要求继续承租该房。目前没有证据证明其中一个申请人不符合继续承租资格，故在申请人未能达成一致意见下，无法办理更名手续。后梁月某不服，向本院提起行政诉讼。

本院认为：根据《北京市公有住宅租赁合同》第七条规定，租赁期限内，乙方外迁或死亡，乙方同一户籍共同居住两年以上又无其他住房的家庭成员愿意继续履行原合同，其他家庭成员又无异议的，可以办理更名手续。其中，“其他家庭成员”应指与原承租人同一户籍共同居住两年以上又无其他住房的家庭成员，即应同样具备变更承租人条件。本案中，第三人对原告变更公房承租人申请提出异议，并提交了与原承租人同一户籍、共同居住、无住房等证明材料，用以证明其符合有权提出异议的其他家庭成员条件，尽到了初步的证明责任。原告虽坚持认为第三人不符合“其他家庭成员”条件，但未提供相关证据予以证明，故被诉答复并无不当，对原告的诉讼请求，本院不予支持。综上，根据《中华人民共和国行政诉讼法》第六十九条规定，判决如下：

驳回原告王某的诉讼请求。

案件受理费50元，由原告王某负担（已交纳）。

如不服本判决，可在判决书送达之日起十五日内，向本院递交上诉状，并按对方当事人人数递交上诉状副本，上诉于北京市高级人民法院。

审 判 长　霍振宇
人民陪审员　孔 勤
人民陪审员　郭 羽
二〇一六年七月二十五日
法官助理　戴 蕾
书 记 员　张媛媛

63

直管公房变更案件中“其他家庭成员”的认定

——刘俊某诉北京市东城区人民政府公房承租人变更案

【裁判要旨】《北京市公有住宅租赁合同》第七条规定，租赁期限内，乙方外迁或死亡，乙方同一户籍共同居住两年以上又无其他住房的家庭成员愿意继续履行原合同，其他家庭成员又无异议的，可以办理更名手续。“其他家庭成员”应指与原承租人同一户籍共同居住两年以上又无其他住房的家庭成员，即同样具备变更承租人条件。

北京市第四中级人民法院
行政判决书

（2015）四中行初字第647号①

原告刘俊某，住北京市东城区。

法定代理人刘国某（原告之父），住河北省三河市燕郊开发区。

委托代理人郑吉文，内蒙古松洲律师事务所律师。

被告北京市东城区人民政府，住所地北京市东城区。

法定代表人李先忠，区长。

委托代理人李双领，北京市安园律师事务所律师。

委托代理人张璇，北京市东城区人民政府干部。

原告刘俊某不服被告北京市东城区人民政府下属北京市东城区房屋土地经营管理二中心前门分中心（以下简称前门分中心）于2015年6月15日作出的《关于〈变更承租人申请〉的回复》（以下简称被诉回复），向本院提起行政诉讼。本院于2015年8月11日受理后，于2015年8月14日向被告送达了起诉书副本及应诉通

① 本案判决作出之后，双方当事人均未上诉，判决已生效。

知书。本院依法组成合议庭，于2015年9月22日公开开庭审理了本案。原告的法定代理人刘国某、委托代理人郑吉文，被告的委托代理人李双领、张璇到庭参加诉讼。本案现已审理终结。

2015年6月15日，前门分中心对原告作出被诉回复，认为其无法单独为原告作出变更承租人的行为。

原告诉称：本市东城区南芦草园胡同×号西房北数第1间原由王启某承租。1983年1月，原告与王启某之子王福某结婚并在此居住。同年，王启某搬回河北省三河市农村老家居住，直至1994年2月去世。1983年1月22日，原告将户口迁入×号房屋，次年，因病出现记忆和智能障碍。1994年6月23日，王福某及其子王海某搬离×号房屋，将户口迁至本市东城区葱店西街×号院。原告独自居住×号房屋，独自缴纳相关税费，直至2006年3月1日依据《危险房屋使用权回购协议》将×号房屋交付被告止。2006年12月20日，原告与王福某离婚。因拆迁补偿款及×号房屋返还问题，原告与被告发生多起民事诉讼。基于上述事实，原告于2015年5月19日向被告提交《变更承租人申请》，被告作出的被诉回复侵犯原告合法权益，故诉请判决确认被诉回复违法，并责令被告重新作出行政行为。

原告向本院提交了下列证据：1. 变更承租人申请，证明原告向被告申请变更承租人的时间、请求事项、事实与理由；2. 被诉回复，证明被告针对原告申请作出答复；3.《危险房屋使用权回购协议书》，证明原、被告曾于2006年2月24日签订过拆迁补偿协议，协议签订前，被告已入户查明申请变更承租人房屋的基本情况；4. 更名申请，证明原告曾于2005年2月25日提出过更名申请；5. 居民户口簿，6. 居民身份证，证据5—6证明申请变更承租人的房屋本址在册户籍人员只有原告1人；7. 南巷口村民委员会证明，证明原告因申请变更承租人的房屋拆迁，腾房验收后于2006年3月1日搬至该村居住，原告无固定居所，生活困难；8.（2006）崇民特字第3578号民事判决书，证明王福某不在申请变更承租人的房屋居住，另有住处，原告属限制行为能力人；9.（1998）崇民初字第1097号民事判决书，10.（1998）二中民终字第3229号民事调解书，证据9—10证明1998年王福某曾起诉原告离婚，王福某诉称自1994年双方分居至今，法院经审理查明，王福某自1994年年底未在申请变更承租人的房屋居住，原承租人王启某于1994年2月去世，应当变更承租人；11.（2006）崇民初字第10572号判决，证明王福某承认分居十几年，其不在申请变更承租人的房屋内居住；12.（2006）崇民特字第3578号卷宗《询问笔录》，证明王福某称从1994年分居至今，其不在申请变更承租人的房屋内居住；13.（2010）二中民终字第18125号民事判决书，证明法院认定原告作为长期居住人，缴纳了相关费用，在租赁合同未变更情况下，所签订的《危险房屋使用回购协议》无效；

14.（2012）东民初字第13219号民事判决书；15.（2012）东民初字第13219号民事判决书的生效证明，证据14—15证明原告将申请变更承租人的房屋腾空后交付被告，被告已经验收完毕，原告交房后以每月1500元的价格租房居住，法院判决被告将房屋返还原告，王福某予以协助，上述判决已经生效；16. 申请执行书，17. 恢复执行申请，证据16—17证明（2012）东民初字第13219号民事判决进入执行程序，正在执行中；18. 执行和解协议；19.（2012）东民初字第10558号民事判决书，证据18—19证明为执行（2012）东民初字第13219号民事判决所确定的被告义务，按原、被告双方签订的执行和解协议，同意（2014）东执字第443号案件暂时中止执行，协议约定被告应于7日内起诉王福某，要求其返还所侵占的×号公房1间，如被告违反执行和解协议的约定，（2014）东执字第443号案自动恢复执行，被告在该案件中起诉称，1994年前该房屋由王福某与原告及其子居住，足以说明王福某不在诉争房屋居住，作为产权和管理单位，被告对承租房屋的使用、缴费情况应该清楚、准确并有据可查，起诉王福某返还房屋事实清楚，理由充分，足以说明王福某不符合变更承租人的条件，法院责令将房屋腾空并返还被告的判决已经生效；20.（2015）东民初字第106号民事判决书，证明王福某曾起诉原告，要求确认×号房屋承租权归其所有，被法院驳回。

被告辩称，因原告与王福某都是涉案房屋共居人，对涉案房屋享有同等权利，必须双方商定后，前门分中心方可办理承租人变更手续。被诉回复认定事实清楚、证据确凿、程序合法，请求法院判决驳回原告诉讼请求。

被告在法定举证期限内向本院提交了下列证据：1.（2014）东民初字第10558号民事判决书，证明原告和王福某对涉案房屋发生了多次纠纷，该判决同时确认本案原告和王福某对涉案房屋都具有居住权，但如何居住使用另案解决；2. 2015年5月23日前门分中心收到的原告的《变更承租人申请书》、王福某户籍从涉案房屋迁至东城区葱店西街××号属于空挂户的证明、2015年6月15日前门分中心的书面答复，证明被告已履行了法定职责；3. 涉案房屋租赁合同，证明被告履行法定职责的依据。

经庭审质证，本院对以下证据作如下确认：原、被告提供的证据均具备真实性、合法性及与本案的关联性，本院予以采信。

经审理查明：本市东城区（原崇文区）南芦草园胡同×号公房1间承租人为王启某，王启某于1994年2月死亡。原告与王启某之子王福某原系夫妻关系，上述公房原由刘俊某与王福某居住。2006年2月24日，原告与原北京市崇文区房屋土地经营管理中心签订南芦草园胡同×号公房1间的《危险房屋使用权回购协议》。同年5月，王福某入住涉案房屋。2006年12月21日，原北京市崇文区人民法院作出（2006）崇民初字第10572号民事判决书，判决准予原告与王福某离婚。北京市第二中级人民法院（2010）二中民终字第18125号民事判决确认原告与原北京市崇文区房屋土地经营管理中心签订的上述《危险房屋使用权回购协议》无效。原北京市崇文区房屋土地经营管理中心于2011年7月4日更名为北京市东城区房屋土地经营管理二中心。2013年10月28日，北京市东城区人民法院作出（2012）东民初字第13219号民事判决书，判决北京市东城区房屋土地经营管理二中心于该判决生效后15日内将东城区（原崇文区）南芦草园胡同×号公房1间返还原告，王福某予以协助。2014年11月14日，北京市东城区人民法院作出（2014）东民初字第10558号民事判决书，判决王福某于该判决生效后30日内将东城区（原崇文区）南芦草园胡同×号西房北数第1间腾空，返还给北京市东城区房屋土地经营管理二中心。2015年5月19日，原告向前门分中心提出《变更承租人申请》，2015年6月15日，前门分中心作出被诉回复，但未盖章。

本院认为：根据《公有住宅租赁合同》第七条规定，租赁期限内，乙方外迁或死亡，乙方同一户籍共同居住两年以上又无其他住房的家庭成员愿意继续履行原合同，其他家庭成员又无异议的，可以办理更名手续。其中，“共同居住两年以上”应指从原承租人外迁或死亡之日起往前追溯两年；“其他家庭成员”应指与原承租人同一户籍共同居住两年以上又无其他住房的家庭成员，即同样具备变更承租人条件。本案中，涉案房屋原承租人死亡后，原告向被告委托的公房管理单位前门分中心提出《变更承租人申请》，前门分中心应当根据《公有住宅租赁合同》的有关规定，审查原告是否符合更名条件。被诉回复中，虽认可原告有权提出变更申请，但认为应与王福某就变更事项协商一致，即认定王福某属于《公有住宅租赁合同》第七条规定的“其他家庭成员”，需要取得其无异议的证明，方符合变更承租人条件。对此，前门分中心并未尽到审查核实职责，对王福某是否符合有权提出异议的“其他家庭成员”条件认定事实不清，主要证据不足。被诉回复中，对王福某同样具备变更承租人条件的认定标准亦与《公有住宅租赁合同》的相关规定不符。此外，被诉回复并未加盖出具部门公章，作出程序违法。综上，被诉回复主要证据不足，违反法定程序，且具有可撤销内容，故依照《中华人民共和国行政诉讼法》第七十条第（一）、（三）项之规定，判决如下：

一、撤销被告北京市东城区人民政府下属北京市东城区房屋土地经营管理二中心前门分中心于2015年6月15日对原告刘俊某作出的《关于〈变更承租人申请〉的回复》；

二、被告北京市东城区人民政府下属北京市东城区房屋土地经营管理二中心前门分中心于本判决生效之日起六十日内对原告刘俊某提出的《变更承租人申请》

重新作出处理。

案件受理费 50 元，由被告北京市东城区人民政府负担（于本判决生效后 7 日内交纳）。

如不服本判决，可在判决书送达之日起十五日内，向本院递交上诉状，并按对方当事人人数递交上诉状副本，上诉于北京市高级人民法院。

审 判 长　霍振宇
审 判 员　武　楠
审 判 员　贾　毅
二〇一五年十二月三十日
法官助理　戴　蕾
书 记 员　张媛媛

64

行政复议程序性权利不属于行政赔偿的范围

——姜云某不服北京市海淀区人民政府不予赔偿决定案

【裁判要旨】行政赔偿案件的赔偿范围原则上应限于行政机关及其工作人员行使职权中对原告的人身权和财产权造成的直接损失或者精神损害。复议机关因原告的申请不符合受理条件作出处理决定被人民法院撤销的，仅对原告的程序性权利产生了影响，不属于行政赔偿范围。

北京市第四中级人民法院
行政赔偿判决书

（2015）四中行初字第955号①

原告姜云某，住辽宁省沈阳市铁西区。

被告北京市海淀区人民政府，住所地北京市海淀区。

法定代表人于军，代理区长。

委托代理人吴蕙同，北京市海淀区人民政府法制办工作人员。

委托代理人莫洁云，北京市中洲律师事务所律师。

原告姜云某（以下简称原告）不服北京市海淀区人民政府（以下简称被告）2015年8月3日作出的海政赔字〔2015〕1号《不予赔偿决定书》（以下简称《不予赔偿决定书》），向本院提起行政赔偿诉讼。原告于2015年10月30日向本院提起诉讼，本院于当日受理后，于2015年11月3日向被告送达了起诉书副本及应诉通知书。本院依法组成合议庭，于2015年12月10日公开开庭审理了本案。原告姜云某，被告的委托代理人吴蕙同、莫洁云到庭参加诉讼。本案现已审理终结。

原告诉称，原告于2009年6月去铁道部维权，被他人故意伤害，为此原告向

① 本案判决作出之后，双方当事人均未上诉，判决已生效。

北京市公安局海淀分局羊坊店派出所多次报案，派出所拒绝履行法定职责，不予立案。原告于2010年1月15日向被告申请行政复议，并于2010年6月9日收到被告作出的海政复决字〔2010〕9号《行政复议决定书》（以下简称《行政复议决定书》）。原告不服《行政复议决定书》，向北京市第一中级人民法院（以下简称一中院）提起行政诉讼，一中院于2014年6月5日作出判决：一、撤销被告北京市海淀区人民政府于2010年5月25日作出的海政复决字〔2010〕9号《行政复议决定书》；二、责令被告北京市海淀区人民政府在法定期限内对原告姜云某行政复议申请重新作出行政复议决定。原告鉴于被告作出的《行政复议决定书》违法，驳回原告行政复议申请理由不成立，被撤销。于2015年5月23日向被告提出《经济赔偿申请书》，后于2015年8月6日，收到被告作出的《不予赔偿决定书》，被告拒绝赔偿无事实、证据、依据。故请求法院撤销《不予赔偿决定书》，判决被告赔偿给原告造成的经济损失34026.8元，精神损害20000元，共计54026.8元。

原告在法定期限内向本院提交如下证据：

1.《行政复议决定书》，用以证明该《行政复议决定书》违法，而且已被一中院判决撤销，也是这次提起经济赔偿的依据。2.一中院（2014）一中行初字第3039号《行政判决书》，用以证明作出判决法律生效的为一中院。3.《经济赔偿申请书》，用以证明原告向被告申请赔偿损失。4.经济损失的票据，用以证明已造成经济损失的情况。5.伙食补助明细单，用以证明已造成伙食补助损失的情况。6.《行政赔偿起诉状》，用以证明原告向北京市第四中级人民法院起诉，请求依法公正判决。7.原告身份证，用以证明原告身份证明。8.后续经济损失的证据及票据，用以证明原告增加的经济损失。9.行政复议和行政诉讼中的事实材料和证据，用以证明被告在行政复议和行政诉讼中存在违法行为。

被告辩称，复议机关认为复议申请不符合受理条件而作出的不予受理或驳回复议申请决定，其本身不对公民、法人或其他组织的人身、财产权进行直接处分，不属于《中华人民共和国国家赔偿法》（以下简称《国家赔偿法》）第三条、第四条规定的范围；即便对不符合复议受理条件的复议决定在涉及行政赔偿时有审查的必要，本案《行政复议决定书》被撤销后的后续案件的审理显示，原告在本案中所主张的其合法权益被侵害的事实基础实际上也不存在；本案中原告提交的涉案票据均不属于《行政复议决定书》给其造成的直接损失范围，亦无法证明涉案票据中的支出系其合理支出；被告作出的《不予赔偿决定书》程序合法。故请求法院依法判决驳回原告的诉讼请求。

被告在法定期限内向本院提交如下证据：

1.《经济赔偿申请书》；2.（2014）一中行初字第3039号《行政判决书》；

3.《行政复议决定书》；4. 发票、收据、车票等票据，用以证明原告在向被告申请行政赔偿时向被告提交，被告系根据原告申请及提交的材料进行的赔偿事项的审查；5.《送达回证》，用以证明将《不予赔偿决定书》送达原告；6. 海政复决字（2010）9号《行政复议决定书》，证明被告按照法院生效判决要求重新作出复议决定，经全面审查认为原告的申请依然不符合复议受理条件，决定驳回其复议申请；7.（2015）一中行初字第747号《行政赔偿判决书》，用以证明被告重新作出的复议决定获得法院支持，不存在原告所称之合法权益被侵害的事实基础。

经庭审质证，本院对上述证据认证如下：原告提交的证据4、5、8不能证实其欲证明的事实，证据9与本案没有关联性，被告提交的证据6、7与本案没有关联性，本院不予采信；原告、被告提交的其他证据符合证据的真实性、合法性、关联性的要求，本院予以采信。

经审理查明，2010年1月15日，原告向被告申请行政复议，被告于2010年5月25日作出《行政复议决定书》，驳回了原告的行政复议申请。原告不服，向一中院起诉，2014年6月5日，一中院作出（2014）一中行初字第3039号《行政判决书》，撤销了被告作出的《行政复议决定书》，并责令被告在法定期限内重新作出行政复议决定。原告基于《行政复议决定书》被撤销的事实，向被告提出《经济赔偿申请书》，要求被告赔偿给原告交通、住宿及其他费用13316.3元，伙食补助费13140元，利息损失7275元，精神损害赔偿20000元，共计53731.3元。被告于2015年8月3日作出《不予赔偿决定书》，对原告提出的行政赔偿申请不予赔偿。原告不服《不予赔偿决定书》，向本院提起诉讼。

本院认为，根据《国家赔偿法》第二条规定，国家机关和国家机关工作人员行使职权，有本法规定的侵犯公民、法人和其他组织合法权益的情形，造成损害的，受害人有依照本法取得国家赔偿的权利；第三条规定，行政机关及其工作人员在行使行政职权时，违法拘留或者违法采取限制公民人身自由的行政强制措施的，非法拘禁或者以其他方法非法剥夺公民人身自由的，以殴打、虐待等行为或者唆使、放纵他人以殴打、虐待等行为造成公民身体伤害或者死亡的，违法使用武器、警械造成公民身体伤害或者死亡的，造成公民身体伤害或者死亡的其他违法行为，受害人有取得赔偿的权利；第四条规定，行政机关及其工作人员在行使行政职权时，违法实施罚款、吊销许可证和执照、责令停产停业、没收财物等行政处罚，违法对财产采取查封、扣押、冻结等行政强制措施，违法征收、征用财产的或造成财产损害的其他违法行为，侵犯财产权的，受害人有取得赔偿的权利；第三十五条规定，有本法第三条或者第十七条规定情形之一，致人精神损害的，应当在侵权行为影响的范围内，为受害人消除影响，恢复名誉，赔礼道歉；造成严重后果的，应当支付相应的精神损害抚慰金；第三十六条第（八）项规定，对公民、法人和其他组织的财产权造成其他损害的，按照直接损失给予赔偿。本案中，原告基于被告作出的《行政复议决定书》被人民法院生效判决撤销这一事实提起行政赔偿请求，而被告作出的《行政复议决定书》是对原告提出的行政复议申请的程序性处理行为，仅影响了原告在行政复议申请过程中的程序性权利。这种程序性权利，不属于《国家赔偿法》中关于人身权、财产权或者精神损害赔偿的范畴。故《行政复议决定书》虽然被人民法院撤销，但未对原告的合法性权益造成直接损害，故被告作出的《不予赔偿决定书》并无不当，原告要求撤销《不予赔偿决定书》及行政赔偿的诉讼请求缺乏事实及法律依据，本院不予支持。依据《中华人民共和国行政诉讼法》第六十九条、最高人民法院《关于审理行政赔偿案件若干问题的规定》第三十三条之规定，判决如下：

驳回原告姜云某的诉讼请求。

如不服本判决，可在判决书送达之日起十五日内，向本院递交上诉状，并按对方当事人人数递交上诉状副本，上诉于北京市高级人民法院。

审 判 长　　贾　毅
人民陪审员　　王志军
人民陪审员　　曹　旭
二〇一五年十二月二十九日
法官助理　　胡　荣
书 记 员　　赵迎争

65

土地权属争议应当依规定程序调查处理

——项某发等28人不服北京市密云区人民政府行政答复案

【裁判要旨】当事人发生土地权属争议，经协商不能解决的，可以依法向县级以上人民政府或者乡级人民政府提出处理申请，也可以向有关的国土资源行政主管部门提出调查处理申请。政府和国土资源行政主管部门应当依照《土地权属争议调查处理办法》的规定进行审查。

北京市第四中级人民法院

行政判决书

（2016）京04行初216号①

原告项某发，住北京市密云区。

原告项某品，住北京市密云区。

原告项某哲，住北京市密云区。

原告项某存，住北京市密云区。

原告项某凤，住北京市密云区。

原告项某福，住北京市密云区。

原告项某红，住北京市密云区。

原告项某江，住北京市密云区。

原告项某田，住北京市密云区。

原告项某银，住北京市密云区。

原告项某彪，住北京市密云区。

原告项某龙，住北京市密云区。

① 本案判决作出之后，双方当事人均未上诉，判决已生效。

原告项某庄，住北京市密云区。

原告项某军，住北京市密云区。

原告张某，住北京市密云区。

原告项某才，住北京市密云区。

原告项某德，住北京市密云区。

原告项某库，住北京市密云区。

原告程某，住北京市海淀区。

原告项某金，住北京市密云区。

原告项某忠，住北京市密云区。

原告项某虎，住北京市密云区。

原告项某兴，住北京市密云区。

原告兼诉讼代表人项某仓，住北京市密云区。

原告兼诉讼代表人项某全，住北京市密云区。

原告兼诉讼代表人项某华，住北京市密云区。

原告兼诉讼代表人项某立，住北京市密云区。

原告兼诉讼代表人项某利，住北京市密云区。

委托代理人李海霞，北京京润律师事务所律师。

被告北京市密云区人民政府，住所地北京市密云区。

法定代表人潘临珠，区长。

委托代理人谷雪聪，北京市密云区人民政府法制办公室干部。

委托代理人伊波，北京市鑫宝律师事务所律师。

第三人项某敏、项某永（声明放弃参加诉讼）。

原告项某发等28人不服被告北京市密云区人民政府于2015年12月28日作出的《答复意见》（以下简称被诉答复），向本院提起行政诉讼。本院于2016年2月23日受理后，于2016年2月26日向被告送达了起诉书副本及应诉通知书。本院依法组成合议庭，于2016年3月31日公开开庭审理了本案。原告及其委托代理人李海霞，被告的委托代理人谷雪聪、伊波到庭参加诉讼。本案现已审理终结。

2015年12月28日，被告法制办公室作出被诉答复，主要内容为：一、若主张上述拆迁征地协议无效，可依法向法院提起请求确认合同无效之诉；二、根据2005年7月11日密云县密云镇大唐庄村委会和北京东方新景房地产开发有限公司签订的《拆迁征地协议》中“拆迁征地四至及占地面积”显示，拆迁征地范围为“南至新北路，北至李各庄村南，西至新西路，东至十六局交界处”。经调查，你等30人均与大唐庄村委会签订了拆迁安置补偿协议（回迁），并将房屋实际拆除完毕，村集体收回所涉地块土地使用权且大唐庄村经济合作社于2012年取得该宗地块的集体土地所有证。故你等30人主张宅基地房屋合法使用权于法无据。

原告诉称：原告针对涉案《拆迁征地协议》已经诉讼，被告答复指引原告进行诉讼，显然是在推卸责任。被诉答复违法，原告向被告提出申请，要求被告对涉案土地使用权纠纷作出处理，但被诉答复未对原告申请事项作出答复，被诉答复内容违法。请求：1. 依法撤销被诉答复；2. 责令被告对原告与北京东方新景房地产开发有限公司之间的土地使用权争议纠纷作出行政处理决定。

原告向本院提交了下列证据：1. 拆迁征地协议，证明拆迁征地的情况，因该协议引发了原告的诉讼及申请；2. 拆迁前后的照片，证明涉案土地的状况，土地在开发商的范围内，原告丧失了对土地使用权的控制；3. 密云规划分局信息公开登记回执、告知书，北京市国土资源局信息公开登记回执、告知书，证明拆迁建设项目没有办理相关文件，属于违法征收行为，原告仍然是涉案土地宅基地使用权人；4. 会议纪要，证明涉案拆迁的违法行为，相关部门是知道涉案拆迁存在违法情况的；5.（2015）三中民终字第12506号《民事裁定书》，证明原告对拆迁征地协议提起诉讼，法院认为是土地使用权争议纠纷；6. 京政地字〔2009〕175号、京政地字〔2008〕83号批复，证明一期有征地批复，二期没有办理征地批复，大唐庄村不是旧村改造，是征地开发。

被告辩称：原告提交的申请书不是土地确权申请，只能视为信访件；原告要求确认拆迁征地协议无效和其对原宅基地房屋拥有合法使用权，属于人民法院受案范围，被告不具有该项法定职责，被诉答复不违法，请求法院判决驳回原告诉讼请求。

被告在法定举证期限内向本院提交了下列证据：1. 申请书，证明原告所提交的申请书没有明确的请求、处理对象，无论从申请格式还是从申请的内容上均不符合土地确权的要求，被告将申请书视为信访件；2. 集体土地所有权证，证明原告宅基地使用权已被村集体收回，2012年12月25日密云县密云镇大唐庄村经济合作社取得土地使用权，被告作出答复意见事实清楚。

经庭审质证，本院对以下证据作如下确认：原告提供的证据具备真实性、合法性及与本案的关联性，本院予以采信；被告提供的证据具备真实性、合法性及与本案的关联性，但不符合被告的证明目的，对其证明目的，本院不予采信。

经审理查明：2015年11月4日，被告收到原告等28人及项某永、项某敏寄交的申请书，申请书的主要内容为：依据（2015）三中民终字第12506号《民事裁定书》关于本案属于土地使用权争议纠纷，应由行政机关处理解决的内容及

《中华人民共和国土地管理法》（以下简称《土地管理法》）第十六条规定，请求确认大唐庄村委会与东方新景公司签订的《拆迁征地协议》无效，并确认申请人对涉案宅基地房屋拥有合法使用权。2015 年 12 月 28 日，被告法制办公室作出被诉答复。

另查明：（2015）三中民终字第 12506 号《民事裁定书》“本院认为”部分认定：“原审法院认定本案属于土地使用权争议纠纷，应由行政机关处理解决，不属于人民法院的案件受理范围，并无不当。”

本院认为：《土地管理法》第十六条规定，土地所有权和使用权争议，由当事人协商解决；协商不成的，由人民政府处理。个人之间、个人与单位之间的争议，由乡级人民政府或者县级以上人民政府处理。《土地权属争议调查处理办法》第九条规定，当事人发生土地权属争议，经协商不能解决的，可以依法向县级以上人民政府或者乡级人民政府提出处理申请，也可以依照本办法第五、六、七、八条的规定，向有关的国土资源行政主管部门提出调查处理申请；第十三条规定，对申请人提出的土地权属争议调查处理的申请，国土资源行政主管部门应当依照本办法第十条的规定进行审查，并在收到申请书之日起 7 个工作日内提出是否受理的意见。认为应当受理的，在决定受理之日起 5 个工作日内将申请书副本发送被申请人。被申请人应当在接到申请书副本之日起 30 日内提交答辩书和有关证据材料。逾期不提交答辩书的，不影响案件的处理。认为不应当受理的，应当及时拟定不予受理建议书，报同级人民政府作出不予受理决定。本案中，原告等人向被告提交的申请书明确以《土地管理法》第十六条规定为依据，同时引用法院生效判决的法律意见，据此可以判断其向被告提出的申请属于土地权属争议调查处理申请，被告应当依据上述《土地权属争议调查处理办法》规定的相关程序办理。《土地权属争议调查处理办法》第十条规定的申请调查处理土地权属争议应符合的条件是决定申请是否受理的审查要件，不应脱离于《土地权属争议调查处理办法》第十三条规定的程序之外进行判断。被告将原告的申请视为信访件，由其法制办公室作出被诉答复，缺乏事实及法律依据，不符合《土地权属争议调查处理办法》第十三条的规定。综上，被诉答复认定事实不清，主要证据不足，依法应予撤销。依照《中华人民共和国行政诉讼法》第七十条第（一）项之规定，判决如下：

一、撤销被告北京市密云区人民政府法制办公室于二〇一五年十二月二十八日作出的《答复意见》；

二、被告北京市密云区人民政府于本判决生效之日起法定期限内对原告提出的申请重新作出处理。

案件受理费 50 元，由被告北京市密云区人民政府负担（于本判决生效后 7 日内交纳）。

如不服本判决，可在判决书送达之日起十五日内，向本院递交上诉状，并按对方当事人人数递交上诉状副本，上诉于北京市高级人民法院。

审 判 长　霍振宇
审 判 员　张立鹏
人民陪审员　孔 勤
二〇一六年六月二十八日
法官助理　戴 蕾
书 记 员　张媛媛

66

行政相对人对于合法授益行政行为具有必要的容忍义务

——潘宇某诉北京市西城区人民政府抗震加固行为案

【裁判要旨】《北京市实施〈中华人民共和国防震减灾法〉规定》明确市和区、县人民政府应负有做好抗震设防工作和组织房屋建筑所有权人进行抗震加固的职责。行政机关基于保护人民群众生命、财产安全的法定职责依照相关法律规定对房屋实施的抗震加固行为系授益性行政行为，行政相对人对此具有必要的容忍义务。

北京市第四中级人民法院
行政判决书

（2016）京04行初1199号①

原告潘宇某，住北京市西城区。

委托代理人孟庆升，黑龙江智产律师事务所律师。

被告北京市西城区人民政府，住所地北京市西城区。

法定代表人王少峰，区长。

委托代理人王乐斌，北京市西城区住房和城市建设委员会工作人员。

委托代理人李程，北京市西城区人民政府工作人员。

原告潘宇某诉被告北京市西城区人民政府（以下简称西城区政府）要求确认行政行为无效一案，向本院提起行政诉讼。2015年10月15日，本院作出（2015）四中行初字第569号行政裁定，驳回了原告潘宇某的起诉。2016年4月5日，北京市高级人民法院作出（2016）京行终255号行政裁定，撤销（2015）四中行初字第

① 该案判决作出后，原告不服向北京市高级人民法院提起上诉，二审法院经审理，判决驳回上诉，维持一审判决，参见（2017）京行终1881号行政判决书。

569号行政裁定，指令本院继续审理。本院依法组成合议庭，于2016年9月1日公开开庭审理了本案。原告潘宇某及其委托代理人孟庆升，被告西城区政府的法定代表人王少峰及其委托代理人王乐斌、李程到庭参加了诉讼。本案现已审理终结。

2013年7月10日，西城区重大项目建设指挥部办公室（以下简称西城区重大办）作出《关于明确我区2013年老旧小区综合整治任务的函》（以下简称被诉综合整治函），主要内容为"老旧小区综合整治是北京市2013年为群众办实事的重要内容，按照市重大办的要求。结合实际，我区2013年老旧小区综合整治计划开展33.3万平方米抗震加固综合改造、124万平方米节能改造、部分简易楼改造和2个小区公共部分综合整治。现将我区2013年老旧小区综合整治计划的具体明细附后……"

原告潘宇某诉称，原告居住的房屋位于北京市西城区鸭子桥北里×号楼×门×号（以下简称案涉房屋），在北京市西城区人民法院（以下简称西城区法院）西民初字第1409号民事诉讼中，原告收到了北京宣房投资管理公司（以下简称宣房公司）提交的被诉综合整治函。原告认为被诉综合整治函内容与事实严重不符，对原告所在的西城区鸭子桥北里×号楼（以下简称×号楼）的竣工时间、产权性质及产权人等内容的表述错误，且所依据的京西鉴－00083号北京地区房屋建筑安全与抗震鉴定报告（以下简称第83号鉴定报告）的有效性与真实性存疑问。因被告对此项工作失误，将本属于原告的私房界定为直管公房而列入整治范围，严重侵害了原告的合法权益。综上，请求判令被诉综合整治函无效。

原告潘宇某于开庭审理前向本院提交了以下证据：1. 京房权证优宣私字第×1房屋所有权证（以下简称第×1号房屋所有权证）和原告身份复印件，证明案涉房屋的所有权人为原告，不属于直管公房；2. 宣全字第×2号房屋所有权证（以下简称第×2号房屋所有权证），证明北京市宣武区房地产管理局在1991年时对案涉房屋有所有权，且当时的房屋所有权性质为全民所有；3. 被诉综合整治函，证明函中的批复存在认定错误，严重侵害了原告对私有房屋的所有权；4. 京政发〔2011〕32号北京市人民政府（以下简称北京市政府）《关于印发北京市房屋建筑抗震节能综合改造工作实施意见的通知》（以下简称第32号实施意见），证明该文件对抗震节能综合改造工作中的抗震鉴定、加固价值评估、已售公有住宅的改造等提出了相应的要求；5. 第83号鉴定报告，证明该鉴定报告多处内容与实际情况不符；6. 规西函〔2014〕15号北京市规划委员会西城分局《关于老旧小区综合改造项目规划文件的接收函》，证明根据当时1979年的规划不可能在1980年施工完毕，根据相关文件本次鉴定抗震加固的对象是1980年之前完工的建筑，被告未提供×号楼的竣工报告，证明属于1980年以前竣工的建筑是抗震加固文件选定的对象；7. GB50023－2009号建筑抗震鉴定标准，证明砌体结构和混合结构的鉴定标准不同，对于有地下室和没有地下室的建筑以及不同建筑基础的建筑所采用的鉴定标准也不同。

被告西城区政府辩称，被告为全面贯彻落实国发〔2010〕18号《国务院关于进一步加强防震减灾工作的意见》（以下简称《防震减灾意见》），对本行政区域内的房屋建筑实施抗震节能综合改造。2012年3月20日，受北京市住房和城乡建设委员会（以下简称市住建委）的委托，北京筑福建筑事务有限责任公司（以下简称筑福建筑公司）对×号楼作出了第83号鉴定报告，结论为×号楼"该建筑综合抗震能力不满足要求，必须采取加固或其他相应措施"。据此，被告向北京市房屋建筑抗震节能综合改造工作领导小组办公室（以下简称市抗震节能改造办）上报建议将×号楼作为抗震节能改造项目。2013年1月17日，市抗震节能改造办函告同意被告上报的建议。依据京政发〔2012〕3号北京市政府《关于印发北京市老旧小区综合整治工作实施意见的通知》（以下简称第3号通知）及第32号实施意见，被告于2013年7月1日向宣房公司作出被诉综合整治函，要求宣房公司按照职责抓好落实。第×2号房屋所有权证表明×号楼原为宣武区的直管公房，根据上述规定该楼的抗震节能综合改造工作的实施主体应为宣房公司。另外，第83号鉴定报告是由具有资质的机构出具的，其鉴定报告有效性应当予以认可。综上，被诉综合整治函认定事实清楚、程序合法、适用法律正确。请求依法驳回原告的诉讼请求。

被告西城区政府在法定举证期限内向本院提交了以下证据：1. 第83号鉴定报告，证明经过房屋鉴定，案涉房屋需要进行抗震加固综合改造；2. 京抗震综改办函〔2013〕5号《关于确认西城区房屋建筑抗震节能综合改造项目的函》（以下简称第5号确认项目函），证明案涉房屋抗震综合改造项目是经过市抗震节能改造办批准的；3. 第32号实施意见；4. 第3号通知，证据3、4证明被诉综合整治函的相关依据并符合相关法律规定。

经庭审质证，原告潘宇某对被告西城区政府提交证据1的真实性认可，关联性、合法性不认可。认为抗震加固工程实施主体是被告西城区政府，而鉴定报告的委托单位为市住建委，行政程序违法。另外鉴定单位是案涉房屋的设计单位，不符合中立性的要求，且鉴定报告与事实严重不符。对证据2的真实性、合法性、关联性均不认可，认为该函没有经过三分之二的业主同意，不符合被告方提交证据3、4的法定程序，属于程序违法。对证据3的真实性、合法性、关联性认可。但被告没有提交附则。认为证据4不能证明被诉综合整治函的合法性，不符合第32号实施意见的规定。

被告西城区政府对原告潘宇某提交证据1—6的真实性、合法性和关联性均认可，对证据7的真实性、合法性认可，关联性不认可，不认可原告证据1—7的证明目的。其中，认为证据1可以证明案涉房屋是原告私有产权房屋；认为证据2房产证不全面，在完整的房产证上记载房屋的建筑年代是20世纪70年代；认为证据3被诉综合整治函事实清楚，符合法律规定；认为证据5鉴定报告是市住建委委托具有鉴定资质的鉴定机构进行的鉴定；对证据6质证意见同证据2，认为房产证中记载案涉房屋建筑年代是20世纪70年代，属于综合改造的范围。

经审查，本院认为，原告提交的证据3是本案被诉行政行为，不作为证据接纳；原告提交的证据7与本案的合法性审查不具有关联性，本院不予接纳。原告潘宇某提交的证据4、5分别同于被告提交的证据1、3，本院不予重复质证；原告潘宇某对被告提交证据的质证意见因未提供相应证据予以支持，其主观意见不影响其作为证据的证明力，本院对原告的质证意见不予采信，相应的理由在后续部分予以评述；原告潘宇某、被告西城区政府提交的其他证据，形式上符合最高人民法院《关于行政诉讼证据若干问题的规定》提供证据的要求，具有证据的真实性、合法性且与本案被诉综合整治函的合法性审查相关，能够证实本案所涉抗震加固综合整治的相关情况，可以作为认定本案相关事实的依据，本院予以采信。

根据上述合法有效的证据以及当事人无争议之陈述，本院认定如下事实：

为贯彻落实国务院《防震减灾意见》，被告对本行政区域内的房屋建筑实施抗震节能综合改造。根据北京市政府相关要求，2012年3月20日，市住建委委托筑福建筑公司出具第83号鉴定报告，记载“鸭子桥北里×号楼竣工于上世纪70年代”，依据检测报告及现场测绘图纸等资料，通过现场调查、分析计算等方式进行安全鉴定与抗震鉴定，结论为“不满足建筑抗震鉴定要求”，并建议“整体加固”。2013年1月17日，市抗震节能改造办作出第5号确认项目函，同意被告西城区政府上报的申请，将鸭子桥北里1—12号楼列入抗震节能综合改造项目。2013年7月1日，被告作出被诉综合整治函，要求宣房公司依据该函开展相应的综合整治工作，原告潘宇某所在的小区属于该函的综合整治范围。因双方未能就抗震加固问题达成一致协议，原告未予搬迁仍在房屋内居住。宣房公司认为原告对现场施工产生障碍，向西城区法院提起排除妨碍民事诉讼，要求潘宇某将已购公房“腾退至抗震加固工程完成时，并搬离房屋内除固有附属物外的其他物品”。原告认为被诉综合整治函侵害了其合法权益，于2015年7月2日向本院提起行政诉讼。

另查，2011年6月20日，北京市政府印发第32号实施意见，为贯彻落实国务院《防震减灾意见》，提高既有房屋抗震设防能力，北京市政府决定在本行政区域内实施房屋建筑抗震节能综合改造。该意见规定了明确对象、确定主体、落实责任和规范程序加强保障等内容，并将“1980年以前建成的城镇房屋建筑”列入排查鉴定对象，其中确定主体内容为“（一）直管公房，房屋建筑管理单位是综合改造工程的实施责任主体。（二）单位自管公房，房屋建筑产权单位是综合改造工程的实施责任主体。（三）已售公有住宅，原售房单位是综合改造工程的实施责任主体……房屋建筑所有人、管理人、使用人应当依法配合综合改造工作”。随后，北京市政府于2012年1月21日印发了第3号通知，明确将“1990年以前建成的、建设标准不高、设备设施落后、功能配套不全、没有建成长效管理机制的老旧小区（含单栋住宅楼），作为综合整治范围。……对1980年（含）以前建成的老旧房屋进行抗震鉴定，对不达标的老旧房屋进行结构抗震加固改造”。

再查，根据第×2号房屋所有权证查明，案涉房屋所在的×号楼原产权人为北京市宣武区房产管理局，属于宣武区的直管公房。原告潘宇某通过购买的方式于1999年11月19日取得案涉房屋的产权，即第×1号房屋所有权。

本院认为，《北京市实施〈中华人民共和国防震减灾法〉规定》（以下简称《防震减灾规定》）第三条第一款规定，市和区、县人民政府应当加强对防震减灾工作的领导，根据中国地震烈度区划图或者地震动参数区划图、本市地震小区划图、地震安全性评价结果确定的抗震设防要求、国家及本市有关建设工程的强制性标准和本市防震减灾规划，做好抗震设防工作。第四条第二款规定，区、县人民政府应当根据本市防震减灾规划及年度防震减灾工作计划制定区县防震减灾年度工作计划，并组织实施。第十四条第一款规定，按照国家和本市规定，区、县人民政府可以组织房屋建筑所有权人进行抗震加固。《防震减灾意见》第三条第（八）项规定“着力加强学校、医院等人员密集场所建设工程抗震设防。抓紧实施中小学校舍安全工程，逐步开展其他学校、医院等人员密集场所建设工程抗震普查、抗震性能鉴定，根据鉴定结果进行加固改造”。据此，被告西城区政府具有组织领导本行政区域内抗震加固工作的法定职权。

根据双方当事人的辩诉意见，本案的争议焦点在于被告西城区政府作出的被诉综合整治函是否合法，即被告作出被诉综合整治函是否具有相应的事实根据和法律依据。

《防震减灾规定》第三条第三款规定，地震工作主管部门和规划、发展改革、住房城乡建设、农村工作等相关行政部门，按照职责分工做好防震减灾工作。第十二条第一款规定，按照国家和本市规定，已经建成的建设工程有下列情形之一的，所有权人应当委托相关单位进行抗震鉴定，相关行政主管部门根据防震减灾的需求也可以委托进行抗震鉴定：（一）达到设计使用年限需要继续使用的；（二）进行结构改造或者改变使用用途可能影响抗震性能的；（三）未采取抗震设防措施或者达不到现行抗震设防要求的。第十四条第四款规定，任何单位和个人不得阻挠、妨碍抗震加固的实施。第十五条规定，按照国家和本市规定，经抗震鉴定、安全鉴定为危险房屋，需要停止使用的，房屋建筑所有权人及使用人应当根据鉴定报告的处理建议停止使用并搬出危险部位。使用人拒不按照规定搬出的，住房城乡建设主管部门应当书面责令使用人搬出，情况紧急危及公共安全的，为预防突发事件的发生，区、县人民政府可以依法责成有关部门组织搬出，并妥善安置。第十七条第二款规定，区、县人民政府统筹安排本区县农民住宅抗震加固改造工作……根据上述规定，经抗震鉴定、安全鉴定为危险房屋是进行抗震加固的前提条件，且由区、县人民政府统筹协调组织实施，有关职能部门按照职责分工做好相应的工作。

本案中，市住建委作为本市住房建设行政主管机关，有权委托筑福建筑公司出具相应的鉴定报告，第83号鉴定的鉴定结论认为鸭子桥北里×号楼“不满足建筑抗震鉴定要求”，并建议“整体加固”。因此，案涉房屋符合抗震加固的前提。根据第32号实施意见和第3号通知的规定，×号楼的抗震节能综合改造工作的实施主体应为宣房公司。在具备抗震加固的前提条件后，被告向市抗震节能改造办上报将×号楼作为抗震节能改造项目，并取得了市抗震节能改造办的同意。因此，被告西城区政府作出被诉综合整治函，要求该抗震加固的实施主体宣房公司开展相应的工作符合规定。

关于鉴定的相关问题。原告主张案涉房屋的设计单位筑福建筑公司对×号楼进行鉴定不符合法律规定，对其开展鉴定工作的中立性和公正性产生质疑。本院认为，原告虽然主观上认为鉴定不符合法律规定，但其并未提交相应的证据证明房屋设计单位禁止承担本单位设计房屋的鉴定工作。在案证据表明筑福建筑公司具有相应的鉴定资质，故其受市建委的委托出具的鉴定报告，在没有相反证据推翻鉴定结论的情形下，应当认定其具备鉴定的法律效果。

关于被诉综合整治函是否侵害原告房屋所有权的问题。原告主张被告将本属于原告私产的房屋界定为直管公房而列入整治范围，严重侵害了原告合法权益。本院认为，被告西城区政府基于抗震加固的需要，涉及案涉房屋的列表清单，其作用是反映×号楼整栋房屋的原始记载情况并按直管公房的性质组织抗震加固。该清单并不具有对×号楼整栋房屋亦包括原告的房屋确定产权归属的法律效果。原告认为被告将原告的私房界定为直管公房侵犯其合法权益的主张，没有事实根据和法律依据，本院不予支持。

本院注意到，抗震节能综合改造是北京市政府为全面贯彻落实国务院《防震减灾意见》，提高既有房屋建筑抗震设防能力，提升使用品质的一项惠民工程。北京市政府为了进一步细化该项工作，制定了第32号实施意见和第3号通知具体落实。现有证明表明抗震节能综合改造既符合《防震减灾规定》的要求，也改善了老旧小区的居住环境，惠及改造范围内的所有居民。就本案而言，鸭子桥北里×号楼的抗震节能改造的目的是抗震加固和节能环保，在增加原建筑抗震等级、提高保温性能的同时，还扩大了房屋的使用面积。故抗震节能综合改造不是损害了原权利人的合法权益，而是保障了改造范围内居民的居住安全，具有社会福利的属性。被告西城区政府基于经济原则及同楼其他权利人的利益考虑，在采取合理措施保障原告的基本生活条件后，开展×号楼的抗震节能改造并无不妥之处。至于原告认为该施工行为对原告居住造成了影响，是因原告在有条件搬离施工现场而予以拒绝的情形下所应当预见的必然后果。原告作为×号楼的居民属于获得政府福利一方，对此应当承担必要限度内的容忍义务。

综上，原告潘宇某请求确认《关于明确我区2013年老旧小区综合整治任务的函》无效的诉讼请求缺乏事实根据和法律依据，本院不予支持。据此，依照《中华人民共和国行政诉讼法》第六十九条之规定，判决如下：

驳回原告潘宇某的诉讼请求。

案件受理费50元，由原告潘宇某负担（已交纳）。

如不服本判决，可在判决书送达之日起十五日内，向本院递交上诉状，并按对方当事人的人数提出副本，预交上诉案件受理费人民币50元，上诉于北京市高级人民法院。上诉人在上诉期限内未预交上诉案件受理费，又不提出缓交申请的，按自动撤回上诉处理。

审　判　长　　程　琥
审　判　员　　向绪武
人民陪审员　　王占平
二〇一六年十二月十六日
法 官 助 理　　李世邦
书　记　员　　高秀丽

67

不作为行政执法依据的规范性文件不属于附带审查范围

——张小某诉北京市昌平区人民政府行政审批案

【裁判要旨】公民、法人或者其他组织认为行政行为所依据的国务院部门和地方人民政府及其部门制定的规范性文件不合法，在对行政行为提起诉讼时，可以一并请求对该规范性文件进行审查。原告要求对并非行政执法依据的规范性文件进行审查的，人民法院不予支持。

北京市第四中级人民法院
行政判决书

（2016）京04行初827号①

原告张小某，住北京市昌平区。

委托代理人宋某（原告之夫），住北京市昌平区。

被告北京市昌平区人民政府，住所地北京市昌平区。

法定代表人张燕友，区长。

委托代理人庞云辉，北京市昌平区人民政府法制办公室科长。

委托代理人田旭东，北京市博缘律师事务所律师。

原告张小某诉被告北京市昌平区人民政府（以下简称昌平区政府）作出的行政答复，于2016年5月26日向本院提起行政诉讼。本院同日立案后，向被告送达了起诉状副本及应诉通知书。本院依法组成合议庭，于2016年9月1日、2016年11月7日公开开庭审理了本案，原告张小某及委托代理人宋某，被告昌平区政府的委托代理人庞云辉、田旭东到庭参加诉讼。本案现已审理终结。

被告昌平区政府于2016年5月23日对原告张小某作出《关于张小某新增宅基

---

① 本案判决作出之后，双方当事人均未上诉，判决已生效。

地申请的答复意见》（以下简称《答复意见》），内容为：根据《中华人民共和国城乡规划法》、《北京市城乡规划条例》、北京市规划委员会、北京市国土资源局等四部门市规发（2010）1137号《关于印发〈北京市村庄规划建设管理指导意见（试行）〉的通知》[以下简称《指导意见（试行）》]及相关技术标准的规定，你所申请的宅基地位置处于昌平区规划的城市化地区村庄范围，不符合新增宅基地的审批条件。城南街道水屯村委会（以下简称水屯村委会）、北京市昌平区城南街道办事处（以下简称城南街道办）依据《中华人民共和国村民委员会组织法》及上述法律法规规定对你的答复并无不当之处。

原告张小某诉称，被告答复中的法律依据中，均没有明确规定个人申请建设住宅宅基地冻结，且《指导意见（试行）》是指导性文件，不具有强制力、约束力。被告依据《指导意见（试行）》制定的昌政发〔2011〕4号《关于加强农村宅基地住宅规划管理工作的意见（试行）》（以下简称《工作意见》）不具有强制力，且该《工作意见》不能与相关法律规定相抵触。水屯村委会依据《工作意见》不上报其宅基地申请没有法律依据。《工作意见》存在违法内容，被告应审查，并由相关部门纠正。依据土地管理法和行政许可法的相关规定，被告有权对水屯村委会不上报原告宅基地申请行为作出处理。被告《答复意见》明确表示水屯村委会的答复并无不当，对水屯村委会不上报行为不予处理是不履职的具体表现。故请求：1. 撤销被告2016年5月23日作出的《答复意见》并重新作出；2. 请求人民法院依法附带审查《工作意见》。

原告张小某在指定期限内向本院提供了以下证据：

1. 北京市昌平区人民政府2016年5月23日作出的《答复意见》，证明被告作出的答复；2. 2015年9月19日原告向被告提交的申请，证明原告请求被告对水屯村委会不上报的情况进行处理；3. 2014年5月21日水屯村委会的回复，证明水屯村作了答复，依据是《工作意见》，不上报原告申请；4. 2014年11月26日水屯村委会的回复，证明水屯村作了答复，依据是《工作意见》，不上报原告申请；5.《关于对张小某〈申请〉的答复》，证明原告向城南街道办递交了申请，城南街道办作了答复，没有启动过审批程序；6. 宅基地申请及快递单，证明原告向水屯村委会递交了申请；7.《水屯时事》，证明水屯村委会自（2015）四中行初字第1104号判决审理和判令被告依法作出答复期间没有召开村民代表大会和村民会议制定宅基地审批方案，没有对上报宅基地行为进行公示，水屯村委会没有启动上述宅基地审判程序的初始环节。

被告昌平区政府辩称，根据北京市第四中级人民法院作出的（2015）四中行初字第1104号行政判决，被告向城南街道办了解相关情况，包括原告宅基地申请过程，水屯村委会、城南街道办作出的审查意见等情况。根据《中华人民共和国城乡规划法》、《北京市城乡规划条例》等法律、法规及相关技术标准，原告不符合新增宅基地的审批条件。水屯村委会、城南街道办对其答复并无不当。被告已经履行了相关义务，请求人民法院驳回原告的诉讼请求。

被告昌平区政府在法定举证期限内向本院提交了以下证据：

1. 2014 年 5 月 21 日水屯村委会的回复。2. 北京市昌平区人民法院行政裁定书（2015）昌行初字第 160 号；证据 1—2 证明水屯村委会已于 2014 年 5 月 21 日对原告的申请事项作出了回复，原告已针对水屯村委会的回复提起诉讼，并被法院裁定驳回。3.《关于对张小某〈申请〉的答复》。4. 北京市昌平区人民法院行政裁定书（2015）昌行初字第 60 号。5. 北京市第一中级人民法院行政裁定书（2015）一中行终字第 1781 号。证据 3—5 证明城南街道办已于 2015 年 4 月 1 日对原告的申请作出答复。6. 北京市昌平区人民法院行政判决书（2014）昌行初字第 77 号。7. 北京市第一中级人民法院行政判决书（2014）一中行终字第 10752 号。8. 北京市昌平区人民法院行政裁定书（2015）昌行初字第 225 号。证据 6—8 证明原告所要求事项已由生效判决所驳回。

经庭审质证，原告对被告提交证据 1—8 的真实性均认可。但认为证据 4—8 与本案没有关联性，不能证明被告的证明目的。

被告对原告提交的证据 1—5 的真实性、证明目的均认可，对证据 6、7 的真实性不认可。

本院对上述证据认证如下：原告提供的证据 7 与本案被诉行政行为没有关联性，本院不予采纳。被告提供的证据 2、4、5、6、7、8 与本案被诉行政行为没有关联性，本院不予采纳。原告及被告提供的其他证据形式上符合最高人民法院《关于行政诉讼证据若干问题的规定》的规定，内容真实、合法，与本案具有关联性，可以作为认定相关事实的依据，本院予以采信。

经审理查明，原告为北京市昌平区城南街道水屯村村民，于 2014 年 4 月 21 日向水屯村委会提交了审批宅基地申请，水屯村委会于 2014 年 5 月 21 日作出回复：根据《工作意见》有关规定，水屯村委会不再审批新增宅基地。2015 年 4 月 1 日，城南街道办对原告 2014 年 11 月 24 日邮寄的申请书作出答复：因城南街道办未收到由水屯村委会组织召开村民会议或者村民代表会议针对你本人向村委会提出新增宅基地申请进行研究同意的材料，故城南街道办无法对你的申请进行审批答复。

原告于 2015 年 9 月 19 日向被告提交了申请，主要内容为：原告自 2002 年起多次向水屯村委会和城南街道办递交宅基地申请，水屯村委会于 2014 年 5 月 21 日作出回复，依据《工作意见》该村已进入规划，不再审批新增宅基地。水屯村委会未将原告申请宅基地的有关材料上报城南街道办。原告认为水屯村委会作出的回复不符合相关法律规定，请求被告对水屯村委会作出的错误答复进行处理。被告于2016年5月23日对原告作出《答复意见》。

另查明，张小某以昌平区政府不履行法定职责为由，于2015年12月1日向本院提起行政诉讼，要求判令昌平区政府对其2015年9月19日提交的申请作出答复。本院于2016年3月25日作出（2015）四中行初字第1104号行政判决：被告北京市昌平区人民政府在本判决生效之日起六十日内对原告张小某的申请作出书面答复。

本院认为，《中华人民共和国土地管理法》第十一条规定，农民集体所有的土地依法用于非农业建设的，由县级人民政府登记造册，核发证书，确认建设用地使用权；该法第六十二条规定，农村村民住宅用地，经乡（镇）人民政府审核，由县级人民政府批准。被告作为法律规定的农村宅基地审批机关，对原告提出的涉及宅基地审批的相关申请有义务作出答复。本案中，被告作出的《答复意见》称原告申请宅基地的位置昌平区水屯村处于昌平区规划的城市化地区村庄范围内，但被告昌平区政府未能在法定期限内提供证据证明这一事实，故被告昌平区政府作出的《答复意见》缺乏事实根据，主要证据不足，应予撤销。原告张小某要求撤销《答复意见》并重新答复的诉讼请求，本院应予支持。

在本案诉讼过程中，原告申请对《工作意见》进行审查。《中华人民共和国行政诉讼法》第五十三条第一款规定："公民、法人或者其他组织认为行政行为所依据的国务院部门和地方人民政府及其部门制定的规范性文件不合法，在对行政行为提起诉讼时，可以一并请求对该规范性文件进行审查。"本案中，《工作意见》系昌平区政府于2011年制定的规范性文件，但被告作出的《答复意见》并未以《工作意见》为依据，虽然《答复意见》认为水屯村委会、城南街道办对原告的答复并无不当，而水屯村委会对原告的答复引用了《工作意见》，但这一事实并不必然产生《答复意见》以《工作意见》为依据这一结论，故《工作意见》不在本案对规范性文件进行审查之列，本院不予审查。据此，原告张小某请求人民法院依法附带审查《工作意见》的诉讼请求，不符合《中华人民共和国行政诉讼法》第五十三条第一款的规定，本院不予支持。

综上，依照《中华人民共和国行政诉讼法》第五十三条第一款、第六十九条、第七十条第（一）项之规定，判决如下：

一、撤销被告北京市昌平区人民政府2016年5月23日对原告张小某作出的《关于张小某新增宅基地申请的答复意见》；

二、被告北京市昌平区人民政府于本判决生效之日起的法定期限内，针对原告张小某新增宅基地的申请重新作出答复；

三、驳回原告张小某的其他诉讼请求。

案件受理费50元，由北京市昌平区人民政府负担（于本判决生效之日起七日内交纳）。

如不服本判决，可在判决书送达之日起十五日内提起上诉，向本院递交上诉状，并按对方当事人的人数递交上诉状副本，上诉于北京市高级人民法院。

审 判 长　　张立鹏
人民陪审员　　张桂荣
人民陪审员　　明常红
二〇一六年十一月二十二日
法官助理　　刘赫宇
书 记 员　　牛 然

68

行政机关组织实施的抗震加固行为合法的，人民法院应予支持

——苏某诉北京市西城区人民政府老旧小区抗震加固案

【裁判要旨】公民、法人或者其他组织认为行政机关组织实施对既有建筑物进行抗震加固的行为侵害其合法权益的，有权依法提起行政诉讼。人民法院审理该类案件时应当依据行政诉讼法的规定采取适当的审查标准和强度，既要依法维护公民、法人和其他组织的合法权益，又要依法支持行政机关为保护人民生命财产安全所作出的合法的行政行为。

北京市第四中级人民法院

行政判决书

（2017）京04行初908号①

原告苏某，住北京市西城区。

委托代理人孙文某（原告苏某之妻），住北京市西城区。

委托代理人张翔，北京市惠诚律师事务所律师。

被告北京市西城区人民政府，住所地北京市西城区。

法定代表人王少峰，区长。

委托代理人王健，北京市西城区人民政府工作人员。

委托代理人王学涛，北京市西城区住房和城乡建设委员会工作人员。

第三人北京宣房投资管理集团有限公司，住所地北京市西城区。

法定代表人任伟，董事长。

委托代理人王钺，北京宣房投资管理集团有限公司职员。

① 该案判决作出后，原告不服向北京市高级人民法院提起上诉，二审法院经审理，判决驳回上诉，维持一审判决，参见（2018）京行终2902号行政判决书。

原告苏某不服被告北京市西城区人民政府（以下简称西城区政府）所属的西城区重大项目建设指挥部办公室（以下简称西城区重大办）在《关于明确我区2015年老旧小区综合整治任务的函》（以下简称《综合整治函》）中将北京市西城区黑窑厂西里×号楼（以下简称黑窑厂西里×号楼）4、5单元列为抗震加固综合改造对象的行政行为，于2016年7月以西城区政府为被告向本院提起行政诉讼。本院于2017年1月18日作出（2016）京04行初1444号行政判决，判决驳回原告苏某的诉讼请求。原告苏某不服，向北京市高级人民法院提起上诉。2017年7月24日，北京市高级人民法院作出（2017）京行终2181号行政裁定，以本院所作（2016）京04行初1444号行政判决对黑窑厂西里×号楼原产权单位和产权性质认定事实不清为由，裁定撤销本院作出的（2016）京04行初1444号行政判决，发回本院重审。本院据此另行组成合议庭进行了重新审理。因北京宣房投资管理集团有限公司（原北京宣房投资管理公司，2016年6月30日变更为现名称，以下简称宣房公司）与本案具有利害关系，本院依法通知其作为第三人参加诉讼。本院于2017年11月27日公开开庭审理了本案，原告苏某的委托代理人张翔、孙文某，被告西城区政府的委托代理人王健、王学涛，第三人宣房公司的委托代理人王钺到庭参加了诉讼。本案现已审理终结。

2015年11月15日，西城区重大办向包括第三人宣房公司在内的相关单位作出《综合整治函》，主要内容为："老旧小区综合整治是北京市2015年为群众办实事的重要内容，按照市重大办的要求，结合实际，2015年我区老旧小区综合整治计划开展62.58万平方米抗震加固综合改造。最后任务量以实际开展为准。现将我区2015年老旧小区综合整治计划的具体明细附后，请抓好工作落实。"该《综合整治函》的附件《2015年西城区抗震加固工程任务表》中载明，黑窑厂西里×号楼系抗震加固综合改造对象，该楼竣工时间为"80年代"，建筑面积为"4282.66平方米"，产权单位为"北京市宣武区房屋土地管理局"，管理单位为"北京宣武房屋经营公司"，建筑性质为"住宅楼房"，所属街道为"陶然亭街道"。

原告苏某诉称：其在黑窑厂西里×号楼4单元×号、×号有私有房屋两套。在北京市西城区人民法院的相关民事诉讼案件中，其收到被告西城区政府以西城区重大办名义作出的《综合整治函》，要求对其私有房屋进行抗震加固改造，并由有关单位提起诉讼要求其腾房。其认为被告西城区政府的抗震加固行为违法并侵害了其合法权利。第一，被告西城区政府认定事实错误。黑窑厂西里×号楼1、2、3单元建造于1981年，系"80年代"所建，但该楼4、5单元是1999年建成的，4、5单元原来叫新建四平园小区×号楼，2004年才将4、5单元与1、2、3单元合称黑窑厂西里×号楼，四平园小区×号楼名称被撤销。因此，被告西城区政府将1999年建造的4、5单元房屋视为“80年代”所建，明显认定事实错误。第二，被告西城区政府适用法律错误。依据北京市人民政府制定的《关于印发北京市房屋建筑抗震节能综合改造工作实施意见的通知》（京政发〔2011〕32号，以下简称《抗震节能综合改造实施意见》）和《关于印发北京市老旧小区综合整治工作实施意见的通知》（京政发〔2012〕3号，以下简称《老旧小区综合整治实施意见》）的规定，抗震加固的对象是1980年以前建成的房屋，其所在的黑窑厂西里×号楼4、5单元不属于抗震加固的对象，被告西城区政府适用法律错误。第三，被告西城区政府浪费财力，滥用职权。综上，请求撤销西城区重大办作出的《综合整治函》中对黑窑厂西里×号楼4、5单元进行抗震加固的行政行为，诉讼费用由被告西城区政府负担。

原告苏某在法定举证期限内向本院提交了以下证据：1.《综合整治函》及其附件；2. 京房权证优宣私字第99605号房屋所有权证和京房权证优宣私字第94099号房屋所有权证；上述证据1、2用以证明被告西城区政府将其所有的房屋列入了整治范围，其与被诉行政行为具有利害关系；3.《社员购买房屋合同书》；4. 协议书；5. 准住证；6. 北京市宣武区陶然亭住宅合作社（以下简称陶然亭合作社）于2005年6月21日出具的书面证明；7. 北京市城市住宅房屋拆迁安置补助协议书；8. 工程质量竣工核定证书；9. 编号为97－规建字－1149的《建设工程规划许可证》及附件；10. 中华人民共和国国土资源部作出的国土资复议〔2016〕1798号行政复议决定书；11. 陶然亭合作社于2005年10月20日出具的书面说明；12. 宣房公司出具的书面证明；13. 京房权证宣集字第4×××2号房屋所有权证；上述证据3—13用以证明黑窑厂西里×号楼4、5单元建成于2000年4月，并非建成于20世纪80年代，更非建成于1980年之前；14. 民事起诉状，用以证明宣房公司以执行涉案《综合整治函》为由提起诉讼要求其搬迁；15.《致居民的一封信》，用以证明抗震加固综合整治应当针对1980年以前建成的楼房；16. 北京市社会团体统一收款收据和社员证，用以证明其父亲于1993年成为陶然亭合作社的社员，于1997年交纳了购房集资款，黑窑厂西里×号楼4、5单元房屋与宣房公司没有任何关系；17. 编号为000××××1的房屋权属登记档案材料，用以证明黑窑厂西里×号楼1、2、3单元的房屋权属登记情况，并证明该房屋与其无关；18. 编号为000××××5的房屋权属登记档案材料，用以证明原来的黑窑厂西里锅炉房的权属登记情况，该房屋原系宣武区房管局的公房，后被拆除；19. 北京市宣武区国土资源和房屋管理局对黑窑厂西里×号楼4、5单元的权属登记档案材料，用以证明该房屋的产权人是陶然亭合作社，与宣房公司无关；20. 编号为10011249的房屋权属登记档案材料，用以证明黑窑厂西里×号楼4、5单元的产权原属于陶然亭合作社，现部分房屋已转为其私有房屋。

被告西城区政府辩称：老旧小区综合整治是为群众办实事的惠民工程。为落实《抗震节能综合改造实施意见》和《老旧小区综合整治实施意见》的精神，宣房公司委托北京筑福建筑事务有限责任公司（以下简称筑福公司）对黑窑厂西里×号楼整体进行房屋建筑安全与抗震鉴定，结论为该建筑安全鉴定评级为B级，不满足建筑抗震鉴定要求，建议对该建筑采取整体加固措施。据此，西城区重大办于2014年7月2日向北京市重大项目建设指挥部办公室（以下简称市重大办）上报《关于将西城区黑窑厂西里×—×号楼列入抗震加固范围的请示》。2014年8月21日，北京市房屋建筑抗震节能综合改造工作领导小组办公室（以下简称市抗震节能改造办）同意将黑窑厂西里×号楼列为抗震节能综合改造项目。西城区重大办据此于2015年11月15日作出《综合整治函》，将黑窑厂西里×号楼列为2015年西城区老旧小区综合整治计划的抗震加固综合改造项目，且已办理了规划许可和施工许可手续。黑窑厂西里×号楼的几十户居民中，绝大多数已签订了同意抗震加固综合改造的协议并搬离了现场。此外，筑福公司是对黑窑厂西里×号楼的整体进行了鉴定，包含了该楼4、5单元，鉴定结论表明该楼4、5单元也需要进行抗震加固综合改造。请求驳回原告苏某的诉讼请求。

被告西城区政府在法定举证期限内向本院提交了以下证据：1.《北京地区房屋建筑安全与抗震鉴定报告（京筑鉴－13122)》（以下简称《抗震鉴定报告》），用以证明黑窑厂西里×号楼整体不满足抗震鉴定要求，建议整体加固；2. 西城区重大办向市重大办报送的《关于将西城区黑窑厂西里×—×号楼列入抗震加固范围的请示》，用以证明西城区重大办向市重大办请示的情况；3. 京抗震综改办函〔2014〕15号《关于确认西城区房屋建筑抗震节能综合改造项目的函》，用以证明黑窑厂西里×号楼经批准被列为抗震节能综合改造项目；4.《综合整治函》及其附件，用以证明黑窑厂西里×号楼被列入2015年西城区老旧小区综合整治范围；5. 北京市规划委员会西城分局《关于老旧小区综合整治项目规划文件的接收函》，用以证明对黑窑厂西里×号楼的综合整治系经规划部门批准；6.《建筑工程施工许可证》，用以证明对黑窑厂西里×号楼的综合整治工程取得了施工许可证；7.《抗震节能综合改造实施意见》；8.《老旧小区综合整治实施意见》。

第三人宣房公司述称：2013年12月15日，筑福公司对黑窑厂西里×号楼进行了建筑安全与抗震鉴定，得出该建筑不满足建筑抗震鉴定要求，建议采取整体加固措施的鉴定结论。2015年11月15日，西城区重大办明确西城区2015年老旧小区综合整治任务，其中黑窑厂西里×号楼属于抗震加固综合改造对象，该综合改造工程取得了《建筑工程施工许可证》。黑窑厂西里×号楼共有5个单元，其中1、2、

3 单元是其管理的直管公房，4、5 单元的产权单位是陶然亭合作社，经沟通，其取得了陶然亭合作社的授权委托书。其召开全体居民见面会对抗震加固政策进行了讲解，并发放了入户调查表和周转协议书。黑窑厂西里 × 号楼 1、2、3 单元共有 45 户居民，已全部签订了周转协议书并完成了搬迁；4、5 单元共有 25 户居民，目前已有 21 户签订了周转协议书并完成了搬迁。对黑窑厂西里 × 号楼进行抗震加固是政府为群众办实事、为民造福的民心工程，该楼居民是受益人。原告拒绝搬出已严重影响抗震加固综合改造工程的推进，危及整栋楼房的安全。请求驳回原告苏某的诉讼请求。

第三人宣房公司在法定举证期限内向本院提交了下列证据：1.《抗震鉴定报告》；2. 鉴定机构和鉴定人员的资质证书，包括工程设计资质证书、北京市房屋安全鉴定机构备案证书、营业执照、建设工程质量检测机构资质证书、检验检测机构资质认定证书及中华人民共和国一级注册结构工程师注册证书等；3. 入户调查表 5 份和《抗震节能综合改造房屋周转协议书》66 份；4. 京抗震综改办函〔2014〕15 号《关于确认西城区房屋建筑抗震节能综合改造项目的函》；5.《北京市宣武区直管公房经营管理授权委托书》；6.《关于老旧小区改造抗震加固工作产权方手续委托函》；7. 黑窑厂西里 × 号楼部分居民的请愿书；8. 名称变更通知。第三人宣房公司以上述证据证明被告西城区政府对黑窑厂西里 × 号楼进行抗震加固综合改造符合规定。

经庭审质证，对于原告苏某、被告西城区政府和第三人宣房公司提交的上述证据材料的真实性，各方当事人均表示不持异议。在庭审中，对黑窑厂西里 × 号楼进行检测、安全鉴定和抗震鉴定的相关单位依本院通知派员出庭接受询问并就相关专业性问题作出了说明。对于上述证据材料，本院认为：原告苏某提交的证据 1 和被告西城区政府提交的证据 4 均系涉案的《综合整治函》及其附件，该书证系本案被诉行政行为的载体，其本身不能用以证明被诉行政行为的合法性，但可以证明被告西城区政府作出被诉行政行为的事实以及被诉行政行为的具体内容，本院对该证据予以采信；至于被诉行政行为的合法性，本院须根据查明的事实并依据法律法规的规定作出评判。被告西城区政府提交的证据 7、8，即《抗震节能综合改造实施意见》和《老旧小区综合整治实施意见》，实为其组织实施涉案抗震加固综合改造所依据的规范性文件，属于被诉行政行为的依据，不作为证据予以评价。原告苏某、被告西城区政府提交的其他证据以及第三人宣房公司提交的证据具有证据的真实性，取得合法，与本案被诉行政行为的合法性或本案需要查明的其他相关事实具有关联性，本院均予以采信。除上述证据材料外，原告苏某在庭审中出示了西城区重大办 2016 年 7 月 11 日作出的信访事项答复意见书，并出示了其自行拍摄的视频资料（原告苏某称该视频的内容为 2014 年 5 月 23 日会议情况）。本院认为，原告苏某在本院组织各方当事人进行证据交换时未提交该两份材料，亦未在此之前提交，已超过法定举证期限，本院依法不予接纳。同时，该两份材料亦不具有推翻被告西城区政府和第三人宣房公司所提交的证据的证明力。此外，被告西城区政府在本院组织证据交换时提交了北京市老旧小区综合整治办公室的一份会议纪要，用以表明1980 年以后建成的住宅楼房可以被纳入抗震加固综合改造范围，原告苏某和第三人宣房公司对该会议纪要的真实性不持异议。本院认为，被告西城区政府提交该会议纪要的目的在于表明其对黑窑厂西里 × 号楼进行抗震加固综合改造具有政策依据，从内容看，该会议纪要实际上具有依据的属性，本院不作为证据予以评价。

根据上述合法有效的证据以及当事人无争议之陈述，本院查明如下事实：

黑窑厂西里 × 号楼原有 3 个单元（即现在黑窑厂西里 × 号楼的 1、2、3 单元），产权人原为北京市宣武区房地产管理局（以下简称原宣武区房地局）。1988 年 5 月 9 日，原宣武区房地局申请办理该楼房的所有权登记，并于 1991 年取得房屋所有权证。据房屋权属登记档案材料记载，此时的黑窑厂西里 × 号楼系混合结构，建筑年代为 20 世纪 80 年代，建筑面积为 2413 平方米。2001 年 6 月 15 日，北京市宣武区公有资产管理委员会出具《北京市宣武区直管公房经营管理授权委托书》，授权宣房公司自 2001 年 1 月 1 日起行使原宣武区房地局管理直管公房的全部公房经营管理权。

1988 年 5 月 21 日，原宣武区房地局申请办理黑窑厂西里锅炉房的所有权登记，并于 1990 年取得房屋所有权证。此后，该锅炉房被拆除，改建为居民住宅楼。陶然亭合作社于 1997 年 8 月 27 日取得了该居民住宅楼建设项目的《建设工程规划许可证》，该证记载的建设位置为“宣武区四平园”，建设项目名称为“9#住宅”。另据《工程质量竣工核定证书》记载，该建设项目的竣工时间为“2000 年 4 月 9 日”，结构类型为“砖混”。2005 年 10 月，陶然亭合作社申请办理该楼房的所有权登记，提交了产权登记申请书、公安机关出具的地名通知书等申请材料。同年 11 月，陶然亭合作社取得了该楼房的房屋所有权证，该证记载的房屋坐落为“黑窑厂西里 × 号楼 4、5 门”，产别为“集体所有产”，建筑面积为 1736. 75 平方米。另据《北京市房屋登记表》记载，该楼房系混合结构，建成年代为 20 世纪 90 年代。至此，黑窑厂西里 × 号楼由原来的 3 个单元增加到 5 个单元，这 5 个单元的房屋共同构成了现在的黑窑厂西里 × 号楼。

2013 年 12 月 15 日，筑福公司受宣房公司委托出具《抗震鉴定报告》，报告中记载黑窑厂西里 × 号楼的竣工时间为“80 年代”，建筑面积为“4282. 66 平方米”，鉴定内容为“对黑窑厂西里 × 号楼，依据检测报告及现场踏勘测绘图纸等资料，通过现场调查、分析计算等方式进行安全鉴定与抗震鉴定”，鉴定结论为黑窑厂西里×号楼“不满足建筑抗震鉴定要求，建议采取整体加固措施”。2014 年 7 月 2 日，西城区重大办向市重大办报送《关于将西城区黑窑厂西里×—×号楼列入抗震加固范围的请示》。2014 年 8 月 21 日，市抗震节能改造办向西城区重大办出具《关于确认西城区房屋建筑抗震节能综合改造项目的函》，同意将黑窑厂西里×号楼列为抗震节能综合改造项目。宣房公司就黑窑厂西里×号楼抗震节能综合改造项目进行了入户调查，制作了入户调查表，并与该楼部分居民分别签订了《抗震节能综合改造房屋周转协议书》。2015 年 11 月 5 日，北京市西城区住房和城乡建设委员会向宣房公司颁发“2013 年西城区（南）既有建筑抗震加固工程（黑窑厂西里×—×号楼）”的《建筑工程施工许可证》。2015 年 11 月 15 日，西城区重大办作出《综合整治函》。

原告苏某通过房改售房于 2006 年取得黑窑厂西里×号楼 4 单元×号房屋的所有权证，据《北京市房屋登记表》记载，该房屋的建成年代为 20 世纪 90 年代。2008 年，苏某又取得了黑窑厂西里×号楼 4 单元×号房屋的所有权证。2016 年 6 月，宣房公司以苏某之妻孙文某为被告向北京市西城区人民法院提起民事诉讼，以孙文某拒绝腾退房屋，导致其不能对黑窑厂西里×号楼进行整体抗震加固等为由，请求人民法院判令孙文某将黑窑厂西里×号楼 4 单元×号和×号房屋“腾退至抗震加固工程完成时，并搬离房屋内除固有附属物外的其他物品”。此后，原告苏某提起本案行政诉讼。

在本案诉讼中，第三人宣房公司述称，黑窑厂西里×号楼 1、2、3 单元共 45 套房屋，已有 42 套房屋出售，其余 3 套仍为宣房公司的直管公房；4、5 单元共 25 套房屋，已有 17 套房屋出售，其余 8 套仍为陶然亭合作社的产权房屋；现黑窑厂西里×号楼仅有 4、5 单元的 4 户居民未搬离，其余居民已签订《抗震节能综合改造房屋周转协议书》并已搬离。原告苏某和被告西城区政府对此不持异议。第三人宣房公司在诉讼中提交了其与居民签订的《抗震节能综合改造房屋周转协议书》，该协议约定由宣房公司向居民支付搬离和搬回的搬家费用、周转期间的周转补助金以及空调拆装费。另，第三人宣房公司在诉讼中提交了陶然亭合作社于 2015 年出具的《关于老旧小区改造抗震加固工作产权方手续委托函》，载明陶然亭合作社委托宣房公司代表其办理黑窑厂西里×号楼 4、5 单元抗震加固改造工程的产权方手续。

本院认为：本案系因被告西城区政府对原告苏某所有的房屋所在的黑窑厂西里×号楼进行抗震加固综合改造引发的行政诉讼案件。本院根据查明的事实，依据相关法律法规的规定，重点围绕各方当事人的争议焦点，就相关问题分别阐述如下：

一、关于原告起诉条件、本案涉及的主要法律规范以及各方当事人的争议焦点

第一，关于起诉条件。公民、法人或者其他组织认为行政机关和行政机关工作人员的行政行为侵犯其合法权益，有权依法向人民法院提起行政诉讼。《中华人民共和国行政诉讼法》对公民、法人或者其他组织提起行政诉讼应当具备的条件作出了明确规定。公民、法人或者其他组织提起行政诉讼不符合法定条件，已经立案的，人民法院应当裁定驳回起诉；符合法定条件的，人民法院应当对被诉行政行为是否合法进行审查并依法作出相应判决。本案中，西城区重大办于2015年11月15日作出《综合整治函》，将黑窑厂西里×号楼列为抗震加固综合改造对象，原告苏某针对该抗震加固综合改造行为中涉及黑窑厂西里×号楼4、5单元的部分，于2016年7月向本院提起行政诉讼。西城区重大办系被告西城区政府设立的机构，其所作《综合整治函》将黑窑厂西里×号楼列为抗震加固综合改造对象，原告苏某所有的房屋在黑窑厂西里×号楼之内。据此，西城区重大办作出《综合整治函》的行为对原告苏某的权益产生实际影响，系可诉的行政行为，原告苏某具有提起诉讼的原告资格，西城区政府系适格被告，原告苏某提起诉讼亦未超过法定期限。综上，本院认定原告苏某的起诉符合法定条件。在诉讼中，被告西城区政府和第三人宣房公司亦未提出原告苏某提起诉讼不符合法定条件的主张。

第二，关于本案涉及的主要法律规范。本案系行政诉讼案件，应当适用《中华人民共和国行政诉讼法》及相关司法解释的规定。同时，被诉行政行为系抗震加固综合改造行为，对被诉行政行为是否合法的审查须同时依据防震减灾的相关法律规范。为了防御和减轻地震灾害，保护人民生命和财产安全，促进经济社会的可持续发展，1997年12月29日第八届全国人民代表大会常务委员会第二十九次会议通过了《中华人民共和国防震减灾法》，2008年12月27日第十一届全国人民代表大会常务委员会第六次会议对该法予以修订，修订后的《中华人民共和国防震减灾法》已自2009年5月1日起施行。该法就防震减灾规划、地震监测预报、地震灾害预防、地震应急救援、地震灾后过渡性安置和恢复重建等作出全面规定，其中对已经建成的建设工程的抗震加固问题作出了明确规定。2006年1月27日，中华人民共和国建设部[①]颁布《房屋建筑工程抗震设防管理规定》（建设部令148号）。该规章对已建成的房屋建筑工程的抗震鉴定和抗震加固等问题作出了更加具体的规定。为了实施《中华人民共和国防震减灾法》，北京市人民代表大会常务委员会结合北京市的实际情况，颁布了《北京市实施〈中华人民共和国防震减灾法〉办法》，自2002年1月1日起施行。2010年6月9日，国务院制定了《关于进一步加强防震减

① 现为中华人民共和国住房和城乡建设部。

灾工作的意见》（国发〔2010〕18 号），就进一步加强防震减灾工作提出明确要求。北京市人民政府据此于 2011 年 6 月 20 日印发了《抗震节能综合改造实施意见》，又于 2012 年印发了《老旧小区综合整治实施意见》。2013 年 7 月 26 日，北京市第十四届人民代表大会常务委员会第五次会议通过《北京市实施〈中华人民共和国防震减灾法〉规定》，自 2014 年 1 月 1 日起施行，《北京市实施〈中华人民共和国防震减灾法〉办法》同时废止。根据《中华人民共和国行政诉讼法》及相关司法解释的规定，人民法院审理行政案件，以法律和行政法规、地方性法规为依据，参照规章，并可以参照合法有效的规范性文件。据此，对本案被诉行政行为是否合法的审查，应当依据被诉行政行为作出时有效的法律、法规，并参照被诉行政行为作出时有效的规章以及合法有效的规范性文件。

第三，关于本案的争议焦点。结合本案各方当事人的诉辩意见及本院庭审调查情况，本案争议焦点：一是黑窑厂西里 × 号楼 4、5 单元应否被纳入抗震加固综合改造范围；二是涉案《抗震鉴定报告》能否作为被诉行政行为的有效根据；三是将黑窑厂西里 × 号楼 4、5 单元列入抗震加固综合改造范围是否符合相关程序规定；四是被告是否滥用了职权和被诉行政行为是否侵害了原告的合法权益。

二、关于黑窑厂西里 × 号楼 4、5 单元应否被纳入抗震加固综合改造范围问题

原告苏某在诉讼中提出，根据北京市人民政府制定的《抗震节能综合改造实施意见》和《老旧小区综合整治实施意见》的规定，抗震加固的对象是 1980 年以前建成的房屋，而黑窑厂西里 × 号楼 4、5 单元建成于 1999 年（原告在起诉状中提出的主张）或 2000 年（原告在庭审中提出的主张），不属于抗震加固对象。针对该诉讼意见，本案既需要确定黑窑厂西里 × 号楼 4、5 单元的建成时间，又需要确定本市抗震加固综合改造对象的具体范围。

第一，关于黑窑厂西里 × 号楼 4、5 单元的建成时间。根据本案查明的事实，黑窑厂西里 × 号楼原有 3 个单元，即现在黑窑厂西里 × 号楼的 1、2、3 单元，根据当时房屋权属登记档案材料记载，这 3 个单元建成于 20 世纪 80 年代。而现在黑窑厂西里 × 号楼 4、5 单元的建设单位是陶然亭合作社，陶然亭合作社于 1997 年方取得《建设工程规划许可证》，该建设项目的《工程质量竣工核定证书》显示竣工时间为“2000 年 4 月 9 日”，而房屋权属登记档案材料中的《北京市房屋登记表》又显示建成年代为 20 世纪 90 年代。尽管两份材料记载的具体时间不尽一致，但足可认定黑窑厂西里 × 号楼 4、5 单元并非建成于 20 世纪 80 年代，更非 1980 年之前，而是在 20 世纪 90 年代或者 2000 年才建成的。

第二，关于本市抗震加固综合改造对象的具体范围。北京市人民政府于 2011 年 6 月 20 日发布《抗震节能综合改造实施意见》，将 3 类建设工程明确列为“排查

鉴定对象”，即：“1. 1980年以前建成的城镇房屋建筑。2. 规划保留村庄的农村住宅。3. 1980年至2002年期间建成的学校、幼儿园、医院、体育场馆、博物馆、文化馆、图书馆、影剧院、商场、交通枢纽等人员密集的公共服务设施”。应当说，黑窑厂西里×号楼4、5单元不在该3类建设工程之列，但却不能据此得出黑窑厂西里×号楼4、5单元必须被排除于抗震加固综合改造范围之外的结论。一方面，《抗震节能综合改造实施意见》列明的上述3类建设工程系“排查鉴定”的对象，该文件并未明确禁止依法对其他建设工程进行抗震鉴定并依据鉴定结果进行抗震加固综合改造。被告西城区政府在诉讼中提供的2012年北京市老旧小区综合整治办公室会议纪要也可以表明1980年以后建成的房屋建筑并未被一概排除于抗震加固综合改造范围之外，该会议纪要的相关内容为：“对1980年以后建成且住户居民有强烈意愿进行改造的住宅楼房，由各区县负责先行进行抗震检测，如确实需要进行抗震加固改造，专题报市老旧小区综合整治办公室”。另一方面，本市行政区划范围内对既有建设工程进行抗震加固综合改造，不仅要遵循《抗震节能综合改造实施意见》的规定，同时也要遵循相关法律、法规、规章的规定。《中华人民共和国防震减灾法》第三十九条规定，对于已经建成的重大建设工程，可能发生严重次生灾害的建设工程，具有重大历史、科学、艺术价值或者重要纪念意义的建设工程，学校、医院等人员密集场所的建设工程，以及地震重点监视防御区内的建设工程，未采取抗震设防措施或者抗震设防措施未达到抗震设防要求的，应当按照国家有关规定进行抗震性能鉴定，并采取必要的抗震加固措施。自2002年1月1日起施行的《北京市实施〈中华人民共和国防震减灾法〉办法》第十九条第一款规定，已建成的建筑物、构筑物，未采取抗震设防措施或者未达到抗震设计标准的，建筑物、构筑物所有权人或者管理使用单位应当按照国家有关规定进行抗震性能鉴定，并采取必要的抗震加固措施。自2014年1月1日起施行的《北京市实施〈中华人民共和国防震减灾法〉规定》第十二条第一款和第十三条规定，已经建成的建设工程具有“达到设计使用年限需要继续使用”“进行结构改造或者改变使用用途可能影响抗震性能”“未采取抗震设防措施或者达不到现行抗震设防要求”等情形之一的，应当委托相关单位进行抗震鉴定，对不符合抗震设防标准且具有加固价值的房屋建筑采取抗震加固措施。根据上述法律和地方性法规的规定，应当进行抗震鉴定并采取抗震加固措施的既有房屋建筑并不局限于20世纪80年代及以前建成的房屋建筑，而是可以涵盖20世纪90年代甚至21世纪建成的房屋建筑；对某一房屋建筑是否需要采取抗震加固措施，核心标准在于该房屋建筑是否符合抗震设防要求并具有加固价值。因此，尽管黑窑厂西里×号楼4、5单元建成于20世纪90年代或2000年，但如果该房屋建筑经抗震鉴定的确不符合抗震设防要求且具有加固价值，对该房屋建筑进行抗震加固综合改造显然不违背上述法律、法规的规定。

综上，黑窑厂西里×号楼4、5单元不应当仅仅因为建成于20世纪90年代或2000年而被排除于抗震加固综合改造范围之外。同时，黑窑厂西里×号楼4、5单元尽管与该楼的1、2、3单元建成于不同年代，但已共同构成现在的黑窑厂西里×号楼，在抗震加固综合改造工作中对该楼进行整体考虑并无不当。当然，应否对黑窑厂西里×号楼采取抗震加固措施，关键在于该楼能否达到抗震设防要求，这正是下一个争议焦点涉及的核心问题。

三、关于涉案《抗震鉴定报告》能否作为被诉行政行为的有效根据问题

既有房屋建筑能否达到抗震设防要求，涉及专业性、技术性判断，通常应当通过抗震鉴定得出结论。本案中，筑福公司就黑窑厂西里×号楼进行了抗震鉴定并出具了《抗震鉴定报告》，结论为黑窑厂西里×号楼"不满足建筑抗震鉴定要求"，建议采取"整体加固"措施。在诉讼中，被告西城区政府和第三人宣房公司均提交该《抗震鉴定报告》作为其主张被诉行政行为合法的证据，原告苏某则对该《抗震鉴定报告》提出质疑并在庭审中发表了质证意见，本院亦依法通知鉴定机构派员出庭接受询问并就鉴定报告的相关内容作出了说明。根据各方当事人的诉辩意见和质证意见，本案中对该《抗震鉴定报告》是否合法有效的审查主要涉及抗震鉴定的委托主体是否适格、鉴定机构的选定是否合法、鉴定报告内容是否准确等方面的问题。

第一，关于委托抗震鉴定的适格主体。本案中，抗震鉴定的时间是2013年，委托抗震鉴定的单位是宣房公司。在具体由谁委托鉴定机构对既有房屋建筑进行抗震鉴定这一问题上，1997年通过并经2008年修订的《中华人民共和国防震减灾法》未作明确规定。中华人民共和国建设部2006年颁布的规章《房屋建筑工程抗震设防管理规定》第十二条第一款虽规定对3类已建成但未采取抗震设防措施且未列入近期拆除改造计划的房屋建筑工程应当委托进行抗震鉴定，但并未明确规定抗震鉴定的委托主体；第二款则作出了"鼓励其他未采取抗震设防措施且未列入近期拆除改造计划的房屋建筑工程产权人，委托具有相应设计资质的单位按现行抗震鉴定标准进行抗震鉴定"的规定，虽对委托主体的规定更加明确，但仅为"鼓励"委托抗震鉴定。自2002年1月1日起施行并在本案涉及的抗震鉴定进行时仍有效的《北京市实施〈中华人民共和国防震减灾法〉办法》第十九条则明确规定由"建筑物、构筑物所有权人或者管理使用单位"对已建成但未采取抗震设防措施或者未达到抗震设计标准的建筑物、构筑物进行抗震性能鉴定并采取必要的抗震加固措施，同时规定"城市住房制度改革中出售的房屋的抗震加固，由市人民政府另行规定"。北京市人民政府制定的《抗震节能综合改造实施意见》规定，由区县政府

组织实施责任主体进行房屋建筑抗震节能综合改造工作，对于直管公房、单位自管公房、已售公有住宅、其他私有房屋建筑进行抗震节能综合改造，相应的实施责任主体分别为房屋建筑管理单位、房屋建筑产权单位、原售房单位和房屋建筑所有权人。本案中，黑窑厂西里×号楼的1、2、3单元原为宣房公司经营管理的直管公房，后部分房屋出售，部分房屋仍为宣房公司经营管理的直管公房；4、5单元原为陶然亭合作社的集体所有房产，后部分房屋出售，部分房屋仍为陶然亭合作社所有。从房屋的套数看，黑窑厂西里×号楼共有70套房屋，其中45套房屋原为宣房公司经营管理的直管公房。从实际情况看，由宣房公司委托鉴定机构对黑窑厂西里×号楼进行抗震鉴定，具有可行性和合理性，且并不为法律、法规、规章所禁止。另一方面，委托鉴定机构对既有房屋建筑进行抗震鉴定，目的在于确定既有房屋建筑是否符合抗震设防要求，进而排除安全隐患和风险，对于维护房屋所有权人和使用人的生命财产安全是有利的。本案中，宣房公司委托鉴定机构对黑窑厂西里×号楼进行抗震鉴定，并未要求原告或该楼内其他居民负担鉴定费用，对原告或该楼内其他居民的合法权益并未造成侵害。此外，宣房公司在诉讼中提交的证据显示，陶然亭合作社于2015年向宣房公司出具了委托书，委托宣房公司代表其办理黑窑厂西里4、5单元抗震加固改造工程的产权方手续。据此，本院认为，涉案《抗震鉴定报告》不因委托鉴定单位系宣房公司而失去合法性和有效性。

第二，关于抗震鉴定机构的选定。本案中，筑福公司出具了《抗震鉴定报告》，该公司持有中华人民共和国住房和城乡建设部核发的工程设计资质证书。依据中华人民共和国建设部2006年颁布的规章《房屋建筑工程抗震设防管理规定》第十二条的规定，抗震鉴定应当由具有相应设计资质的单位进行。北京市人民政府制定的《抗震节能综合改造实施意见》规定："实行合格承包人名录制度。为保证综合改造工程质量，参与综合改造的检测、房屋安全鉴定、设计、施工、监理单位实行合格承包人名录制度。市、区县政府出资并依法应当招标的项目，各实施责任主体应当在合格承包人名录中依法选定工程参与单位。"2012年3月，北京市住房和城乡建设委员会、北京市规划委员会、北京市财政局共同印发《北京市房屋建筑抗震节能综合改造工程设计单位合格承包人名册管理办法》和《北京市房屋建筑抗震节能综合改造工程设计单位合格承包人名册》，筑福公司列于北京市房屋建筑抗震节能综合改造工程设计单位合格承包人名册之内。据此，由具有相应设计资质并被列入上述合格承包人名册的筑福公司对黑窑厂西里×号楼进行抗震鉴定，并不违法。

第三，关于鉴定报告内容的准确性。筑福公司出具的《抗震鉴定报告》载明了黑窑厂西里×号楼的产权单位、管理单位、竣工时间、结构类型、平面形式、地基基础形式、楼盖形式、屋盖形式等多方面信息，列明了鉴定内容、鉴定依据等相关内容，得出了该建筑“不满足建筑抗震鉴定要求，建议采取整体加固措施”的鉴定结论。从本案查明的事实看，黑窑厂西里 × 号楼的 1、2、3 单元建成于 20 世纪 80 年代，4、5 单元建成于 20 世纪 90 年代或 2000 年，《抗震鉴定报告》将黑窑厂西里 × 号楼的竣工时间统一记载为“80 年代”，并不准确。黑窑厂西里 × 号楼的 1、2、3 单元原为宣房公司经营管理的直管公房，后部分房屋已出售；4、5 单元原为陶然亭合作社的集体所有房产，后部分房屋也已出售。《抗震鉴定报告》将黑窑厂西里 × 号楼的产权单位统一记载为西城区政府和陶然亭合作社，没有体现出部分房屋已出售的情况，亦不准确。不过，筑福公司对黑窑厂西里 × 号楼进行抗震鉴定，目的在于确定该楼是否符合抗震设防要求，形成的也是有关黑窑厂西里 × 号楼不符合抗震设防要求并建议采取整体加固措施的鉴定结论。筑福公司进行抗震鉴定并出具《抗震鉴定报告》，目的显然不在于确定黑窑厂西里 × 号楼的竣工时间、产权单位，也不具有改变该楼竣工时间和产权单位的效力。需要注意的问题在于，《抗震鉴定报告》对竣工时间和产权单位的记载是否会对鉴定结论产生实质性影响。首先，房屋建筑的抗震性能如何，与该房屋建筑的产权人或产权单位是谁，二者并无必然关联。涉案《抗震鉴定报告》有关产权单位的记载虽不准确，但有关抗震性能的鉴定结论并不因此受到影响。其次，关于竣工时间是否影响抗震鉴定结论一节，经鉴定机构派员出庭就此作出说明，本院尚无法得出涉案《抗震鉴定报告》所载鉴定结论会因该报告有关竣工时间的记载不准确而被动摇或推翻的结论。最后，原告苏某在庭审中还对《抗震鉴定报告》记载的黑窑厂西里 × 号楼的结构类型、地基基础形式等提出质疑，鉴定机构派员出庭作出说明，这些事项涉及专业性、技术性问题，原告苏某并未提供证据支持其主张，更不足以推翻涉案的鉴定结论。此外，经询问原告是否申请重新鉴定，原告苏某在庭审中明确表示其不申请重新鉴定。有鉴于此，本院认为，涉案《抗震鉴定报告》虽存在部分内容不够准确的情形，但不足以动摇或推翻鉴定结论，亦不足以导致《抗震鉴定报告》丧失合法性、有效性。

综上，涉案《抗震鉴定报告》是由具有工程设计资质的筑福公司经鉴定后出具的，且没有证据证明存在鉴定程序严重违法、鉴定结论明显依据不足或者足以导致鉴定结论不成立的其他情形，故该《抗震鉴定报告》的合法性和有效性应当得到认可。既然鉴定机构出具的抗震鉴定报告能够表明黑窑厂西里 × 号楼不满足抗震设防要求并需要采取抗震加固措施，被告西城区政府据此组织实施责任单位对该楼进行抗震加固综合改造，具有相应的事实基础。当然，黑窑厂西里 × 号楼经鉴定不满足抗震设防要求，只是为被告西城区政府针对该楼组织实施抗震加固综合改造提供了前提条件，被告西城区政府在组织实施过程中还应当遵循相关程序要求，而这正是下一个争议焦点涉及的核心问题。

四、关于将黑窑厂西里×号楼4、5单元列入抗震加固综合改造范围是否符合相关程序规定问题

本案中，在筑福公司出具《抗震鉴定报告》后，西城区重大办向市重大办报送了将黑窑厂西里×号楼列入抗震加固范围的请示，市抗震节能改造办向西城区重大办出具了将黑窑厂西里×号楼列入抗震节能综合改造项目的确认函，宣房公司进行了入户调查，黑窑厂西里×号楼抗震加固工程也取得了《建筑工程施工许可证》。可见，被告西城区政府在作出本案被诉行政行为之前，履行了一定的程序。结合各方当事人的诉辩意见，就被诉行政行为是否符合法定程序问题，尚需重点审查两个方面，一是实施责任主体的确定是否符合规定；二是提出综合改造申请前是否履行了组织业主共同决定的程序要求。

第一，实施责任主体的确定。北京市人民政府制定的《抗震节能综合改造实施意见》第二条对抗震加固综合改造工作实施责任主体作出了具体规定，即："（一）直管公房，房屋建筑管理单位是综合改造工程的实施责任主体。（二）单位自管公房，房屋建筑产权单位是综合改造工程的实施责任主体。（三）已售公有住宅，原售房单位是综合改造工程的实施责任主体；原售房单位灭失的，现接管单位是综合改造工程的实施责任主体；无接管单位的，由房屋所在地区县政府负责组织实施。（四）其他私有房屋建筑，房屋建筑所有权人是综合改造工程的实施责任主体；房屋建筑所有权人下落不明或者权属不明的，实际占有人是综合改造工程的实施责任主体"。本案中，根据黑窑厂西里×号楼的权属状况，尤其是该楼70套房屋中1、2、3单元的45套房屋原为宣房公司经营管理的直管公房且至今仍有部分房屋系宣房公司直管公房，4、5单元的25套房屋原为陶然亭合作社的集体所有房产且陶然亭合作社于2015年向宣房公司出具了委托手续等实际情况，由宣房公司作为黑窑厂西里×号楼抗震加固综合改造工作的实施责任主体并无不当，原告苏某的合法权益亦未因实施责任主体确定为宣房公司而受到侵害。

第二，关于业主共同决定程序。北京市人民政府制定的《抗震节能综合改造实施意见》第四条规定，实施责任主体应当根据鉴定、评估结果，及时向区县政府提出综合改造申请；属于已售公有住宅的，实施责任主体应当依法组织业主共同决定，经专有部分占建筑物总面积三分之二以上的业主且占总人数三分之二以上的业主同意后，方可提出综合改造申请。本案中，宣房公司在诉讼中提交的入户调查表和《抗震节能综合改造房屋周转协议书》能够表明宣房公司履行了征求业主意见的程序，并且抗震加固综合改造工作已得到黑窑厂西里×号楼超过三分之二的业主的同意。实际上，原告在诉讼中亦认可黑窑厂西里×号楼的70户居民中，目前仅

有4户居民未签订《抗震节能综合改造房屋周转协议书》。据此，本院认为，被告西城区政府将黑窑厂西里×号楼列入抗震加固综合改造范围，并不违背《抗震节能综合改造实施意见》中有关业主共同决定程序的规定。

综上，被告西城区政府作出被诉行政行为前履行了必要的行政程序，不存在因违反法定程序而应当认定被诉行政行为违法的情形。

五、关于被告是否滥用了职权和被诉行政行为是否侵害了原告的合法权益问题

行政机关实施行政行为，不仅应当符合其法定职权范围，具有相应的事实根据和法律依据，遵循法定程序，而且不能存在滥用职权或明显不当的情形，亦不能违法侵害行政相对人或利害关系人的合法权益。本案中，原告苏某提出，被告西城区政府浪费财力，滥用职权，对不应被纳入抗震加固综合改造范围的黑窑厂西里×号楼4、5单元进行抗震加固综合改造侵害了其合法权益。本院认为，原告苏某的这一主张缺乏相应的事实根据和法律依据。

第一，防震减灾事关人民生命财产安全和经济社会发展全局，由于地震具有巨大破坏力，精准预测又有一定难度，因此对地震的预防至关重要，通过抗震加固综合改造提高城乡建筑物的抗震能力正是地震灾害预防的关键环节之一。为此，《中华人民共和国防震减灾法》不仅明确规定了防震减灾工作实行预防为主、防御与救助相结合的原则，也明确规定了地方人民政府做好本行政区域内防震减灾工作的职责以及单位和个人依法参加防震减灾活动的义务，还专门设置“地震灾害预防”一章就相关事项作出具体规定。国务院于2010年发布《关于进一步加强防震减灾工作的意见》，重申要把人民群众的生命安全放在首位，坚持预防为主、防御与救助相结合，并明确提出要充分考虑潜在的地震风险，切实提高建筑物抗震能力，到2015年基本完成抗震能力不足的重要建设工程的加固改造。北京市对防震减灾工作高度重视，先后制定了《北京市实施〈中华人民共和国防震减灾法〉办法》《北京市实施〈中华人民共和国防震减灾法〉规定》等地方性法规，也出台了一系列规范性文件落实法律法规的要求。本案中，被告西城区政府依据法律、法规、规章和规范性文件中有关对既有房屋建筑进行抗震鉴定和采取抗震加固措施的规定，在黑窑厂西里×号楼经鉴定不满足抗震设防要求的情况下，经履行相关程序，将该楼列为抗震加固综合改造对象。该行为系被告西城区政府履行其法定职责的行为，具有相应的事实根据和法律依据，且有利于提高黑窑厂西里×号楼防御潜在地震风险的能力，有利于保护人民群众的生命财产安全。原告苏某认为被告西城区政府滥用职权的意见缺乏依据，本院不予采纳。

第二，对既有房屋建筑采取抗震加固措施，可能会给该房屋建筑的使用人带来不便，如在必要时需要使用人在施工期间搬出；也可能对房屋建筑所有权人带来影

响，如实施加固后房屋建筑的结构、面积等可能有所变化。不过，必要的抗震加固所带来的不便和造成的影响显然不能等同于对房屋所有权人和使用人合法权益的侵害，毋宁说是为了保障所有权人和使用人的合法权益，尤其是其生命财产安全，而应当在一定限度内予以容忍的不便和影响。实际上，房屋建筑的抗震能力不足，不仅对该房屋建筑的所有权人和使用人的生命财产安全构成潜在威胁，也会对相邻房屋建筑的安全和不特定公众的安全构成潜在威胁。为此，在《中华人民共和国防震减灾法》第八条明确规定"任何单位和个人都有依法参加防震减灾活动的义务"的基础上，相关法律规范对房屋建筑的所有权人和使用人设定了更加明确的义务。例如，中华人民共和国建设部颁布的规章《房屋建筑工程抗震设防管理规定》第十四条第一款规定，对经鉴定需抗震加固的房屋建筑工程，产权人应当委托具有相应资质的设计、施工单位进行抗震加固设计与施工；第十五条进一步规定，房屋建筑工程的抗震鉴定、抗震加固费用，由产权人承担。《北京市实施〈中华人民共和国防震减灾法〉规定》第十二条、第十三条也就房屋建筑所有权人委托抗震鉴定和采取抗震加固措施的义务作出规定，第十五条又规定了房屋建筑所有权人及使用人在一定条件下停止使用并搬出危险部位的义务。本案中，宣房公司是黑窑厂西里×号楼抗震加固综合改造的实施责任主体，包括原告苏某在内的购买该楼内房屋的业主并未被要求负担综合改造费用，宣房公司与业主签订的《抗震节能综合改造房屋周转协议书》还明确约定由宣房公司向业主支付搬离和搬回的搬家费用、周转期间的周转补助金等费用。更加重要的是，抗震加固综合改造有利于提升房屋建筑的抗震能力，对该楼内房屋所有权人和使用人的生命财产安全提供了更加充分的保障。综上，本案中显然不能得出被诉行政行为违法侵害原告合法权益的结论。

六、关于对被诉行政行为合法性的评价及本案应当采取的判决方式

保护人民生命和财产安全，是人民政府及其相关部门开展防震减灾工作应当追求和实现的首要目标。对于人民政府及其相关部门为防御和减轻地震灾害而依法对既有房屋建筑采取的合法抗震加固行为，人民法院应当依法予以支持。本案中，根据《中华人民共和国防震减灾法》以及北京市地方性法规的规定，被告西城区政府负有组织有关部门采取措施做好本行政区域的防震救灾工作的法定职责。黑窑厂西里×号楼经鉴定不满足抗震设防要求，被告西城区政府将黑窑厂西里×号楼列为抗震加固综合改造对象，具有相应的事实根据和法律依据，也履行了相关的行政程序。对黑窑厂西里×号楼进行抗震加固综合改造，有利于提高该楼的抗震能力，对包括原告苏某在内的房屋所有权人和使用人而言，被诉行政行为具有明显的授益性。原告苏某认为被告西城区政府将黑窑厂西里×号楼4、5单元列入抗震加固综合改造范围的行政行为违法并侵害其合法权益的意见，缺乏相应的事实根据和法律

依据，本院对其要求撤销该行政行为的诉讼请求不予支持。

需要指出的是，涉案的抗震加固综合改造工作存在不严谨的情形。在《综合整治函》的附件中，黑窑厂西里×号楼的竣工时间被记载为“80年代”，产权单位被记载为“北京市宣武区房屋土地管理局”，管理单位被记载为“北京宣武房屋经营公司”，这些均存在以偏概全的错误，不能准确反映该楼1、2、3单元和4、5单元分别建成于不同年代、房屋产权属于不同单位和个人所有的实际。此外，该楼1、2、3单元房屋产权原登记在原宣武区房地局名下，4、5单元房屋产权原登记在陶然亭合作社名下，建筑面积分别为2413平方米和1736.75平方米。涉案《综合整治函》的附件将黑窑厂西里×号楼的建筑面积记载为“4282.66平方米”，虽与《抗震鉴定报告》记载的建筑面积一致，但与该楼1、2、3单元原房屋权属登记材料记载的建筑面积和4、5单元原房屋权属登记材料记载的建筑面积之和不尽一致。

鉴于西城区重大办作出《综合整治函》的目的和效果在于确定抗震加固综合改造的对象，其在该《综合整治函》的附件中对黑窑厂西里×号楼竣工时间、产权单位、管理单位、建筑面积的记载虽不准确，但并不产生改变黑窑厂西里×号楼实际竣工时间、产权单位、管理单位或建筑面积的法律效果，原告苏某的合法权益亦不会因此受到侵害，不足以影响西城区重大办通过作出《综合整治函》将黑窑厂西里×号楼列为抗震加固综合改造对象这一行政行为的合法性。不过，对于本院指出的上述问题，被告西城区政府及其所属的西城区重大办应当予以重视，并应采取有效措施避免在今后工作中出现疏漏。

另需指出的是，自古以来，地震这一自然灾害给人类带来了巨大的生命和财产损失。即便在科学技术日新月异、地震监测水平不断提升的今天，地震的潜在风险和威胁也远未消除。为了保护人民的生命和财产安全，人民政府及其相关部门自当肩负起职责使命，依法做好各项防震减灾工作。同时，对于人民政府及其相关部门依法采取的防震减灾措施，任何单位和个人理应予以支持、配合，并负有依法参加防震减灾活动的义务。在此，本院希望全社会更加关注并积极参与防震减灾工作，为地震监测预报水平的提高、城乡建设和基础设施抗震能力的增强、应急救援机制的完善以及更加科学高效的防震减灾工作格局的形成作出努力和贡献。

综上，对于原告苏某提出的要求撤销西城区重大办在《综合整治函》中对黑窑厂西里×号楼4、5单元进行抗震加固的行政行为的诉讼请求，依法应予驳回。依照《中华人民共和国行政诉讼法》第六十九条的规定，判决如下：

驳回原告苏某的诉讼请求。

案件受理费50元，由原告苏某负担（已交纳）。

如不服本判决，可在判决书送达之日起十五日内，向本院递交上诉状，并按对方当事人的人数提出副本，预交上诉案件受理费人民币 50 元，上诉于北京市高级人民法院。上诉人在上诉期限内未预交上诉案件受理费，又不提出缓交申请的，按自动撤回上诉处理。

审 判 长　陈良刚
审 判 员　张 岩
审 判 员　程 娜
二〇一八年二月九日
法官助理　李晓飞
书 记 员　李乔伊
书 记 员　门 蕊

图书在版编目（CIP）数据

行政审判裁判要旨精粹／程琥主编．—北京：中国法制出版社，2020.4

（行政案件跨区划管辖改革的探索与实践丛书）

ISBN 978-7-5216-0981-3

Ⅰ.①行… Ⅱ.①程… Ⅲ.①行政诉讼-审判-法律文书-汇编-中国 Ⅳ.①D925.318.9

中国版本图书馆CIP数据核字（2020）第050868号

策划编辑：李小草（lixiaocao2008@sina.cn） 王熹（wx2015hi@sina.com）

责任编辑：王熹　　封面设计：李宁

行政审判裁判要旨精粹

XINGZHENG SHENPAN CAIPAN YAOZHI JINGCUI

主编/程琥

经销/新华书店

印刷/三河市国英印务有限公司

开本/730毫米×1030毫米　16开　　印张/25　字数/363千

版次/2020年4月第1版　　2020年4月第1次印刷

中国法制出版社出版

书号 ISBN 978-7-5216-0981-3　　定价：96.00元

北京西单横二条2号

邮政编码 100031　　传真：010-66031119

网址：http：//www.zgfzs.com　　**编辑部电话：010-66010493**

市场营销部电话：010-66033393　　**邮购部电话：010-66033288**

（如有印装质量问题，请与本社印务部联系调换。电话：010-66032926）